시민정치론

제5개정판

# 시민정치론
―선진 산업민주주의 국가의 여론과 정당

러셀 J. 달톤 지음
서유경 옮김

아르케

*Citizen Politics:*
*Public Opinion and Political Parties in Advanced Industrial Democracies, 5th ed.*
Copyright © 2008 by Russell J. Dalton
All rights reserved. Authorised translation from the English language edition published by CQ Press. This Korean edition published by arrangement with CQ Press.

이 책의 한국어판 저작권은 저작권자와의 독점계약으로 도서출판 아르케에 있습니다. 저작권법에 의해 한국 내에서 보호를 받는 저작물이므로 무단 전재와 무단 복제를 금합니다.

【일러두기】
1. 본문의 강조 부분은 원서를 따른 것임.
2. [ ] 안의 내용은 문맥의 매끄러움이나 독자의 이해를 돕기 위해 옮긴이가 보충한 것임.
3. 각주와 참고문헌에 제시된 외국어 문헌은 대부분 국내에 미출간된 것이며, 이 점을 고려하여 원어 표기를 그대로 두었음.
4. 이 책의 주에서 1, 2…로 되어 있는 것은 저자의 원주이며, *로 되어 있는 것은 옮긴이주임.
5. the voter(s): 주로 '투표자'로 옮겼으나, 필요한 경우에는 '유권자'(the electorate)로 옮기기도 함.
6. the public: '공중'(公衆)으로 옮김. 책에서 이 어휘가 지닌 의미는 정치적 권리를 지닌 시민(혹은 공민)이자, 정치적으로 '세련된' 대중을 의미함.
7. political sophistication: '정치적 세련화'로 옮김. 이 어구는 젊고 교육수준이 높은 유권자의 정치참여 행태의 기저에 놓인 성향을 지칭함. 예컨대 단순하고 비용이 적게 드는 투표참여보다 시간, 노력, 비용 면에서는 손해지만 정치적 효능감이 큰 직접 행동 테크닉에 기반을 둔 논쟁적 정치, 직접적인 정치인 접촉, 인터넷 행동주의 스타일의 정치참여의 전제조건이 됨. 책에서는 효과적인 정치참여를 위한 자원으로서 정보와 기술은 물론 참여 의지를 지닌 공중의 특징으로 설명됨.
8. issue public(s): '이슈공중(들)'로 옮김. 이 어휘는 '공중' 가운데 특정 이슈에 대해 정치적으로 관심을 가지고 있으며, 그 이슈를 공약으로 내거는 정당을 지지하는 뚜렷한 성향을 보여주는 이슈집단을 의미함.
9. established democracy(-cies): '기성 민주주의 국가(들)'로 옮김. 여기서 'established'는 민주주의 정치체제가 잘 확립된 국가를 의미하며, 책이 핵심 연구대상국으로 선정한 미국, 영국, 프랑스, 독일을 주로 지칭함.
10. electoral politics: '선거정치'로 옮김. 선거와 관련된 투표, 캠페인 활동, 여론조사 등을 지칭함.
12. nonelectoral politics: '비선거정치'로 옮김. 선거와 관련된 투표, 캠페인 활동, 여론조사 등을 제외한 정치참여 활동을 지칭함. 책에서는 특별히 직접적인 정치인 접촉, 지역공동체 활동, 항의와 논쟁적 행위, 온라인 행동주의 등을 지칭함.
13. democratic process: '민주주의 [정치]과정'으로 옮김. 이는 '민주주의적 과정'으로 옮겼을 경우에 발생하는 의미상의 모호함을 피하기 위한 것임.

# 서문*

흔히 전문가들은 역사가 원을 그리며 돈다고 주장한다. 한참 시간이 지나가기를 기다리면 처음 출발했던 원래 위치로 돌아온다는 것이다. 내가 1980년대에 이 책의 초판 작업에 돌입했을 때 많은 정치학자가 근대 민주주의의 생존 능력에 대해 공공연히 우려를 표시했었다. 당시에는 곧 닥쳐올 민주주의의 위기에 대한 주장이 일반적이었다. 이런 배경을 깔고서 『시민정치론』(*Citizen Politics*, 1988) 초판을 통해 민주주의는 살아 있고, 특히 선진 산업 민주주의 국가에서는 잘 생존하고 있으며, 그곳의 시민들은 민주주의의 교의(敎義)를 믿고 있고, 그들의 정부가 이러한 기대치에 부응하기를 원하고 있다고 주장했었다. 이 책은 현대의 공중들(publics)이 정치과정에 더욱 활동적으로 참여하고 있다는 증거를 제시했다. 그들은 엘리트에 도전하는 활동에 더 많은 가능성이 있으며 이슈 및 기타 정책범주들에 적극적으로 투표할 가능성이 더 크고 자신이 뽑은 그들의 대표들에게 더욱더 많은 것을 요구하고 있다. 민주주의가 위기 상태에 있다고 한다면 그것은 제도적 위기지 시민들이 지닌 민주주의 정신의 위기는 아니다.

---

* 이 글은 이 책 제5판의 서문임.

일련의 사건들이 궁극적으로 내가 이 책의 초판에서 선보인 민주주의에 대한 남다른 시각을 지지해주었다. 베를린 장벽이 무너졌고, 소련과 동구의 공산주의가 붕괴했으며, 1990년대에는 민주주의가 확산하는 등 민주주의 과정을 둘러싼 흥분감이 고조되었다. 불과 몇 년 전에 민주주의 과정의 한계를 운위하던 사람들조차도 이 새로운 민주화 물결에 대해 왕왕거리고 다녔다. 갑작스레 민주주의가 모든 사람들에게 새로운 역사의 출발점으로 보였던 게 분명했다. 그러나 나는 이 변덕스런 사람들의 태도를 반신반의했다. 심지어 나의 견해를 재확인해주는 사람들에게도 마찬가지였다. 『시민정치론』의 3판과 4판을 개정하면서 나는 민주주의 [정치]과정의 저력을 강조하는 것뿐 아니라 현대 민주주의 국가들이 당면한 도전에 대해서도 강조했다.

이제 우리는 한 바퀴를 다 돌아 원래의 출발점에 다시 섰다. 최근 우리의 진부한 지혜는 다시금 민주주의가 위기에 처해 있다고 단언한다. 그리고 시민들에게 문제가 있다고 말한다. 일군의 유명한 학자들이 내놓은 목록에는 민주주의 국가 시민들이 잘못하고 있는 항목이 언뜻 보기에도 끝없이 이어진다. 우리 중 너무 적은 숫자의 사람만 정치를 따라잡는다, 너무 적은 숫자가 투표한다, 너무 많은 사람이 정치에 대해 냉소적이다, 너무 자주 우리는 입장을 공유하지 않는 사람들에게 불관용적이다 등등. 베라(Yogi Berra)가 예전에 말하곤 했던 것처럼 이것은 다시금 우리에게 기시감(旣視感)을 불러일으킨다.

이러한 정치적 토론의 밀물과 썰물을 지켜보면서 나는 체계적인 연구가 전문가들의 알맹이 없는 말 잔치의 유행바람을 잠재울 수 있는 처방전일 것이라는 사실을 더욱 강하게 믿게 되었다. '민주주의 위기'론이 책을 통해 퍼져 나가던 비관적인 시절에도 실제 상황은 그다지 나쁘지 않았고, 베를린 장벽의 붕괴에 뒤따른 도취 시절의 실제 상황도 특별히 좋은 구석은 없었다. 우리는 민주주의의 본질을 이해한다. 민주주의 시민들은 텔레비전에서 말하는 사람들을 바라보는 것을 통해서가 아니라, 공중에게 말함으로써 정치에 관해 생각하는 방법을 배우고 자신들의 신념에 근거하여 행동하는 법을 배운다. 나는 이따금 "사기, 나쁜 속임수, 그게 통계의 실체야"라는 표현에 고개를 끄덕인다. 그러나 장기적 안목에서 볼 때 체계적인 연구는 시민정치의 진정한 본질을 좀 더 심오하게 이해하는 데 보탬이 될 것이다.

이 책은 학생들에게 우리가 시민들의 정치적 행태에 관해 아는 것, 시민들의 정치적 행태와 관련하여 아직 답이 나오지 않은 질문, 지금까지 연구자들이 알아낸 것의 함의에 대해 이야기한다. 이 책에 나오는 분석들은 미국, 영국, 프랑스, 독일의 시민정치에 초점을 맞추는 한편 때론 여타 다른 선진 민주주의 국가들과도 비교하고 있다. 이 개정판은 오늘날의 민주주의가 생존가능한지에 관한 토론에 다시 개입하고 있으며, 현재 진행 중인 사회적 현대화 과정들이 공중의 가치와 행태에 도전장을 던지고 있다고 주장한다. 현상유지에 대한 도전으로서 이러한 변화들은 낭만적인 과거(이것은 결코 존재한 적이 없었다)를 동경하는 사람에게는 하나의 걱정거리가 될 수도 있을 것이다. 이러한 변화들은 민주주의 [정치]과정이 다루어야 할 새로운 도전과 긴장을 창출한다. 그러나 종국적으로 민주주의 체제가 이러한 도전에 성공적으로 대응한다면 민주주의 [정치]과정은 더욱 강해질 것이다.

나는 이 책이 여러 독자층에게 두루 도움이 되기를 바란다. 이 책은 최우선적으로 비교 정당정치, 여론, 유럽정치를 공부하는 강의실에서 사용될 교재 용도로 집필하였다. 제1장에서 6장까지 처음 여섯 개 장은 여론의 원리와 시민의 정치적 행위의 윤곽, 시민의 신념에 대해 소개한다. 다음 여섯 개 장은 정당의 정치적 제휴를 다루는데, 이 주제는 다른 정당 관련 텍스트와 결합하여 설명된다. 이 책은 민주주의 제도, 정치과정, 다양한 정치공동체가 당면한 선택과 관련된 시민의 태도에 대한 토론과 더불어 끝을 맺는다.

이 책은 비교 정치행태 혹은 서유럽 정치를 공부하는 대학원 수업에도 유용할 것이다. 해당 분야에 현존하는 지식을 요약하는 한편으로 현재 조사연구자들을 분열시키고 있는 논쟁들도 소개하고 있기 때문이다. 나는 이 책으로 강의하는 교수들이 이 입문형식의 분석을 통해 일차적 연구조사 자료의 독해에 대해 쉽게 토론할 수 있다는 점을 발견하였으면 한다. 심지어 원로 학자들도 이 책을 통해 자신에게 친숙한 데이터가 새롭게 느껴지고 다시 한 번 생각하게 하는 방식으로 해석되었음을 발견할지도 모른다.

**주요 수정사항들**

초판 이래 이 책의 기본 구성과 발견사항들은 꽤 일정하게 존속했다. 더 많은 데이터와 연구물이 가용했기 때문에 그 경향은 더욱 분명했고 명시적이었다. 그럼에도 이 개정판에서는 개선을 위해 몇 가지 변화사항을 추가하면서 이전의 판본보다 훨씬 더 많은 재구성작업을 했다.

- 시민들의 인지적 세련화와 인지적 세련화의 함축과 관련된 중요한 새로운 문헌들이 정치적 세련화의 장과 이슈투표의 장에 포함되었다.
- 인터넷 기반의 행동주의와 정치적 소비자주의와 같은 새로운 형태의 정치활동에 대한 설명이 추가되었다.
- 정치참여의 쇠퇴, 정치적 지지의 침식작용, 그리고 이러한 것들의 민주주의에 대한 함의와 관련된 최근 학계의 토론들에 더 많은 관심을 쏟았다. 나는 이러한 논점들에 대해 상반되는 견해를 제시하고 있다. (이와 관련해서는 나의 다른 저서인 『좋은 시민: 젊은 세대가 미국정치를 어떻게 바꾸고 있는가』(Dalton, *The Good Citizen: How a Younger Generation Is Reshaping American Politics*, CQ Press, 2008)를 참고하라).
- 제3장과 4장은 이 책이 더 이상 관례적 참여와 항의를 별개의 장으로 분리하지 않도록 재구성되었다. 항의는 이미 관례화되었으며, 제3장에서는 모든 참여양식과 그것이 시간이 지나면서 어떻게 변화되었는

지를 보여주는 경향에 관해 설명한다. 제4장에서는 어떤 부류의 시민들이 어떤 활동양식을 사용하는지에 관해 검토한다.

- 모든 장의 자료들은 '비교 선거시스템 프로젝트(모듈 II)', '세계가치서베이 2003~2008', '국제사회서베이 프로그램'에서 확보한 새로운 증거자료를 포함하여 최근의 연구와 경험자료로 최신화되었다. 또한 2005년 영국총선과 2005년 독일총선 연구로부터 얻은 새로운 자료를 제공한다.

- 새로운 통계 독본(부록 A)을 제공하여 독자들이 표와 그림을 해석하는 안내역을 맡게 했다. 이에 덧붙여 독본은 투표율상의 교육수준의 차이를 요약하는 것처럼 두 가지 특질 사이의 관계를 이해하기 위한 상관관계 통계학 사용의 지침 역할을 할 것이다.

- '2004 국제사회서베이 프로그램'에서 나온 새로운 데이터 부록을 포함했다(부록 C). 이 데이터들은 책의 전반에 걸쳐 사용되며, 강의하는 분들이 사용하도록 좀 더 상세한 보충자료도 준비되어 있다. 부록 C는 상세한 변수들을 기록한 목록을 제시하며, 사용된 변수들과 합치되는 사회과학통계패키지(SPSS) 파일들은 다음 웹주소(http://cqpress.com/cs/dalton)에서 내려받을 수 있다. 컴퓨터 기반의 여론연구 프로젝트는 강의를 듣는 학생들의 주제를 풍요롭게 해줄 것이며, 여론조사 연구과정을 이해하는 데 직접적인 기회를 제공할 것이다.

## 감사의 말씀

이 책의 다섯 개 판본은 동료들의 충고와 비판, 이 책을 교재로 사용한 학생들의 소감, 다른 학자들과의 협업과정에서 얻은 통찰의 혜택을 보았다. 나의 여러 동료들이 충고, 여론조사 데이터, 도덕적 지지를 보내주었다. 폴 아브람슨, 볼 벡, 스콧 플래내이건, 한스-디이터 클렁지만, 마이클 루이스-벡, 이언

맥칼리스터, 로버트 로스나이더, 허만 슈미트, 마틴 바텐베르크, 번하드 위젤 등이 앞선 판본들의 원고에 다양한 논평을 해주었다. 이 개정판의 논평가들에게도 감사를 드린다. 그들은 애리조나 주립대학의 미키 콜 키틸슨과 플로리다 대학의 마이클 마티네즈다. 알릭스 반 식클이 이 책을 위해 색인작업을 해주었다. 나는 캘리포니아 어바인 캠퍼스에서 내 시민정치론 강의를 수강하면서 이 책을 사용하고 책에 대한 소감을 피력해준 학생들에게도 마음의 빚을 졌다.

CQ 출판사의 훌륭한 전문편집인 집단과 함께 작업을 했던 것은 큰 기쁨이다. 이 작업에 동참해준 편집자들, 특히 채리스 키이노, 앨리슨 맥케이, 케롤린 골딩거, 그웬다 라슨에게 감사를 드리고 싶다.

나는 로널드 잉글하트에게 특별한 빚을 졌음을 밝히고 싶다. 그는 미시간 대학 시절 나의 멘토였으며 그의 시민정치에 대한 도발적인 견해들이 내 사유방식에 심오한 영향을 끼쳤다. 그는 '세계가치서베이'를 지구적 차원의 사회과학 연구로 발전시켰다. 이 책의 여러 가지 분석들은 세계가치서베이 데이터에 기초하고 있다. 나는 늘 사회조사 연구에 대한 그의 열정과 학자로서의 창의성을 흠모해왔다. 엄청나게 많은 측면에서 오늘의 나는 그에게 진 빚의 산물이다.

이 책은 선진 산업민주주의 국가들의 시민정치의 본질에 관한 개략을 제공하겠다는 당찬 목적을 가지고 있다. 이 임무의 수행은 분명 한 사람의 개인적 능력 밖에 있는 일이다. 그러나 앞서 언급한 친구들이 십시일반으로 제공해준 작은 도움들 덕택에 이 책은 확립된 민주주의 국가에 사는 시민들이 현재 당면하고 있는 정치적 변화와 선택에 대한 전체적인 윤곽을 그리는 작업에 돌입하고 있는 것이다.

러셀 J. 달톤
어바인, 캘리포니아

# 역자서문

## I

 이 책은 러셀 달톤이 집필한 명저 『시민정치론: 선진 산업민주주의 국가의 여론과 정당』(*Citizen Politics: Public Opinion and Political Parties in Advanced Industrial Democracies*)의 제5 개정판(2008)이다. 저자는 "이 책이 선진 산업민주주의 국가들의 시민정치의 본질에 관한 개관을 제공하겠다는 당돌한 목적을 가지고 있다"고 말하고 있는데, '시민정치'라는 용어는 이 책의 초판이 나온 1988년에 처음 선보인 매우 참신한 신조어다.
 책은 1960년대 후반 이후 서구 민주주의 국가 시민들의 인식이 느리지만 분명하게 탈물질주의 경향으로 이동하고 있다는 혁신적인 주장을 담은 『조용한 혁명』(Inglehart 1977)의 계보를 잇고 있다. 잉글하트는 저자의 미시간대학 시절 멘토였으며, 나중에 '세계가치서베이'를 지구적 차원의 사회과학연구로 발전시킨 저명한 정치학자다. 달톤은 스승의 탈물질주의적 정치행위 패러다임을 자신의 선거 및 여론조사 분석을 위한 이론틀로 수용하여 이 책 『시민정치론』에 소개된 "신정치"(New Politics) 이론을 체계적으로 기술하였다.
 정치학을 가르치는 입장에서 평가할 때 『시민정치론』은 장점이 무척 많은 책이다. 우선 이 책 속에는 미국 선거연구의 본산이랄 수 있는 미시간

대학의 선거연구팀이 수십 년에 걸쳐 축적해온 선거연구의 경험과 지식 그리고 연구 네트워크의 협업 연륜이 고스란히 녹아 있다. 아마도 선거, 정당, 여론조사와 관련하여 가장 신뢰할만한 연구서 중 하나임에 틀림이 없을 것이다. 여기서 저자의 얘기를 잠시 들어 보기로 하자.

> 책의 내용을 한 마디로 정리하자면 이 책은 지난 수십 년에 걸쳐 서구 대의민주주의 국가 시민들의 정치참여 행태를 경험적 자료를 사용하여 분석해낸 비교연구서다. 특히 매우 건실한 민주주의 정치체제를 대표하는 서구 4개 국가, 즉 미국, 영국, 프랑스, 독일의 선거연구 결과와 여론조사 결과 분석을 통해 서구 유권자들의 투표행태와 다른 정치참여 행태를 상세히 설명하고 있다. 그들은 어떤 기준에 의해서 후보를 뽑는가? 노동계급은 좌파정당을 유산계급은 우파정당을 찍는다는 고정관념은 구시대적 유물인가? 정당의 이데올로기는 불변인가? 1990년대 이후 인터넷 혁명은 정치참여 행태에 어떠한 변화를 가져왔는가? (본문 중에서)

둘째, 이 책은 상이한 민주주의 정치시스템이 확고하게 뿌리를 내린 성공적인 민주주의 국가 4개국—미국, 영국, 프랑스, 독일—의 의회정치, 정당체제, 선거제도, 정치문화적 성향 등을 여론조사 결과분석을 통해 비교·제시하고 있다. 그뿐만 아니라 독자들은 이 책을 통해 이들 4개국 정치의 제도적 차원은 물론 시민들의 정치적 행태, 즉 새로 부상하는 '시민정치' 패러다임의 특성에 대해 배울 수 있다. 이는 최근 들어 빠르게 성장해온 한국의 '시민정치'에 대한 이해를 돕는 데 매우 중요한 '정보의 지름길'로 작용할 수 있을 것이다.

셋째, 이 책은 정치참여의 쇠퇴, 정치적 지지의 침식, 민주주의의 함의와 관련된 최근 학계의 토론에 대한 논점들을 상세히 소개하는 동시에 경험적 자료에 근거한 상반된 견해를 함께 제시하고 있다. 저자에 따르면 정치학자와 선거 관련 연구자들이 지난 수십년간 입버릇처럼 얘기했던 젊은층의 '정치적 무관심'(political apathy)은 현실의 맥락과 유리된 주장이다. 정치적으로 세련된 이 시대의 젊은이들은 정치에 관심이 많을 뿐 아니라 정치참여에도 적극적이다. 단지 정치적 효능감이 떨어지는 투표행위에 대해서만 소극적일 뿐 인터넷 기반의 행동주의와 정치적 소비자주의와 같은 새로운 형태의 정치활동 영역을 개척하는 데 있어서는 적극적이다.

넷째, 이 책은 풍부한 경험적 자료와 자료해석에 대한 친절한 설명을 제공하고 있다. 저자는 '비교 선거시스템 프로젝트(모듈 II)', '세계가치서베이 2003~2008', '국제사회서베이 프로그램'에서 확보한 최신자료는 물론, 2005년 영국총선과 2005년 독일총선 연구에서 확보한 최근 자료를 제공한다. 이에 덧붙여 새로운 통계 독본('부록 A')을 제공하여 독자들이 표와 그림을 쉽게 해석할 수 있도록 돕고 있으며, 상이한 변수들 사이의 관계를 요약하는 상관관계 통계학의 사용에 대한 지침도 제공하고 있다. 또한 '2004 국제사회서베이 프로그램'에서 나온 새로운 데이터 부록('부록 C')—상세한 변수들을 나열한 목록과 코드 해설—을 첨부해두었고, 더욱이 사용된 변수들과 합치되는 사회과학통계패키지(SPSS) 파일들에 대한 접근권도 보장해 두는 배려를 잊지 않았다(http://cqpress.com/cs/dalton).

다섯째, "이 책이 여러 독자층에게 두루 도움이 되기를 희망한다"는 저자의 바람은 전혀 빈말이 아니다. 이 책은 유럽정치, 비교 정당정치, 의회정치, 민주주의 선거제도, 정치과정, 정치행태, 정치문화 및 여론의 정치적 역할 등등에 관심이 있는 정치학도와 사회과학 분야 전공자들이 반드시 읽어야 할 필독서이다. 또한 선거 후보자의 참모들, 정당의 선거 전략팀, 여론조사와 관련된 업무를 하는 사람들도 이 책에서 건질 것이 적잖을 것이다. 그리고 선거 때마다 '이번에는 누굴 찍지?', '어떤 당이 나을까?', '투표를 하긴 해야겠지?'와 같은 질문을 반복하게 되는 보통 시민들도 이 책에서 분명한 답을 얻게 될 것 같다.

## II

저자가 설파하는 "신정치"는 탈물질적 가치지향을 지닌 시민들이 추구하는 참여지향적 정치 패러다임이다. 신정치론에 따르면 탈물질적 가치를 중시하는 서구의 전후세대들은 경제적 이득과 물질적 고려 대신에 환경보호, 사회적 평등, 소수자 권리 보호, 자유로운 라이프스타일과 관련된 이슈들을 정치적 어젠다로 채택함으로써, 물질적 가치를 중시했던 '구(舊)정치'의 틀과 관행에 도전하는 경향이 있다. 그뿐만 아니라 이들은 정치적 관심, 정보에 대한 접근성과 획득 능력, 정치참여에 필요한 자원을 지닌 '정치적으로 세련된 공중'으로서 직접민주주의적 참여방식을 선호하며 적극적인 정치행위의 주체로서 신정치 패러다임을 선도한다.

저자의 연구조사에 따르면 우리 시대의 유권자들은 이전 어느 때의 유권자들보다 더 많은 정보와 고도의 정치력이 있으며 민주주의의 정치과정이 어떻게 기능해야 하는지에 대해서도 기대치가 상당히 다르다. 그들은 정치적 권리에 대해 훨씬 더 많이 의식하고 있으며 개인주의를 더 많이 요구한다. 그는 이러한 '신정치적' 태도가 선진 산업사회의 민주주의 정치지형 속에서 꾸준히 확산되고 있다는 여론조사의 누적결과들을 제시하면서 신정치 패러다임으로의 선회를 기정사실화하고 있다.

이러한 신정치적 태도는 현재의 정치적 지지 패턴의 변화도 유발한다. 요컨대 종래의 사회적 계급구도, 종교의 유무, 젠더의 차이 같은 '입장투표'의 변수들의 영향력이 감소하는 반면, 정책에 대한 지지를 이끌어내는 '이슈투표', 임기 중 정권의 성과를 판단하는 '성과투표', 후보자의 지도자적 자질을 따지는 '속성투표'의 영향력이 상대적으로 증가하는 추세다. 이러한 변화 양상은 최근 몇십 년 새 시민단체, 사회운동, 여타 사회적 결사체들이 폭발적으로 증가한 사실과 무관하지 않다. 시민들은 이러한 집단들을 통해 자신의 관심과 활동을 특수한 정책관심사에 집중하게 되며, 그러한 집단들은 여론을 조직하고 동원하는 새로운 이익대표 방식이 된다. 공익집단들의 증가 또한 정당과 기성의 대의민주주의 정치과정에 도전을 가하며, 결과적으로 신정치의 한 축을 담당하게 된다.

일례로 독일의 녹색당은 1960년대와 70년대 학생 항의자들, 여성운동, 대안적 라이프스타일 운동이 정치적 기득권의 상징들에 도전장을 던졌던 '탈물질적' 신세대가 정치세력화하여 정당정치의 장에 진입한 경우다. 그들은 1980년대 초 다양한 신정치적 명분들을 내세우고 소수 의견을 대변하면서 정치무대에 등장하였고, 이후 사회당/녹색당(SPD/Green) 연정체제의 한 축으로서 핵발전소 폐쇄 정책을 주도했고 새로운 녹색에너지세(稅)를 법제화하기도 했다. 이처럼 책은 새로운 이슈를 추구하는 소수자 집단들이 주도하는 신정치 패러다임으로의 전환이 거스를 수 없는 대세임을 설득력 있게 주장하고 있다.

끝으로, 우리 한국의 독자 입장에서 볼 때 이 책은 한국의 정치지형을 위해서도 시사하는 바가 매우 크다. 소위 '3김 시대'로 일컫는 구정치의 시대가 DJ 정부를 끝으로 공식적인 막을 내리게 되면서 점차 혈연, 지연, 학연 등의 연고에 입각한 투표행태, 보스 중심의 수직적 정당 운영방식은 우리가 버려야 할 구시대의 유물이라는 인식이 젊은층들 사이에 빠르게 확산되고 있다. 그런가 하면, 1987년 이후 시민운동, 시민단체, 시민사회가 우리의 일상 대화의 주요한 핵심어가 됐을 정도로 '시민'과 '정치참여'는 떼려야 뗄 수 없을 정도로 우리의 삶 속에 깊숙이 들어와 있다. 이는 신정치를 위한 정치적 분위기가 무르익었다는 의미다.

이 책은 선진 민주주의 국가에서 구정치적 제휴의 요소들이 정치적으로 영향력을 점점 잃어가는 반면, 신정치적 제휴의 요소들은 정치적으로 점점 더 유의미해지고 있음을 보여준다. 하지만 '고·소·영'이란 자조 섞인 이명박 정권의 상징어가 제시하듯이 학교(고려대), 종교(소망교회), 지역(영남) 등의 구정치적 정치변수들은 아직도 한국의 정치지형에서 막강한 영향력을 과시한다. 그러나 도도히 흐르는 현대정치사의 물길에 보(洑)를 지은들 그게 얼마나 갈 수 있을까?

사실 우리가 본 2002년의 '노란풍선', 2008년의 '촛불소녀'와 '유모차부대' 등은 분명 신정치 시대의 도래를 알리는 전령이었다. 불운하게도 그 전령이 지금 '명박산성'에 갇혀 있다. 그러나 아직 바람이 매섭다고 이미 온 봄을 오지 않았다고 예단해서는 안 된다. 점점 더 많은 시민이 '선거는 노(no)!, 직접행동은 오케이(okay)!'라고 말한다. 직접 정치인들을 접촉하고, 결사체를 만들어 입법로비활동을 벌이며, 국정감사를 모니터하고, 상품불매운동을 벌이며, 자치단체에 가입하여 산재된 이익을 집성하고, 촛불시위를 제안하며, 인터넷 서명운동에 참여한다. 그래도 춘래불사춘(春來不似春)인가?

이렇듯 이 땅의 시민들은 스스로 새로운 정치 패러다임을 개발하여 사용하고 있다. 『시민정치론』은 이 땅의 시민들이 펼치고 있는 것이 '신정치'요 '시민정치'라는 사실을 다양한 이론적 논의들과 풍부한 경험적 자료들을 곁들여 매우 체계적으로 설명하고 있다. 그뿐 아니라, 그것이 현재 서구의 가장 선진화된 민주주의 국가의 시민들이 펼치고 있는 것과 동일한 양태의 '신정치'요 '시민정치'라는 사실도 일깨워주고 있다. 결국 이 책은 한국의 민주화 이후의 시대를 사는 '정치적으로 세련된' 시민들이 자신의 정치행태를 비교·평가하고 성찰하기 위해 이론적 차원의 도움과 전범(典範)을 필요로 할 때 읽어야 할 시민정치 교과서 성격이 강하다. 책은 '좋은 시민'이 되는 지름길을 알려주는 네비게이터다.

### III

나는 1996년 이 책 『시민정치론』의 제2 개정판을 접하게 되었고 줄곧 내 강의의 참고문헌 목록에 포함시켰다. 2004년에는 재직하고 있는 경희사이버

대학교 NGO학과에 '시민정치론'이라는 제목의 강의를 설강했다. 아마도 그러한 제목의 강의는 내가 처음이 아니었나 싶다. 하지만 지금은 다른 대학에서도 같은 과목명을 쉽게 찾아 볼 수 있어 격세지감을 느끼게 된다. 아무튼 그 강의명이 이 책의 존재와 무관하지 않았음은 부인할 수 없는 사실이다.

2009년 봄 학기 '시민정치론' 강의 개편 준비를 하던 중에 제5 개정판이 출간된 사실을 알게 되었다. 내용도 한층 새롭게 다시 쓰였고 삽입된 경험적 자료들도 모두 최신 것으로 교체되어 있었다. 하여 이 책을 강의의 주교재로 정했다. 그리고 12주에 걸쳐 매주 한 장씩 번역을 마친 다음 내용을 요약·정리하는 형식으로 강의노트를 작성했고, 특히 영어독해가 쉽지 않은 학생들을 위해 매주 강의노트와 장별 번역본을 함께 제공했다. 오늘 훌륭하게 편집되어 여러분 앞에 있는 책이 바로 작년 봄학기 강의의 결과물이다.

우선 책의 출간을 허락해준 아르케 출판사의 이형진 대표께 감사드리고, 특히 편집팀의 노고에 고마움을 전하고 싶다. 끝으로, 책이 지닌 부족함과 미흡함은 물론 역자의 책임이다. 차제에 내 책을 아끼시는 독자들께 진심으로 감사드리며 더욱 정진할 것을 약속드린다.

이문동 연구실에서<br>
서유경

## 차례

| | |
|---|---|
| 서문 | 5 |
| 역자서문 | 11 |

| | |
|---|---|
| 1장 서론 | 29 |
|   비교 여론조사 연구 | 33 |
|   비교연구 대상 국가 선정 | 35 |
|   새로운 시민정치의 스타일 | 38 |

### 제I부 정치와 공중

| | |
|---|---|
| 2장 대중 신념의 본질 | 47 |
|   수퍼시티즌 | 49 |
|   비세련된 시민 | 50 |
|   엘리트주의 민주주의 이론 | 54 |
|   정치적 세련화 논의 재검토 | 57 |
|   정치와 공중 | 74 |

| | |
|---|---|
| 3장 어떻게 정치에 참여하는가? | 79 |
|   참여의 양식 | 81 |
|   투표 | 85 |
|   캠페인 활동 | 91 |
|   직접적인 접촉활동 | 96 |
|   자치단체 활동 | 98 |
|   항의와 논쟁적 행위 | 103 |

| | |
|---|---|
| 인터넷 행동주의 | 109 |
| 변화하는 공중과 정치참여 | 111 |

### 4장 누가 정치에 참여하는가? 　　　　　115
| | |
|---|---|
| 시민자발주의 모델 | 116 |
| 누가 투표하는가? | 120 |
| 캠페인 활동 | 126 |
| 직접적인 접촉활동 | 127 |
| 자치단체 활동 | 128 |
| 누가 항의하는가? | 130 |
| 인터넷 행동주의 | 134 |
| 상이한 활동들의 상관계수 비교 | 135 |
| 참여와 현대 민주주의 국가 | 139 |

## 제II부 정치적 지향

### 5장 변화하고 있는 가치 　　　　　147
| | |
|---|---|
| 가치변화의 성격 | 150 |
| 가치의 분포 | 155 |
| 가치변화의 과정 | 159 |
| 가치변화의 결과 | 165 |
| 가치변화와 가치의 안정성 | 169 |

### 6장 이슈와 이념 지향 　　　　　173
| | |
|---|---|
| 국내정책에 관한 의견들 | 175 |
| 외교정책에 관한 의견들 | 195 |
| 좌익/우익 지향 | 199 |
| 여론과 정치적 변화 | 203 |

## 제Ⅲ부 선거의 연고

### 7장 선거와 정당 — 209
- 4개의 정당시스템 개관 — 211
- 정당시스템의 역사 — 218
- 정치적 제휴관계의 구조 — 223
- 현재의 정당시스템 — 232

### 8장 정당지지의 사회적 기반 — 237
- 사회-집단적 투표모델 — 239
- 사회계급과 투표 — 241
- 계급투표는 왜 쇠퇴하는가? — 249
- 종교와 투표 — 252
- 기타 사회-집단적 차이들 — 262
- 신정치와 투표 — 264
- 사회적 분열양상의 변모 — 269

### 9장 당파심과 투표 — 275
- 사회-심리학적 투표모델 — 276
- 당파적 태도들 — 279
- 당파심의 학습 — 281
- 당파심의 효과 — 287
- 당파적 탈제휴 — 291
- 탈제휴의 결과 — 295
- 탈제휴의 원인 — 297
- 탈제휴 시대의 정치 — 303

### 10장 태도와 선거행태 — 307
- 이슈투표의 원칙 — 310
- 입장이슈와 투표 — 317

| | |
|---|---|
| 성과이슈와 투표 | 326 |
| 후보 이미지와 투표 | 329 |
| 인과성 깔때기의 끝 지점 | 332 |
| 하나의 유권자 아니면 여러 유권자? | 334 |
| 시민정치와 투표행태 | 337 |

| | |
|---|---|
| **11장 정치적 대의** | **343** |
| 집합적 상응 | 346 |
| 양자적 상응 | 351 |
| 정당정부 모델 | 355 |
| 정치적 대의 패턴 | 362 |

## 제IV부 민주주의와 그 미래

| | |
|---|---|
| **12장 시민과 민주주의 [정치]과정** | **369** |
| 정치적 지지의 측면들 | 372 |
| 정치 당국에 대한 신뢰의 쇠퇴 | 377 |
| 정치제도에 관한 견해들 | 381 |
| 민주주의적 정권에 대한 지지 | 385 |
| 공동체에 대한 지지 | 387 |
| 불만스런 민주주의자들 | 390 |

| | |
|---|---|
| 부록 A 통계 독본 | 403 |
| 부록 B 주요 데이타 원천들 | 411 |
| 부록 C 2004 국제사회서베이 코드 해설 목록 | 419 |

| | |
|---|---|
| 주 | 456 |
| 참고문헌 | 469 |
| 찾아보기 | 489 |

표

| | | |
|---|---|---|
| 표 1.1 | 정치시스템 비교 | 36 |
| 표 2.1 | 가장 중요한 정치정보 원천 | 60 |
| 표 2.2 | 정당 평가의 근거들 | 71 |
| 표 3.1 | 정치활동 양식과 그 특성들 | 83 |
| 표 3.2 | 1950~2000년대의 투표율 수준 | 87 |
| 표 3.3 | 영국의 캠페인 활동 경향 | 94 |
| 표 3.4 | 참여의 다른 활동양식들 | 95 |
| 표 3.5 | 항의활동의 국가별 수준 비교 | 105 |
| 표 3.6 | 시기별 항의 참여 | 107 |
| 표 4.1 | 캠페인 활동의 예측요인들 | 127 |
| 표 4.2 | 직접 접촉활동의 예측요인들 | 129 |
| 표 4.3 | 자치단체 활동의 예측요인들 | 130 |
| 표 4.4 | 항의활동의 예측요인들 | 133 |
| 표 5.1 | 가치 우선순위의 분포 | 157 |
| 표 5.2 | 탈물질적 가치로의 이동에 대한 시계열 조사 | 158 |
| 표 6.1 | 정책 영역을 다루는 정부의 책임 | 178 |
| 표 6.2 | 미국 공중의 예산 우선순위에 대한 시계열 조사 | 180 |
| 표 6.3 | 국가별 시민의 예산 우선순위 비교 | 181 |
| 표 6.4 | 이주자에 대한 국가별 태도 비교 | 185 |
| 표 6.5 | 젠더 평등에 대한 태도 | 189 |
| 표 6.6 | 환경에 대한 태도 비교 | 191 |

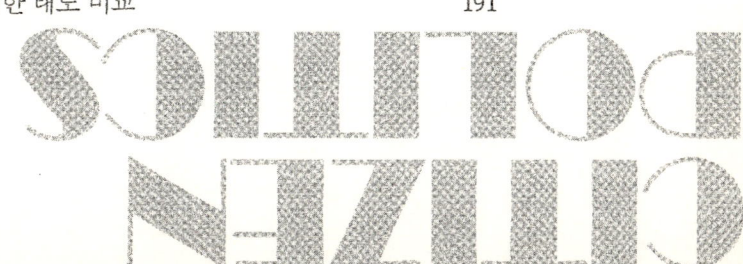

| | | |
|---|---|---|
| 표 6.7 | 사회적 이슈와 도덕적 이슈에 대한 태도 비교 | 193 |
| 표 6.8 | 외교정책에 대한 태도 비교 | 197 |
| 표 7.1 | 정당의 특성 | 212 |
| 표 7.2 | 사회계층 분열과 투표자의 연대 | 219 |
| 표 8.1 | 사회계급과 정당지지 | 244 |
| 표 8.2 | 종교교파와 정당선호 | 255 |
| 표 8.3 | 교회출석과 정당지지 | 258 |
| 표 8.4 | 가치 우선순위와 정당지지 | 267 |
| 표 9.1 | 부모의 당파심 대물림 | 283 |
| 표 9.2 | 정당 애착심과 투표의 상대적 안정성 | 286 |
| 표 10.1 | 이슈의견과 정당선호의 상관관계 | 323 |
| 표 11.1 | 미국의 공중과 엘리트에 대한 의견의 분포 | 348 |
| 표 12.1 | 미국 기관의 지도력에 대한 신뢰 | 382 |
| 표 12.2 | 사회기관에 대한 교차-국가적 신뢰 | 384 |
| 표 12.3 | 민주주의에 대한 지지 | 388 |

# 그림

| | | |
|---|---|---|
| 그림 2.1 | 구조화된 신념체계 모델 | 52 |
| 그림 2.2 | 정치적 관심의 증가 추이 | 63 |
| 그림 2.3 | 위계적인 신념 모델 | 68 |
| 그림 3.1 | 미국의 캠페인 활동 경향 | 92 |
| 그림 3.2 | 공익집단 멤버십 | 101 |
| 그림 4-1 | 교육수준에 따른 투표참여 경향 | 121 |
| 그림 4.2 | 연령에 따른 투표 참여 경향 | 122 |
| 그림 4.3 | 투표 참가의 예측요인들 | 124 |
| 그림 4.4 | 미국 내 인터넷 행동주의의 예측요인들 | 136 |
| 그림 5.1 | 매슬로우(Maslow)의 가치 위계도 | 153 |
| 그림 5.2 | 형성기 경제적 조건과 탈물질적 가치 | 162 |
| 그림 5.3 | 세대별 가치 우선순위 분포 | 163 |
| 그림 5.4 | 교육수준에 따른 탈물질주의자 분포 | 166 |
| 그림 5.5 | 가치 우선순위에 따른 항의활동 | 170 |
| 그림 6.1 | 미국의 인종통합에 대한 지지 추이 | 184 |
| 그림 6.2 | 미국에서 여성평등에 대한 지지 추이 | 187 |
| 그림 6.3 | 좌익/우익 이념에 대한 자가 측정의 국가별 차이 비교 | 200 |
| 그림 7.1 | 미국 내 정치적 공간 점유 현황 | 228 |
| 그림 7.2 | 정당의 서비스/세금&환경/경제정책 입장들 | 230 |
| 그림 7.3 | 정당의 서비스/세금&사회정책 입장들 | 233 |
| 그림 8.1 | 계급투표 경향 | 246 |

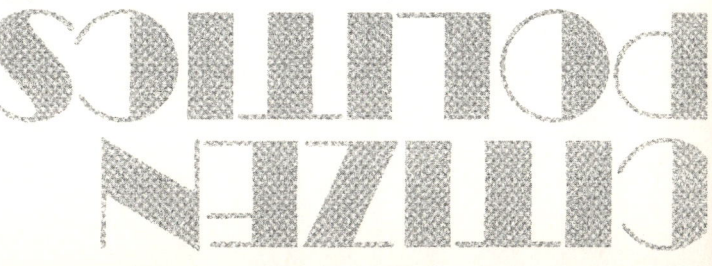

| | |
|---|---|
| 그림 8.2 사회계급과 정당선호의 관계 | 248 |
| 그림 8.3 종교와 정당선호의 관계 | 256 |
| 그림 8.4 종교 교파 투표 경향 | 260 |
| 그림 8.5 탈물질주의적 가치와 정당선호 관계 | 268 |
| 그림 8.6 탈물질주의적 가치 투표 경향 | 271 |
| 그림 9.1 투표선택을 예측하는 인과성 깔때기 | 278 |
| 그림 9.2 연령별 당파적 애착심 | 284 |
| 그림 9.4 분할-티켓(Split-Ticket) 투표의 성장 | 297 |
| 그림 9.5 정치적 동원 패턴 | 302 |
| 그림 9.3 정당을 동일시하는 사람의 비율 | 293 |
| 그림 10.1 이슈 분류 | 313 |
| 그림 10.2 정당의 좌파/우파 위치지정과 유권자의 자가-위치지정 | 320 |
| 그림 10.3 좌파/우파 자가-위치지정과 정당지지 | 321 |
| 그림 10.4 경제적 인식과 집권 여당 지지 | 328 |
| 그림 10.5 이슈와 후보 이미지가 투표에 미치는 영향력 | 335 |
| 그림 10.6 2000년 미국 대선 투표선호의 토대들 | 338 |
| 그림 11.1 유럽의 시민과 엘리트의 좌/우파 자가-위치지정 | 350 |
| 그림 11.2 의회 내 지역구의 영향력 | 354 |
| 그림 11.3 지역구 보수주의와 미국 의회 내 대표의 이슈 입장 | 356 |
| 그림 11.4 좌/우 척도 상에서 본 투표자와 정당 엘리트의 의견 비교 | 360 |
| 그림 11.5 세금 대 사회서비스 차원에 대한 정당 위치와 투표자 의견의 관계 | 361 |
| 그림 11.6 환경 대 경제 차원에 대한 정당 위치와 투표자 의견의 관계 | 363 |
| 그림 12.1 정부에 대한 미국인의 신뢰 | 378 |

그림 12.2 정치인들은 사람들이 생각하는 것에 관심을 갖는가?    380
그림 12.3 국가에 대한 자부심    390
그림 12.4 민주주의 지지와 정치적 신뢰에 관한 가치의 영향력    396
그림 A.1 미국 의회 내 선거구 보수주의와
        지역구 의원의 이슈입장    406
그림 A.2 미국 의회 내 선거구 보수주의와 지역구 의원의
        이슈입장(의원의 당파심을 통제한 경우)    408

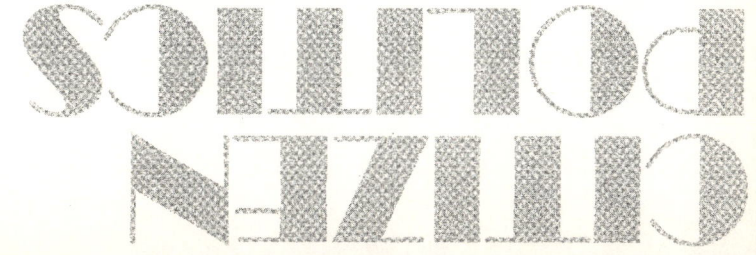

# 1장
# 서론

이 책은 당신과 나에 관한 책이다. 시민으로서 투표자로서 항의자로서 캠페인의 주역으로서 지역공동체 활동가로서 정당원으로서 정치적 관망자로서 우리는 민주주의 [정치]과정의 추동세력이다. 미국 정당의 전당대회의 호화로운 광경이나, 프랑스 농부들이 벌이는 항의의 강렬함, 미국 뉴잉글랜드 지방 타운미팅의 공동체 정신, 혹은 독일 환경단체의 헌신과 같은 것이 민주화 과정의 인상적인 이미지를 만들어낸다.

  지난 20년 동안 우리는 모두 외경심을 가지고 '인민의 힘'(people power)이 베를린 장벽을 열어젖히는 것, 남아프리카공화국의 인종차별주의를 깨부수는 것, 필리핀에 민주주의 정치체제를 복원시키는 것, 그리고 지구적 차원에서 민주화 물결을 일으키는 것을 주의 깊게 바라보았다. 과거 소련제국의 일부였던 여러 국가가 지금은 유럽연합의 멤버로서 자국 시민들에게 새로운 자유와 자유권을 제공한다. 동아시아와 아프리카 지역에도 새로운 민주주의 국가들이 생겨났다. 1990년대 민주주의 물결이 전 세계를 휩쓸고 지나가면서 민주주의 [정치]과정에 관한 낙관주의를 창출했다. 그럼에도 전 세계 국가들 가운데 반이 채 못 되는 나라들만이 실질적인 민주주의 제도와 절차를 가지고 있다. 일부 저술가들은 자유민주주의가 '역사의 종언'

을 대변한다고 볼 수 있으며, 결국 모든 국가들이 민주화될 것이라고 선언했다(Fukuyama 1992). 여론조사는 심지어 민주주의적 법체제를 결핍한 나라들에서조차도 민주주의에 대한 공중의 폭넓은 지지가 존재함을 밝혀냈다(Inglehart & Welzel 2005). 민주주의는 냉전에서 이겼고 시민들의 삶을 풍요롭게 했으며 보편적인 인간의 가치 대부분을 대변하는 듯이 보인다.

그러나 동시에 학자, 저널리스트, 다른 관찰자들은 현대 민주주의의 생명력에 관해 활발한 토론을 벌이고 있다. 새로운 정치적 도전이 등장했으며, 일부 선도적인 정치학자들은 민주주의가 위기에 처했다고 경고한다(Macedo et al. 2005; Putnam 2000). 이들 학자는 사회적 시민참여가 약화되고 있으며 불관용이 확산되고 있고 사람들은 정치인, 정당, 정치제도에 관해 회의적 태도로 변하고 있다고 설파한다. 그들은 현대 민주주의 국가들이 자국 시민들에게서 찾아볼 수 있는, 민주주의 [정치]과정의 토대들을 침식시키는 정신적 권태현상에 당면해 있다고 주장한다. 다른 이들은 민주국가의 구조와 제도에 대해, 그리고 그것들이 민주주의적 이상에 부합하는 능력이 없음을 비판한다(Zakaria 2003; Wolfe 2006).

우리가 어떻게 최선의 시기―그리고 최악의 시기―를 동시에 살아갈 수 있는가? 이 책에 앞선 4개의 판본을 통해 나는 이미 민주주의 과정에 대한 분석자들의 평가에서 밀물과 썰물이 교차함에 대해 논의한 바가 있다. 두 개의 대조적인 시각 모두 실제적이다. 민주주의는 성공을 위해 변화하고 선진화하는 역동적인 시스템이며, 세대마다 그 생존가능성에 관해 기꺼이 토론하고자 한다. 민주주의의 역동성은 긴장감과 피로감을 일으키지만 그것이 성공적이려면 민주주의 [정치]과정에 의존해야 하며 그것을 풍요롭게 만들어야 한다. 현재 민주주의에 관한 토론은 확립된 민주주의 제도를 가지고 있는 국가들이 20세기 후반기에 경험한 엄청난 사회적 변화들로부터 기인한다. 정치적 세계는 변하고 있으며 우리의 임무는 '어떻게'와 '왜'에 대해서, 그리고 그 변화들이 내포하는 의미를 이해하는 것이다.

이 책은 민주주의 [정치]과정 내에서 시민들이 맡은 역할에 초점을 맞추고 있다. 시간이 지남에 따라 그 역할이 어떻게 변화했으며, 이러한 변화들이 어떻게 민주주의의 성격을 바꾸고 있는지에 초점을 둔다는 것이다. 우리는 시민들에게 초점을 맞추고 있기 때문에 엘리트, 이익집단, 다른 정치적 행위자의 역할에 대해서는 설명하지 않는다. 동시에 공중이 전지하다거나 전능하다고 가정하지 않을 것이다. 실제로 우리는 정책적 이슈들에 관하여 (엘리트들의 실수가 존재하는 것과 마찬가지로) 공중의 무지나 실수를 보여주는 사례들을 여러 가지로 제시할 수 있다. 그런가 하면 정책수립자들이 공중의 선호를 무시하는 사례들도 꽤 있다. 민주주의 [정치]과정도 다른 모든 인간의 활동들과 마찬가지로 불완전하다. 그러나 그것이 지닌 힘은 사람들이 자기 자신의 운명에 대한 가장 좋은 판단자라는 전제에 있다. 민주주의의 성공 여부는 대체로 인민의 요구에 대한 체제의 대응과정 및 대응성과 관련하여 공중이 어느 정도나 참여하는지에 의해 가늠된다. 아들레이 스티븐슨(Adlai Stevenson)이 언급한 바 있듯이, 어떤 민주주의 국가에서든 그 나라의 국민은 (좋든 나쁘든) 자신들과 어울리는 정부형태를 갖게 된다.

논의를 진행하기에 앞서 나는 우리가 연구하고 있는 주제의 복잡성을 인정하고 싶다. 여론과 정치행태를 정확하게 일반화하는 것은 매우 어렵다. 공중은 동질성을 띠지 않기 때문이다. 공중이란 것은 단 한 개의 실체가 아니다. 어떤 나라의 공중도 수많은 개인들로 구성되어 있으며, 그 각각은 그 혹은 그녀 특유의 세계관을 지니고 있고, 정치와 관련해서는 시민의 역할에 대한 관점을 갖고 있다. 공중의 구성원들 일부는 자유주의적이며, 일부는 온건하고, 다른 일부는 보수적이다. 그들은 사회주의자거나 반동주의자 혹은 공산주의자일 수도 있고, 이것들 중 어느 것도 아닐 수도 있다. 그들은 시국정치토론의 현안이슈에 대해 각양각색의 의견을 가지고 있다. 그렇기 때문에 이슈는 성격상 논쟁적이고 정치적 결정을 필요로 한다. 일부 사람들은 엄격한 환경법규를 원하며, 다른 이들은 환경표준이 과도하다고 생각한다. 일부는 국제무역을 선호하지만 다른 일부는 그것이 주장하는 혜택에 대해 회의적이다. 이러한 모든 차이들은 공중을 대상으로 여론조사의 표본을 추출하게 되면 드러난다.

개인들 역시 그들이 정치에 쏟는 관심과 정치과정에 가지고 들어오는 개인적 경험 측면에서 차이가 있다. 비록 일부 개인들은 전업 정치활동가로 일하지만 대부분의 사람들은 적당한 정치적 관심과 야심만을 가지고 있을 뿐이다. 일부 이슈와 관련해서는 사회 내 폭넓은 스펙트럼이 개입할지 모르지만, 또 다른 이슈와 관련해서는 무관심으로 일관할 수 있다. 일반적으로는 공중의 견해가 정치의 허용범위를 규정하며, 정치엘리트들은 나머지 쟁점들을 해결한다. 엘리트가 공중이 정한 허용범위를 초과할 경우나, 특정 이슈가 민생에 즉각적으로 영향을 미칠 경우에 [시민들이 택할 수 있는] 정치적 행위의 잠재력은 상당하다. 여기서 어려운 점은 여론의 방향이 어느 쪽으로 움직일 것인지를 이해하고 예측하는 일이다.

한마디로 사회과학자들은 성격상 가장 복잡한 문제를 취급한다. 즉 인간의 행태를 이해하고 예측하는 일이 그것이다. 그러나 그것이 아주 가망성 없는 임무는 아니다. 1950년대 과학적 여론조사의 발달은 연구자들에게 소중한 도구를 제공했다. 엄선한 몇천 명의 표본을 가지고 태도와 의견의 분포에 관해 신뢰할만한 내용을 진술할 수 있다(Asher 2007). 우리는 행태를 관찰할 뿐 아니라 표본의 면접을 통해 그 행태의 동기와 예상치를 조사할 수도 있다. 게다가 우리는 개별 의견의 다양성을 검토하고자 전체 표본조사 집단을 몇 개의 하위집단으로 나눌 수도 있다.

이 책은 여론조사에 상당히 의존하지만, 우리가 공중에 관해 아는 모든 것이 여론조사 통계수치나 퍼센티지에 나타난다고 주장하지는 않는다. 통찰력이 돋보이는 정치행태에 관한 저작 일부는 질적 연구에 의한 여론연구들이다. 그러나 통찰력 있는 정치분석가조차 공중에 관해 모순적인 주장들을 내놓을 수 있다. 경험적 방법론의 가치는 유권자들이 내놓는 대조적인 진술을 비교·평가하는 구체적 전거 기준을 제공한다는 것이다. 표본조사는 시민들로 하여금 정치와 정치행위에 대해 자신의 언어로 기술을 하도록 한다. 따라서 표본조사는 사회과학자들에게 무척 소중한 연구도구를 제공하고 있는 것이다.

이 책에 제시된 [변수들 간의] 관계와 통계를 해석하는 데 도움이 되도록 우리는 새로운 통계 독본(부록 A)을 부록으로 추가했다. 이 독본은 표와 그림을 해석하는 데 길잡이가 되어 줄 것이다. 아울러 투표자 수치에서 교육적 차이를 요약하는 경우처럼 두 가지 특질들 사이의 관계를 이해하기 위해 상관관계를 파악하는 데 준거 지침이 될 것이다.

광범위한 여론조사 결과에 주목하는 이 책은 몇몇 선진 산업민주주의 국가 내 여론의 본질을 검토하고 있다.[1] 나는 개인들이 정치를 어떻게 보고 있으며, 그들이 정치과정에 어떤 방식으로 참여하고 있고, 어떤 의견을 가지고 있으며, 어떻게 경쟁적인 선거를 통해 자신의 지도자를 선택하는지에 대해 설명할 것이다. 이런 것들은 시민정치에 대한 우리의 이해를 확장시킬 것이며, 나아가 현대 민주주의 정치과정의 동학에 대해서도 이해의 폭을 확장시켜 줄 것이다.

## 비교 여론조사 연구

어떤 나라를 여행해본 사람이라면 이 책에서 이미 첫 번째 교훈을 얻었을 것이다. 인간들은 여러 면에서 차이가 있는 한편으로 공통된 신념과 가치를 공유한다는 사실이 그것이다. 게다가 우리는 비교를 통해서만 한 나라의 뚜렷한 특징을 인식하게 된다.

서구 민주국가들의 정치행태에 관한 비교연구는 몇 가지 이점을 가지고 있다. 유럽과 북미는 공통된 역사와 문화전통 덕분에 하나로 묶일 수 있다. 비록 그 나라들이 정부체제와 정당체제의 구체적인 사항에서 차이가 있을지라도 민주주의 [정치]과정과 그 과정에 참여하는 시민들의 역할에서는 광범위한 유사성을 보여준다. 따라서 비교연구적 접근은 그 나라들 모두에게 타당성 있는 정치행태의 측면을 연구하는 작업의 기초를 제공할 것이다. 사람들이 왜 민주주의 정치에 참여하는지에 대한 설명을 제공하는 일반적인 이론들은 그들의 국적과 무관하게 시민들에게 적용되어야 마땅하다. 정당선호를 설명하는 이론들이 인간 본성의 기본적인 특질들을 대변하는 경우 그것들은 미국인이나 유럽인에게도 적용할 수 있어야 마땅하다. 그러나 여론에 관한 주요 연구들 대부분은 한 국가에만 초점을 맞추고 있다.

대개의 경우 우리는 상이한 민주주의 국가들에서 유사한 행태유형을 발견할 것으로 예상한다. 그러나 우리의 이론이 전체 국가에서 유사한 기능을 수행하지 않는 경우라면 우리가 무언가 새롭고 중요한 것을 알게 되었다고 간주할 수 있을 것이다. 흔히 과학은 일반이론에 대한 예외들을 발견함으로써 발전하는 것이며, 그러한 예외가 추가적인 이론적 작업의 필요성을 촉발시키는 것이다. 이와 비슷한 법칙은 사회과학에도 적용된다.

비교분석은 정치구조가 시민들의 정치행태에 창출하는 효과도 입증한다. 일례로 한 나라의 선거시스템의 성격이 공중의 투표행태에 영향을 끼치는가? 아니면 정치기관의 구조가 정치참여의 패턴에 영향을 끼치는가? 국가들 각각은 다른 정치적 맥락에서 일반이론들을 테스트할 수 있는 '자연적인 실험환경'을 표상한다.

끝으로, 우리가 비록 특정한 나라에만 관심을 가지고 있을지라도 비교연구는 여전히 유용한 접근법이다. 오래된 히브리 수수께끼는 이 점을 설명해준다. "질문: 누가 물을 처음으로 발견했을까? 대답: 모르긴 몰라도 아마 물고기는 아니었겠지." 한 개의 환경에 몰입하는 경우 그 환경의 특성이 눈에 띄지 않거나 그것을 깨닫지 못하게 된다. 일례로 미국정치만 연구해서는 미국인들의 정치행태가 지닌 독특하고 차별적인 특성이 무엇인지 이해하기 어려울 것이다. 실제로 미국정치를 공부하는 학생들 다수는 미국이 종종 국가별 비교에서 별다른 특징을 보이지 않는다는 사실에 적이 놀랄지도 모른다. 미국의 여론은 여러모로 독특하다. 그러나 우리는 그러한 특성이 수면 위로 떠올랐을 때라야 비로소 그것을 제대로 이해할 수가 있다.

## 비교연구 대상 국가 선정

우리의 비교연구 필요성과 국가별 차이에 관한 관심 사이의 균형을 잡기 위해 이 책은 네 개 국가의 시민정치에 초점을 맞추고 있다. 즉 미국, 영국, 독일과 프랑스가 바로 네 개의 비교연구 대상 국가다.[2] 우리는 이 네 나라를 선정할 때 여러 가지 범주를 사용했다. 이들 네 나라는 많은 기준에 비춰볼 때 서구 민주국가 중에서도 주요 국가다. 인구, 영토의 크기, 경제력, 군사력, 정치적 영향력 측면에서 이들 나라는 국제사회 내에서 지도력을 발휘해왔다. 이들 중 어떤 나라의 행보라도 국제사회 내 다른 국가들 전체에 의미 있는 결과를 초래할 수 있다.

    선정의 또 다른 이유는 이들이 민주주의 정치구조에서 중요한 여러 가지 편차를 두드러지게 나타내고 있기 때문이다. 〈표 1.1〉은 중요한 차이들 일부를 요약해서 보여준다. 예컨대 영국은 통치구조상 순수한 의회제다. 민선 하원이 행정부의 수장인 총리를 선출한다. 이것은 입법부와 행정부의 권력을 융합시키는 효과를 창출하는데, 그 이유는 동일한 당과 동일한 엘리트 집단이 정부의 양부—입법부와 행정부—를 지휘하기 때문이다. 미국 정부는 포괄적인 견제와 균형을 통해 입법부와 집행부의 권력분립을 유지하는 방식의 대통령제를 유지하고 있다. 프랑스의 정치는 변경된 대통령제하에서 기능을 수행한다. 대통령은 공중에 의해 직접 선출되며, 정부의 행정부 수장인 총리 역시 직선제를 통해 선출한다. 독일은 의회제의 한 유형이다. 민선으

표 1.1 정치시스템 비교

| | 미국 | 영국 | 프랑스 | 독일 |
|---|---|---|---|---|
| 인구(백만명) | 301.1 | 60.7 | 60.8 | 82.4 |
| 1인당 GDP($) | 44,000 | 31,800 | 31,100 | 31,900 |
| 정치체제 수립연도 | 1789 | 17세기 | 1958 | 1949 |
| 정치체제 | 공화제 | 입헌군주제 | 공화제 | 공화제 |
| 정부구조 | 대통령제 | 의회제 | 변경된 대통령제 | 변경된 의회제 |
| 행정부 수반<br>선출방식 | 대통령<br>직선 | 총리<br>의회에서 선출 | 대통령<br>직선 | 총리(Chancellor)<br>의회에서 선출 |
| 입법부<br>하원 | 양원제(Bicameral)<br>House of<br>Representatives | 양원제(Bicameral)<br>House of<br>Commons | 양원제(Bicameral)<br>National<br>Assembly | 양원제(Bicameral)<br>Bundestag |
| 상원 | Senate | House of Lords | Senate | Bundesrat |
| 상원의 권한 | 동일함 | 하원 보다 약함 | 하원 보다 약함 | 주(state) 이슈에 한해 동일함 |
| 선거시스템<br>하원<br>상원 | 소선거구제<br>주별 선거 | 소선거구제<br>승계+임명제 | 소선거구제<br>교문이 임명 | 비례대표제+소선거구제<br>주(state)가 임명 |
| 주요 정당 | 민주당<br>공화당 | 노동당<br>자유민주당<br>보수당 | 공산당<br>사회당<br>녹색당<br>UDF<br>드골주의자당(UPM)<br>국민전선(NF) | 민주사회당(PDS)<br>녹색당<br>사회민주당<br>자유민주당<br>기독민주당(CDU/CSU) |

출처: 인구와 GDP 통계는 CIA World Factbook 2007에서 가져온 것이며, 표는 필자가 작성함.

로 선출된 하원(Bundestag)이 집행부의 수장인 총리(Chancellor)를 선출한다. 독일체제는 강력한 연방구조와 권력분립체제를 유지하고 있는데, 이는 의회제 정부에서는 흔치 않은 방식이다. 이 대조적인 제도적 형태가 각국 시민정치의 성격에 영향을 끼친다(Powell 2000; Lijphart 1999).

선거시스템 역시도 다양하다. 영국과 미국은 입법부의 구성원을 소선거구제로 선출하며, 선거에서 다수를 득표하면 족하다. 독일은 하원선거에서 혼합시스템을 사용하는데, 소선거구제 선거제도로 전체 의원(deputy) 수의 반은 뽑고 나머지 반은 정당명부에서 선임한다. 프랑스 선거시스템은 소선거구제에서 과반수를 확보한 의원들을 기초로 하고 있는데, 1차 투표에서 과반을 확보한 후보가 없을 경우에 2차 투표를 실시한다. 몇몇 연구는 그러한 선거제도적 장치가 어떻게 선거결과에 영향을 미칠 수 있는지를 보여주었다(Powell 2000; Taagepera & Shugart 1989).

이들 네 나라의 정당제도 역시 차이가 있다. 미국의 경우 정당 간 경쟁은 대개 민주당과 공화당 사이에서 일어난다. 양당은 다양한 정치집단들을 느슨하게 구조화된 선거용 연합체제로 결합시키는 광의의 '포괄적'(catchall) 정당이다. 이와 대조적으로 대부분의 유럽 정당들은 위계적 조직구도를 가지고 있으며 당 지도부에 의해 깐깐하게 통제되고 있다. 후보자는 우선적으로 그들의 개인적 자질보다 정당 꼬리표 덕분에 선출된다. 입법부 내에서 정당의 소속의원들은 대부분 블록 투표방식을 따른다. 유럽인들의 경우 정당 선택의 폭이 훨씬 크고 다양하다. 영국인들은 적어도 세 개의 주요 정당 가운데 [하나를] 선택하며, 독일에는 하원인 분데스탁 내에 다섯 개의 주요 [원내] 정당이 있다. 프랑스의 정당정치는 다양성 및 정치적 극단주의와 동의어다. 수십 개의 정당이 선거전에 나서며, 그들 멤버 다수가 의회 내 의석을 얻는다. 프랑스는 정치가 끊임없이 비등(沸騰)하는 나라로서 비교정치의 향취를 제공한다.

독일이 통일함으로써 이러한 국가들 사이의 대조적 사항 하나가 더 추가되었다. 서독인들은 안정적이고 선진화된 산업민주주의의 특성을 발전시켰다. 이와 대조적으로 전 동독의 주민들은 대부분의 다른 동구 나라들에서와 마찬가지로 아직도 민주주의 [정치]과정에 대해 배우고 있다. 가능한 한 우리는 우리가 실시한 교차-국가 비교연구의 범위를 확대하여 다른 선진화된 산업민주주의 국가들도 포함시킬 예정이다.

## 새로운 시민정치의 스타일

우리는 이 책에서 발견된 사항들을 이해하기 위해서 당신이 과거로 돌아가서 생각해보기를 권한다. 만약에 당신이 학생이라면 지난 20세기 후반에는 정치의 모습이 어떠했을까에 대해 생각해보라. 당신의 할아버지 세대가 당신 나이였을 때를 말하는 것이다. 1951년 이후 [미국] 헌법은 여섯 차례에 걸쳐 수정되었지만 정부 기관의 형태가 바뀌지는 않았다. 선거에서는 민주당원과 공화당원들이 경합한다. 그러나 우리가 이 책에서 주장하는 것처럼 사람과 정치가 다 변했다. 그리고 이것이 민주주의 [정치]과정을 변모시켰다.

변화하는 시민들의 정치적 행태의 성격과 특징은 제2차 세계대전 이후 서구 사회의 사회경제적 변동사항으로부터 파생되었다. 이들 서구 민주국가들은 선진화된 산업사회 혹은 후기산업사회의 새로운 형태를 집합적으로 표상하는 일련의 특징을 발전시키고 있다(Bell 1973; Inglehart 1977, 1990). 가장 급격한 변화는 경제적 조건과 연루된다. 즉 20세기 후반부에 예기치 못했던 경제적 복지가 팽창했고 제2차 세계대전 이후 몇십 년간 유럽과 북미의 경제는 경이로운 수준으로 급성장했다. 분석가들은 서독 경제의 놀라운 팽창을 두고 경제 기적(Wirtschafts-wunder)이라고 설명한다. 우리가 선정한 네 나라의 평균 소득수준은 전쟁 전 다른 어떤 시기에 비해 몇 배 이상 증가했다. 다른 표준 대부분에 비추어도 이 네 나라의 경제는 세계의 다른 부국들의 수준에 도달해 있다. 그리고 이들은 인류역사상 가장 부유한 나라다.

노동력의 재구조화는 사회변동의 또 다른 주요 원인이다. 대부분 서구국가의 농업분야에 고용된 사람들의 숫자는 극적으로 축소되었고, 산업부문의 고용은 일정하거나 또는 쇠퇴하였다. 동시에 서비스부문의 고용은 두드러지게 증가하였다. 이에 덧붙여 중앙정부와 지방정부의 팽창으로 이제 공공부문의 고용이 노동력의 중요한 부분을 차지하게 되었다. 플로리다(Florida 2003)는 새로운 창조적 계급—지식을 창조하고 지식을 활용하는 개인들—이 사회변동과 문화변동의 전위부대라고 주장한다. 오늘날 경제부문에는 당신의 할아버지 세대에 존재했던 직업 중 소수만이 여전히 살아남았다. 게다가 사회계층의 이동과 상이한 경력의 경험들이 개인의 가치와 그들의 삶에 대한 외관을 바꾸고 있다. 조립라인에서 일했던 블루칼라 산업노동자의 삶의 경험은 컴퓨터 프로그래머의 경험과 매우 다르다. 그리고 그런 차이가 그들의 가치에 영향을 미친다.

선진화된 산업주의는 일터와 근린 주거환경 맥락도 변화시킨다. 도시화는 삶의 기대치와 라이프스타일을 바꾼다. 그것은 가정과 일터의 분리가 확대되는 현상, 직업과 관심의 다양성 증가, 경력을 쌓을 기회의 범위 확대, 지리적 이동과 사회적 이동의 증대를 의미한다. 이러한 경향과 더불어 사회적 조직형태와 상호작용 방식에 변화가 발생한다. 공동체적 조직화 형태는 점차 훨씬 덜 제도화되고 더욱 자발적인 조직인 자발결사체로 대체된다. 공동체는 점점 덜 구속적으로 변해가며, 개인들은 점차 그들의 충성심을 분열시키는 복잡하고 경쟁적인 사회네트워크와 연계하게 된다. 이러한 제도적 유대관계는 점점 더 유동적으로 변하고 있다.

교육의 기회도 급속히 확대되었다. 당신의 조부모가 1945년 이전에 학교에 다녔다면 그들은 아마도 고등학교나 그 이하에서 학업을 끝내야 했을 것이다. 교육에 대한 접근은 꾸준하게 증가했으며 최소 교육기준이 상향되었고 대학 입학률은 치솟았다. 2008년 미국 젊은이의 3/4과 유럽에서는 대학연령층의 약 절반이 특정 형태의 중등과정 이상의 학교교육을 받았다. 이 경향이 현재 대다수 공중의 교육적 구성내역을 근본적으로 변화시켰다.

시민들의 정치적 정보에 대한 접근도 극적으로 증대되었다. 전자미디어, 특히 이들의 성장, 그중에서도 텔레비전이 예외적으로 성장하였다. 책과 잡지 같은 다른 정보원도 증대되었다. 더욱더 혁명적인 것은 전자정보 프로세싱, 즉 컴퓨터, 인터넷, 포드캐스트(podcasts) 그리고 이런 것들과 관련된 기술의 향상이다. 어떤 정보든 지금은 구글(Google)이 그것을 제공해주는 듯하다. 오늘날과 1950년대 정보환경은 비교가 거의 불가능하다. 정보는 더 이상 희소 재화가 아니다. 현대 정보의 문제는 계속 늘어나는 세련된 지식의 양을 관리하면서 우리 삶을 사이버 공간에 어떤 방식으로 적응시킬 수 있는지와 관련된다.

서구 민주주의 국가들 내 또 다른 주요한 변화는 사회와 경제를 보호하고 관리할 책임이 있는 정부의 역할이다. 많은 유럽 사회에는 개인을 경제적 혹은 의료적 어려움으로부터 보호하는 포괄적인 복지프로그램이 있다. 여전히 실업, 질병, 이와 유사한 문제들이 발생하고는 있지만, 사회복지국가 체제하에서 그것들의 결과는 이전의 비참했던 상황에 비하면 훨씬 덜하다. 게다가 사람들은 이제 정부에게 환경을 보호하고, 사회적 권리를 보장하며, 라이프스타일의 선택을 늘리는 책임 등 다른 새로운 의무를 지우고 있다.

많은 정치분석가가 이러한 발전 경향이 계속될 수 있는지에 대해 의구심을 품고 있다. 사방에서 정부의 사회보장 프로그램들이 축소되는 것으로 나타나고 있기 때문이다. 지구화된 경제체제 속에서 증대된 국제적 경제경쟁으로 인해 이들 국가 내에는 새로운 경제적 긴장감이 생겨났다. 냉전 종식과 동구의 민주화에 대한 환호는 재정적 부담뿐 아니라 점증하는 민족주의, 국제적 테러, 인종갈등에 의해 무색해졌다. 일부 탄탄한 민주주의 국가는 경제문제가 반동 정치집단을 소생시킬세라 걱정하고 있다.

제2차 세계대전 이후 나타났던 기적적 경제성장은 이제 옛 이야기처럼 들린다. 선진 산업민주주의 국가의 변형은 풍요의 정치 그 이상과 연루되고 있다. 직업구조와 사회구조에서의 변화가 계속되고 있고 그것과 더불어 삶의 조건과 스타일에서도 변화가 일어나고 있다. 확대된 교육의 기회는 근대사회의 항구적 특질이다. 정보혁명은 계속 진행 중이며 경이로운 속도로 진전되고 있다. 선진 산업사회는 그들의 1950년대 상황과는 굉장히 다른 모습이며, 변화는 향후 몇십 년에 걸쳐 비록 속도가 약간 늦춰지기는 하겠지만 지속될 것으로 예상된다.

이 책은 이러한 사회변화의 한 가지 결과가 바로 시민들의 새로운 정치 스타일의 발전이라고 주장한다. 나의 전제는 이들 나라의 사회경제적 특성들이 변함에 따라 공중의 성격도 함께 변한다는 것이다. 더 많아진 교육의 기회는 정치적 기술과 자원 면에서의 성장을 의미하며 민주주의 역사상 가장 세련된 공중을 만들어낸다. 변화하는 경제조건은 공중의 관심 이슈를 재정의한다. 사회적 네트워크와 제도적 충성심의 약화는 전통적인 정치제휴 및 투표패턴과 결합되고 있다. 현대 공중과 현대 민주주의 정치는 지난 몇십 년 사이에 극적으로 변화하였다(Dalton 2007a, 1장).

이 새로운 시민정치 스타일들이 항상 혹은 반드시 함께 연계되는 것은 아니다. 일부 요소들은 잠정적인 성격일 수 있으며, 어떤 것들은 우연의 산물일 수도 있다. 그럼에도 몇 가지 특질이 현재 새로운 시민들의 정치행태 패턴을 규정하면서 공존하고 있다. 나의 목표는 이 책을 통해 바로 이러한 새로운 정치적 사고와 행동 패턴을 체계적으로 설명하는 것이다.

새로운 시민정치의 한 가지 측면은 정치참여다(2~4장). [이제] 공중이 경제적·정치적 결정수립 과정에 더 많이 참여하는 것이 중요한 사회적 목표가 되었다. 선거에 참여하는 것은 가장 보편화된 형태의 정치참여 방식이다. 그러나 이것은 대부분의 국가에서 쇠퇴하고 있다. 동시에 항의(protest), 시민행동그룹(citizen action groups), 보이콧, 논쟁적 참여가 증가하고 있다. 시민들은 훨씬 더 적극적인 주체로 존재하며, 자신의 삶에 영향을 미치는 결정에 대해 점점 더 발언권을 요구할 것으로 보인다. 새로운 시민정치 스타일은 민주주의 [정치]과정에 좀 더 적극적으로 참여하는 것을 반영하고 있다.

또 다른 광범위한 변화영역은 공중의 가치 및 태도와 연루되고 있다(5장과 6장). 산업사회는 풍요와 경제적 안전을 제공하는 것이 목표이고, 선진 산업주의의 성공은 많은 부분 사회의 기본적인 경제적 필요를 만족시킨다. 이에 따라 새로운 정치적 목표로 자신의 관심을 전환하는 사람들이 생겨난다(Inglehart 1990, 1997). 이러한 목표 중 몇몇은 선진 산업민주주의 국가들에 공통으로 나타나는데, 사회적 평등, 환경보호, 핵에너지의 위험, 성적 평등, 인권 등이 그러한 목표다. 일부 국가의 사례에서 보듯이 역사적 조건은 이러한 특정한 국가적 문제에 초점을 맞추고 있다. 예컨대 미국의 인종적 평등, 영국과 프랑스의 지역갈등 같은 것들 말이다. 이러한 이슈 중 여럿은 하나의 대안적 정치 어젠다 속으로 엉성하게나마 편입되고 있다. 따라서 이 대안적 정치 어젠다는 새로운 시민정치 스타일의 또 다른 요소로 등장한다.

당파정치의 성격도 변화하고 있다(7장에서 11장). 최근까지만 해도 정당에 관한 비교연구는 민주주의 정당시스템의 안정성을 강조해왔다. 이 상황이 변했다. 이제 우리는 서구 대부분의 정당시스템에서 더 큰 파편화와 휘발성을 발견하게 된다. 투표행태에서 계급 간 차이가 쇠퇴하는 것은 투표의 사회적 기반이 일반적으로 침식하는 현상을 반영한다. 선거연구는 이들 대부분 나라의 공중들이 특정 정당과 자신을 동일시하는 현상이 쇠퇴하고 있고, 정당과 점점 더 멀어지고 있음을 확인시켜주고 있다. 이러한 패턴은 현대 정당시스템의 부분적 탈제휴(dealignment) 현상을 드러내준다(Dalton & Wattenberg 2000).

이러한 경향은 부분적으로 정치 어젠다에 새로운 이슈가 더해진 결과이며 기존 정당들이 이러한 이슈에 대응하려고 애쓴 결과다. 유럽 전역에 신좌파 노선의 녹색당에서부터 민족주의적인 극우파에 이르기까지 새로운 정당들이 부상했다. 그런가 하면 미국에서는 새로운 정치운동 집단들이 민주당과 공화당에 접근을 시도하고 있다. 현대 공중의 변화하는 성격은 정당의 휘발성 역시도 증가시킨다. 과거 비세련된 투표자들은 정치적 결정을 하기 위해서 안정된 사회-집단적 단서와 당파적 단서에 의존하였다. 전통적인 집단의 영향력과 정당에 대한 충성심이 감퇴함에 따라 이슈와 다른 단기적 요인이 점점 더 중요한 투표행태의 토대가 되어가고 있다. 새로운 시민정치 스타일은 더욱더 이슈—지향적이고 후보—지향적인 유권자의 모습을 보여준다.

끝으로, 정부에 대한 공중의 지향은 새로운 민주주의의 역설을 나타낸다(12장). 새로운 이슈가 어젠다에 편입되었고, 민주주의 [정치]과정은 더욱 포섭적인 성격이 되었으며, 정부는 포괄적으로 삶의 질을 개선하였다. 비록 사람들이 정부에 대해 더욱 비판적으로 변했다 할지라도 말이다. 새로운 이슈, 새로운 참여패턴과 관련된 갈등이 이러한 경향을 부분적으로 설명해준다. 이에 덧붙여, 자기실현과 자율성을 강조하는 가치 우선순위의 등장은 엘리트가 통제하는 관료제, 정당, 거대 이익집단과 같은 위계적인 조직들에 대한 회의주의를 만들어내고 있다.

정치학도가 재빠르게 배우는 것 한 가지는 진지한 조사연구자들이 유사한 증거자료에 근거하여 상이한 결론에 도달할 수 있다는 사실이다. 많은 사람이 이 책의 전제인 정치변동에 대해 의문을 제기한다. 예컨대 유럽의 여론 경향을 바라보면서 한스-디이터 클링지만은 다음과 같은 결론에 도달하고 있다: "우리가 테스트한 가설들은 시민과 국가 사이의 관계에 근본적인 변화가 일어났다는, 대의민주주의에 대한 도전을 선동하는 전제에 근거하고 있다… [그러나] 우리가 시민들과 국가의 관계에서 발생했다고 가정했던 근본적인 변화는 일어나지 않았다"(1995, 429). 이 책을 집어들었다면 바로 이런 회의적인 입장에서 읽기 시작하라. 그리고 당신 스스로 이 책에 제시된 증거자료들이 이 견해를 지지하는지 판단해보라.

나 자신은 지금이야말로 사람들이 생각하는 것, 느끼는 것, 정치에서 행하는 것을 연구하기에 정말 신나는 시점이라고 생각한다. 연구자, 학생, 기타 시민들의 수수께끼는 민주주의가 그것의 새로운 맥락에서 어떻게 제구실을 할 것인지를 이해하는 것이다. 새로운 시민정치 스타일이 발전하면서 선진 산업민주주의 국가들의 정치시스템에 새로운 긴장관계들이 조성된다. 항의, 사회운동, 퇴색되는 당파심, 정치적 회의주의 등이 전통적 정치질서를 붕괴시키고 있다. 새로운 이슈에 대한 관심과 새로운 시민참여 양식에 대한 적응은 아마도 어려운 과정일 것이다. 이제 더 많은 사람이 민주주의적 이상을 진지하게 받아들이고 있으며 정치시스템이 이러한 민주주의 이상에 부응하기를 기대한다. 아울러 민주주의는 어떤 완결된 상태가 아니며 하나의 진화적 과정이라고 믿는다. 나는 새로운 시민정치 스타일을 [민주주의의] 생명력을 보여주는 하나의 신호, 민주주의 사회가 자신들의 민주주의적 목표를 향해 더욱 전진하는 하나의 기회로 이해한다.

## 독서 목록

Baker, Wayne. 2004. *America's Crisis of Values: Reality and Perception*. Princeton: Princeton University Press.

Dalton, Russell&Kingemann, Hans-Dieter. eds. 2007. *Oxford Handbook of Political Behaviour*. Oxford: Oxford University Press.

Florida, Richard. 2003. *The Rise of the Creative Class: And How It's Transforming Work, Leisure, Community, and Everyday Life*. New York: Basic Books.

# 제 I 부
# 정치와 공중

2장
# 대중 신념의 본질

최근 《로스앤젤레스타임즈》는 미국인들의 팝(pop) 문화 지식 대(對) 정치 지식을 검증하는 여론조사에 대한 기사를 게재했다. 이 조사에 따르면 더 많은 미국인이 미국 대법원의 판사 이름 둘을 대는 것보다 백설공주에 등장하는 일곱 난쟁이의 이름 두 개를 댈 수 있었다. 많은 미국인이 영국 총리의 이름보다 해리 포터 시리즈의 영국인 저자 이름을 더 잘 알고 있었다. 더 많은 사람이 미국 정부 부처의 이름보다 '세 얼간이'(Three Stooges)*의 이름을 알고 있었다.

   이 기사 그리고 이와 유사한 다른 기사들은 지속되는 민주주의 국가 공중의 정치적 능력—공중의 지식수준, 이해도, 정치에 대한 관심 등—에 관한 토론의 이유를 설명해준다. 투표자들이 유의미한 결정을 하기 위해서는 이슈에 관한 사항이나 그들이 결정하려고 하는 것에 대한 선택사항을 이해해야만 한다. 시민들이 대표의 행위에 영향력을 행사하거나 통제하려고 한다면 정치시스템의 작동방식에 대해 이해하고 있어야만 한다. 요컨대 시

---

\* 세 명의 코미디언이 출연했던 전설적인 TV코미디 시리즈.

> CSD Home » Resources » Virtual Library on Democracy
> **Virtual Library on Democracy**
> The following links provide access to a variety of internet information sources dealing with issues of democratization and democratic politics. The listing includes is broadly international in its content, including b international sources.
>
> CH AND PUBLICATIONS »An Introduction and Guide to Virtual Library
> CH SOURCES »         Data Archives
> TE FELLOWSHIPS »     Government Websites
> S OF THE CENTER »
> G RESEARCH FELLOWS  Political Institutes and Libraries
> ATIONAL EXCHANGE
>                      Political Parties and Elections Information
>                      Legislative Resources
>                      Judicial Resources
>                      Documents on Democracy
>
> The Center for the Study of Democracy · University of California, Irvine
> 3151 Social Science Plaza · Irvine, CA 92697-5100
> (949) 824-2904    Contact Us
> Last Updated: Mar 01, 2007

### 인터넷 자료 소개

여론, 정당, 민주주의에 관한 다양한 자료를 참고하려면 캘리포니아대학에서 운영하는 '민주주의 가상도서관'을 방문해보라. http://www.democ.uci.edu/resources/guide.php

민정치가 합목적적이려면 유권자들이 적어도 정치적 기술에 대해 기본적 수준의 지식을 갖고 있어야만 한다는 것이다.

투표자의 세련화 정도를 검토하는 일은 이 책에서 제시된 여론 데이터에 대한 우리의 이해수준을 향상시킨다. 여론은 지식의 깊이와 확신을 어느 정도로 담고 있는가? 여론조사의 응답이 이슈에 대한 논리적 판단을 대변하는가, 아니면 개인들이 현관에서 맞닥뜨린 면접자 때문에 즉흥적으로 행해진 판단인가? 일반적으로 공중에게는 정보를 결여한 사람이라는 딱지가 붙는다. 특히 여론이 질문자 자신의 견해와 불일치할 때 그러한 일이 벌어진다. 역으로 공중이 그의 입장을 지지할 때는 그보다 현명할 수가 없다. 우리가 여론조사에서 얻은 경험적 증거에 기초하여 이 양자의 입장이 갖는 장점을 판단할 수 있을까?

공중의 정치적 능력에 대한 토론은 주요 정치행태 연구 논쟁들 가운데 하나다. 이 논쟁은 민주주의 국가가 그들의 정치적 이상을 실현하는 데 요구되는 공중의 세련화 수준이 어느 정도인가라는 규범적 가정과 결부되고 있으며, 또한 공중이 이러한 가정을 충족시키는지를 보여주는 자료를 평가하는 일과 관련된 차이와도 결부되고 있다.

## 수퍼시티즌

정치이론가들은 오랫동안 민주주의는 공중이 높은 수준의 정치적 정보와 세련화를 가지고 있을 때 작동이 가능하다고 주장했다. 밀(Mill), 로크(Locke), 토크빌(Tocqueville)을 비롯하여 많은 이론가가 이러한 공중의 특질을 성공적인 민주주의 시스템에 요구되는 중요한 요소로 보았다. 이론가들 대부분은 시민들이 정치시스템을 지지해야 하며 다원주의, 자유스러운 표현, 소수자 권리와 같은 민주주의적 이상들에 대한 깊은 신념을 공유해야 한다고 주장하였다(12장을 보라). 만약 그렇지 않다면 미혹되었거나 부도덕한 엘리트가 정보를 결여하고 비세련된 유권자들을 조종할 수가 있을 것이기 때문이다. 한마디로 이러한 이론가들은 일종의 수퍼시티즌 모델을 가정했던 것이다. [이 모델에 따르면] 공중은 반드시 민주주의가 생존하기 위한 시민적 미덕의 귀감이 되어야만 한다.

이 민주주의적 수퍼시티즌이라는 이상은 종종 미국의 유권자들에 빗대어 설명되었다.[2] 알렉시스 드 토크빌(1966)이 19세기에 미국에 대해 설명할 때 미국인들의 사회적 관여와 공동체 관여를 극찬했기 때문이다. 미국의 초창기 투표자들은 선거 캠페인 시기에 열리는 자극적인 정치토론을 갈망했다고 추정되며 상당수의 사람이 정치집회에 모여들었다고 한다. 뉴잉글랜드 타운홀 미팅은 미국 정치적 정신의 전설적인 실례가 되었다. 선거 일선에서조차 잡화상의 소박한 얘기들에 관한 대화들이 정치적 사안들에 대한 심오한 관심과 우려를 보여준다고 주장되기까지 했다.

초기의 민주주의 규범들은 유럽적 기원이 있는 한편, 역사는 많은 유럽 국가의 시민들에 대해 다소 덜 긍정적인 그림을 보여주었다. 투표권 부여는 유럽인들 대부분에게 한참 나중인 20세기 초까지 지연되었다. 영국정치의 귀족적인 제도들과 존경의 전통은 투표행위를 넘어서는 공적 참여를 제한하였으며 적극적 유권자의 범위를 심각한 수준으로 한정하였다. 프랑스는 프랑스혁명의 과도함이 대중참여의 원칙에 대해 의구심을 제기하였다. 이에 덧붙여 정치시스템의 불안정성은 '공적 행위에 대한 거부감'을 일으켰다고 가정되었으며 국민은 정치토론과 정치적 간여를 회피하였다.

    독일은 공중 속에서 민주주의 규범들이 발전하지 않으면 어떤 일이 뒤따르게 되는지를 가장 생생하게 보여주었다. 빌헬름제국(1871~1918)의 권위주의 정부는 국민은 존재만 할뿐 의견을 말할 수는 없다고 교육했다. 민주적인 바이마르 공화국(1919~1933)은 독일 민주주의 역사 속에서 짧고 시끌벅적한 간주곡이었다. 그러나 바이마르 공화국 시기 인민의 민주주의 규범이 허약했던 것은 시스템 붕괴와 나치의 등장에 기여했다. [그 뒤 몇십 년 동안 많은 사회과학자는 독일인들이 왜 민주주의가 실패하도록 허용했으며 히틀러 제3제국의 공포정치가 이를 대체하도록 허용했는지에 대해 답을 찾아보려고 애썼다.] 그러나 마침내 강력한 민주주의 문화가 전후 독일연방공화국에서 발흥하면서 독일의 민주주의는 번성하게 되었다. 이러한 역사적 경험을 통해 세련되고 개입된 민주적 공중이 민주주의 성공에 필수요건이라는 믿음이 강화되었다.

## 비세련된 시민

1950년대와 60년대에 시작된 과학적 여론조사는 정치이론가들과 사회논객들의 통찰을 넘어서는 첫 번째 기회를 제공했다. 드디어 우리는 민주시민의 고상한 이미지를 현실에 비추어 검증할 수 있었다. 공중 자신으로부터 직접적으로 의견을 청취하게 되었기 때문이다.

    초기의 여론조사는 고전적인 민주주의 이미지와는 대조적인 시민들의 있는 그대로의 모습을 보여주었다. 공중의 정치적 세련화 수준은 수퍼시티즌 모델의 기대치와 상당한 차이가 있었다. 사람들 대부분은 이따금씩 중앙

선거와 지방선거에서 표를 던지는 것 이상의 정치적 관심과 관여 수준을 넘지 못했다. 게다가 사람들은 자신의 정치참여 의미에 대해 거의 이해하지 못하고 있음이 분명했다. 유권자들이 특정 후보와 이슈입장에 대해 이성적 평가를 하고 그에 준해 투표하는지도 분명치 않았다. 반면 투표는 집단적 충성심과 인성적 고려에 의해 조건화되었다. 이 영역의 중요한 저술은 다음과 같은 사항들을 간명하게 요약해주고 있다.

> 우리 데이터는 통상 민주주의의 성공적 작동요인으로 간주된 몇 가지 필요요건들이 '보통' 시민들의 행태와 들어맞지 않는다는 점을 보여준다. …많은 사람은 투표에 실질적으로 관여하지 않는다. … 시민은 선거유세의 세부내용에 관해서 별로 잘 알지 못한다. … 엄격한 의미에서 혹은 좁은 의미에서 투표자들의 합리성 수준은 그다지 높지 않다 (Berelson et al. 1954, 307~10).

기념비적인 연구인 『미국의 투표자』(The American Voter)는 이러한 초기적 발견사항들을 입증하였다(Campbell et al. 1960). 캠벨과 그의 동료들은 미국 유권자의 이념적 이해의 결여에 관한 자료를 제공했다.

대중의 신념체계에 대한 영향력 있는 연구를 통해 콘벌스(Converse 1964)는 정치적 세련화 정도를 측정하는 범주들을 선정하였다. 〈그림 2.1〉에 모델로 제시된 것처럼 콘벌스는 개인의 정치적 신념의 근저(根底)에 하나의 [이념적] 기본 구조가 놓여 있다고 주장하였다. 자유주의나 보수주의와 같은 이념들이 적어도 최상의 세련화 수준에서만큼은 이러한 구조를 제공한다고 간주하였다. 이에 덧붙여 콘벌스는 개인들의 이슈입장 사이에 제약적 특성이 존재할 것이라고 주장했다. 제약적 특성은 특정 이슈들과 핵심적 신념의 연계 강도와 이슈들 간의 상호관계를 통해 측정하였다. 한 이슈에 대해 자유주의적 태도를 보인 사람은 다른 이슈들에 대해서도 자유주의적일

**그림 2.1** 구조화된 신념체계 모델

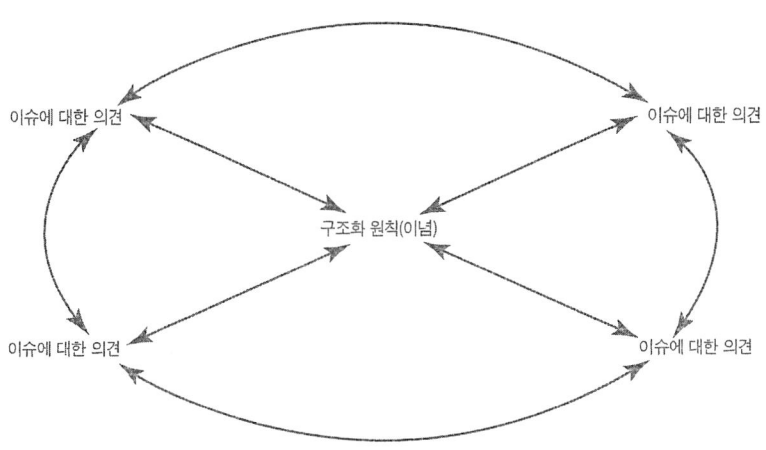

것으로 기대되었다. 더욱이 한 이슈에 대한 의견은 다른 신념들과 이념적으로 (혹은 적어도 논리적으로) 일관성을 보일 것으로 기대되었다. 끝으로 콘벌스는 이슈에 대한 의견들은 시간이 경과해도 상대적으로 **안정적일 것이기** 때문에 투표자들의 행태는 그들의 굳은 신념에 의해 일관되게 이루어질 것이라고 말했다. 총체적 결과는 모형도에서 묘사된 것과 같은 단단히 구조화된 신념체계일 것으로 보았다.

이 모델을 검증하는 과정에서 콘벌스는 이러한 범주들 대부분에 미국인들이 결핍을 보인다는 점을 발견했다. 첫째, 여론은 분명히 일반적 이념구조를 결여했다. 대부분의 개인은 정치 현상을 판단할 때 자유주의/보수주의 혹은 자본주의/사회주의와 같은 폭넓은 이념틀에 의존하지 않았다. 콘벌스는 미국 공중의 1/10이 채 안 되는 사람들만이 자신의 신념체계를 구조화시키는 데 이념적 개념을 사용했다고 밝혔다. 둘째, 서로 연계될 것으로 추정되는 이슈들 사이에 미약한 관계성이 존재하는 것으로 나타났다. 예컨대 투표자들은 정부의 특정 정책프로그램을 위한 지출을 선호하면서도 세율이 너무 높다고 느끼고 있었다. 셋째, 이슈에 대한 신념은 시간의 흐름에 따라 안정성을 보이지 않았다. 동일 표본집단을 1956년 1958년 1960년에 시계열차로 조사했는데 많은 사람의 의견이 변덕스러운 차이를 보이는 것으로 나타났다. 이념구조, 제약성, 안정성의 결여를 발견한 콘벌스는 여론조사들이 종종 '비태도들'(nonattitudes)을 연구하고 있다고 결론을 내렸다(Converse 1970). 장기적으로 관심을 끄는 정치이슈에 관한 한 많은 투표자가 정보에 근거한 의견은 물론 다른 어떤 의견도 결여하고 있음이 분명히 드러났다.

『미국의 투표자』에서 캠벨과 그의 동료들은 유권자들이 "정부가 취하는 행위의 합리성 여부를 판단할 능력이 거의 전무하다. 특수한 정책들과 그것들이 어떻게 해서 입안이 되었는지 거의 아는 바가 없어서 대다수 유권자들은 정부의 목표 혹은 그러한 목표를 달성하기 위해 선택된 수단의 적합성에 대해 평가할 수가 없다"고 결론 내렸다(Campbell et al. 1960, 543). 곧이어 다른 후속연구들이 많은 사람이 자신이 뽑은 대표자의 이름도 모르며 정부의 기관들과 친숙하지 않고 정치과정의 동학에 대해 이해하지 못한다는 것을 보여주었다.

미국 투표자의 이미지는 새로운 최저점에 도달했고, 후발연구는 이것이 조금도 변하지 않았다고 주장한다(예컨대 Caplan 2007; Bartels 2003). 몇 개의 연구조사는 시간이 지나도 정치적 정보력은 향상되지 않았으며, 젊은이들이 점점 더 정치에 관심을 두지 않고 정치에 관한 정보를 결핍하기 때문에 정보력이 더욱 떨어질 것이라고 주장한다(Delli Carpini & Keeter 1996; Wattenberg 2006). 모두에 언급한 《로스앤젤레스타임즈》의 기사는 이러한 증거의 전형이다.

비세련된 시민이라는 이미지는 서유럽 시민들에게도 똑같이 적용할 수 있을 듯하다. 혹자가 선거율 이외의 수치로 눈을 돌린다면 유럽인들의 정치참여가 미국인들의 경우보다 더 낮다는 점을 빈번히 발견하곤 한다

(Almond & Verba 1963; Verva, Nie & Kim 1978). 유럽인들도 현안 이슈에 관해 잘 구성된 의견을 결여하였다(Converse & Pierce 1986, 7장; Butler & Stroke 1969). 영국국민 60퍼센트는 정치에 적용된 좌파와 우파의 용어상 차이를 인식하지 못했다. 또한 비태도(inattitudes)*—관련 이슈들에 관한 의견 간의 약한 연계관계, 그리고 시간 경과에 따라 높게 나타나는 의견의 불안정성—의 지표들도 명시적이었다.

다른 연구는 공중의 정치적 관용에 대한 신념과 민주적 과정의 토대가 되는 가치들을 가지고 있는지에 의구심을 제기했다. 일반 공중은 추상적인 차원에서 민주주의적 이상에 대한 지지를 보여주었을 뿐, 공산주의자, 나치, 무신론자, 일반적 사회 규범에 따르지 않는 정치적 비순응자들과 같은 실제적인 정치집단과 운동에 적용시킬 경우 지지를 거두었다(Prothro & Grigg 1960; Stouffer 1955; McClosky 1964; McClosky & Brill 1983). 경험적 현실은 명백히 민주주의적 이상에 들어맞지 않았다.

## 엘리트주의 민주주의 이론

시민 대부분이 고전적 민주주의 이론의 요구사항과 부합하는 행태를 보이지 않는다는 사실을 발견한 덕택에 정치학자들은 어떤 역설에 부딪혔다. 대부분의 시민이 '좋은' 민주시민이 못되었음에도 미국과 영국 같은 민주주의 국가들이 여러 세대에 걸쳐 존속하였기 때문이다. 학자들이 이러한 연구조사 결과를 실증적인 방식으로 해석함에 따라 점차 엘리트주의 민주주의 이론이 발전하였다(Berelson, Lazarsfeld & McPhee 1954, 313~23; Almond &

---

\* 앞의 53쪽에 나오는 'nonattitudes'와 여기 나오는 'inattitudes'는 사실상 동일한 것을 지칭하므로 원문의 용어 구별에도 불구하고 '비태도'로 통일하여 옮긴다.

Verba 1963, 15장).

　이 엘리트주의 이론은 공중이 지니고 있다고 가정된 한계를 민주주의 정치의 강점으로 전환시켰다. 그것은 모든 사람이 항상 모든 이슈에 대해 적극성을 띤다면 민주주의 정치는 작동이 불가능한 것으로 판명될 것이라고 주장하였다. 바이마르 공화국을 파괴한 원심력의 이미지들이 아직도 그들의 마음속에 생생하였다. 이것이 과도한 참여가 초래할 효과에 관한 근심을 일반화시켰던 것이다. 이 학자들의 모범적인 시민모델은 "적극적인 시민이 아니라 잠재적으로 적극적인 시민"이었다(Almond & Verba 1963, 347). 그들은 사람들이 정부에 영향력을 행사할 수 있다고 믿는 한편으로, 특정 이슈의 중요성이 충분히 느껴질 때만 참여의 노력을 기울여야 한다고 주장했다. 그러나 이러한 잠재력을 실감하는 사람은 거의 없다. 실제 행동과 잠재력 사이의 간격은 정치엘리트가 공중의 관심을 염두에 두고 자신에게 요구되는 결정을 하는 데 필요한 자유를 갖도록 보증한다고 추정되었다.

　이 이론의 다른 요소는 공중의 이질성을 강조했다. "일부 사람들은 정치에 높은 관심이 있고 가져야 하지만 모든 사람이 그럴 필요는 없다"(Berelson et al. 1954, 315)는 것이다. 이러한 관점에서 정치시스템의 감응성(感應性)은 적은 수의 적극적인 시민들과 정치엘리트가 보증하였다. 나머지 공중은 깨끗이 잊고 정보와 정치과정에서 제외된 채로 남았다. 관여하는 자와 무관심한 유권자들의 혼재가 민주주의 시스템의 안정성과 융통성을 보증한다고 알려졌다.

　엘리트주의 민주주의 이론은 정치적 삶의 현실적 증거로부터 도출되었다. 적어도 여론조사 연구의 견고한 증거로부터 도출되었다. 그러나 그것은 정말 비민주적인 이론이다(Barber 1984를 참조하라). 그 이론은 "민주시민은 … 반드시 적극적이어야 하는 한편으로 수동적이어야 한다, 관여해야 하는 한편으로 비관여적이어야 한다, 영향력을 행사하는 한편으로 [관에 대해서] 공손해야 한다"(Almond & Verba 1963, 478~79). 이렇듯 민주주의의 가치와 목표들은 적어도 부분적으로는 산더미 같은 연구조사 데이터에 때문에 그 존재가 유명무실해졌다.

이 새로운 강령을 수용하면서 일부 분석가들은 민주주의 [정치]과정에 관한 극단적인 엘리트모델을 정당화하는 데 이 증거들을 사용했다(Dye & Ziegler 1970; Crozier et al. 1975; Huntington 1981). 공중에 대한 이런 식의 비판은 시민들의 행동주의가 비민주적이고 잠재적 불안정을 초래하는 원인임을 암시했다. 다이와 지글러는 다음과 같은 경솔한 주장을 내놓았다.

> 민주주의의 생존은 민주주의에 대한 대중들의 폭넓은 지지보다는 오히려 민주주의적 이상에 대한 엘리트들의 신념에 좌우된다. 대중의 정치적 무관심과 비참여는 민주주의의 생존에 기여한다. 다행스럽게도 민주주의에 관한 한 비민주적인 대중들은 일반적으로 엘리트들보다 [정치에] 훨씬 더 무관심하다(Dye & Ziegler 1970, 328).

따라서 지지를 보내면서 묵인하는 공중이 정치시스템의 유연한 기능 수행을 보증한다면 개인은 사실상 비관여하는 상태로 남아 있어야 할 의무가 있다. 1960년대와 70년 초반의 소란스러운 시기에 공중이 정치엘리트들에게 도전을 가하기 시작했을 때 이들 정치학자는 민주주의가 정치엘리트들을 너무 심하게 닦달하지 않는 추종적인 공중을 필요로 한다고 주의를 환기시켰다. 그리고 과잉 민주주의는 민주주의 [정치]과정을 위협할 수 있다고 주장했다(Zakaria 2003).

이러한 주장들에도 불구하고 나는 엘리트주의 이론이 민주주의 [정치]과정이 지닌 복잡성을 간과하고 있으며 경험적 결과에 대해 비세련된 견해를 택하고 있다고 믿는다. 예컨대 이 이론은 정치엘리트 사이에 존재하는 비일관성들을 무시하고 있다. 미국 의회의 구성원들은 규칙적으로 공식적인 예산의 한계선들을 승인하지만, 다음 입법안에 동일한 한계선이 적용되는 것과 관련해서는 교묘히 회피하는 행동을 한다. 한편으로는 범죄를 줄이기 위한 엄혹한 조항들을 승인하는 법안에 투표하고, 다른 한편으로는 공격무기 금지 법안에 거부권을 행사하는 것이다.[3] 엘리트에 관해 말할 때 그러한 비일관적인 행동은 정치의 복잡성을 설명하는 예로 제시될 수 있을 것이다. 하지만 공중의 입장에서 볼 때 이러한 것들은 엘리트들의 세련화가 미흡한 신호로 보일 것이다. 이에 덧붙여, 근래 들어 공중의 능력에 대한 엘리트주의자들의 비판은 규범적 근거와 경험적 근거 양 측면에서 도전에 직면하게 되었다.[4] 공중의 능력에 대한 그림은 이전 여론조사 연구가 그랬던 것처럼 황폐한 수준은 아니다. 우리의 과학적 지식이 증대함에 따라 시민들이 실제로 자신의 정치적 결정을 수립하는 방법에 대한 이해 수준 또한 높아졌다.

## 정치적 세련화 논의 재검토

과거 비세련화된 유권자 관련 기술에 대한 우리의 도전은 몇 가지 사항에 근거하고 있다. 선진 산업사회는 전후 시기 동안 공중의 정치적 능력을 증대시키는 심오한 정치적·사회적 변동과정을 겪었다. 이에 추가해서 우리는 현재 여론조사 연구의 방법론적 강점과 약점에 대해 훨씬 더 향상된 지식을 가지고 있다. 끝으로 가장 중요한 점은 과거 연구들로부터 유권자들이 실제 어떻게 투표를 하며 정치적 사안에 대해 어떻게 생각하는지를 이해할 수 있는 풍부한 자료를 확보하였다는 사실이다. 아래에 예시한 것은 확보된 사실을 재정리한 것이다. 이들 각각에 대해 살펴보도록 하자.

### 1) 인지적 동원

1950년대 (혹은 그 이전의) 공중이 제한된 정치적 능력과 자원을 가지고 있었다면 현재 공중들은 이 점에서 상당히 다르다. '인지적 동원'(cognitive mobilization) 과정은 공중의 총체적 정치세련화 수준을 상향시켰다(Dalton 2007a; Inglehart 1990). 이 인지적 동원과정은 두 가지 분리된 부분을 가지고 있다. 첫째는 정치적 정보를 수집하는 능력이고, 둘째는 정치적 정보를 처리하는 능력이다.

과거에 보통 시민은 정치적 정보를 획득하는 데 어려움을 겪었을 수도 있다. 과거에도 혹자는 신문과 잡지를 읽을 수 있었지만 그것은 시간 소모적이다. 특히 교육을 덜 받은 공중의 경우에는 그러하다. 특히 유럽의 경우에 인쇄매체는 질이 불균등했으며 많은 대중신문은 스캔들을 뿌리는 종잇조각 수준에 지나지 않았다. 오늘날 정치뉴스의 보급과 다양성은 거의 무제한적인데, 이것은 비교적 최근의 발전상이다.

대중매체의 확산, 특히 텔레비전의 확산은 이러한 변화의 가장 분명한 사례다(Norris 2000; Prior 2007). 1950년대 초만 해도 텔레비전이 대부분의 미국인에게 하나의 진귀품이었고 유럽인 대부분에게도 사치품이었을지라도 말이다. 1950년대에 미국 가정의 절반 정도가 텔레비전을 보유했고 영국과 프랑스에서는 10퍼센트 서독에서는 5퍼센트 이내였다. 다음 20년 동안 텔레비전의 확대 보급은 점차 공중이 정치정보의 원천으로서 그것에 의존하는 경향과 밀접히 맞물렸다(〈그림 2.2〉 참조). 1952년 미국 선거에서 유권자 51퍼센트가 정보원으로서 텔레비전을 사용하였다. 1960년이 되자 이 의존비율은 정치정보의 경우 약 90퍼센트의 고지에 도달했다. 1961년 서독의 공중은 단지 50퍼센트만이 텔레비전으로부터 정치정보를 얻었으며, 1974년이 되자 독일인도 90퍼센트의 고지에 도달했다. 영국과 프랑스의 가용한 데이터 역시 이와 유사한 패턴을 보여준다.

텔레비전 시청이 증가하면서 그것이 제공하는 정치정보의 양도 증가하였다. 현재와 같은 표준적인 미국의 30분짜리 저녁뉴스는 1963년에야 비로소 시작되었다. 그때 이래로 뉴스와 정치사안에 집중하는 텔레비전 프로그램 편성 기술과 그것에 대한 시청자의 관심이 증대되었다. 오늘날 뉴스 송출은 즉각적이고 전 세계적 규모로 이루어진다. 현재 대부분의 미국인은 일주일 내내 뉴스에 24시간 접근할 수가 있다. CNN, MSNBC, C-SPAN, 그리고 다른 유선채널들이 풍요로운 미디어 환경을 창출했다. 프라이어(Prior 2007)는 미디어 선택권의 확장이 정치정보의 전체 소비를 늘렸지만, 가장 관심이 있는 계층과 가장 관심이 없는 계층 간의 정보 불평등을 증가시켰다고 알려준다. 가장 관심이 있는 계층은 24시간 뉴스를 찾지만, 그렇지 않은 계층은 뉴스 시간에 〈심슨가족〉을 시청한다.

많은 미국인은 텔레비전의 정보뿐 아니라, 신문과 잡지, 라디오 뉴스, 인터넷, 온라인 토론집단과 친구로부터도 정치에 관해 배운다. 비록 많은 정치학자가 토크쇼나 존 스튜어트(Jon Stewart)의 〈더 데일리 쇼 *The Daily Show*〉와 같은 '소프트 뉴스' 프로그램에 대해 비판적일지라도 이러한 프로그램들도 가치 있는 정보의 원천이다(Baum & Jamison 2005). 사람들은 한 세대 전에는 상상도 할 수 없었던 일련의 정보 원천에 대한 접근력을 가지고 있다. 미디어가 가능하게 만든 정치정보의 양과 질의 향상은 정치적 각성 수준을 당연히 향상시킨다.

다른 선진 산업민주주의 국가에도 비슷한 경향들이 존재한다. 전자 미디어는 전형적으로 정부가 미디어를 관리하기 때문에 정치정보에 시간을 할애한다. 오늘날 유선채널과 위성채널이 전국 네트워크에서 이웃 국가의 네트워크까지 그리고 뉴스전용 채널과 정부의 정보채널에 이르기까지 가용한 채널 수를 늘리고 있다. 미디어의 정치적 역할도 증대되었다. 예컨대 1964년 선거전까지만 해도 영국 정부는 BBC가 선거유세 기간에 선거뉴스를 전송하지 못하도록 했다. 이제 텔레비전의 취재는 현대 선거 캠페인의 핵심부분이다(Norris et al. 1999; Semetko & Schoenbach 1994). 여기에 다른 새로운 미디어가 가세하고 있다.

대부분의 사람들이 이제 텔레비전을 정치적 정보의 원천으로 꼽는다

표 2.1 가장 중요한 정치정보 원천

(단위: %)

| | 미국 | 영국 | 프랑스 | 독일 |
|---|---|---|---|---|
| 텔레비전 | 76 | 54 | 66 | 75 |
| 신문 | 46 | 44 | 40 | 59 |
| 잡지, 기타 인쇄물 | 4 | 16 | 23 | 24 |
| 개인적 토론 | – | 18 | 25 | 20 |
| 라디오 | 15 | 28 | 36 | 38 |
| 인터넷 | 11 | 18 | 15 | 14 |
| 기타 | 1 | 33 | 29 | 14 |
| 합계 | 153 | 211 | 234 | 244 |

출처: 미국, Pew Center for People and the Press, Nov. 5-8, 2004, 여론조사 (단 두 개의 응답만 허용되었음), 다른 국가, Eurobarometer 60 (Spring 2003. 복수 응답이 허용되었음)

(〈표 2.1〉을 보라).[5] 정치학자들은 뉴스의 원천으로서 텔레비전이 민주주의 [정치]과정을 위한 은총인지 또는 저주인지에 대해 이견을 보이고 있다 (Prior 2007; Norris 2000; Patterson 1993; Swanson & Mancini 1996). 일부 학자들은 텔레비전이 실질적 내용물보다 오락과 드라마를 강조하고 부정적인 여론의 분위기를 조성하면서 정보를 하찮은 것으로 만드는 경향이 있다고 주장한다. 그런가 하면 다른 학자들은 예전의 소박한 이미지를 내세우면서 신문의 독자가 줄어드는 것을 한탄한다. 이러한 우려들 중 일부에는 확실한 근거가 있다. 그러나 내가 보기에 뉴미디어 시대의 혜택은 그 한계를 능가한다. 텔레비전은 우리 모두가 의회토론을 시청하고 유세현장의 후보들을 지켜보며 역사의 현장을 직접 경험하도록 허용함으로써 정치과정에 대한 우리의 감각을 향상시킨다. 중요한 의회 내 토론을 텔레비전으로 참관하거나 생중계되는 대통령 취임식 장면을 시청하면서 시민들은 정부와 직접적인 접촉을 하고 민주주의가 어떻게 작동하는지에 대해 더 잘 이해하게 된다. 텔레비전과 다른 현대적 정보 원천들에는 중요한 부정적 잠재력과 긍정적 잠재력 양자가 다 있다. 민주주의 정치의 목표는 긍정적인 혜택을 극대화하고 부

정적인 것을 최소화하는 것이어야 한다(Norris 2000; Prior 2007).

외교정책에 대한 의견·보유연구를 통해 정보환경이 급격히 변화하고 있음을 알 수 있다. 바움(Baum 2003)은 연구를 통해 1991년 당시 사람들은 베트남전쟁이나 한국전쟁과 같은 유사한 갈등상황 때보다 걸프전 뉴스에 더 많이 귀 기울이고 이에 대한 의견을 보유했음을 밝혀냈다. 많은 사람이 신문과 뉴스전문 채널과 같은 전통 미디어에서 정치 소식을 듣지만, 어떤 이들은 '소프트 뉴스' 프로그램이나 인터넷, 친구, 또는 다른 통로를 통해 정치 관련 정보를 얻는다. 우리는 이른바 새로운 정보시대에서 살아가고 있다.

미디어에 덧붙여, 정치적으로 적절한 상당량의 정보가 우리의 일상적 삶의 경험에서 나온다. 현재 정부들은 사회 내에서 훨씬 큰 역할을 한다. 정부가 얼마나 국정을 잘 수행하는지 혹은 잘 못하는지가 중요한 정치적 정보로 제공된다. 일례로 현대 정부들은 경제적 조건들과 관련하여 강력한 영향력을 행사한다. 경제가 잘 되고 있으면 투표자들이 현 정부를 지지하는 경향이 나타난다. 이와 유사하게, 정부는 대부분의 학교를 운영하며, 보건 기준을 정하고, 가족과 사회프로그램을 관리하며, 환경을 보호하고, 우리의 대중교통 필요를 충족시킨다. 가령 통근자들이 도로가 노후화하고 (혹은 정비되고) 있는 것을 포착한다면, 혹은 학부모들이 자기 아이들의 학교에서 개선된 (혹은 악화된) 것을 포착한다면, 그들은 중요한 정치적 사실들을 수집하고 있는 것과 다름없다. 우리는 정보가 지천인 환경에 살고 있으며 정치적으로 적실한 정보는 눈에 쉽게 띈다.

인지적 동원의 두 번째 측면은 공중이 정치적 정보를 처리할 수 있는 능력이다. 인지적 동원은 더 많은 시민이 이제 정치의 복잡성을 다루는 데 그리고 자신의 정치적 결정에 도달하는 데 필요한 정치적 자원과 능력을 갖추고 있다는 의미다. 정치적 정보에 대한 접근의 확대는 시민들에게 하나의 기회를 제공한다. 그러나 혹자가 정보를 처리할 수 없다면 뉴스의 풍요로움은 단지 불협화음을 내는 소음에 불과할 것이다. 따라서 공중의 정치적 기술능력의 발전이 함께 요구된다.

　　정치적 기술능력에서 가장 눈에 띄는 변화는 공중의 교육수준이다. 선진 산업사회들은 훨씬 더 많은 교육을 받고 기술적으로 세련된 유권자들을 필요로 하는데, 전후의 풍요는 폭넓은 교육 기회를 제공했다(1장 참조). 1950년대로부터 현재 공중에 이르기까지 교육수준에서의 변화는 놀라운 수준이다. 1952년 미국 공중의 거의 2/3가 고등학교 이하의 학력이었으며, 1/10만이 전문대학 이상의 학력이었다. 2008년 현재 개략적으로 공중의 2/3가 전문대 이상의 교육을 받았다. 이와 유사한 변화들이 유럽의 공중들 속에서도 일어났다. 전후 서독에서 초등교육만 받은 시민들의 수는 중등학교 디플로마(*Mittlere Reife*)를 받은 사람을 약 5대 1의 비율로 능가했다. 오늘날 잘 교육받은 독일인의 숫자는 그렇지 못한 사람들의 숫자를 거의 두 배 이상으로 따돌렸다.

　　학교에 다닌 햇수와 정치적 세련화의 관계가 1대 1인 것은 아니다. 그럼에도 여론조사 연구의 증거는 교육수준이 시민들의 정치적 지식, 관심, 세련화와 연관되어 있음을 보여준다(Nie, Junn & Stehlik-Barry 1996; Sniderman, Brody & Tetlock 1991). 포프킨(Popkin 1991, 36)은 비록 높아지는 교육수준이 제도에 관한 지식수준이나 이슈 제약성을 동일 수준으로 높이지는 않더라도 그것이 시민들의 정치적 관심의 폭을 확장시킨다고 지적한다. 더 많이 교육받은 개인은 고전적인 이념적 시민모델에 근접하며 자신이 취하는 행태 면에서 더 큰 식견을 보여준다. 공중의 교육수준을 두 배로 높인다고 정치적 세련화 수준이 두 배가 되는 것은 아닐지라도 약간의 증가는 당연한 일로 보인다. 현대의 유권자들은 확실히 오랜 민주주의 역사상 가장 잘 교육받은 사람들이며, 이 점은 그들을 좀 더 세련된 유권자로 만드는데 그리고 새로운 시민정치 스타일을 만드는데 기여할 것이다.

　　콘벌스(1972, 1990)는 공중의 정치적 능력을 가늠하는 훨씬 더 중요한 지표는 정치적 관심이라고 주장했다. 정치적 관심은 인지적 동원의 일반적

그림 2.2 정치적 관심의 증가 추이

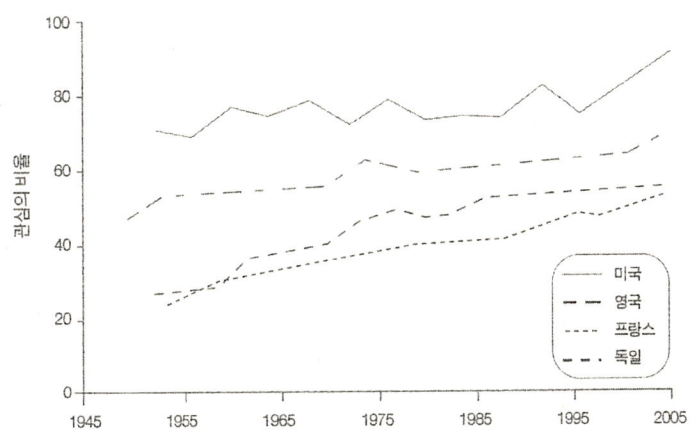

출처: 미국, 1952~2004, 전미선거연구; 영국, 1949~53, 갤럽(1976a); 1963~79, 2001~2005 영국선거연구; 프랑스, 1953&1978, 샬롯(1980); 1962, 갤럽(1976b); 1978~2002 프랑스선거연구; 독일, 1952~2002, Institut für Demoskopie, Allensbach의 여론조사.

경향을 반영하고 강화하면서 우리가 선정한 4개 핵심 국가 내에서 증가했다(《그림 2.2》를 보라).[6] 선거 캠페인에 대한 관심은 선거에 따라 달라질 수 있지만 전반적으로 상승하는 추세다. 정치적 관심은 일반적으로 독일에서 가장 꾸준하게 높아졌는데, 이는 부분적으로 인지적 동원 때문이고 또한 독일의 민주주의 재사회화 노력 덕분이기도 하다. 영국과 프랑스 그리고 대부분의 서구 민주주의 국가에서도 선거유세에 대한 관심이 증폭되는 경향이 발견된다(Dalton & Wattenberg 2000, 3장). 미국인들의 관심은 약간의 상승세를 보여 오다가, 2004년 시끌벅적했던 부시와 케리의 캠페인에서 급격한 상승폭을 보였다. 오늘날의 공중이 이전 세대들보다 정치에 대한 관심이 더 많은 것은 확실하다.

## 2) 합리적 선택 대(對) 합당한 선택

첫 번째 여론조사 결과가 공중의 부정적인 이미지를 내놓은 이래 수십 년간 우리는 사람들이 실제로 어떻게 정보를 처리하며 자신들의 정치적 (비정치적) 결정을 하는지에 대해 많은 것을 알게 되었다. 본 연구는 고전적 민주주의 이론이 이상화한 기준들과 엘리트주의 민주주의 이론의 합리화에서 탈피하였다.

아마도 우리 삶의 측면들 대부분에서 잘 없는 경우일 듯한, 즉 완전히 정보에 근거한 세련된 합리적 선택(Rational Choices)들을 기대하는 대신에 연구자들은 사람들이 완전히 정보가 결여될 경우에 어떻게 합당한 선택(Reasonable Choices)을 하는지에 초점을 맞췄다. 사람들은 정규적으로, 선거에서 투표하는 것과 관련된 것이든 정치집단에 기부금을 내는 것이든 아니면 정치토론에 참여하는 것과 관련하여 정치적 선택을 한다. 그러한 선택의 순간에 고려하게 될 모든 정보를 합리적으로 평가하는 데 있어 민주주의 이론가들의 이상적 기대를 충족시키는 사람은 드물다. 그럼에도 어찌 됐든 그들은 실질적인 정치적 선택을 하고 있다. 보울러와 도노반(Bowler & Donovan 1998, 30)은 이 사실이 시민들의 역할에 관해 달리 생각해보도록 인도한다고 귀띔한다. "투표자들은, 비유를 들자면, 내부에서 연소하는 엔진의 작동방식에 관해 거의 알지 못하지만 운전하는 방법은 알고 있다. 초창기의 투표연구가 투표자들이 엔진에 대해 무지하다는 점에 초점을 맞추었다면 새로운 연구들은 운전능력에 더 많이 관심을 기울인다고 말할 수 있을 것이다."

인지연구는 사람들이 실제로 자기 삶 속에서 어떻게 결정을 하는지를 설명했으며, 이 연구는 정치적 정보에 관해 어떤 상이한 견해와 함께 출발한다. 사람들이 경험하는 것을 다 보유하기에는 세상에 정보가 너무 많다. 근래 《이코노미스트》는 보통 사람이 하루에 약 10메가바이트(MB)의 자료를 읽고 있으며, 매일 400MB를 청취하고, 매초당 1MB 분량의 정보를 본다고 보고했다. 인간의 기억력은 제한적이며 대부분의 정보—우리의 삶, 공동체, 정치, 그리고 삶의 다른 경험들과 관련된—는 기억에서 사라진다. 그러므로 마치 정치학자들이 정치에 대한 공중의 제한적인 지식에 분개하는 것과 마찬가지로, 경제학자들은 사람들이 경제학에 대해 좀 더 알 필요가 있다고 하며, 자연과학자들은 자연에 대한 우리의 제한적인 지식에 대해 한탄하고, 지리학자들은 세계에 대한 우리의 지식이 맹탕이라고 지적하는 것이다.[7] 그러나 '완전한 정보'를 획득하는 것은 힘겨운 일이다. 특히나 일상의 관심에서 후순위로 밀리게 마련인 정치활동들은 더욱더 그러하다.[8] 삶의 결정들 대부분은 부분적인 정보에 근거하고 있으므로 인간의 행태에 관한 연구도 사람들이 불완전한 정보를 가지고 어떻게 합당한 선택들을 하고 있는지에 초점이 맞추어지는 게 마땅하다.

　　인지연구는 시민들이 불완전한 정보에 근거하여 결정을 하는 데 사용할 수 있는 세 가지 주요 방법들을 부각시켰다. 첫째, 그들은 모든 이슈들을 좇는 대신에 자신이 개인적으로 관심이 있는 몇 가지 토픽에 관심을 집중한다. 전체 유권자는 몇 개의 이슈공중(issue publics)으로 나뉜다(Converse 1964). 어떤 이슈공중의 일부가 된다는 것은 사람들이 그 이슈에 대해 사전에 관심을 기울이고 견고한 신념을 지니고 있다는 의미다. 일례로 많은 농부는 도시 개선 프로그램에 거의 신경을 쓰지 않으면서도 정부의 농경정책은 밀착해서 모니터한다. 학령기 아동이 있는 부모들은 교육정책에 상당한 관심을 보일 것이며, 노년층은 사회보장정책에 특별한 관심을 보일 것이다. 경제정책, 세금, 기본적인 사회안전망 관련 프로그램과 같은 사람들의 폭넓은 관심을 끄는 토픽들과 관련하여 일반적으로 가장 큰 규모의 이슈공중이 존재한다. 이와 대조적으로 다른 쪽 극단에는 외국원조, 농업, 국제무역 같은 이슈들을 정규적으로 좇는 소수의 유권자가 존재한다. 그러나 적은 수의 시민들만이 모든 이슈에 관심을 두며, 대부분의 시민들은 적어도 한 개의 이슈

공중 멤버들이다. 로저스(Rogers)의 말로 바꿔 표현하면, "누구나 [정치적으로] 세련화되어 있다고 보아야 한다. 단지 상이한 주제에 관해서만 그러할지라도 말이다."

이슈공중이라는 개념은 우리가 정치적 세련화에 관해 생각하는 방법에 영향을 준다. 시민들이 정치를 자신의 관심사에 따라 정의할 경우 정치적 세련화 수준이 놀라울 정도라는 사실이 종종 드러날 것이다. 르파스(LePass 1971)는 시민들이 자신의 이슈적 관심을 알아냈을 때 높은 수준의 합리적 이슈투표 행태를 보였다고 기술했다. 이와 유사하게 연구조사는 한 이슈공중의 멤버들은 자신들의 이슈에 대한 미디어의 보도를 좇고 그것에 대한 정보를 수집하며 일정한 선호도를 유지하고 자신의 선호도를 투표의 기초로 사용할 가능성이 더 크다는 점을 보여준다(Hutchings 2003; Krosnik 1990; Feldman 1989). 따라서 여론조사에서 나타난 낮은 이슈 제약성과 안정성이 유권자가 정치적으로 비세련화되어 있음을 의미하지는 않는다. 이것에 대한 다른 설명은 시민들이 모든 이슈에 다 관심을 두거나 정보를 가지고 있지 않다는 것이다.

일부 정치학자들은 이슈공중의 확산이 하나의 폭넓고 일관성 있는 이념적 틀에 기초하고 있는 정책수립에 부정적인 작용을 하기 때문에 이슈공중들을 정치의 부정적 특질로 보고 있다. 그 이유는 한 영역에 대한 정책적 관심이 다른 정책영역의 관심에 대한 고려에 기초하여 판단되지 않는다는 것이다. 정책에 대한 분열은 잠재적으로 문제성이 있지만 그러한 비판은 도를 넘은 것일 수 있다. 사람들이 자신의 이슈적 관심을 제한한다고 해서 그것이 곧 그들이 하나의 폭넓은 정치적 틀을 사용하여 이슈들을 판단하지 못한다는 것을 의미하지는 않기 때문이다. 상이한 이슈적 관심의 다발들은 여전히 어떤 공통의 기초적 가치세트로부터 기인할 수가 있다. 이에 덧붙여, 래인(Lane 1973, 1962)은 지나치게 구조화된 신념체계—예컨대 교조주의와 불관용 같은 것—의 잠재적인 부정적 효과들을 적시했다. 약간 다른 맥락에서 달(Dahl 1971)은 매디슨적인 원리를 재기술한 바 있는데, 중첩적이고 서로 교차하는 멤버십과 변덕스러운 정치적 제휴를 구사하는 여러 경쟁적 정치집단들의 존재가 오히려 다원주의적 민주주의에 기여한다는 것이다. 어떤 경우에서는 이슈공중들의 존재가 민주주의 [정치]과정에 득이 될 수 있다.

둘째, 합당한 선택 접근법은 신념체계가 이전에 가정했던 것과 다르게 구조화되어 있다고 주장한다. 우리는 신념체계들이 콘벌스가 원래 제안했던 방식으로 어떤 일군의 다양한 정치적 태도들을 긴밀히 상호연결시키고 있다고 보는 대신, 〈그림 2.3〉이 설명하는 것처럼 구체적인 정치적 영역들 내에 신념의 수직적 구조 (또는 네트워크)가 존재한다고 본다. 한 개인의 기본 가치들은 일반적 정치 지향들과 연계되어 있으며, 구체적인 이슈의견들은 한 가지 또는 그 이상의 일반적 지향들로부터 파생한다(Conover & Feldman 1984). 예컨대 소수자들을 지원하는 정부 프로그램에 대한 태도는 정부의 역할에 대한 태도와 소수자에 대한 태도를 반영할 것이다(Sniderman, Brody & Tetlock 1991). 동시에 이 모델은 특정 이슈에 대한 의견들이 좀 더 폭넓은 정치적 지향들과 강하게 연계되어 있을지라도 특정 이슈 의견들이 직접적으로 연결되어 있지 않기 때문에 그것들 사이의 관계는 약할 것이라고 가정한다. 그러므로 이 모델은 『미국의 투표자』의 모델에서 가정되었던 상이한 이슈들에 대한 의견 간의 직접적 연계성을 결여하게 된다(〈그림 2.1〉을 보라).

더욱이 이러한 구조들 내에 포함된 특정의 정치적 태도와 가치들은 개인에 따라 차이가 날 수 있다. 투표자들의 신념들은 〈그림 2.3〉에 나타난 구조의 협소한—예컨대 그림의 왼편에 있는 이슈들이 놓여있는—부분만 포함할 것이다. 다른 투표자들의 구조들은 이슈들의 다른 부분집합과 일반적 지향을 포함할 수도 있을 것이다. 그러므로 인지이론 관련 연구서들은 종종 외교정책, 인종, 정치후보 평가와 같은 이슈의 부분집합에 적합한 특수한 인지적 구조들을 규명해낸다.[9] 따라서 비록 모든 정치적 토픽에 대해 세련화되어

**그림 2.3** 위계적인 신념 모델

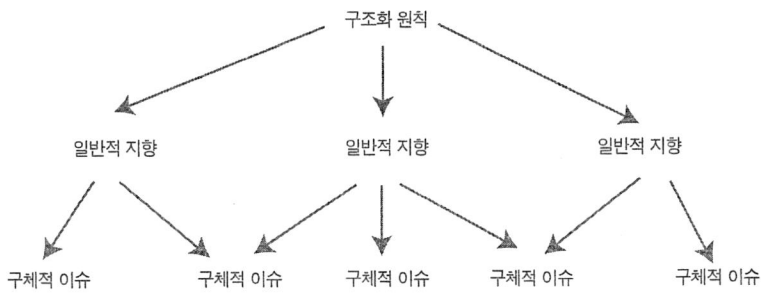

있지 않을지라도 시민들은 자신들로 하여금 특정 영역 내에서 정치적 결정들을 할 수 있게 하는 논리적이며 구조화된 신념들을 가지게 될 것이다.

합당한 선택의 세 번째 측면은 사람들이 정치적 결정수립을 단순화하기 위해서 '지름길'(shortcuts) 혹은 '발견적 학습'(heuristics)을 사용한다는 것이다(Sniderman, Brody & Tetlock 1991; Lupia & McCubbins 1998; Barker & Hansen 2005; Lau & Redlawsk 2006). 포프킨(1991, 218)은 "정보의 지름길을 사용하는 것은 삶에 있어 피할 수 없는 사실이며, 이것은 우리가 교육을 얼마나 받았든, 얼마만큼의 정보를 가지고 있든, 생각을 얼마나 하든 상관없이 발생한다"고 적고 있다. 발견적 학습법은 자신과 같은 사람들이 선거에서 정치적 이슈나 정당을 어떻게 볼지에 대한 정치적 단서를 제공한다. 이것은 정보를 수집하고 처리하는 하나의 지름길이다.

사람들은 다방면에서 발견적 학습법이나 단서-제공자들에게 눈을 돌릴 수 있다. 사회집단들은 하나의 공통된 정치적 단서의 원천이 되고 있다 (8장을 보라). 많은 정책이슈는 사회계급, 종교, 인종 혹은 다른 사회적 무리 사이의 갈등과 연루된다. 한 사회집단에 대한 유대감이나 느낌은 정책적 질문을 다루는 데 있어서 중요한 안내자가 될 수 있다. 일례로 프랑스의 철강 노동자들은 노동조합이 그들에게 좀 더 확대된 사회복지 프로그램이 이롭다고 귀띔하기 때문에 그러한 프로그램을 선호하게 될 수 있을 것이고, 그래서 노조가 승인하는 (그리고 노동자의 이익을 대변한다고 가정되는) 정당에 투표한다. 프랑스 바바리아 지역의 가톨릭교도라면 종교단체가 운영하는 학교에 대한 정부지원을 지지하라는 교구 성직자의 충고에 따라 가톨릭사회연합당의 후보에게 투표할 수도 있다. 집단 준거들 또한 정당 평가의 공통된 토대가 된다(《표 2.2》를 보라). 교육수준이 낮은 많은 시민의 경우에 집단적 단서들은 자신을 세련된 이념지향자로 분류할 수 있는 어휘로 표현하는 데 어려움이 있는 [자신들의] 정치적 지향들을 대변할 수가 있다. 사회적 갈등이 첨예할 때 정당들은 이러한 갈등에 대해 분명한 입장을 취한다. 그러면 사회적 특성들은 사람들에게 그들의 정치적 지향을 정할 수 있는 효과적 단서를 제공한다. 이러한 개인들은 어쩌면 세련된 이념적 주장을 통해서나 혹은 구체적인 입법안을 거론하면서 자신의 정책선호에 대해 설명하지 못할지도 모른 다. 그럼에도 그들은 일반적으로 합당한 정치적 선택을 하고 있다.

사회-집단 단서보다 훨씬 더 강력한 발견적 학습법의 원천은 당파심이다(9장을 보라). 많은 사람이 자신의 견해를 가장 잘 반영한다고 느끼는 정당에 평생 지속되는 애착 관계를 만들어 나간다. 정당은 민주주의 정치의 핵심 참여자기 때문에 대부분의 정치현상은 당파적 틀을 통해서 판단된다. 대부분의 선거가 정당을 선택하는 것과 연루되며, 정당에 대한 애착심 때문에 투표자의 선택은 확실히 단순화된다. 정당들이 응집단위의 역할을 하는 서구 유럽에서 정당투표는 하나의 효과적이고 능률적인 의사결정 방법이다. 이와 다른 미국 정당의 이질성은 정당투표의 정책적 가치를 감소시키는 반면, 미국 선거의 복잡성은 정당을 가치 있는 투표의 단서로 만든다. 혹자가 긴 연방 주의 목록과 지방 후보들에 관해 결정해야 할 때 정당은 중요한 정치적 단서가 될 수 있는 것이다. 당파심도 정치지도자와 새로운 정치이슈에 대한 평가를 형성한다. 가령 투표자들이 어떤 이슈에 대해 확신하지 못하면 정당 단서가 그들의 이익이 어디에 있는지를 제시한다. 반대당의 정책들은 의심스러운 반면 자신의 정당이 지지한 이슈가 자신에게 더 이로울 가능성이 있다고 생각하게 되는 것이다. 한마디로 발견적 가치 덕택에 정당일체화는 종종 시민과 정치과정을 연결하는 중요한 끈으로 간주된다.

좌파/우파 (혹은 자유주의/보수주의) 지향은 또 다른 잠재적·정치적 단서의 원천이다. 사람들은 대부분 세련된 이념적 견해를 피력하지 않는다. 그러나 어떤 폭넓은 이념적 가계 혹은 무리(tendance)의 범위 내에 자신의 위치를 정할 수는 있다(Fuchs & Klingemann 1989; Jacoby 1991). 좌파/우파 지향은 정치적 목표를 평가하는 틀을 제공한다. 어떤 사람이 한 후보가 너무 민주주의적이라거나 너무 보수적이라고 기술한다면 그 또는 그녀는 특정 이슈에 대한 후보자의 견해에 관해 알기 위해서 일종의 지름길을 사용하고 있는 것이며 그것에 근거하여 그들을 평가하고 있는 것이다.

일부 사람들은 어떻게 투표할지를 놓고 미디어에서 단서를 찾으려고 할지 모른다. 신문은 선거 전에 사설 지면을 통해 후보를 승인하며 현안 이슈에 관해 조언도 한다. 이와 유사하게 사회집단, 정치집단, 명망 있는 선출직 관료들도 중요한 발견적 학습의 단서일 수 있다. 만약 혹자가 환경주의자라면 그리고 시에라클럽(Sierra Club)이 어떤 이슈를 승인한다면 이것은 그 이슈의 내용에 관한 가치 있는 단서가 될 수 있다. 다른 사람들은 가족이나 친구에게 정치적 조언을 구하거나 직장 동료로부터 정치적 선택사항들에 관해 배울 수도 있다. 이처럼 세계는 개인들이 선택할 수 있는 정치적 단서들로 가득 차 있다. 루피아와 매큐빈즈(Lupia & McCubbins 1998)가 주도한 실험은 개인들이 신뢰하는 정치적 원천으로부터 정보를 구하고 있으며, 자신들의 합리적 이익을 반영하는 합당한 선택을 한다는 사실을 입증하고 있다.

〈표 2.2〉는 사람들이 정치적 판단을 하는 데 사용하는 다양한 범주들

표 2.2 정당 평가의 근거들

(단위: %)

| 준거범주 | 미국 | 영국 | 독일 |
|---|---|---|---|
| 이념적 개념들 | 21 | 21 | 34 |
| 사회적 집단들 | 40 | 41 | 45 |
| 정당 조직/유능성 | 49 | 35 | 66 |
| 정책 개념들 | 45 | 46 | 53 |
| 시대적 성격 | 64 | 59 | 86 |
| 정치적 인물들 | 40 | 18 | 38 |
| 내재적 가치 | 46 | 65 | 49 |
| 해당사항 없음 | 14 | 18 | 6 |
| 합계 | 319 | 203 | 377 |

출처: 정치행동연구, 1974~1975
유의사항: 합계가 100퍼센트를 초과한 이유는 복수 응답이 허용되었기 때문임.

중 일부를 설명해준다. 몇 개 국가의 사람들에게 자국의 주요 정당 2개의 좋은 점과 나쁜 점을 설명하라고 요청하였다. 단지 작은 퍼센티지의 사람들만이 정당을 판단하는 데 이념적 개념을 적극적으로 활용하였다. 그러나 이것이 나머지 사람들이 정치적 판단을 결여하고 있다는 의미는 아니다. 약 40퍼센트의 미국, 영국, 독일의 유권자들이 사회-집단 연대관계에 따라 정당을 평가하였다. 더 많은 사람이 정당을 그들의 조직과 정치적 유능성에 의해 판단하였다. 거의 반절 가까운 여론조사 응답자들이 정책범주를 언급했다. 심지어 가장 폭넓고 자주 사용된 범주—시대적 성격에 의해 정당을 판단하는 일—는 평가의 의미 있는 기초가 되기도 한다. 그러나 이러한 데이터는 30년 이상 된 낡은 것이므로 우리는 인지적 동원이 정보에 근거한 요인들로 범주를 변화시키고 있다는 새로운 경험적 자료가 나오기를 기대한다. 우리의 요점은 시민들이 정보를 결여하고 비세련된 사람들이라는 주장과는 달리, 경험적 데이터를 통해서 자주 간과되는 여론의 다양성과 복잡성을 볼 수 있다는 것이다.

일부 연구자들은 발견적 학습의 능력이 '합리적' 의사결정의 표준들과 합치되는지에 대해 회의적이다. 일례로 카르피니와 키이터(Carpini & Keeter 1996)는 발견적 학습법이 때때로 부정확한 안내를 하며 엘리트의 조종을 받기 쉽다는 사실에 주목한다(Kuklinsk & Quirk 2000; Kuklinski & Peyton 2007도 참조하라). 이들과 대조적으로 라우와 레들로스크(Lau & Redlawsk 2006)와 루피아와 매큐빈즈(Lupia & McCubbins 1998)의 실험결과는 바랬던 결과에 도달하는 데 있어 발견적 학습법의 가치가 훨씬 더 긍정적이었다. 그러므로 토론은 계속 진행된다. 합당한 선택의 관점은 비교적 좋은 선택들—완벽한 선택들이 아니고—이 민주주의의 토대라고 주장한다.

### 3) 민주주의적 선택의 지혜

비교적 좋은 선택은 민주주의 성공의 충분조건이 되는가? 우리는 우리가 민주주의적 기대치를 너무 낮게 잡는 데 대해 회의적이어야만 한다. 민주주의의 다른 특질들은 단지 합당한 선택 수립의 잠재적 문제를 줄이는 경향이 있다.

비록 회의론자들이 개별 선거 결과를 거대한 공중의 실패한 선택의 사례로 들 수 있을지라도 민주주의는 계속 진행되는 하나의 과정이다. 유권자들은 때때로 장차 호도된 인상으로 드러나게 될 것에 근거하여 나쁜 선택을 할 수 있다. 그러나 모든 인간의 활동이 이러한 불완전함에 종속되는 것은 아니다. 민주주의에서 평형력(the counterbalancing forces)의 요소 중 하나는 [선거의] 결정들이 영구적인 효력을 갖지 않는다는 사실이다. 만약 어떤 정치가가 잘 하지 못한다면 그 혹은 그녀는 차기 선거에서 패배하게 될 것이다. 가령 정당들이 선거공약을 잘 지키지 못하여 신뢰 가치가 없는 것으로 입증되면 장차 있을 선거에서 그들에 대한 지지는 감소할 것이다. 실제로 실험연구를 살펴보면 반복적인 게임 놀이를 통해 개인이 내리는 결정들이 향상되고 있으며(Lupia & McCubbins 1998), 발견적 학습법에 대한 의존이 증가하는 것을 볼 수 있다(Lau & Redlawsk 2006, 242~244). 민주주의는 실수를 만들지 않기 때문이 아니라 실수를 바로잡을 수 있는 능력이 있는 역동적 시스템이기 때문에 성공한다. 일각에서는 투표자들이 그러한 소급적 판단을 하고 자신들의 투표선택을 변경하는 능력을 자신의 견해를 고집하는 전형적인 선출직 정치인들보다 더 많이 가지고 있다고 말한다.

어쩌면 더욱 중요한 것은, 선거는 전체 유권자들의 **집합적 결정**의 결과이며, 우리가 민주주의를 판단할 때, 이러한 결과를 만드는 개인들의 선택보다는 집합적 결과에 따라 판단하는 것이 마땅할 것이라는 점이다. 선거를 통한 집합적 결정이 어떤 개인 한 사람이 내린 판단보다 나은 경우가 자주 있다. 왜냐하면 그러한 집합적 결정들은 공동체 전체의 정보와 지식을 누적하기 때문이다. 일부 투표자들이 특정 방향으로 경도될 수 있는 반면에 다른 이들은 다른 방향으로 경도될 수가 있다. 일부는 한 가지 정치이슈로 평가하지만 다른 이들은 완전히 다른 범주를 사용할 수 있다. 그러나 이런 것들이 함께 축적되면, 즉 사람들이 각자의 정보에 근거하여 만들어낸 결과로서 집합적 결정은 어떤 한 사람 개인—비록 그가 전적으로 '합리적인' 사람일지라도—이 갖는 정보의 부분성을 개선한다. 수로비에키(Surowiecki 2004)의 『군중의 지혜』는 집합적 결정들이 그것에 기여하는 개인의 결정들보다 얼마나 더 좋은지를 보여주는 매혹적인 사례들—항아리 속에 몇 개의 젤리가 들어 있는지를 추측하는 것에서부터 누가 대통령이 되어야 하는지에 이르기까지—로 가득하다. 다른 연구들도 공중의 집합적 선호와 그것을 반영한 공공정책 사이의 긴밀한 순응성을 입증한다(Page & Shapiro 1992; Wlezien 2004; Erikson, MacKuen & Stimson 2002). 이러한 민주주의적 의사결정의 측면은 민주주의 국가들이, 일부 구성원들이 한정된 정보를 가지고 제한된 참여를 하는 공중에 의거하면서도 어떻게 효과적일 수 있는지에 대한 또 다른 설명이 될 수 있다.

## 정치와 공중

우리는 민주주의가 공중에게 무엇을 기대하는지 그리고 현대 공중이 이러한 기대에 잘 부응하는지를 묻는 질문으로 시작했다. 고전적 민주주의 이론과 엘리트주의 이론은 기대치를 높이 설정했다. 사람들이 합리적으로 계산된 정치적 의사결정을 하기 위해서 완전한 정보를 가지고 있어야 한다는 것이다. 민주주의 유권자들은 결코 이 기대를 충족시키지 못하며, 이는 그들의 결함이 민주주의 [정치]과정을 손상한다는 주장으로 이어졌다.

그러나 민주주의는 2백 년 이상 잘 버텨왔으며 1990년대 초 이후 민주화 물결은 전 세계적으로 확산되었다. 그러므로 민주주의가 그것이 결코 충족시킬 수 없는 이상을 요구한다고 주장하는 것은 별 의미가 없다(Mueller 1999). 이 결론은 우리가 기대를 낮춤으로써 민주주의 공중들을 포기했다는 의미가 아니다. 대신 개인들이 자신의 삶의 경험과 지식을 정치적 결정에 들여오며, 우리가 애초에 가정했던 것과 다른 방식으로 그렇게 한다는 점을 인식시킨다. 심지어 세련된 정치사상가였던 토머스 제퍼슨조차도 평범한 시민의 기본적인 능력을 [좋게] 평가했다.

> 농부와 교수의 도덕적 사례를 말해 볼까요. 전자는 인공적인 규칙들에 의해 방향성을 잃지 않았을 것이므로 종종 후자보다 더 나은 결정을 할 것이라오.[10]

가령 제퍼슨이 그랬던 것처럼 농부가 교수 못지않은 의사결정을 할 수 있다고 생각한다면 아마도 민주주의는 위기에 처하지 않을 것이다(이는 교수들과 토론해 볼만한 좋은 주제가 아니겠는가).

이 문제를 개인들의 얘기를 통해 생각해보자. 차를 사거나 새로운 평면TV를 구매한다고 할 때 혹은 정치적 의사결정을 할 때 당신은 자동차 전문가, 전자학 전문가, 정치 전문가처럼 그 분야에 대해 완벽한 정보를 가지고 있지 못할 것이다. 설상가상으로, 전문가들조차 어느 것이 가장 좋은 차인지, TV인지, 혹은 누가 가장 좋은 후보인지에 대해 의견이 분분할 것이다. 소수 소비자만이 선택대안들에 대해 의식적이고 상세한 평가를 하는 합리적 선택모델을 따른다. 그들은 소비자보고서를 읽고, 마치 법관시험을 준비하기라도 하듯이 공부를 할 것이다. 그러나 우리 대부분은 우리의 필요에 근거한 합당한 선택을 하기 위해 의사결정의 비용과 이익의 균형점을 찾는 수단을 발견할 것이다.

 사람들은 정치와 관련해서 어떻게 합당한 의사결정을 하는 것일까? 이 장은 사람들이 의사결정을 하기 위해 다양한 방법에 의존한다고 주장하고 있다. 우리 대부분은 모든 이슈에 고르게 관심을 투여하기보다는 특정의 관심 이슈 몇 가지에 자신의 관심을 집중한다. 그러므로 유권자는 중첩적인 이슈공중으로 구성되어 있으며, 각각의 이슈공중은 상이한 정책에 대한 정부의 행동을 평가한다.

 정보의 원천과 평가의 근거는 공중 내에서도 차이가 있다. 일부 시민들 가운데서도 소수만이 하나의 폭넓은 이념적 틀로 정치를 판단한다. 그러나 대다수는 사회적-준거집단이나 정당에 대한 애착심 같은 것을 자신의 처신을 위한 정치적 단서로 사용한다. 그들이 이슈에 대한 관심을 한정시키고 의사결정의 지름길에 의존함으로써 보통의 투표자는 정치적 관여의 비용과 혜택의 균형점을 찾을 수 있고 합당한 정치적 의사결정을 할 수 있다. 아마 가장 좋은 설명은 크로스니크(Krosnick 1990, 92)의 주장일 듯한데, 그는 사람들이 적합한 정보의 광맥 전체를 좇으려 하기보다는 정치적 선택을 '충족시키는' 지름길과 발견적 학습법을 알아내고자 하는 '인지적 광부'일 수밖에 없다는 것이다.[11]

 몇 가지 연구가 공중 내에 존재하는 의사결정의 다양성을 사례를 통해 설명하고 있다. 일례로 스나이더만, 브로디, 테틀록의 연구(1991)는 더 많이 교육받은 개인들은 정치적 선택을 할 때 더 자주 이념적 범주를 사용하고, 교육을 덜 받은 사람일수록 결정할 때 사회적-준거집단이나 다른 정치적 단서를 사용한다는 사실을 입증했다. 양자 모두에서 결정들은 광범위하게 개인의 이익을 반영하고 있었다. 이와 유사하게 루피아(1994)가 캘리포니아의 보험 이니시어티브에 대한 투표를 주제로 연구한 결과에 의하면 적은 수의 주의 깊은 공중은 그 내용에 대해 잘 알고 있었고 자신이 표명한 이익에 적합한 선택을 하였다. 이에 덧붙여 투표자들 대다수도 그들을 합리적 투표의 선택으로 이끈 집단적 단서―[예컨대] 환경운동가 랄프 네이더가 어떤 제안서를 지지했으며 보험업계는 어떤 것을 지지했는가라는―를 사용했다. 이것은 다원주의적 의사결정의 실제사례다.

　이 다원주의적 모델은 우리의 여론연구에 몇 가지 함의를 갖는다. 우리는 불안정하거나 비일관적인 이슈의견들을 투표자들이 어떤 태도도 결여하고 있다는 증거로 해석하지 말아야 한다. 여론조사 설문들은 정밀하지 못하며, 공중의 이슈적 관심들은 특화되어 있다. 또한 복잡한 신념의 혼성체가 단 한 개의 이슈와 관련이 될 수도 있다. 이에 덧붙여, 우리는 대중 정치가 다양성과 복잡성을 지닌다는 사실에도 민감해져야만 한다. 동질적인 유권자를 가정하는 단순한 정치행태 모델들은 이론적으로 훌륭하고 경험적으로도 에누리가 없다. 그러나 그것들이 비현실적이라는 점도 인정해야 한다. 사람들이 다양한 범주와 동기에 근거하여 기능을 수행한다는 인식하에 우리는 과도하게 일반화된 시민정치 이론들을 수용하기보다 이러한 다양성을 모델화해야 한다. 끝으로 변화의 잠재력을 과소평가하지 말아야 한다. 이 장에서 기술한 것처럼 이 책이 검토하고 있는 네 나라의 공중은 전후 시기에 근본적으로 변화를 겪었다. 여론은 역동적인 과정을 반영하며 우리는 변화 불변의 (혹은 변화가 불가능한) 공중이라는 정태적 견해를 탈피해야 한다.

　그러한 한편으로, 우리가 시민들의 세련화를 과대평가하는 것에 죄의식을 느끼지 말아야 한다. 공중은 때때로 잘못된 충고나 잘못된 정보에 근거한 의견을 가질 수 있으며, 일부 시민들은 전체 정치적 사안들에 무지한 채로 남아있을 것이다. 그러한 것이 완벽하지 못한 인간 행태의 본질이다. 개인들이 완전히 세련된 이념지향자의 수준을 충족하는 경우는 거의 없다. 이 장에서 얻은 중요한 교훈은 시민들이 정치를 다루는 데 있어 실제로 사용하는 차별화된 범주를 무시하거나 얕잡아 보지 말아야 한다는 것이다. 더욱이 투표자들이 형편없는 결정을 하거나 혹은 변화라는 조건을 설정할 경우에 차기 선거에서 새로운 선택을 할 수 있을 것이기 때문이다.

결국 최종 질문은 공중이 고전적 민주주의 이론의 최대 이념적 기준들을 충족시키는가가 아니라 공중이 합리적인 정치적 행동을 위한 충분한 기초를 가지고 있는지 여부다. 우리가 이러한 식으로 이해한다면 그리고 이 장에서 제시된 증거 자료에 근거한다면 우리는 현대 공중의 정치능력에 대해 낙관적일 수 있을 것이다.

## 독서 목록

Bishop, George F. 2004. *The Illusion of Public Opinion: Fact and Artifact in American Public Opinion Polls*. Lanham, Md: Rowman and Littlefield.

Canverse, Philip. 1964. "The Nature of Belief Systems in Mass Publics," In *Ideology and Discontent*, edited by david Apter. New York: Free Press.

Delli Carpini, Michael and Scott Keeter. 1996. *What Americans Know about Politics and Why It Matters*. New Haven: Yale University Press.

Norris, Pippa. 2000. *Virtuous Circle: Political Communications in Postindustrial Societies*. Cambridge: Cambridge University Press.

Popkin, Samuel. 1994. *The Reasoning Voter*. 2nd ed. Chicago: University of Chicago Press.

Prior, Markus. 2007. *Post-Broadcast Democracy: How Media Choice Increases Inequality in Political Involvement and Polarizes Elections*. New York: Cambridge University Press.

Sniderman, Paul, R. Brody, and P. Tetlock. 1991. *Reasoning and Choice*. New York: Cambridge University Press.

Surowiecki, James. 2004. *The Wisdom of Crowds*. New York: Doubleday.

3장
# 어떻게 정치에 참여하는가?

민주주의는 깊이 관여된 공중이 행하는 의식(儀式)이 되어야 마땅하다. 사회의 목표는 공적 토론, 심의, 관여를 통해 정의되고 수행되어야 하므로 시민들이 적극적이어야 한다. 공중이 [정치]과정에 관여하지 않는다면 민주주의는 정당성과 그것의 견인력 양자를 모두 상실할 것이다. 독일인들이 충분한 정보를 가지고 투표후보를 결정하기 위해 뜸을 들이고, 영국의 선거인들이 그들의 이웃에 유세하고 다니며, 프랑스인들이 정부에 항의하거나 미국인들이 대통령에게 편지를 쓸 때 민주주의 [정치]과정이 작동하고 있는 것이다. 전 지구적 민주화의 확산이 수백만의 사람들에게 이러한 자유로운 활동의 기회를 가져다주었다. 동유럽에서 있은 최초의 민주주의 선거에 뒤따른 환호와 지구 전역에 걸친 민주주의의 확대는 사람들이 이러한 자유에 대해 얼마나 가치를 두고 있는지를 증명한다.

그러나 현재 민주주의가 확립된 국가의 관측자들은 시민들이 자신의 민주주의적 권리에 대해 무관심해지고 있다는 놀라운 주장을 하고 있다. 이들 나라의 사회경제적 성장과 인지적 동원이 정치참여를 자극해야 마땅함에도 말이다. 실제로 미국과 다른 많은 민주주의 국가에서 선거에 참여한 투표자 수는 감소 추세에 있다. 더욱이 로버트 푸트남(Putnam 2000)은 미국에서 시민개입이 위태로울 만큼 낮은 수준으로 떨어지고 있다고 경고했다. 히빙과 티이스-모스(Hibbing & Theiss-Morse 2002, 1-2)는 한 걸음 더 나아가 "사람들이 가장 하기 싫어하는 게 정치적 의사결정 과정에 관여하는 것이며, 그들은 스스로 정치적 의사결정을 하는 것을 원치 않고, 의사결정의 임무를 맡은 사람들에게 많은 것을 제공하기도 원치 않으며, 의사결정 과정의 세부내용들에 대해서 차라리 몰랐으면 좋겠다고 할 것"이라고 주장한다(Patterson 2003; Wattenberg 2002도 참조하라). 최근 미국정치학회의 한 보고서는 이러한 발전상의 상서롭지 못한 문제점을 보고하고 있다.

> 미국 민주주의는 위험에 처해 있다. 위험은 외부적 위협으로부터 다가오는 것이 아니라 불온한 내부적 경향으로부터 나온다. 이것은 시민권 관련 활동과 능력이 침식되는 경향이다. 미국인들의 많은 수가 정치와 공적 영역에 등을 돌리고 시민적 삶을 황폐한 것으로 남겨둔다. 시민들은 공적 업무에 훨씬 덜 빈번하게, 훨씬 더 적은 지식과 열정을 갖고, 훨씬 적은 수의 행위현장에서 활기찬 민주주의 정치자치단체로서는 건강을 유지하기 어려울 정도의 수준으로 참여를 한다(Macedo et al. 2005, 1).

정말 상황이 이 정도로 나쁜가? 참여의 감소는 민주주의를 위험에 빠뜨리는가?

이와 관련된 토론은 우리가 어떻게 참여해야 하는가라는 질문과 관련이 있다. 일부 연구자들은 참여형태가 선거라는 [관례적] 형태로부터 새롭고 비선거적인 행위형태로 이동하고 있다고 주장한다(Dalton 2007a; Zukin et al. 2006). 잉글하트(1997, 307)는 "공중 편에 무관심이 점점 늘어나고 있다는 참고 사례를 자주 접한다… 이러한 무관심에 대한 근거 없는 주장은 오해를 불러일으키기 쉽다. 거대 공중들이 근대화 시대에 자신들을 동원했던 구(舊)노선의 과두제적 정치조직을 떠나고 있는 것은 사실이다. 그러나 그들은 광범위한 엘리트에 도전적인 정치행위 형태에는 훨씬 더 활동적으로 변

#### 인터넷 자료 소개

국제민주주의선거지원연구소(The International Institute and Electoral Assistance; IDEA)는 지구 전체의 선거에 참여한 투표자 수에 대한 데이터를 소장하고 있다. http://www.idea.int/vt/index.cfm

해가고 있다." 이러한 새로운 직접행동의 형태들은 공익집단에의 참여, 정치인과 직접적인 접촉, 논쟁적인 활동 등을 포함한다.

이 장에서는 투표, 캠페인, 직접적인 접촉, 집단활동, 항의, 또 다른 형태의 논쟁적 행위와 같은 다양한 정치행위의 형태들을 살펴보면서 이러한 물음에 대해 답을 찾으려고 한다. 그다음 제4장에서는 정치적 관여에 영향을 미치는 요인들, 그리고 그것들이 다양한 행위의 형태 전체에 걸쳐 어떻게 다르게 나타나는지를 검토한다.

## 참여의 양식

민주주의는 인민의 지배를 의미한다. 그런데 우리는 어떻게 지배하는가? 만약 당신이 중요한 어떤 이슈에 관해 정부에 영향을 미치고자 한다면 무엇을 할 것인지에 대해 잠시 생각해보라. 우리는 종종 정치참여와 투표행위를 동격으로 생각한다. 그러나 만약 당신이 시민의 관점에서 정치적 영향력에 관해 숙고해본다면, 당신은 정치참여가 비단 투표에만 한정되지 않으며, 투표가 공공정책에 영향을 끼치는 가장 효과적인 수단도 아니라는 점을 알게 될 것이다. 당신의 입장을 지원하는 새로운 후보자―만약 그러한 후보자가 존재한다면―에게 투표할 기회를 주는 차기 선거까지 수년을 기다리는 대신에 당신은 행정부의 공무원과 접촉할 수 있을 것이며, 당신과 이익(관심)을 공유하는 사람들과 더불어 일을 도모하거나, 혹은 당장 당신의 명분을 주창할 수 있는 여타 방안들을 강구할 수도 있다. 요컨대 민주주의적 참여는 여러 형태를 띨 수 있다는 것이다.

버바와 그의 동료들(Verba & Nie 1972; Verba, Nie & Kim 1978)은 네 가지 일반적인 정치행위 유형을 찾아냈다(여기에 우리가 마지막 두 가지 유형을 추가했다).

- 투표
- 캠페인 활동
- 직접적인 공무원 접촉
- 자치단체 활동(자치단체 내 한 집단과 협업)
- 항의와 여타 논쟁적 정치형태
- 인터넷 행동주의(웹사이트 방문, 이메일 송부, 전자호소문 전달)

버바와 나이는 과거의 분석들이 가정했던 것처럼 사람들이 이러한 활동들을 상호 교환 가능한 방식으로 사용하지 않는다는 점을 발견했다. 그 대신 자신들의 동기와 목표에 부응하는 활동들에 초점을 맞추는 경향을 보인다. 특정 유형의 활동들이 함께 묶이며, 특정한 묶음에 속한 활동을 수행

**표 3.1** 정치활동 양식과 그 특성들

| 활동맥락 | 영향력의 유형 | 갈등 | 요구되는 노력 | 다른 사람과 협업 |
|---|---|---|---|---|
| 투표 | 압력 높음/<br>정보 낮음 | 당파적 갈등 | 거의 없음 | 거의 없음 |
| 캠페인 활동 | 압력 높음/<br>정보 낮음-높음 | 당파적 갈등 | 약간 | 약간 또는 상당함 |
| 직접적 접촉 | 압력 낮음<br>정보 높음 | 차이가 남 | 매우 높음 | 거의 없음 |
| 자치단체 활동 | 압력 낮음-높음<br>정보 높음 | 차이가 남 | 약간 또는 상당함 | 약간 또는 상당함 |
| 항의 | 압력 높음<br>정보 높음 | 매우 갈등적임 | 약간 또는 상당함 | 약간 또는 상당함 |

출처: Verba, Nie & Kim(1978, 55), 약간 수정을 가함.

한 사람은 굳이 다른 묶음 내 활동을 선택하기보다는 같은 묶음 내 다른 활동들을 수행할 가능성도 있다. 버바와 나이는 이러한 활동의 묶음들을 **민주주의 참여양식들**(modes of democratic participation)로 명명했다.

이러한 참여양식들은 참여에 상이한 요구사항들을 부과하며, 영향력의 본질에서도 차이를 보인다(〈표 3.1〉 참조). 버바, 나이, 킴(Verba, Nie & Kim 1978)은 몇 가지 범주로 참여양식을 분류했다. (1) 행위가 개인의 정치적 선호에 대한 정보를 전달하는가, 그리고/혹은 승낙압력을 가하는가. (2) 활동이 잠재적 갈등 수준과 연루되는가. (3) 노력을 요구하는가. (4) 행위의 수행이 다른 사람들과의 협업을 요구하는가.

예컨대 **투표**는 높은 압력을 행사하는 활동이다. 그 이유는 그것이 정부 관료를 선별하기 때문이다. 하지만 선거는 많은 이슈와 연루되기 때문에 투표활동의 정책초점은 불분명하다. 투표는 솜씨를 거의 요구하지 않고 다른 사람들과의 협업도 거의 필요 없는 비교적 단순한 행위다. 대조적으로 캠페인 활동은 개인적 시간과 동기를 훨씬 더 많이 요구한다. 캠페인 활동은 개인들이 어떤 후보를 지지할 것인지를 선택하기 때문에 단순한 투표행위보다 훨씬 더 정책에 초점을 맞춘 활동이다. 한 개인이 편지를 쓰거나 정부관료와 이야기를 하거나 이메일을 보내는 방식으로 정부와 **직접 접촉**을 할 수도 있다. 정부와 접촉하는 일은 때때로 특별한 이유—정부에 도로에 파인 웅덩이를 메워달라거나 다른 정부서비스를 요청하는 일—에서 하지만, 어떤 때는 폭넓은 정책 질문들에 관한 요구사항 때문에 하기도 한다. 자치단체 집단들이나 자치단체 활동에 참여하는 것은 훨씬 더 큰 개인적 노력을 요구할 것이다. 그것은 시민들이 [정치과정에] 투여하는 질적으로 다른 참여형식이다. 시민 집단들이 행위의 방법과 활동의 정책적 초점 양자를 통제한다. **논쟁적 정치 또는 항의정치**는 참여의 목록을 확장시킬 뿐만 아니라 선거정치와 다른 활동 형태와 다른 행위 스타일을 표상한다. 항의는 구체적인 이슈와 정책목표—고래를 보호하는 일에서부터 지방정부 정책에 도전을 가하는 일까지—에 초점을 두며 실질적인 정치적 파괴력을 지닌 높은 수준의 정치정보를 전달한다. **인터넷 행동주의**는 여전히 발전하고 있으며 여러 가지 형태를 띨 수 있다. 그것은 자치단체 활동과 상당히 비슷한 형태로서, 생각이 유사한 사람들이 정보를 조직하고 공유하는 데 사용된다. 그것은 접촉의 형태나 심지어는 항의의 형태를 띠기도 한다. 그것들은 상이한 개인들로 구성된 집단들과 연루되며 정치과정에 상이한 [수준의] 영향력을 행사한다.

    미국인들은 정책에 영향력을 행사하기 위해 자신이 무엇을 하겠다고 말할까? 만약 부당하거나 불공정한 법안이 의회에서 통과되려고 하며 자신이 그것을 막기 위해 무언가를 하려고 할 경우에 어떻게 하겠느냐는 상투적인 질문을 해보았다(Jennings & van Deth 1989). 그러자 응답자들 중 거의 4/5가 법안을 발의한 의원들을 직접 접촉하겠다고 했고, 3/4 이상이 정부에 압력을 가하기 위해 비슷한 생각을 하는 사람들로 이루어진 집단과 공조하겠다고 했으며, 약 1/6만이 투표나 항의 의향을 보였다. 사람들은 여러 가지 수단들을 통해 정치에 영향력을 행사하고자 한다.

    교차-국가 참여연구는 일반적으로 버바와 그의 동료들이 미국의 사례에서 발견한 것과 매우 유사한 참여양식들에 대해 기술하고 있다.¹ 이 장은 이러한 참여양식들 각각의 특성, 활동수준과 참여패턴이 시간이 흐름에 따라 어떻게 변화하고 있는지에 대해 논의할 것이다.

## 투표

현대 민주주의 국가들은 선거에서 거의 모든 시민들의 투표를 허용하는 추세다. 대부분의 민주주의 국가들의 경우 초창기에 투표권은 유산계층에게 한정되었으며, 종종 장기 거주 조건이 요구되었다. 미국은 이러한 제약을 푸는 참정권법을 제정한 초기 나라들 가운데 하나다. 1850년대에 이르면 실제로 미국 내 전체 백인 성인 남자에게 투표권이 주어졌다. 투표권은 서유럽에서 훨씬 더 천천히 확대되었다. 그곳은 미국의 민중주의 전통이 결여되어 있었기 때문이다. 유럽의 사회집단들은 미국에서보다 더 날카롭게 분극화되어 있었고, 유럽의 보수주의자들은 자신들을 관직에서 쫓아낼지도 모르는 노동자 계급에 참정권을 주는 것을 주저했다. 사회주의운동이 노동자 계급의 정치적 평등을 압박하였지만 대중의 참정권은 전쟁이나 혁명이 보수주의적 정치질서를 붕괴시킨 이후까지 종종 연기되었다. 프랑스의 성인 남성은 1870년 제3공화국의 형성과 더불어 투표권을 획득했다. 영국은 주거와 재산 소유를 투표의 제약조건으로 만듦으로써 그리고 사업체 소유주와 대학졸업자에게 복수의 투표용지를 허용함으로써 1900년대 초까지 선거명부를 한정시켰다. (대학졸업자라면 두 개의 투표권을 가질 수 있었다!) 제1차 세계대전 이후 선거개혁을 통해 모든 성인들에게 투표권이 확대되었다. 독일에서는 보편적 대중 참정권을 인정한 진정한 의미의 민주주의 선거는 1919년 바이마르 공화국의 출범과 더불어 시작되었다.

20세기 동안 정부들은 참정권을 성인 인구 전체로 점차 확대하였다.

정부가 여성의 투표권을 인정한 것은 영국이 처음이며(1918), 독일(1919)과 미국(1920)이 그 뒤를 이었다. 프랑스는 서유럽 국가 가운데 가장 뒤처졌으며 1944년에야 비로소 여성에게 참정권을 부여하였다. 1965년 투표권법은 미국 흑인들이 공식적으로 투표에 참여하는 데 제약을 주었던 잔여 조건들을 대부분 제거하였다. 끝으로 1970년대에 전체 4개 국가가 모두 투표연령을 만 18세로 낮추었다.

현재 민주주의가 확립된 국가들은 사실상 투표권을 성인 인구 전체로 확대하고 있다. 그러나 투표율에서는 국가별로 눈에 띄는 차이가 존재한다. ⟨표 3.2⟩는 1950년대에서 2000년대까지 22개 기성 민주주의 국가들의 투표율을 보여주고 있다. 국가들 전체의 상이한 등록 규칙들을 상쇄시키기 위해 투표자 수는 등록된 투표자 수가 아니라 투표 자격을 갖춘 공중의 퍼센티지로 계산하였다. ⟨표 3.2⟩는 투표율 수준에서 커다란 국가별 차이를 보여주고 있다. 미국과 스위스에서는 투표연령 인구의 반 (혹은 그 이하)만이 전국선거에서 투표한다. 투표율은 서유럽 국가들 대부분에서 일관되게 높게 나타나고 있는데, 특히 독일에서는 전형적으로 80퍼센트에 가까운 공중이 분데스탁(하원) 선거에서 투표권을 행사한다. 또한 영국의 하원(House of Commons)의원 선거와 프랑스의 하원(National Assembly)의원 선거의 투표율도 상대적으로 높은 편이다.

⟨표 3.2⟩가 보여주는 다른 중요한 패턴은 시간의 경과에 따른 투표율 변화추이다. 연대별 자료가 다 있는 19개국 가운데 17개국의 양쪽 끝 수치를 비교해보면 이들 (영국, 프랑스, 독일, 미국을 포함하여) 17개국이 2퍼센트 이상의 투표율 감소를 경험하였으며, 2개국(덴마크와 그리스)은 2퍼센트 이상 투표율이 증가했다. 표를 자세히 들여다보면 투표율은 1960년대에 극점에 이르렀고 그 이후 감소했으며, 특히 1990년대에 감소 추세가 두드러졌다(Franklin 2004; Wattenberg 2002; Bromley & Curtice 2003). 21세기 들어 첫 번째 선거들은 특정 선거에서 나타나듯이 혼합적인 패턴을 보여주지

표 3.2 1950~2000년대의 투표율 수준

(단위: %)

| | 1950년대 | 1960년대 | 1970년대 | 1980년대 | 1990년대 | 2000년대 |
|---|---|---|---|---|---|---|
| 호주 | 83 | 84 | 85 | 83 | 82 | 81 |
| 오스트리아 | 89 | 90 | 88 | 87 | 77 | 76 |
| 벨기에 | 88 | 87 | 88 | 89 | 84 | 85 |
| 캐나다 | 70 | 72 | 68 | 67 | 60 | 55 |
| 덴마크 | 78 | 87 | 86 | 85 | 82 | 83 |
| 핀란드 | 76 | 85 | 82 | 79 | 70 | 63 |
| 프랑스 | 71 | 67 | 67 | 64 | 61 | 52 |
| 서독 | 84 | 83 | 86 | 79 | 74 | 70 |
| 영국 | 79 | 74 | 74 | 73 | 72 | 58 |
| 그리스 | - | - | 83 | 86 | 85 | 86 |
| 아이슬란드 | 91 | 89 | 89 | 90 | 87 | 88 |
| 아일랜드 | 74 | 74 | 82 | 76 | 70 | 63 |
| 이탈리아 | 93 | 94 | 94 | 93 | 90 | 86 |
| 일본 | 74 | 71 | 72 | 71 | 67 | 65 |
| 네덜란드 | 88 | 90 | 85 | 81 | 73 | 77 |
| 뉴질랜드 | 91 | 84 | 83 | 86 | 79 | 75 |
| 노르웨이 | 78 | 83 | 80 | 83 | 76 | 74 |
| 포르투갈 | - | - | 87 | 81 | 75 | 72 |
| 스페인 | - | - | 76 | 76 | 79 | 77 |
| 스웨덴 | 77 | 83 | 87 | 86 | 81 | 76 |
| 스위스 | 61 | 53 | 61 | 40 | 36 | 37 |
| 미국 | 59 | 62 | 54 | 52 | 53 | 53 |
| 19개국 평균 | 79 | 80 | 80 | 77 | 72 | 69 |

출처: 민주주의선거지원연구소(http://www.idea.int)
유의사항: 투표율을 총선의 투표연령 공중(VAP)에 근거함. 미국은 대선결과임. 2000년대의 투표율은 가용한 자료가 없을 경우 추정치를 제시함. 오스트레일리아와 벨기에는 투표 강제조항이 있는 경우였음. 그리스, 포르투갈, 스페인은 19개 평균에 포함되지 않음.

만 일반적인 하향 추세는 계속되고 있다. 영국의 투표율은 1997년 투표연령층에 속한 공중의 69퍼센트에서 2001년 58퍼센트로 급감했으며 2005년 (60%)에 약간 회복되었다. 2004년 미국 선거의 투표율은 5퍼센트가량 증가했으나 2000년대 선거들을 합산하면 1950년대와 1960년대의 평균에도 못 미치는 수준이다.

몇 가지 요인들이 투표율 감소에 기여한 것은 분명했다. 연구자들은 젊은 세대들이 선거정치로부터 유리되어 있는 편이므로 투표연령의 하향조정이 참여율을 감소시켰다고 주장한다(Franklin 2004; Wattenberg 2002). 정부에 대한 신뢰와 정당에 대한 애당심의 침식도 의심할 나위 없이 이 경향에 기여했다(9장과 〈그림 4.1〉을 보라). 대부분의 나라에서 투표 기회가 확장되었음에도 투표율 평균이 줄었다는 것은 역설이 아닐 수 없다(Dalton & Gray 2003). 비록 대부분의 국가에서 투표의 기회들이 상당히 제한된 상태로 남아 있을지라도 시민들은 '투표자의 피로감'에 대해 불평을 하고 있다.

다른 세트의 요인들이 투표율 수준에서 국가별 차이를 설명해준다. 〈표 3.2〉는 특히 1970년대 미국의 투표율이 다른 나라에서보다 심각한 수준으로 떨어졌음을 보여준다. 일부 분석가들은 이 통계치를 미국 유권자의 제한된 정치적 관여 (그리고 함축적으로는 한정된 정치적 능력)의 증거로 인용한다. 좀 더 복잡한 요인 군—투표자 등록시스템과 다른 선거 절차들—이 투표율에서의 범대서양적 차이를 설명한다(Wattenberg 2002; Franklin 2004; Blais 2000). 대부분의 유럽인은 정부가 [주기적으로] 갱신하는 투표자 등록명부에 자동으로 올라간다. 이와 대조적으로 미국인들은 솔선해서 자기 스스로 등록을 해야 하며 투표자격이 있는 많은 시민이 그렇게 하지 못하고 있다.[2] 여러 가지 추정사항들에 의하면 미국에서 유럽의 투표자 등록시스템을 도입할 경우 선거참여는 증가할 것이다(Blais 2000). 주말에 시행되는 유럽의 선거일정도 참여율을 높이는 요인인데, 더 많은 투표자가 투표장을 방문할 수 있는 시간적 여유를 가질 수 있기 때문이다. 이에 덧붙여, 대부분의 유럽 선거시스템은 미국의 단순다수 소선거구제가 아닌 비례대표제에 근거하고 있다. 비례대표제는 어떤 정당이든 그 크기와 상관없이 사람들이 정당에 투표한 몫에 직접 비례하여 입법부에 대표할 권리를 받게 되므로 투표율을 자극한다(미국과 영국의 단순다수제 시스템에서 선거구 승리의 잔여투표는 의미가 없다). 오스트레일리아와 벨기에 같은 일부 국가들은 사람들이 투표를 안 하면 정부에 벌금을 내도록 요구한다. [유럽 국가] 정당들의 정치적 경쟁과 첨예한 이념적 분열도 투표율을 고무시킨다. 유럽의 투표자들이 투표장에 갈 때 그들은 사회주의, 녹색, 보수주의, 인종주의 혹은 종교적 프로그램을 가진 정당이 국가를 다스리게 할 것인지에 대해 마음을 정하게 된다. 이러한 첨예한 정당 간 차이는 높은 투표율을 조장한다. 국가체제에서 정당 선택의 경우의 수, 선거의 경쟁력, 입법부 구조 등 모든 요인이 투표율에 영향을 미친다(Powell 1986; Jackman 1987; Franklin 2004).

  미국은 시민들이 다수의 선택사항들에 대해 투표한다는 점에서 다른 민주주의 국가들과 다르다. 유럽의 전형적인 투표자는 4년 기간에 세 번 혹은 네 번만 투표를 할 것이지만 미국인들은 같은 기간에 12회 혹은 더 많은 개별 선거들을 치른다. 더욱이 미국인들은 선거마다 훨씬 더 넓은 범위의 선출직 공직 후보자 선택의 기회에 당면한다. 미국, 독일, 프랑스에서는 단지 양원 중 하나의 의원들만 직접 선출한다. 프랑스 대통령은 유럽에서 국가 수장을 직접 선출하는 드문 경우다. 유럽의 지방선거, 지역선거, 전국선거는 대개 한 개의 선출직 공직에 투표권을 1회 행사하는 구조로 되어 있다. 미국 선거에 일반적인 형태인 선출직 공직들에 대한 긴 목록과 후보자명단은 아마 유럽인들에게 생소할 것이다. 마지막으로 영국 프랑스 독일은 간헐적으로 국민투표와 투표발의권을 사용한다.

  전국선거에 투표한 사람들의 전체 수를 세는 것 이외에 참여를 측정하는 대안이 있다면 공중이 후보를 **선출한 총량**을 세는 것이다. 미국 선거의 맥락에서 선출한 횟수의 총량은 실제로 매우 많다.

어떤 나라도 선거의 빈도와 다양성 그리고 그 결과인 선출의 양적 측면에서 미국을 따라오지 못한다. 다른 어떤 나라도 [미국처럼] 하원의원을 2년마다, 또는 대통령을 4년마다 빈번하게 선출하지는 않는다. 어떤 나라도 주지사와 시장 혹은 다양한 (판사, 보안관, 검찰총장, 시의 회계담당자 등등의) 비대의적 선출직 공직을 폭넓게 직접 선거를 통해 뽑지는 않는다. 단지 한 나라(스위스)만이 지방단위로 하는 국민투표의 수와 다양성 측면에서 [미국과] 경쟁할 뿐이며, 다른 두 나라(벨기에와 터키)만이 전국 대부분에서 정당의 '예비선거'를 치른다. 심지어 투표율의 차이를 고려하더라도 미국 시민은 다른 국민보다 덜 자주 투표한다고 볼 수 없고 필경 더 많이 투표한다고 보아야 한다(Crewe 1981, 262).

미국과 유럽 투표자들의 경험에 대한 간단한 비교를 해보면 이러한 선출의 양적 차이가 두드러진다. 예컨대 2004년과 2008년 영국 옥스포드 시의 주민이라면 4차례 투표할 수 있지만, 캘리포니아 어바인 시의 주민은 2004년 한 해에만도 약 40회 투표할 것이기 때문이다.[3]

결국 정치체제의 제도적 구조와 선거규칙들이 투표율에 영향을 강하게 끼치기 때문에 국가별 선거에서 나타난 투표율은 공중의 총체적 정치관여를 측정하는 단지 빈약한 척도일 뿐이다. 단순한 투표의 양은 투표 활동의 질에 의해 판단되어야만 한다. 버바, 나이, 킴(1978, 3장)은 정부의 관료들이 선택된다는 이유에서 투표를 고도의 압력을 가하는 행위로 기술한다. 그러나 선거는 다양한 이슈의 범위와 연루된다. 이 때문에 선거결과는 공중의 특정 정책에 대한 선호도에 대해 한정된 정보만을 창출한다. 어떤 정당이 특정 정책을 주창하였기 때문에 승리했는가? 아니면 그것의 정책적 입장과 무관하게 선거에서 승리했는가? 만약 당신이 정부 정책에 만족하지 못한다면 관례대로 차기 선거에서 당신의 의견대로 선거할 수 있을 때까지 몇 년을 기다려야만 한다. 따라서 대부분의 유럽인이 미리 준비된 정강정책을 가지고 있는 한 정당에 한 표를 던지는 흔치 않은 투표기회는 제한된 정치적 영향력을 의미한다. 영향력은 선거제도가 광범위한 선출직 공직의 범위와 국민투표를 포함할 때 증가한다. 그럼에도 선거를 특정 정책에 대한 위임으로 취급하기는 어렵다. 선거는 특정 정책뿐 아니라 폭넓은 프로그램들을 판단하기 때문이다. 따라서 많은 이들이 정책에 영향력을 행사하는 주요 수단으로서보다는, 시민적 의무감 혹은 당파적 지지를 표명하기 위해 투표를 한다.

투표에서 다뤄지는 정책 내용의 제한성과 관련하여 일부 비판가들은 대중참여를 투표 하나에만 초점을 맞춤으로써 정당과 정치엘리트가 정책과정에 있어 자신들의 특권적 지위를 보호하기 위해 실제로 시민의 영향력을 한정하려고 한다고 주장한다(Piven & Cloward 2000). 비록 이 회의주의가 정당한 것이라 하더라도 투표는 상징적 의미에서나 정책에 대한 도구적 영향력에서 민주주의 정치의 중요한 측면으로 존재한다. 투표는 참여를 시작하는 좋은 방법이지만, 참여가 거기서 끝나서는 안 된다. 아무리 그렇다 해도 투표율의 쇠퇴는 현대 민주주의에서 참여가 퇴색하고 있다는 사실을 확인해 주는 듯하다.

## 캠페인 활동

흔히 정치적 캠페인은 '소매상 정치'로 설명된다. 캠페인은 후보자와 지지자들에게 자신의 프로그램을 유권자에게 '파는' 기회를 부여한다. 지지자들은 예상 투표자들을 가가호호 방문하여 얘기를 나누며 캠페인 자료들을 남길 것이다. 그들은 선호하는 정당이나 후보에게 기여하며, 전화은행의 일원으로 일하거나 캠페인 모임에도 출석할 것이다. 때때로 배우자, 친구, 직장동료에게 어떻게 투표해야 하는지에 대해 설득을 시도하기도 할 것이다.

캠페인의 자원봉사 활동은 투표행위를 넘어서 선거참여의 연장이다. 이 활동은 단순히 표를 던지는 것보다 요구 수준이 훨씬 더 높기 때문에 훨

**그림 3.1** 미국의 캠페인 활동 경향

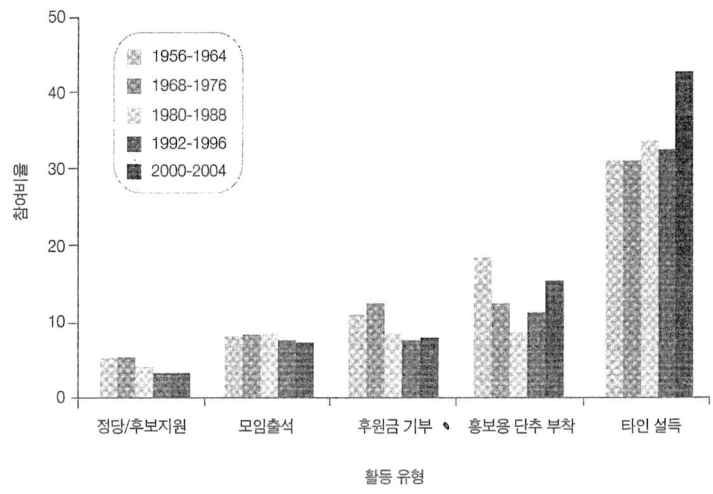

출처: 전미선거연구, 1956-2004.

씬 적은 수의 사람들이 일상적으로 참여한다. 캠페인 활동은 더욱 솔선할 것을 요구하며, 〈표 3.1〉에서 보듯이 다른 사람들과의 협업에 동참해야 할 필요성도 크다.

이러한 추가적인 노력과 더불어 캠페인 활동은 시민에게 투표보다 더 많은 정치적 영향력을 허용하며 더 많은 정책적 정보를 전달한다. 캠페인 활동은 정당과 후보에게 더욱 중요하며 후보는 일반적으로 자신의 활동가들이 보이는 정책적 관심에 더 민감하며 잘 인식하고 있다(Verba & Nie 1972, 17~19장).

캠페인 활동은 국가 내 선거 동학의 맥락에 좌우되는 여러 가지 형태가 있다. 미국에서 캠페인은 현재 대체로 미디어 이벤트에 의존하며 조직된 캠페인 활동에 대한 인민의 관여는 적당한 수준에 머물고 있다(〈그림 3.1〉을 보라). 적은 수의 미국인들만이 당이나 후보를 위해 일하거나 당이나 후보의 모임에 출석하며 캠페인 홍보용 단추나 스티커를 부착한다(〈표 3.4〉

의 상단에 나타난 것처럼 미국은 다른 나라들보다 캠페인 활동의 수준이 높다).[4] 캠페인 활동률은 1950년대 이후 등락세를 보이기는 했지만 어떤 주도적인 동향은 없었다. 일부 연구는 캠페인 활동이 꾸준히 줄었다고 주장한다(Putnam 2000, 2장; Macedo et al. 2005).[5] 오늘날 가장 빈번한 캠페인 활동은 개인주의적 참여형태와 관련이 있다. 캠페인에 기부하거나, 홍보용 단추를 달고 다니거나 타인들에게 어떻게 투표하라고 설득하는 형태 등이 그것이다.

영국 선거는 미국 선거와 몇 가지 방식에서 차이가 있다. 영국 선거는 정규적 일정표를 따르지 않는다. 총리는 의회를 해산하고 임기 중 거의 모든 시점에 새로운 선거를 공고할 수가 있다. 그러므로 선거는 자주 빠르게 조직되고 캠페인 기간은 한 달이 조금 넘을 정도로 짧다. 이에 덧붙여 영국의 정당은 캠페인 활동의 상당부분을 정당원들의 공식적인 인적구성에 의존한다. 그들이 정치집회에 출석하고 캠페인 기간에 선거구를 누비고 다니며 선거 당일에 예상 투표자들과 접촉한다(Whiteley & Seyd 2002). 핵심당원 이외의 참여는 캠페인 활동 대부분에 있어 제한적이다(〈표 3.3〉을 보라). 정당 멤버십의 감소가 시간이 지날수록 조직적인 캠페인 활동의 쇠퇴 원인으로 작용하고 있다.

제2차 세계대전 이후 독일의 민주주의 발전은 캠페인 활동을 비롯하여 다른 정치적 참여 측면 대부분에서의 활동을 증가시켰다. 정당의 멤버십은 1950년대 이후 1980년대까지 증가하였고 캠페인 참여도 늘어났다. 1961년에는 공중의 11퍼센트가 캠페인 모임에 참여했고, 1976년에는 이 수치가 거의 두 배(20%)로 되었다. 1970년대에 시작된 대중의 정당지지 표시는 캠페인의 두드러진 측면이 되었다. 그러나 1980년대 이래 캠페인 참여는 다른 유럽 지역에서 그러했던 것과 마찬가지로 하락했다(Koch, Wasmer & Schmidt 2001). 공식적인 정당원 수도 감소했다.

그럼에도 많은 독일인이 여전히 캠페인 활동에 참여한다. 우리는 앞에

표 3.3 영국의 캠페인 활동 경향

(단위: %)

| | 1964 | 1966 | 1970 | 1974 | 1979 | 1983 | 1987 | 1997 | 2001 | 2005 |
|---|---|---|---|---|---|---|---|---|---|---|
| 표밭 누비기 | 3 | 2 | 1 | 2 | 2 | 2 | 2 | 2 | – | – |
| 정당/후보자 지원 | 8 | 2 | 2 | 2 | 2 | 2 | 2 | – | 3 | 3 |
| 유세 참관(옥내) | 8 | 7 | 5 | 5 | 4 | 3 | 4 | 4 | 1 | 2 |
| 유세 참관(옥외) | 8 | 3 | 6 | 4 | 2 | – | – | 7 | | |
| 포스터 부착 | – | – | 10 | 9 | 8 | 12 | 10 | 9 | – | – |
| 정당 웹사이트 방문 | – | – | – | – | – | – | – | – | 2 | 4 |
| 당원 신분 | 14 | – | 10 | – | – | 7 | 9 | 4 | 4 | 4 |
| 선거 유세 청취 | 46 | 49 | 53 | 51 | 56 | 49 | 49 | 62 | 69 | – |

출처: 1964~1974, 1983~1997, 영국갤럽조사; 2001~2005, MORI조사 참여데이터 1979, 정당멤버십 데이터는 영국선거연구에서 가져옴.

서 이미 그들이 미국에서보다 훨씬 높은 수준의 투표율을 보인다는 점도 알아낸 바 있다.[6] 2002년 하원선거에서 거의 세 명 중 한 명이 다른 사람에게 특정 후보(정당)에 대한 투표를 권유한 경험이 있으며 그들 중 상당수가 캠페인 활동에 연루되었다(〈표 3.4〉참조).

〈표 3.4〉는 정당과 캠페인 활동이 프랑스에서 다른 세 나라보다 일반적으로 덜 광범위하다는 점을 보여준다. 공식적인 정당 멤버십은 1990년대 이래로 감소하였다. 비록 증거자료는 한정적일지라도 캠페인 모임 출석, 공식적인 정당지지 표명, 기타 캠페인 활동들은 아마도 지난 20년 동안에 줄어들었을 것이다(Boy & Mayer 1993). 2002년 선거에서 프랑스인들의 참여는 2002년 독일인들의 참여수준과 같거나 약간 상회했다. 그것은 그 해 프랑스는 독일이나 영국처럼 국회의원을 뽑는 총선이 아니라 대통령 선거였고, 한 극우파 극단주의자*가 대통령직을 놓고 결선투표까지 도전했기 때문

---

\* Le Pen, 국민전선당(FN) 대표.

표 3.4 참여의 다른 활동양식들 (단위: %)

| | 미국 | 영국 | 프랑스 | 독일 |
|---|---|---|---|---|
| 전국 캠페인에 적극적임 | | | | |
|    타인을 설득하려고 함 | 44 | 44 | 28 | 29 |
|    캠페인에 참여함 | 30 | 25 | 7 | 7 |
|    정당/후보와 접촉을 허용함 | 47 | 26 | 13 | 7 |
| 접촉함 | | | | |
|    지난 5년 사이 공무원을 접촉함 | 28 | 34 | 12 | 13 |
| 자치단체 활동 | | | | |
|    지난 5년 사이 타인들과 공조함 | 35 | 23 | 20 | 26 |
| 항의 | | | | |
|    과거에 청원서에 서명함* | 35 | 34 | 21 | 35 |
|    과거에 보이콧한 일 있음* | 24 | 23 | 29 | 34 |
|    지난 5년 사이 항의에 참여함 | 6 | 12 | 24 | 12 |
|    과거에 데모에 참가함* | 6 | 2 | 17 | 6 |
| 인터넷 | | | | |
|    인터넷 포럼에 가입함* | 6 | 2 | 4 | 2 |

출처: 전국선거시스템비교연구(미국 2004, 영국 2005, 프랑스와 독일 2002). 별표를 친 항목은 국제 사회서베이 프로그램의 2004년 자료임.

이다.

좀 더 많은 나라를 연구한 자료는 기성 민주주의 국가들의 캠페인 활동이 일반적으로 감소하고 있음을 암시한다(Dalton & Wattenberg 2000, 3장). 이제 훨씬 적은 수의 사람들이 정치집회에 출석하며 당이나 후보를 위해 일하고 적극적으로 선거 캠페인에 참여한다. 선거에서 확대된 미디어의 역할은 공중에게 정보를 제공하기 위해 정당이 조직하는 집회와 표밭 누비기의 중요성을 줄이기 때문에 캠페인 활동을 감소시킬 수 있다. 미디어의 보도 스타일도 새로운 선거공학 유형의 확산을 조장한다. 후보들은 '현장유세'를 통해 저녁 텔레비전 뉴스의 얘깃거리를 만드는 데 적극적으로 협조한다. 캠페인 활동은 후보의 인격에 더욱 초점을 맞춘다. 그리고 텔레비전으로 중계되는 사전 선거토론이 일반화되어가고 있다. 이제 캠페인 활동은 과거식의 대중집회와 유권자와의 직접 대면에 훨씬 적은 시간을 투여한다.

그러므로 캠페인 활동은 현대 공중의 이탈이 확산한다는 증거를 더 많이 제공하는 듯이 보인다. 선출된 공직자들과 정당 지도자들이 선거에 초점을 맞추기 때문에 (그리고 투표율에 대한 정보가 광범위하게 존재하기 때문에), 그들이 선거와 관련된 참여의 감소를 일반 공중의 정치 이탈의 증거로 이해하는 것은 놀랄만한 일이 아니다. 많은 개인이 여전히 선거의 흥분상태와 경쟁에 관심을 쏟는 것은 사실이지만, 현재 캠페인 참여는 정당지지의 표명이나 선거에 관해 친구들과 토론하는 것처럼 개인주의적 특징을 보이는 경우가 훨씬 더 빈번하다. 그런가 하면 과거 선거 캠페인의 주요 특징이었던 정당-주도의 활동들은 이제 예전보다 훨씬 드물게 이루어진다. 한마디로 캠페인 활동에서 공중 참여의 성격은 물론, 활동의 수준이 변해가고 있는지도 모른다.

## 직접적인 접촉활동

자넬리 포르투(Janelly Fourtou)는 프랑스 출신으로 자유민주당을 대표하는 유럽 의회 의원이다. 어느 날 그녀는 오스트리아의 공익단체로부터 소포 하나를 받았다. 당시 유럽 의회는 유럽의 새로운 저작권과 인터넷 이용법에 관해 토론을 진행 중이었고, 이 법안에 대한 공중과 비즈니스 부문의 관심은 매우 높았다. 정치인들이 자신의 지역구로부터 정규적으로 우편물을 받고 있기 때문에 소포를 받는 것은 전혀 이상한 일이 아니다. 그러나 그것의 내용물이 범상치 않았다. 그것은 죽은 돼지로부터 정교하게 떼어내어 전시할 수 있도록 맞는 틀에 넣은 돼지의 귀 두 개였다. 이 두 쪽의 돼지 귀는 빅 브라더 상(the Big Brother Award)의 일부로서 오스트리아 단체가 저작권과 지적소유권 이슈에 관해 '최악의' 유럽 의회 의원의 자격을 갖춘 포르투에게 주는 것이었다. 돼지 귀 사건은 그 이익단체와 그들의 명분이 언론에 노출되는 계기가 되었고 언론보도는 포르투의 법안투표 기록에 초점을 맞추었다.

사람들이 새로운 법안의 지지 혹은 반대를 표출하는 가장 직접적인 방식은 자신들의 대표자들에게 이메일을 보내거나 편지를 쓰는 것이다. 돼지 귀는 동봉되지 않는 편이 더 나을 테지만 말이다. 아니면 시청이나 학교 이사회장에 가거나 개인적으로 대표자와 직접 의견을 교환하거나 지역신문에 편지를 쓸 수도 있다. 1960년대 미국 공중의 약 다섯 명 중 한 사람은 정부 공직자와 직접 접촉한 경험이 있다. 이 수치는 1980년대 말에 이르러 거의 두 배가 되었으며, 그 이후로도 증가하였다(Verba, Scholzman & Brady 1995, 3장; Dalton 2007a, 4장). 게다가 이메일이 등장함으로써 정치인과 접촉하기가 더욱 쉬워졌으며, 정치단체는 훨씬 더 간편하게 지지자들에게 편지를 보내라고 동원할 수 있게 되었다. 의회의 우편물 통계치는 지역구 주민들로부터 당도한 서신이 급격히 증가했음을 보여준다.

정치인 접촉활동은 영국과 독일에서 훨씬 일반화되었다(Pattie, Seyd & Whiteley 2004, 3장; Koch, Wasmer & Schmidt 2001). 접촉활동의 수준은 이제 캠페인 활동(투표를 제외할 경우)에 결코 뒤지지 않는다. 〈표 3.4〉는 정치인이나 정부 공직자를 개인적으로 접촉했거나 지난 5년간 편지를 썼던 사람들의 퍼센티지를 보여준다. 영국인의 34퍼센트, 미국인의 28퍼센트, 독일인의 13퍼센트와 프랑스인의 12퍼센트가 긍정적으로 응답했다.

직접 접촉의 수준은 몇 가지 이유에서 중요하다. 접촉활동은 아마도 캠페인 활동보다도 훨씬 더 공중의 잠재적인 영향력을 확장시킬 수 있을 것이다. 직접접촉활동은 시민이 다음 선거까지 몇 년을 기다리는 것 대신에, 자신이 가장 효과적이라고 생각하는 때에 가장 효과적인 장소에서 가장 효과적인 방식에 따라 이루어진다. 이것은 고도의 정보에 근거한 활동으로서 시민들의 정책적 선호를 분명하게 보여준다. 직접 접촉활동의 빈도도 증가하는 것으로 나타나고 있는데, 이것은 선거참여의 쇠퇴와 대조적이다. 끝으로 직접 접촉활동은 개인의 정치적 기술과 동기를 상당 수준 요구한다. 따라서 이것은 일종의 시민적 개입을 의미한다. 또한 이것은 시민들이 여전히 정치에 관여되어 있다는 신호지만, 그들이 참여하는 방식에는 변화가 있을 것이다.

## 자치단체 활동

풀뿌리 민주주의의 정수는 자치단체 활동이다. 이것을 통해 사람들은 함께 모여 자신들의 필요를 집합적으로 제시한다. 자치단체 활동은 종종 학교 이슈에서 지역사회 환경을 보호하는 일에 이르기까지 사회적이거나 공동체적 문제들을 다루기 위한 집단적 노력과 관련된다. 사친회에서 지역 이웃들의 위원회에 이르기까지 이러한 활동이야말로 민주주의가 실제로 작동하고 있는 형태다. 그러한 자율적인 집단행위는 제퍼슨에서 현재의 시민사회 이론가들에 이르기까지 [모두가 한결같이] 민주주의의 토대라고 간주한 시민사회를 규정한다. 예컨대 토크빌은 그러한 집단활동을 미국 민주주의의 독특한 특질로 보았다.

> 미국에 퍼져있는 정치적 활동에 관해서는 이해가 잘 되어 있는 것이 틀림없어 보인다. 미국 땅에 발을 디디는 즉시 당신은 일종의 혼란상에 경악하게 될 것이다. … 여기 타운의 한 구역 사람들이 교회 건물에 대한 결정을 하려고 모임을 하고 있다. 조금 떨어진 곳에서는 한 구역의 대표들이 어떤 지역 개선책에 대해 자문하려고 서둘러 타운으로 가고 있다. 또 다른 장소에는 마을 노동자들이 쟁기를 잠시 손에서 놓고 도로나 공립학교 프로젝트에 대해 상의한다. … 사회의 규정을 손보고 그것에 대해 토의하는 것이 가장 큰 관심사이며, 이를테면 미국인들이 아는 유일한 기쁨이다(Tocqueville 1996, 249~250).

이 활동 양식은 캠페인과 차이가 있다. 자치단체 참여는 대체로 정규화된 제도적 선거의 틀 바깥에서 일어나며, 당파적 초점을 결여하기 때문이다. 이에 덧붙여 자치단체 활동가들에게는 상대적으로 높은 수준의 정치적 세련화와 솔선이 요구된다(〈표 3.1〉을 보라). 시민들은 그들의 관심이슈, 정책 수립자에게 영향력을 행사하는 방법, 영향력 행사의 시기를 스스로 정한다. 이슈는 아프리카 원조와 같은 폭넓은 것에서부터 지역의 학군에 대한 정책과 같이 협소한 것일 수가 있으며, 엘리트가 아니라 시민들이 결정한다. 참여의 틀에 대한 통제는, 캠페인의 제약적인 공중 참여활동보다 자치단체 활동이 더 많은 정보를 운반하며 더 많은 정치적 압력을 행사한다는 의미다. 간단히 말해서 단체활동은 참여의 통제권한을 공중에게 이관시키며 그 결과로 자신들의 정치적 영향력을 증대시킨다.

정치학자들은 시민단체의 참여가 선거의 투표율처럼 하향곡선을 그리는지에 대해 격렬하게 토론을 벌이고 있다. 푸트남(2000)은 한 도발적인 분석 시리즈를 통해 오늘날 사람들은 "혼자서 볼링을 한다"고 주장한다. 20세기 후반 이전 시기에 발전된 전통적인 미국의 사회적 결사와 시민결사의 쇠퇴현상을 추적하면서 푸트남은 1970년 이래 엘크스(the Elks)와 사친회에서 볼링클럽에 이르기까지 집단들에 대한 참여가 현저하게 떨어졌음을 발견했다. 그는 그러한 집단들이 민주주의적 정치참여를 촉진하는 기술과 규범들을 가르쳐왔음을 지적하면서, 그러한 결사체들의 쇠퇴와 더불어 정치적 관여도 정체되었다고 주장한다. 그는 타운이나 학교와 관련된 안건을 토의하는 공공회합에 참석하는 사람들, '더 나은 정부' 집단에 속한 사람들, 혹은 지역단체의 위원회에 위원으로 봉사하는 사람들의 수가 급감한 사실을 기록하고 있다. 대신 우리 중 지독하게 많은 숫자가 텔레비전이나 컴퓨터 앞에 앉아 있다.

푸트남의 비판자들은 그가 '구식'의 단체형태를 연구했다고 단언한다. 현대 공중들은 사회클럽에 가입 안 하는 대신 자조집단, 근린 결사체, 그리고 환경집단이나 여성운동집단과 같은 이슈지향적 단체에 참여하고 있다는 것이다(Skocpol & Fiorina 1999). 사실 푸트남은 한 캘리포니아 교회에서 하는 사회적 활동범위를 열거할 때 이러한 새로운 활동의 형태들을 사례로 제공하고 있다.

> 한 주 동안 크리스탈 성당에서 이루어지는 행사일정은 … 시장 속에서의 여성, 강박적인 행태의 극복, 경력 쌓기 워크숍, 여성을 위한 스트레칭과 걷기 시간, 암 극복 방법, 긍정적인 기독교 싱글즈, 익명의 도박자 치유, 사랑이 지나친 여성, 익명의 과식자 치유, 활기찬 금요일 밤 등을 포함하고 있다(Putnam 2000, 66).

이러한 새로운 사회적 조직형태들은 전통적인 사회기관들의 멤버십으로 설명될 수 없다. 이에 덧붙여 단체참여는 환경에 대한 주창단체, 여성이슈단체, 인권단체, 소비자 보호단체 등과 같은 새로운 스타일의 공익단체들을 포함한다.

자치단체들의 비구조화된 성격은 참여수준을 정확하게 측정하거나 국가별 수준을 비교하는 데 어려움을 준다. 그러나 우리의 연구대상인 4개 국가 모두에서 시민들은 상당한 정도로 자치단체 활동에 관여하고 있다. 집단에 근거한 참여는 오랫동안 미국 정치문화의 독특한 측면이었고, 미국인들의 사회단체 멤버십은 다른 민주주의 국가들의 수준을 능가한다. 버바, 솔로츠먼, 브래디(Verba, Schlozman; Brady 1995, 72)에 의하면 미국인의 자치단체 참여는 1967년 30퍼센트에서 1987년 34퍼센트로 성장했고, 2000년에는 38퍼센트로 증가했다.[7] 세계가치서베이에 따르면 미국인들의 시민결사체, 환경단체, 여성단체 혹은 평화단체의 멤버십은 1980년 6퍼센트, 1990년 18퍼센트, 1999년 30퍼센트였다고 한다(〈그림 3.2〉 참조).

전통적으로 유럽의 정치적 규범은 단체활동을 덜 강조했으며, 유럽

**그림 3.2** 공익집단 멤버십

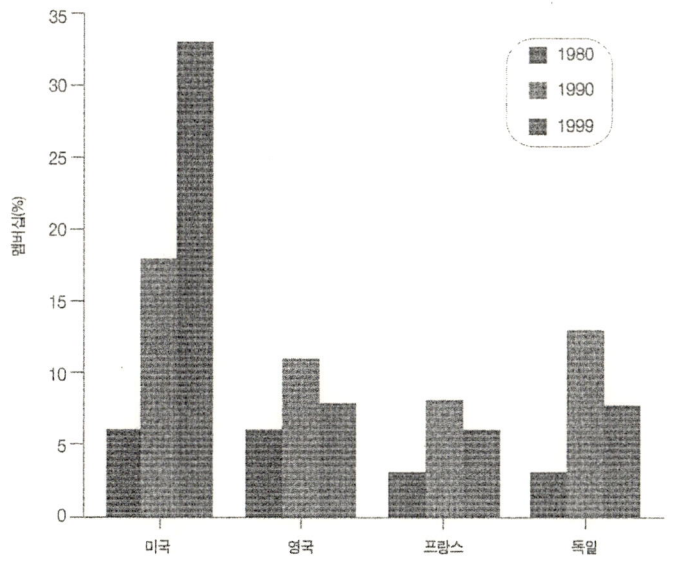

출처: 1980-81 세계가치서베이, 1990-93 세계가치서베이, 1990-2002 세계가치서베이/유럽가치서베이
유의사항: 그림의 수치들은 각국의 시민결사체, 환경집단, 여성집단, 또는 평화집단에 속한 사람들의 퍼센티지다.

의 정치시스템은 시민들이 정부 공직자와 직접 접촉하는 것을 장려하지 않았다. 그러나 자치단체 참여는 이들 민주주의 국가에서도 명시적으로 증가하였다. 영국인들의 사회단체 및 다른 형태의 비선거적 참여는 늘어났다(Curtice & Seyd 2002; Hall 2002). 세계가치서베이는 1980년에서 1999년 사이의 시민결사체 멤버십의 일반적인 상향 추세를 보고하고 있다(〈그림 3.2〉 참조). 자치단체 활동은 독일에서도 증가하였다(Offe & Fuchs 2002). 자발적인 시민결사체들은 1970년대 독일 정치에서 하나의 혁신이었다. 하지만 현재 이들 집단은 통상적인 정치의 한 측면일 뿐이다. 세계가치서베이에 따르면 1980년대 독일인 중 3퍼센트가 시민결사체나 정치단체에 가입하고 있다고 답했고, 1990년대에는 12퍼센트, 1999년에도 7퍼센트가 그렇게 답했다. 모든 면에서 프랑스의 자치단체 활동은 좀 더 한정적이다. 예를 들어 토크빌은 미국인들의 사회적 협력과 프랑스 정치문화의 개인주의를 비교했었다. 그러나 세계가치서베이는 이러한 프랑스에서조차도 시민단체 멤버십이 시간이 지남에 따라 증가하고 있음을 추적해냈다.

〈표 3.4〉의 세 번째 항목은 국가별 공동체 활동의 수준을 비교적으로 보여준다. 공동체 이슈에 관해 협업하는 방식은 확실히 여러 가지 형태다. 사친회와 더불어 하는 방법에서부터 지역 환경단체와 협업하는 방법에 이르기까지 다 포함된다. 이것이 자치단체 활동의 본질이다. 집합적 행위는 미국에서 최고 수준인데, 인구의 35퍼센트가 자치단체 활동에 참여하고 있다. 유럽 3개국의 공중은 20~26퍼센트 정도가 타인들과 협업을 하고 있다. 사실 자치단체 활동이 어떤 선거 캠페인에서 일하는 것보다 더 일반적이다.

푸트남이 미국의 정치과정에서 중요한 변화들을 밝혀낸 것은 사실이다. 그러나 나는 그의 발견사항들이 모든 종류의 정치적 관여가 쇠퇴하고 있다는 것을 의미한다거나, 그가 미국에 대해 설명한 패턴들을 다른 민주주의 국가들에도 적용할 수 있다고 보지는 않는다. 특히 우리가 검토하고 있는 유럽의 세 개 나라들 내에서는 시민이 정치과정에 직접적으로 더 많이 관여하는 방식을 도입하는 사회단체와 시민단체에의 참여가 증가했다. (게다가 푸트남이 미국의 경향을 설명하려고 사용한 요인들 중 많은 것이 유럽에서도 발생했지만 똑같은 효과를 창출할 것 같지는 않다; Putnam 2000을 보라). 미국인들이 선거정치에 더 적게 참여할 가능성이 있다손 쳐도, 비공식적인 단체, 사회운동, 자치단체에 대한 연루는 증가했다(Dalton 2007a, 4장). 요약하자면, 자치단체의 정치적 관여는 현대 민주주의 국가에서 정치참여가 계속되고 있다는 관점을 보강한다는 것이다.

## 항의와 논쟁적 행위

역사상 항의와 논쟁적 행위는 좌절과 박탈감으로부터 일어났다. 사회적으로 불이익을 받은 사람들, 억압된 소수자들, 혹은 확립된 정치질서로부터 소외된 집단들 사이에 집중된 항의는 관례화된 통로를 통한 접근권을 결여한 사람들을 위한 출구였다. 이러한 형태의 항의를 생생하게 설명해주는 것은 1980년대 말과 1990년대 초 동구와 동아시아 남아프리카 그 외 민주화가 진행 중인 국가들에서 일어난 민주주의 혁명이었다. 최근 몇 년 사이 미국과 프랑스에서 일어난 이민자 권리를 요구하는 항의는 불만이 집합행동으로 인도된 또 다른 사례다. 시민들이 합법적인 참여 통로를 통한 정치적 영향력 행사가 막혔을 때 항의는 다른 선택수단이다.

항의의 본질은 선진 산업민주주의 국가들에서 변화하고 있다. 항의는 불이익을 받는 계층으로부터 노년층 시민의 권리를 위한 회색 팬더(Panthers) 프로테스트, 기업을 적극적으로 모니터하는 소비자들, 생태문제에 주목해달라는 환경주의자들을 포함하는 좀 더 광범위한 사회 스펙트럼을 아우르는 방향으로 확장되고 있다. 과거에 항의는 종종 정치기관의 기본적 정당성에 도전했다. 선진 산업민주주의 국가에서 발생하는 새로운 형태의 항의 대부분이 기성의 정치질서를 전복시키려는 목적을 갖지 않는다. 물론 부유하고 잘 교육받은 참여자들은 이 기성의 정치질서의 일차적 수혜자다. 결국 개혁주의가 혁명의 열기를 대체한 것이다. 현대적 항의는 정치단체들이 의식적으로 자신의 목표에 가장 이로운 시점에 자신의 활동들을 전개하는 방식의, 전형적으로 잘 계획되고 조직된 활동이다. 많은 집단과 개인에게 항의는 여론을 동원하고 정책수립자에게 영향력을 행사하는 또 다른 정치적 자원이 되었을 뿐이다. 과거에 항의는 민주주의적 정치참여를 위한 관례적 형태들과 다르게 간주되었지만, 이제는 관례적 정치참여의 연장선상에서 다른 수단에 의해 참여하는 방식으로 보인다.

〈표 3.5〉는 국가별 항의활동의 수준을 기술해주고 있다. 왼편은 점잖고 일반적인 항의형태로서 청원서 서명에 참여한 사람들의 퍼센티지에 따라 순위가 매겨졌는데, 이는 민주주의적 기준에 의하면 관례적 정치의 일부분이다. 오른편에는 합법적인 데모 참가, 보이콧 참가, 사전 허가를 득하지 않은 스트라이크 참가, 건물점거와 같은 좀 더 도전적인 항의 유형에 관여한 공중의 퍼센티지에 따라 매긴 국가별 순위다.

청원서 서명행위는 기성의 민주주의 국가 대부분의 공중에게 일상화된 참여방식이다. 청원은 영국과 미국정치의 유구하고 존경할만한 유산이며, 모든 정향의 정치단체들이 사용하고 있다. 사람들은 미국의 월마트나 영국의 막스&스펜서 매장에 들어갈 때 청원서에 서명해달라는 요청을 종종 받는다. 대부분의 미국인(81%)과 영국인(79%)은 한 번 이상 서명을 한 경험이 있었다. 이러한 행위의 형태는 다른 나라에서도 대체로 공통적이다.

공중이 관례적 정치의 테두리를 벗어나고자 하는 의지를 좀 더 확연히 설명하는 것은 〈표 3.5〉의 우측에 제시된 네 가지 도덕적인 참여행위다. 프랑스인들은 상대적으로 높은 수준의 항의활동을 하는데, 다른 기성 민주주의 국가들 중, 단 몇 개국만이 이들을 능가했다. 프랑스인 가운데 2/3 이상이 네 가지 행위 중 적어도 하나에 관여한 적이 있었다. 이는 우리가 앞서 프랑스인이 관례적 정치를 회피하며 적극적으로 항의한다고 설명한 것을 사실로 확인해준다.

콘하우저(Kornhauser 1959)는 프랑스의 사회단체와 관례적 참여 통로의 약점이 항의에 대한 지지를 조장한다고 주장한 바 있다. 실제로 프랑스인들은 면대면 접촉을 요구하는 정치행위인 청원서 서명 측면에서는 높은 순위에 있지 않다. 이러한 개인적인 무관심 위에 프랑스 혁명의 역사를 간직하고 있는 문화적 전통이 더해진다. 1999년 프랑스에서 연구조사가 시행된 이듬해 한 해만 해도, 유류 값 인상에 반대하는 트럭운전사들이 주유소를 봉쇄했으며, 시민들은 맥도날드 매장을 습격한 양(羊) 축산업자를 지지하는

표 3.5 항의활동의 국가별 수준 비교

(단위: %)

| 청원서에 서명함 | | 도전적 행위에 가담함 | |
|---|---|---|---|
| 뉴질랜드 | 91 | 그리스 | 55 |
| 스웨덴 | 87 | 스웨덴 | 48 |
| 미국 | 81 | 덴마크 | 46 |
| 영국 | 79 | 프랑스 | 43 |
| 오스트레일리아 | 78 | 네덜란드 | 40 |
| 캐나다 | 73 | 벨기에 | 39 |
| 프랑스 | 68 | 이탈리아 | 37 |
| 벨기에 | 68 | 미국 | 36 |
| 노르웨이 | 65 | 노르웨이 | 34 |
| 스위스 | 64 | 독일 | 30 |
| 일본 | 63 | 오스트레일리아 | 30 |
| 아일랜드 | 60 | 캐나다 | 30 |
| 네덜란드 | 59 | 스페인 | 29 |
| 덴마크 | 57 | 뉴질랜드 | 28 |
| 오스트리아 | 57 | 영국 | 25 |
| 이탈리아 | 53 | 아일랜드 | 25 |
| 독일 | 51 | 핀란드 | 22 |
| 핀란드 | 50 | 스위스 | 22 |
| 그리스 | 50 | 오스트리아 | 21 |
| 스페인 | 28 | 포르투갈 | 17 |
| 포르투갈 | 22 | 일본 | 14 |

출처: 1999~2002 유럽가치서베이/세계가치서베이.
유의사항: 두 번째 축의 수치는 적어도 한 번 이상 도전적인 행위에 가담한 사람의 수를 퍼센티지로 나타낸 것임: 합법적 데모, 보이콧, 무허가 스트라이크, 또는 건물 점거 등.

데모를 했고, 노동일 수 단축건을 둘러싸고 갑론을박하던 버스와 지하철 노동자들이 대중교통 시스템을 교란시켰으며, 과학자들이 정부지원금 삭감에 반대하여 대량 사직을 하였고, 농부들은 장차 있을 유전자 조작 농작물의 도입에 항의하였으며, 비기독교 종교단체들은 소수자에 대해 더 큰 종교적 관용을 요구하였고, 성매매자들은 정부 관공서 앞에서 이민자들과의 불공정한 경쟁에 반대하는 데모를 벌였다. 프랑스의 항의는 사회적 한계들을 거의 아랑곳하지 않는다.

다른 대부분의 나라들도 적당한 항의수준을 보여준다. 공중의 약 20~30퍼센트가 이들 네 가지 활동 중 적어도 하나에 가담한 경험이 있다. 많은 서독인이 이러한 활동들 중 한 가지 이상에 참여하였다. 근린결사체에서 환경 주창 단체에 이르는 집단들에 의한 항의는 사회적으로 수용된 행위의 일부이기 때문이다. 항의는 전 동독지역에서 뒤떨어져 있는데, 그곳 사람들은 아직 민주주의 시민으로서의 역할을 배우는 과정에 있다. 지중해와 스칸디나비아 국가들이 순위목록의 최상단에 있는 데 비해 일본은 항의활동에 대해 현저한 거부감을 나타낸다. 영국과 미국이 청원서 서명보다 도전적인 활동에서 낮은 순위를 차지한다는 점은 눈여겨 볼만하다. 우리는 아래에서 이 점을 다시 거론할 것이다.

하나의 단서: 〈표 3.5〉의 항의활동은 매우 평범해 보인다. 이유는 응답자가 그 활동에 "참가한 적이 있는지"를 질문했기 때문이다. 비교적 시각에서 〈표 3.4〉의 네 번째 항목은 특정 기간에 걸쳐 일어난 논쟁적 행위들을 제시하고 있다. 그러나 이들 공중의 거의 1/3이 지난해에 청원서에 서명했으며 유의미한 소수가 항의나 데모에 참가한 적이 있었다고 했다. 논쟁적 정치에서 증가의 폭은 우리가 정치적 이유로 제품을 사거나 보이콧하는 정치적 소비자주의를 항의범주에 포함하면 더욱 커진다. 이러한 항의형태는 자주 초기의 참여연구에서 빠졌다(Stolle et al. 2005). 국제사회서베이는 미국, 영국, 프랑스의 응답자 중 대략 1/4이 지난 12개월 사이에 정치적 이유로 제품을 보이콧한 일이 있다고 응답했으며, 독일인 사이에서 이 수치는 1/3로 상승함을 밝혀냈다(〈표 3.4〉 참조). 다른 연구들은 정치적 이유에서 제품을 구매하는 바이코팅(buycotting)이 훨씬 더 일상적임을 발견했다.

그러므로 기성 민주주의 국가에서 사람들 대부분은 어떤 형태든 논쟁

표 3.6 시기별 항의 참여

(단위: %)

| | 미국 | | | | | 영국 | | | | | 프랑스 | | | | | 독일 | | | | |
|---|---|---|---|---|---|---|---|---|---|---|---|---|---|---|---|---|---|---|---|---|
| | 1975 | 1981 | 1990 | 1999 | 2007 | 1974 | 1981 | 1990 | 1999 | 2006 | 1981 | 1990 | 1999 | 2006 | 1974 | 1981 | 1990 | 1999 | 2006 |
| 청원서 | 58 | 61 | 70 | 81 | 62 | 22 | 63 | 75 | 81 | 66 | 44 | 51 | 68 | 67 | 30 | 46 | 55 | 47 | 49 |
| 보이콧 | 11 | 12 | 15 | 21 | 17 | 6 | 10 | 13 | 13 | 16 | 26 | 31 | 39 | 44 | 9 | 14 | 25 | 22 | 30 |
| 합법적 보이콧 | 14 | 14 | 17 | 25 | 22 | 5 | 7 | 14 | 17 | 16 | 11 | 11 | 13 | 16 | 4 | 7 | 9 | 10 | 9 |
| 무허가 스트라이크 | 2 | 3 | 4 | 6 | – | 5 | 7 | 8 | 9 | – | 10 | 9 | 12 | – | 1 | 2 | 2 | 2 | – |
| 건물점거 | 2 | 2 | 2 | 4 | – | 1 | 2 | 2 | 2 | – | 7 | 7 | 9 | – | * | 1 | 1 | 1 | – |
| 기물파손 | 1 | 1 | – | – | – | 1 | 2 | – | – | – | 1 | – | – | – | * | 1 | – | – | – |
| 개인적 폭력 | 1 | 2 | – | – | – | * | 1 | – | – | – | 1 | – | – | – | * | 1 | – | – | – |

출처: 1974~1975 정치행동연구; 1981~1983, 1990~1993, 1999~2002 세계가치서베이; 1999~2002 유럽가치서베이; 2006~2008 세계가치서베이.
유의사항: 표는 활동을 한 일이 있다고 말한 사람의 퍼센티지임. 별표는 1% 이내, –는 문항이 연구에 포함되지 않았던 경우임.

적 행위에 참여한다. 그게 단지 청원서에 서명하는 것이라 할지라도 말이다. 합법적인 데모나 보이콧에 참여하는 것과 같이 좀 더 강한 형태의 항의에 참여하는 행위는 실제로 캠페인 활동수준에 필적한다.

그럼에도 일부 연구자들은 미국에서 항의에 참여하는 행위는 다른 형태의 참여행위들과 더불어 줄어들고 있다고 주장한다. 확실히 미디어는 10년 혹은 20년 전보다 항의의 뉴스적 가치가 작다고 보는 듯하다. 하지만 항의정치의 사용이 사회 내에 확산되었기 때문에 전반적인 항의수준은 일반적으로 상승했다. 〈표 3.6〉은 시계열별로 우리의 핵심 4개국 내 항의활동의 발전상을 추적한다. 1974년에 여론조사가 시작되었으므로 이 자료는 1960년대 펼쳐진 항의활동의 초기적 성장세를 보여주지는 못한다. 그러나 기성 민주국가 대부분에서 항의가 지난 세기 사사분기에 성장했음은 분명하게 보여주고 있다(Inglehart 1997, 8장; Norris 2002, 10장). 가령 합법적인 데모 참가를 하나의 예로 살펴본다면 그것은 첫 번째 여론조사 시행 후 30년이 조금 더 되는 사이에 미국에서는 6퍼센트, 영국에서는 10퍼센트, 프랑스에서는 18퍼센트, 독일에서는 21퍼센트가 증가했다. 최근에 비록 증가율이 둔화되었다 쳐도 이 항의형태는 여전히 다른 정치적 행위형태보다 증가율이 높게 나타난다.

논쟁적 행위의 성장은 아마도 (반전 시위나 이민자 권리 요구 시위처럼) 빈도가 높지 않은 대규모의 운동보다, 학교, 근린 이슈, 다른 구체적 관심사를 둘러싼 작은 규모의 데모가 일반적으로 증가했다는 사실을 반영할 것이다. 이에 덧붙여, 시민로비, 환경단체, 소비자권리주창단체, 그리고 기타 NGO들의 탄생은 조직화된 항의의 제도적 기초를 제공하고 있다. 이러한 새로운 반대집단들이 시민정치 스타일을 지속적으로 바꿔갈지도 모른다. 항의는 하나의 평범한 정치적 활동이 되어가고 있으며 항의정치의 시대는 아직 지나가지 않았다.

이러한 시계열별 경향은 최근 국가별 비교표에서 그것의 높은 항의활동 수준에도 불구하고 미국이 어째서 상대적으로 낮은 순위에 있는지를 설명할 수도 있다(⟨표 3.5⟩ 참조). 미국인들은 1970년대에 시행된 첫 번째 체계적인 국가별 연구에서 높은 항의 수준을 보여주었고(Barnes, Kaase, et al. 1979), 그 시점 이래로 참여가 점차 증가하였다. 그러나 항의는 영국 프랑스 독일과 다른 기성 민주국가에서 더욱 빠르게 증가했다. 미국인들의 데모 참여는 다른 어떤 나라보다 가장 작게 증가했다. 2006년에 이르면 프랑스와 독일에서 합법적 데모참여는 미국을 능가했다. 미국인의 참여가 준 것은 아니지만 다른 나라에서 항의가 더 빠른 속도로 증가했고 미국의 활동수준을 앞지르고 있다.

비록 우리가 대체로 항의에 대해 긍정적으로 말은 했지만 사람들이 폭력적 행태와 연루될 때 항의의 어두운 측면이 나타나기도 한다. 낙태병원 폭탄투척, 파리 외곽에서 일어난 2006년 폭동과 자동차 소각, 미국과 유럽에서 일어난 테러범들의 폭력적인 활동들은 항의행동과 근본적으로 다르며 정치의 관용 한계를 훨씬 넘은 것이다. ⟨표 3.5⟩의 초기 여론조사는 비록 항의가 폭넓게 수용되어 있다고 해도 폭력적인 활동에 참여하는 숫자는 최소라는 것을 보여준다. 1981년을 예로 들면 44퍼센트의 프랑스 공중이 한 개의 청원서에 서명했고 26퍼센트가 합법적인 데모에 참가했으며 단지 1퍼센트만이 대물을 손상했거나 개인적인 폭력에 가담했다. 민주주의 시민들은 정부의 행위에 항의하기를 원하지 정부를 파괴하기를 원치는 않는다.

## 인터넷 행동주의

인터넷은 사람들이 전통적인 정치활동을 계속하는 새로운 방법을 선보였다. 예컨대 인터넷은 다른 사람들과 연결하고, 정보를 모으고 나누며, 정치과정에 영향력을 미치는 시도를 가능하게 한다(Bimber 2003; Bimber &

Davis 2003). 이메일은 이제 지역구민으로부터 미국 의회 의원들에게 연결되는 가장 보편적이고 빠르게 성장하는 통신수단이 되었다. 웹사이트는 1992년 캠페인 때까지만 해도 금시초문이었지만 오늘날에는 표준적이고 확산일로에 있는 선거정치의 특질이다. 폭넓은 범위의 정치단체, 정당, 이익집단이 정보를 퍼뜨리기 위해 인터넷을 사용한다. 2005년 한 여론조사는 미국인들의 17퍼센트가 바로 전 해의 정치정보를 구하기 위해 정치 관련 웹사이트를 방문했음을 알아냈다.[8] 블로그 영역은 개인들에게 기성 미디어의 경쟁자로서의 권능을 잠재적으로 부여하는 정치정보와 논평의 새로운 원천이다. 동 2005년 여론조사는 미국인들의 13퍼센트가 정치적 성격의 정보를 담은 이메일을 친구들에게 전달하였음을 밝혀냈고, 다른 연구들도 상당수가 전자청원서에 서명하였음을 암시하고 있다. 심지어 일부 정부들은 전자투표를 실험하고 있는 중이다(Alvarez & Hall 2004).

이에 덧붙여, 인터넷은 이전에 존재하지 않았던 정치적 기회들을 창출하고 있다. MoveOn.org 웹사이트는 2004년 민주당 예비선거 기간에 중요한 도구가 되었다. 하워드 딘(Howard Dean)은 이 웹사이트를 자신의 후보 출마에 관심을 공유하며, 인터넷을 통해 자신의 캠페인에 기여할 생각을 하는 개인들과 연결하는 창구로 사용했으며, 본인이 직접 나오는 지역모임에도 출석했다. MoveOn.org에는 현재 3백만 명의 회원이 등록되어 있으며 웹사이트를 통해 조직되는 다른 정치적 노력이 열거된 긴 목록이 게재되어 있다고 자랑하고 있다. 이처럼 인터넷은 정치적 소통과 [사람] 동원의 중요한 수단이 되어가고 있다. 인터넷의 네트워킹 잠재력은 Facebook.com과 관련해서도 설명이 되고 있다. 이 사이트는 서로 비슷한 생각을 하는 개인들을 만나는 장소로서 청장년층이 자신의 가치를 반영하는 친밀감을 지닌 집단들과 의견을 교환하며 연계하는 소통의 방식에 기반을 두고 있다. 2006년 가을에 Facebook의 상위 10개 주창집단의 회원 수는 50만 명에 달했다.[9]

2004년 국제사회서베이 프로그램은 정치포럼에 가입하는 인터넷 행동주의가 미국인들 사이에서 가장 일반적이었음을 밝혔다(6%). 이것은 현재 다른 기성 민주주의 국가들로 확산되고 있다(〈표 3.4〉를 보라). 좀 더 포괄적인 인터넷 행동주의의 잣대(전자청원서 배포와 이메일 전달을 포함하는)를 적용할 경우, 이러한 활동들은 같은 시기에 정치단체에 현금을 기부하거나, 당 혹은 후보를 위해 일하거나, 혹은 항의활동을 했던 사람들의 비율과 대등하거나 능가할 것으로 추정된다. 이 수치들이 아직은 크지 않지만 인터넷 사용자들은 꾸준히 증가하고 있다. 인터넷은 정치적 행동주의에 새로운 도구들을 추가하고 있다. 특히 젊은층이 그러하다.

## 변화하는 공중과 정치참여

우리는 하나의 역설과 더불어 정치참여에 관한 분석에 돌입했다. 우리가 제1장에서 기술한 교육수준의 향상, 확장된 미디어 소비, 그리고 기타 사회적 근대화의 측면들은 정치참여를 확대시켜야 마땅하다. 이러한 추세에도 대부분의 선진 산업민주주의 국가에서는 선거 투표율과 캠페인 활동이 감소하였다. 브로디(Brody 1978)는 이러한 상황을 '정치참여의 수수께끼'라고 지칭한 바 있다. 공중의 정치적 기술과 자원이 증대되고 있는데 어째서 선거참여가 감소하는 것일까? 몇 명의 학자들은 참여의 감소 현상을 민주주의의 생명력에 대한 불길한 신호로 보고 있다.

이것은 여러 가지로 설명이 가능한 하나의 역설이다. 로젠스톤과 한센(Rosenstone & Hansen 1993)은 미국의 투표율 감소 원인은 개인들이 행동에 돌입하도록 동원하는 정치단체들의 능력이 약화된 까닭이라고 제안했다. 기성 민주주의 국가 대부분에서 정당은 이제 개인들을 투표장으로 보내고 공중을 캠페인에 끌어들이는 일에 덜 적극적이다. 증대되는 사회적 소외와 공동체의 쇠퇴가 또 다른 설명이 될 수 있다(Putnam 2000; Teixeira

1992, 2장). 이러한 주장들이 약간의 비중을 차지하고 있을지라도 그것들은 부분적으로 순환논법을 담고 있다. 예컨대 훨씬 적은 사람들이 (그리고 집단들이) 그들을 연루시키려고 동원활동을 펼치고 있기 때문에 일반인들이 당파적 정치에 예전보다 덜 적극적이라는 것이다. 더욱이 만약 선거활동이 국가들 전반에서 일반적으로 쇠퇴하고 있다면, 이 상황은 우리로 하여금 왜 정치조직들이 일반적으로 덜 개입하고 있는 것인지에 대해 의문을 갖게 한다.

이러한 참여의 경향을 이해하기 위해서 우리는 반드시 사회적 근대화와 현대 정치에서 기술적 발전의 총체적인 효과를 인식해야만 한다. 더 큰 정치적 세련화가 필히 모든 현대의 정치적 행동주의의 성장을 의미하는 것은 아니다. 대신에 높아지는 세련화 수준이 참여의 성질을 바꿀 수도 있다. 예컨대 정치엘리트와 정치단체는 전통적으로 무관심한 시민들조차 한 표를 던지도록 동원할 수 있었다. 높은 투표율은 공중의 선거에 대한 관심보다는 정치집단들이 표를 모으려고 쏟아 부은 노력과 기술의 정도를 종종 반영한다. 더욱이 시민들이 투표에 행위를 통해 투입하는 것은 선거의 제도화된 구조에 의해 제한되고 있다. 이 구조는 정책옵션의 선택을 협애화(혹은 무색화)하고 공중의 투입 빈도를 제한한다. 프랑스의 한 환경단체는 1968년 5월 봉기로부터 구호를 차용하여 선거에 대한 경멸을 직설적으로 표출했다. "선거는 천치들을 겨냥한 덫이다." 시민들이 4년 혹은 5년을 주기로 몇 차례에 걸쳐 표를 던지는 것이 고작인 대부분의 유럽 국가에서 투표는 적극적 정책개입을 위한 채널이 아니다. 세련되고 인지적으로 동원된 공중은 정부에 영향력을 행사하는 우선적인 수단으로서 투표와 캠페인 활동에 덜 의존하게 된다.

중대하는 공중의 정치적 기술, 자원, 인지적 동원 수준은 시민-주도적이며 활동에 덜 제약을 받고 훨씬 더 정책-지향적이며 정부와 직접적으로 연결되는 활동들에 대한 참여를 증가시켰다. 자가-동원적인 개인은 선거보다는 국민투표를 캠페인 활동보다는 자치단체 활동을 선호한다. 시민로비 단일-이슈집단, 시민-행동 운동에의 참여는 거의 모든 선진 민주주의 국가에서 증가하고 있다. 이슈에 근거한 정치엘리트 접촉활동은 미국인들 사이에서 그리고 유럽의 공중 사이에서 의미 있는 수준으로 증가하였다. 새로운 형태의 정치적 소비자주의는 정치적 행동의 범위를 더욱 확장시켰다. 사실상 〈표 3.4〉에 나타난 상이한 활동의 범위는 현대 정치적 행동주의의 다양성에 대한 인상적인 증거이며, 그 목록조차 모든 항목들을 온전히 다 열거한 것은 아니다(Zukin et al 2006을 보라). 일부 학자들은 가능한 정치적 활동들의 전체 범위에 주목하기보다는 선거참여에 초점을 맞춤으로써 이러한 패턴을 놓쳤다. 사실 정치에 등을 돌리기보다 **현재 더 많은 사람이 더 많은 형태의 정치행위와 연루되고 있다.**

우리가 발견한 사항의 두 번째 교훈은 미국인들의 정치 이탈이라는 신화에 종지부를 찍는 것이다. 미국의 투표율은 다른 나라들보다 낮은 편이고, 모든 유럽 국가들이 미국보다 높은 투표율을 보인다. 이것은 우리가 모두 아는 진부한 얘기다. 하지만 미국인들은 캠페인 활동, 직접적인 접촉활동, 자치단체 활동과 논쟁적 정치에서 매우 적극적이다. 유럽인들은 전국선거에서 투표를 더 많이 하지만 비선거적인 형태의 정치행위에는 일반적으로 적게 참여한다. 우리가 선거영역의 울타리 밖을 바라보면 미국이 참여적인 사회임을 알게 된다.

요점을 말하면, 현대 민주주의 국가들은 단순히 참여의 수준에서뿐 아니라 정치행위 스타일에서 변화를 경험하고 있다. 새로운 시민정치 스타일은 정치적 활동에 대한 더 큰 통제권한을 시민의 수중에 두려고 한다. 이러한 비선거적 형태의 참여는 참여자에게 더 큰 요구를 한다. 동시에 이것은 정치엘리트에 대한 공적인 압력을 증대시킨다. 한마디로 시민참여가 시민의 영향력과 연계되어가고 있는 것이다.

### 독서 목록

Blais, Andre. 2000. *To Vote or Not to Vote? The Merits and Limits of Rational Choice Theory*. Pittsburgh: University of Pittsburgh Press.
Norris, Pippa. 2002. *Democratic Phoenix: Reinventing Political Activism*. Cambridge: Cambridge University Press.
Pattie, Charles, Patrick Seyd, and Paul Whiteley. 2004. *Citizenship in Britain: Values, Participation and Democracy*. New York: Cambridge University Press.
Putnam, Robert. 2000. *Bowling Alone: The Collapse and Renewal of American Community*. New York: Simon and Schuster.
_____. 2002. *Democracies in Flux: The Evolution of Social Capital in Contemporary Society*. Oxford: Oxford University Press.
Wattenberg, Martin. 2002. *Where Have All the Voters Gone?* Cambridge: Harvard University Press.
_____. 2006. *Is Voting for Young People?* New York: Longman.
Zukin, Cliff, et al. 2006. *A New Engagement? Political Participation, Civic Life, and the Changing American Citizen*. New York: Oxford University Press.

4장
# 누가 정치에 참여하는가?

정치적 참여는 여러 형태와 다양한 규모로 이루어진다. 버지니아는 캔자스주의 로렌스에 사는 여론조사자로서 1952년 이래로 미국 선거 때마다 여론조사 활동을 했다(그녀가 심장수술을 받은 2006년 예비선거 때를 예외로 하면 그러하다). 알렉스는 노스캐롤라이나에 사는 16세 소녀다. 알렉스는 너무 어리기 때문에 선거에 참여하지 못하지만 동물성 테스트 결과에 따라 샴푸를 바꾸고 아동의 노동으로 생산된 옷은 사지 않으며 길거리에 휴지를 버리는 사람에게 소리를 친다. 클라우스는 오래된 독일 기민당 당원인데 그의 고향 광장에 설치된 당의 선거부스에서 일한 적이 있다. 소피는 영화를 공부하는 21세의 학생인데, 2006년 청년고용에 관한 새로운 법에 항의하기 위해 수천 명의 시위대와 함께 행진을 하였다.
　누가 참여하는가라는 질문은 얼마나 많은 사람이 참여하는가라는 질문만큼이나 중요하다. 첫째, 참여가 정책결과에 영향을 끼친다고 본다면 참여자의 패턴은 어떤 시민들이 정책수립자와 소통을 하는지, 또 어떠한 이해관계가 대표되지 않는지를 규정하기 때문이다. 둘째, 참여자의 성격은 부분적으로 정치적 행동주의의 의미를 규정한다. 현 상태에 불만을 가진 사람들이 정치에 더욱 관심을 두는가? 혹은 등을 돌리는가? 불만족한 사람들과 만족한 사람들 중 어떤 쪽이 더 많이 투표하는지 여부는 우리가 참여를 해석하는 방식에 새로운 시선을 투사해준다. 끝으로 여러 국가에서 나타나는 행위의 상관성과 양태를 비교해보면, 각국의 정치과정이 시민들로 하여금 어떻게 참여할 것인지를 선택하도록 하는지 알게 된다.

## 시민자발주의 모델

정치적으로 적극적인 것은 합리적인가? 합리적 선택이론의 이론가들에 따르면, 참여의 결정은 대부분 불합리하다(Downs 1957). 정치참여에는 시간과 자원이 소요된다. 예컨대 투표는 표를 던지는 데 드는 시간뿐 아니라 선거 캠페인을 따라잡고 후보자 선택을 결심하는 데도 시간이 들어간다. 합리적인 행위자 이론은 우리가 집에 머무는 게 낫다는 점을 암시한다. 왜냐하면 참여는 개별적인 노력이 초래하게 될 결과보다 참여에 드는 노력이 더 크기 때문이다. 이에 덧붙여 참여가 어떤 결과를 낸다고 하더라도, 사람들은 '무임승차자'가 되어 적극적인 다른 사람들의 노력에 의존하여 더 깨끗한 공기나 고속도로 혹은 나은 학교의 혜택을 거저 얻을 수도 있다. 그러나 다행스럽게도 대부분의 시민은 협소한 자익 계산을 넘어서서 적극적이고자 하는 욕망과 자신의 삶에 영향을 미치는 정책들에 영향력을 행사하기 위해 참여한다. 정치참여는 합리적 행위자로서의 계산 못지않게 어떤 사회적이고 심리적인 결정이기도 하다.

버바, 슐로츠먼, 브래디(1995)는 '시민자발주의(civic voluntarism) 모델'의 용어를 사용하여 왜 사람들이 참여하는가를 설명하는 이전의 사회심리학적 이론들을 요약했다. 그들의 논리상 사람들은 그들이 할 수 있기 때문에, 하고 싶기 때문에, 혹은 누군가가 권유했기 때문에 참여한다. 이것은 세 가지 주요 요인들이 참여 결심에 영향을 미친다는 의미이다.

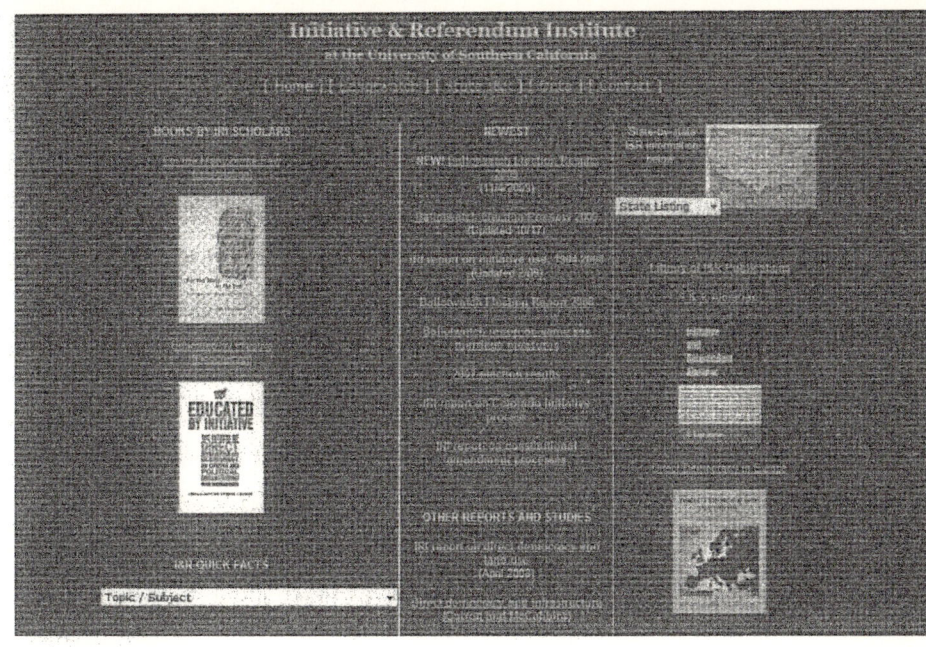

### 인터넷 자료 소개

미국과 다른 민주국가들의 국민투표 사용에 대한 정보는 '이니시어티브와 국민투표 연구소'(Initiative&Referendum Institute)를 방문해보시오: http://www.iandrinstitute.org

- 참여에 사용되는 개인의 자원
- 참여를 고무시키는 정치적 태도
- 참여를 권유하는 집단이나 사람들과의 연고

첫 번째 요인을 두고 정치학자들은 사회적 지위(예, 교육수준과 소득수준)가 정치적 행위를 용이하게 하는 자원들을 제공한다고 주장한다. 좀 더 높은 지위를 가진 개인들, 특히 더 잘 교육받은 사람들은 더 많은 시간, 돈, 정치적 정보에 대한 접근성, 그리고 정치적으로 관여할 가능성이 크다. 그러므로 사회적 지위를 이따금 정치참여의 '표준모델'로 설명하는 관념이 널리 퍼지게 된 것이다(Verba & Nie 1972, 8장).

우리는 위의 목록에 몇 가지 다른 개인적 특성을 더할 수가 있다. 참여 패턴은 연령에 따라 달라진다. 많은 젊은이에게 정치는 학교교육, 이성교제, 직업세계에 발을 들여놓는 것처럼 직접적인 이슈가 아니다. 그러나 그들은 나이가 들어감에 따라 정치를 따라잡아야 할 동기를 배가시키는 사회적·경제적 책임을 짊어지게 된다. 그들은 납세자가 되고 주택을 소유하게 된다. 자녀가 공립학교에 입학하게 되고, 종국에 그들은 정부 프로그램의 혜택을 입게 될 것이다. 세대 간 경험차도 참여에 영향을 끼치게 된다. 따라서 정치참여는 전형적으로 연령과 더불어 증가한다(Campbell 2006; Dalton 2007a). 이에 덧붙여 남성들이 여성들보다 흔히 정치적으로 더 적극적이다 (Norris 2002; Schlozman, Burns & Verba 1994). 교육수준, 소득, 고용패턴과 같은 정치적 자원에서의 차이는 이러한 젠더 차이의 큰 부분을 설명한다. 첨언하면, 사회는 전통적으로 여성들이 정치적 관여를 덜 하도록 사회화시킨다. 하지만 이제 참여의 예측요인으로서 젠더의 성격이 변화하고 있는지도 모른다.

두 번째 잠재적 예측요인 세트는 사람들에게 참여동기를 부여하는 태도와 정책적 선호를 포함하고 있다. 시민들의 역할과 정치행위의 본질에 관한 신념은 참여의 패턴에 영향을 미칠지도 모른다(Dalton 2007a, 4장; Pattie, Seyd & Whiteley 2004). 비록 자신의 투표가 다른 수백만 명의 투표결과에 의해 희석된다고 할지라도 사람들은 종종 시민권적 의무라고 믿기 때문에 투표를 한다. 정치적 효능감―자신의 행동이 정치과정에 영향을 미칠 수 있다는 느낌―도 참여를 촉진할 것이다. 역으로 정치적 냉소주의는 정치적 무관심과 기권으로 인도될 수 있다. 정치과정에 영향을 끼칠 수 없다면 왜 투표하는 번거로운 일을 사서 하겠는가? 연구자들도 정치적 불만족의 인과적 역할에 관해 토론을 벌인다. 다른 한편, 정책적 만족감은 정치과정에 대한 지지를 증대시킬 것이고 정치참여를 격려할 것이다. 비록 학자들이 정책적 불만족의 인과성에 관해 이견을 보인다 할지라도 이것이 고려해야 할 중요한 요인이라는 데는 한목소리다.

당파심 혹은 이념도 참여패턴에 영향을 미칠 것이다. 민주주의자들은 공화주의자들 못지않게 참여를 하는가? 아니면 다른 참여의 방식들을 사용하는가? 영국의 노동당원들은 보수당원들만큼 참여하는가? 참여가 정책수립자와 정부에 영향을 끼친다면 여러 정치캠프의 적극적인 구성원들이 비등하게 참여하는지 여부는 민주주의 [정치]과정의 대표성에 중요한 함의를 갖는다. 극단적 이념주의자들이 집중적으로 정치에 참여한다면 정책과정을 왜곡시킬 수가 있다.

세 번째 잠재적 예측요인 세트는 집단에 근거한 힘이다. 어떤 집단의 영향력은 개인이 선호하는 정당에 대한 애정처럼 심리적인 것에 근거하고 있는 것일 수 있다. 캠페인과 선거는 대체로 당파적 경합을 의미하며 당에 대한 애정은 개인들로 하여금 행동하게 하는 자극제다. 정당동일시는 사람들이 정당에 대한 지지를 표시하는 방법으로서 투표하거나 캠페인에 참여하는 동기가 된다. 역으로 약한 당파적 유대 혹은 아무런 유대가 없는 사람들은 선거결과에 관심을 덜 두며 덜 참여할 가능성이 있다.

사회집단에 가입하는 것도 정치적 행위를 증가시킨다(Verba, Schlozman & Brady 1995; Putnam 2000; Armingeon 2007; Gray & Caul 2000). 사회클럽이나 자원조직에서의 활동경험은 정치에 적용할 수 있는 기술과 정향을 발전시키며, 어떤 집단들은 구성원들이 적극적으로 정치에 참여하도록 권장하기도 한다. 심지어 빙고 게임을 진행하거나 교회에서 제과판매행사일 때 빵을 굽는 일조차도 정치적 행동주의에 적용 가능한 기술을 가르쳐준다. 사회집단도 참여가 가치 있는 활동인지 아닌지를 판단하는 유용한 시금석을 제공한다(Uhlaner 1989). 따라서 비정치적인 집단에 참여하는 것이 정치적 참여를 자극할 수가 있는 것이다.

## 누가 투표하는가?

투표는 가장 일반적인 정치활동이다. 그래서 우리는 투표할 가능성이 있는지 사람들에게 영향을 미치는 요인들을 고려하는 것으로써 이 장을 시작한다. 또한 투표의 경우를 통해 시민자발주의 모델의 일부 변수들을 소개하고자 한다. 자원들이 참여의 '표준모델'을 제공하기 때문에 우리는 이 범주와 더불어 시작한다. 교육수준은 투표참여와 강한 관련성을 보여주는 개인적인 자원이다. 잘 교육받은 사람이 일반적으로 투표할 가능성이 더 크다. 그들은 강한 시민적 의무감을 느끼고 있으며 정치캠페인을 따라잡고 정치적으로 적극적일 수 있는 자원들을 가지고 있기 때문이다. 〈그림 4.1〉은 우리가 연구대상으로 삼은 핵심 국가들에서 교육 요인이 기능한 결과로서 투표참여의 수준을 제시하고 있다.

4개국 전체에서 더 잘 교육받은 사람들 사이에서 투표참여가 더 높게 나타나는 경향이 있다.[1] 교육에 근거한 투표율 차이는 유럽인들 사이보다 미국인들 사이에 더욱 두드러진다. 미국의 유권자 등록과 선거제도의 복잡성은 곧 교육을 통해 습득된 기술과 자원들이 투표를 더 용이하게 한다는 의미이기 때문이다. 교육[변수]의 효과는 노동당/사회민주당이 덜 교육받은 노동계층의 유권자들을 겨냥하고 있기 때문에 유럽 국가에서 조금 약하다. 이것은 독일과 프랑스에서 가장 적게 교육받은 집단의 투표율 상향 추이를 설명해준다. 이에 덧붙여, 유권자 등록시스템과 선거의 성격 덕분에 유럽 민주국가의 투표에 대한 걸림돌이 훨씬 적다(3장 참조).

연령 또한 투표율에 영향을 미친다. 그 출발점으로서 우리는 사람들이 나이가 들어갈수록 정치적으로 더 많이 개입할 것으로 기대하며, 가족과 직업에 대한 책임을 떠안고, 그들의 공동체에 통합되어갈 것으로 본다. 이는 참여의 '생애주기 모델'로 알려진 것이다(Verba & Nie 1972). 그러나 몇몇 학자들은 젊은층의 선거참여 감소현상은 그들이 나이가 들어도 계속되며

**그림 4-1** 교육수준에 따른 투표참여 경향

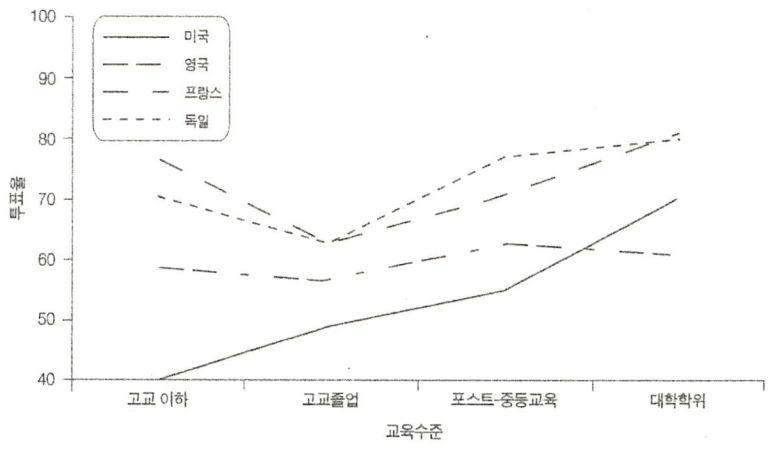

출처: 선거시스템비교연구, module II.

선거참여에서 세대의 하향추세를 창출한다고 주장한다(Wattenberg 2006; Franklin 2004; Putnam 2000). 데이몬(Damon 2001, 123)은 현대 민주주의 국가의 젊은층에 대해 비판적이다: "전 세계의 젊은 사람들은 단지 한 세대 전에는 상상할 수 없었을 정도로 시민적 활동과 정치활동에서 이탈하고 있다. 성숙한 민주국가에서 관심의 결여가 가장 두드러진다. 심지어 이 추세는 다른 신생 민주국가 혹은 문제가 있는 국가에서도 증명되고 있다. 오늘날에는 지도자도 없고, 명분도 없으며, 젊은이의 무관심이나 냉소주의 그 이상을 고무시키는 과거의 고난 또는 위업의 유산도 존재하지 않는다." 솔직히 말해서 나는 이러한 젊은이들을 도매금으로 기소하는 것에 대해 회의적이다. 비록 젊은이들이 과거보다 덜 자주 투표에 참여하는 것이 사실이라손 쳐도 최종 판단은 투표를 다른 유형의 참여활동과 비교해본 다음까지 미루어야 할 것이다.

**그림 4.2** 연령에 따른 투표 참여 경향

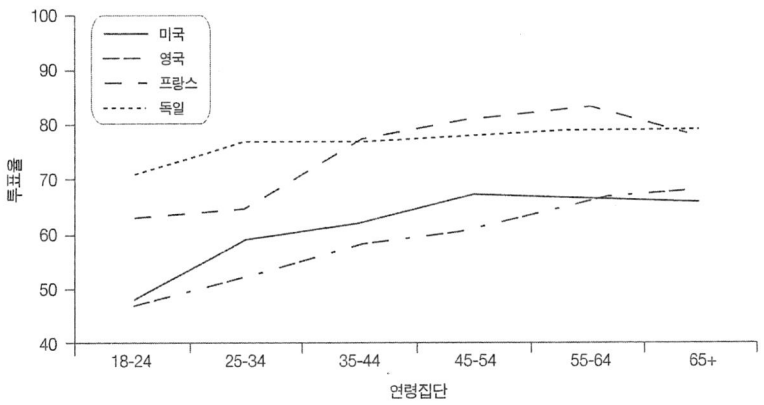

출처: 선거시스템비교연구, module II.

〈그림 4.2〉는 우리가 연구하는 4개국의 연령별 투표참가 수준을 설명하고 있는데, 그림은 나이가 들어감에 따라 참가율이 의미 있게 증가하는 것을 보여준다. 실제로 연구자들은 투표참가에 있어 연령차가 더욱 벌어졌음을 발견하였다(Wattenberg 2006; Franklin 2004). 2004년 미국 선거에서 24세 이하의 유권자는 절반에 못 미치는 투표참가율을 보여주었지만, 45세 이상에서는 평균적으로 2/3가 투표에 참가하였다. 세 개 유럽 국가에서도 이와 유사한 편차를 보여준다. 만약 선거가 정치에 영향을 미친다면 연령에 따른 차이는 중요한 함의를 가질 것이다. 일례로 만약 미국의 젊은이들이—민주당을 훨씬 더 선호하는 경향과 더불어—2000년과 2004년에 그들의 선배들과 같은 비율로 투표에 참여하였다면 민주당 대통령 후보가 당선되었을 것이다. 이에 덧붙여 나이 든 시민들이 투표에 더 많이 참가한다면, 이런 사실을 의식하는 정치인들로 하여금 그들의 필요에 더욱 민감하게 반응하도록 하고, 투표에 덜 참가할 가능성이 있는 젊은이들이 관심을 두는 이슈

에 덜 반응하게 할 것이다. 한마디로 누가 투표하느냐는 선거결과와 정치의 내용에 차이를 만들어낸다.

우리는 투표참여와 관련하여 교육과 나이 패턴의 효과에 대해 분리해서 설명했다. 하지만 이 변수들은 시민자발주의 모델의 여러 변수 중 단지 두 가지에 불과하다. 각각의 요인 자체에 대해 검토할 수 있는 한편, 그것들 중 많은 변수가 상호 연결되어 있다. 예컨대 교육수준은 정치규범 및 사회집단 활동과 연결되어 있고, 연령집단들은 교육수준에서 그리고 추정컨대 규범과 가치에서 체계적으로 다른 태도를 지니고 있다.

그러므로 각 변수의 개별적 영향과 그것이 시민자발주의 모델에 갖는 설명력을 결정하기 위해서 우리는 정치참여를 예측하는 통계분석에서 7개의 서로 다른 변수를 결합시켰다.

- 교육
- 연령
- 성별
- 정치적 효능감
- 좌익/우익 입장
- 정당에 대한 애당심
- 노조나 비즈니스 단체 멤버십

처음 세 개의 변수들은 모델에 의해 설명된 자원들과 사회적 성격을 타진하고 있다. 다음 두 개—정치적 효능, 좌익/우익 입장—는 모델의 태도 요소를 대표한다. 마지막 두 개 변수—정당에 대한 애당심, 집단 멤버십—는 참여에 대해 집단이 가질 수 있는 영향력을 가리키고 있다.

〈그림 4.3〉은 각 예측요인이 투표 결정에 미치는 영향력을 보여주고 있다: 이 방법론에 대해서는 부록 A에 설명되어 있다.[2] 통계분석에서 얻은 상

**그림 4.3** 투표 참가의 예측요인들

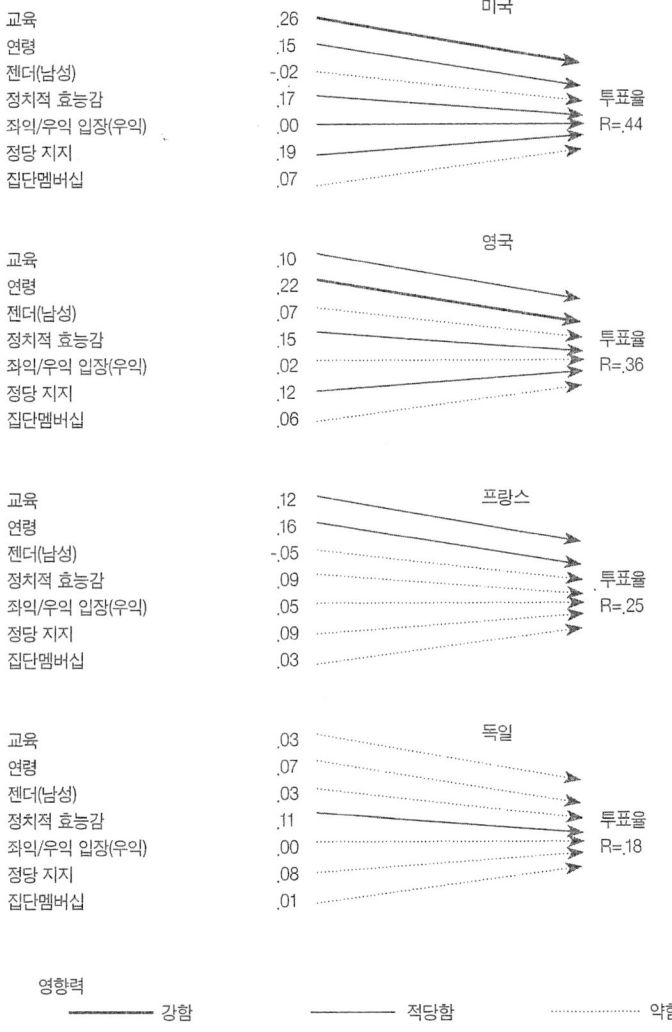

출처: 선거시스템비교연구, module II.
유의사항: 그림의 수치들은 다중회귀분석을 통해 얻은 표준화된 상관계수다. 회귀분석의 상관계수 독해설명은 각주2를 보시오.

관계수들은 다른 변수들을 통제했을 때 각 변수가 갖는 중요성을 보여준다. 예를 들면, 젠더 차이는 교육 변수와 남성과 여성 사이의 태도 차이를 나타내는 변수들을 통제했을 때도 여전히 나타나는가? 그림의 화살표가 진하게 나타난 것일수록 해당 변수의 영향력이 강한 것을 의미한다.

방금 보았듯이 교육은 투표참가와 깊숙이 연결되어 있다. 세 개 유럽 국가 전체에서 더욱 교육을 잘 받은 사람일수록 투표에 참여할 가능성이 더 크다. 교육수준에 따른 차이들은 미국에서 더 두드러지는데(상관계수 ß=.13), 그것은 유권자 등록과 선거시스템의 복잡성 때문이다.

우리의 두 번째 범주에 속하는 예측요인들은 정치적 동기에 관한 것들이다. 정치적 효능에 대한 느낌들은 각국에서 적당한 수준의 영향력을 행사한다. 투표가 정치에 영향을 미칠 수 있다고 생각하는 사람들이 투표할 가능성이 더 크며, 좌익/우익 태도의 차이가 투표참여에 미치는 영향력은 무시해도 좋을 만한 수준이었다. 가장 일반적인 정치활동인 투표에 참여하는 데 있어 이념적 편견은 최소 수준이었는데, 그것은 양측이 각각 지지자들에게 투표하도록 권유하였기 때문에 나온 당연한 결과다.

세 번째 범주에 속하는 것들은 집단의 효과다. 선거는 당파적 경합이기 때문에 정당에 대해 강한 정체성을 표출하는 사람이 투표장에 나타날 확률이 더 크다(그리고 자신이 지지하는 정당에 투표권을 행사할 가능성이 더 크다). 당파적 유대의 저력은 투표참여를 위한 유의미한 예측요인이 되어야 마땅하다. 정당 지지자들은 스포츠팬과 같으며, 팀에 대해 강한 일체감을 느끼는 사람들이 팀의 게임이 있는 날 운동장에 나타날 확률이 더 큰 것과 마찬가지다(9장 참조). 또 다른 조직적 영향력인 집단 멤버십은 투표참가에 약한 영향력을 보여주는데, 아마 여론조사 문항이 너무 무뎌서 그런 결과가 나온 것일 수 있다.[3]

## 캠페인 활동

캠페인 활동의 성격은 단순한 투표행위와는 차이가 있기 때문에 우리는 캠페인 활동에 참여하는 사람의 유형도 다를 것으로 기대한다. 앞의 제3장에서 논의하였듯이 캠페인 활동은 개인의 솔선을 훨씬 많이 요구하며, 투표보다 훨씬 당파적인 활동이다. 캠페인 활동의 패턴은 이러한 차이들을 반영해야 할 것이다.

우리는 캠페인 행동주의의 두 가지 측정치를 한 개의 지표에 결합시켰다.[4] 그리고 캠페인 행동주의를 설명하기 위해 우리가 정한 표준 예측요인 세트를 사용하였다. 〈표 4.1〉은 〈그림 4.3〉의 통계분석과 유사한 것들을 표의 형태로 제시하고 있다. 캠페인 작업은 강도 높은 당파적 활동이기 때문에 당파적 유대관계들이 투표 참여보다 더욱 강력한 힘으로 작용한다. 〈표 4.1〉에 나타난 대부분의 당파심 상관계수들은 투표 참여율에 대한 효과보다 두 배 이상이다. 차이는 매우 크게 나타나고 있다: 2004년 미국에서는 당파심이 강한 유권자들의 72퍼센트가 한 가지 이상의 캠페인 활동에 참여하였다. 놀랍게도 교육의 차이는 투표의 경우보다 적게 나타났다. 캠페인 활동이 더욱 행동을 요구하는 활동임에도 그러한 결과가 나온 것이다.

모델의 다른 변수들을 일정하게 통제할 경우 나이든 시민들이 캠페인 활동에 더 관여하는 경향이 있다. 이러한 [연령에 따른] 차이들은 투표에서보다 작게 나타나는데, 2004년 미국선거에서는 그러한 결과가 사실상 뒤집혔다. 그리고 놀라운 사실은, 캠페인 활동이 훨씬 더 요구수준이 높은 활동 형태일지라도 교육수준에 따른 차이는 투표율에서보다 작게 나타났다는 점이다.

젠더의 차이도 있었는가? 투표와 캠페인 활동 참여에서 젠더 차이는 매우 적었다. 캠페인 활동에서 여성들은 다른 요인들을 통제할 경우 체계적으로 더욱 활동적인 경향을 보였다. 이러한 작은 차이들은 실제로 하나의 긍

표 4.1 캠페인 활동의 예측요인들

| 예측요인 | 미국 | 영국 | 프랑스 | 독일 |
|---|---|---|---|---|
| 자원(Resources) | | | | |
| 교육 | .09 | .06 | -.02 | .09 |
| 연령 | -.11* | .08 | .00 | .10* |
| 젠더(남성) | .02 | .10 | .07 | .13* |
| 동기(Motivations) | | | | |
| 정치적 효능감 | .11* | .10* | .09 | .11* |
| 좌익/우익 입장 (우익) | -.05 | -.01 | -.08 | .01 |
| 집단 요인(Group) | | | | |
| 정당 애당심 | .27* | .34* | .18* | .24* |
| 집단 멤버십 | .07 | .04 | .10* | .09 |
| R | .37 | .44 | .29 | .37 |

출처: 선거시스템비교연구(CSES), module II.
유의사항: 표에 삽입된 수치들은 다중 회귀분석에서 도출된 표준화된 상관계수들이다. 통계적으로 유의미한 효과들(p < .05)은 *로 표시했다. 회귀분석 상관계수 해석에 관한 설명은 각주 2와 부록 A를 참조하시오.

정적인 표시다: 변화하고 있는 젠더규범들이 남성과 여성의 참여에 차이를 줄이는 효과가 있다.

끝으로, 정치적 효능감은 캠페인 행동주의와 일관되게 관련되어 있었다. 자신의 투입이 차이를 만들 것으로 생각하는 사람들이 캠페인 활동에도 적극적일 가능성이 있다. 양측 모두 지지자들을 적극적으로 동원하기 때문에 누가 캠페인 활동에 참여하는가와 관련하여 이념적 차이는 작거나 체계성이 없었다.

## 직접적인 접촉활동

직접적인 접촉활동은 납세자로서 쓰레기 수거에 관해 시청에 편지를 쓰는 일에서부터 연방정부의 정책에 항의하기 위해 의회의원의 사무실에 전화를 거는 일에 이르기까지 매우 광범위하기 때문에 가장 다양한 형태의 정치적 행위다. 직접적인 접촉활동은 개인의 자격으로서 혹은 함께 일하는 개인들의 집합적 노력의 일환으로 이루어질 수 있다. 이러한 모든 경우와 관련하여 직접적인 접촉은 적합한 정부관료들을 찾아내고 자신의 입장을 설득력 있게 진술하는 데 필요한 상당한 개인의 솔선과 중요한 정치적 기술을 요구한다.

그러한 까닭에 직접적인 접촉활동에 있어서는 자원들이 중요하다(〈표 4.2〉 참조). 교육은 접촉활동을 예측하는 데 있어 가장 효과적인 요인으로 작용한다. 예컨대 미국의 경우에 상관계수는 우리가 비교한 다른 활동 유형들 전반에서 가장 높다(ß=.26). 직접적인 접촉활동은 연배가 높은 시민들 사이에서 훨씬 일반적인데, 그 이유는 그들이 정부와 함께 일할 필요를 더 느끼고 있으며 정부와 일한 경험이 더 많기 때문으로 추정된다.

우리가 선거정치에서 멀어질수록 당파심의 효과는 약해진다. 당파적인 사람들은 정치적으로 개입되어 있으므로 정치인들을 더욱 많이 접촉할 가능성이 있지만 이러한 효과들은 투표나 캠페인 활동에서보다 훨씬 약하다.

사회적 집단들은—연쇄적 서신발송, 이메일 캠페인, 소식지 등을 통해 회원들이 행동하도록—접촉활동을 조직하기 때문에 직접적인 접촉활동에 적당한 수준의 영향력을 미친다. 이것은 버바, 슐로츠먼, 브래디가 주장하는 바, 사람들은 흔히 요청을 받기 때문에 참여한다는 사실을 확인해준다.

## 자치단체 활동

제3장에서 설명하였듯이 시민단체 참여는 미국 민주주의 정치의 핵심부분이며, 유럽 민주국가에서도 그 중요성이 커지고 있다. 이는 시민들이 공동의

표 4.2 직접 접촉활동의 예측요인들

| 예측요인 | 미국 | 영국 | 프랑스 | 독일 |
|---|---|---|---|---|
| 자원(Resources) | | | | |
| 교육 | .26* | .12* | .07* | .15* |
| 연령 | .14* | .16* | .08 | .06 |
| 젠더(남성) | .05 | .00 | .12* | .07 |
| 동기(Motivations) | | | | |
| 정치적 효능감 | .06 | .03 | .03 | .02 |
| 좌익/우익 입장 (우익) | -.03 | -.04 | .05 | .00 |
| 집단 요인(Group) | | | | |
| 정당 애당심 | .10* | .14* | .07 | .16* |
| 집단 멤버십 | .02 | .10* | .10* | .11* |
| R | .33 | .28 | .22 | .28 |

출처: 선거시스템비교연구(CSES), module II.
유의사항: 표에 삽입된 수치들은 다중 회귀분석에서 도출된 표준화된 상관계수들이다. 통계적으로 유의미한 효과들(p < .05)은 *표로 표시했다. 회귀분석 상관계수 해석에 관한 설명은 각 주 2와 통계독본 부록 A를 참조하시오.

문제들을 해결하기 위해 함께 뭉치는 토크빌 식의 정치형태다. 이러한 집단들이 결사한다면 어떤 사람들이 거기에 참여하는가?

단체활동은 종종 참여자에게 상당한 수준의 솜씨와 세련화를 요구한다. 〈표 4.3〉은 4개국 중 3개국에서 교육을 더 잘 받은 사람들이 자치단체 활동에 참여할 가능성이 더 크다는 사실을 보여준다.

이와 유사하게 흥미로운 것은 표에 나타난 무관계성(non-relationship)이다. 젊은이들이 투표에 체계적으로 덜 참여하는 것이 사실이라 하더라도 자치단체 활동에서 나이는 어떤 체계적인 패턴을 보여주지 않는다. 사실상 미국의 젊은이들은 다른 예측요인들을 통제할 경우에 약간 더 활동적이다. 젊은 사람들이 선거정치에 관여하지 않을 가능성이 있는 한편으로 그들은 단체활동과 같은 다른 통로로 참여하는 방법을 찾고 있는 것이다.

한 단체에서 일하는 것은 투표나 캠페인 활동과 구별된다. 자치단체 활동 참여는 일반적으로 당파적 활동이 아니기 때문이다. 참여자들은 단체활

표 4.3 자치단체 활동의 예측요인들

| 예측요인 | 미국 | 영국 | 프랑스 | 독일 |
|---|---|---|---|---|
| 자원(Resources) | | | | |
| 교육 | .16* | .10* | -.02 | .05 |
| 연령 | -.04 | .02 | -.01 | .05 |
| 젠더(남성) | -.05 | .02 | .09* | .06 |
| 동기(Motivations) | | | | |
| 정치적 효능감 | .01 | .04 | .10 | .04 |
| 좌익/우익 입장 (우익) | .01 | -.05 | -.15 | -.01 |
| 집단 요인(Group) | | | | |
| 정당 애당심 | .09* | .17* | .08 | .14* |
| 집단 멤버십 | .04 | .14* | .15* | .12* |
| R | .21 | .29 | .29 | .25 |

출처: 선거시스템비교연구(CSES), module II.
유의사항: 표에 삽입된 수치들은 다중 회귀분석에서 도출된 표준화된 상관계수들이다. 통계적으로 유의미한 효과들(p < .05)은 *로 표시했다. 회귀분석 상관계수 해석에 관한 설명은 각주 2와 통계독본 부록 A를 참조하시오.

동에 관심을 두는데, 그 이유는 정확히 말해 그것이 정당정치와 구별되기 때문이다. 〈표 4.3〉은 당파심이 투표나 캠페인 활동보다 자치단체 활동에 더 작은 효과를 미치고 있음을 보여준다. 사회적 집단 멤버십은 개인들로 하여금 집합적 노력에 참여하도록 독려하는 데 도움이 되며, 이 변수는 자치단체 활동에 가장 강력한 효과를 가지고 있다.

## 누가 항의하는가?

왜 시민들이 항의하는가? 당신이 항의현장에 참석한 적이 있다면 당신은 왜 그곳에 간 것인가? 모든 항의자들은 자신의 행위를 설명할 수 있는 개인적인 이유가 있다. 한 이슈에 대한 신념이 일부 사람들로 하여금 행동하도록 자극한다. 일반적으로 정부에 대한 반대 입장이 다른 일부 항의자들을 행동하도록 이끈다. 또 다른 일부 사람들은 작물에 항의하는 행동에 대한 홍분감 때문에 혹은 항의자와의 동료애 때문에 어쩔 수 없이 참여하거나, 아니면 단순히 자신을 오라고 한 친구의 손에 이끌려서 참여한다. 사회과학자들은 항의활동의 개인적 동기와 관련된 일반적인 원천들에 관해 체계적으로 설명하고자 했다.

다른 정치참여의 형태들과 정치참여와 대조적으로 항의는 종종 좌절감과 정치적 소외의 느낌이 자극하는 '비관례적'인 행위형태로 설명된다. 아리스토텔레스에서 마르크스에 이르기까지 정치분석가들은 항의와 정치폭력의 근본원인을, 좀 더 나은 조건들을 추구하는 개인적인 불만족이라고 보았다. 현대 사회과학자들은 이러한 주제들에 공감을 표시하고 계량화시켰다. 이 분야의 중요한 연구로는 거(Ted R. Gurr)의 것을 들 수 있는데, 그는 "정치폭력의 기본적인 인과적 순서는 첫째로 불만사태의 진전이고, 둘째는 불만의 정치화이며, 끝으로는 [기존의] 정치적 목표 및 행위자들에 반하여 폭력적인 정치행위를 실현하는 것"이라고 말했다(1970, 12-13). 이 견해에 따르면, 정치적 불만족은 항의활동을 예측하게 한다. 이론은 간접적으로 항의가 낮은 지위에 있는 개인들, 소수자들, 박탈감이나 불만족감을 느끼는 다른 집단들 사이에서 더욱 자주 일어날 것임을 암시한다.

이와 대조적으로, 다른 연구자들은 항의가 현대 민주주의 국가 내에서 다른 수단에 의한 '관례적' 정치의 연장이 되었다고 주장한다(Norris 2002; Inglehart 1990). 항의는 개인들이 자신의 목표를 추구하기 위해 사용할 수 있는 (투표, 캠페인 활동, 자치단체 활동과 같은) 정치적 전략의 또 다른 유형이다(3장을 보시오). 이러한 관점에서 볼 때, 항의에도 시민자발주의 모델이 적용될 수 있을 것이다. 시민자발주의 모델은 좀 더 교육을 많이 받고 정치적으로 세련된—그러므로 그러한 활동에 개입할 수 있는 정치적 기술과 자원을 가진 사람들—사이에서 항의가 더 빈번히 일어날 것임을 암시한다. 이 생각은 [앞에서 제시한] 박탈감 설명과 반대되는 것이다. 사회집단에 관여하는 것 역시도 청원서에 서명하는 일, 항의하는 일, 보이콧에 합류하는 일과 같은 논쟁적인 활동들을 조장하는 자원과 경험을 제공할 것이다. 관련 연구는 대개 젊은층이 항의할 가능성이 더 크며, 비록 젠더의 역할이 작은 편차를 보이기는 하더라도 남성이 더 자주 항의에 연루된다는 점을 보여준다.

정치적 기득권층에 도전하고자 하는 자유주의자들을 위한 수단으로서 항의는 정치적 스펙트럼을 망라하여 확산되어 있으며, 더 이상 좌파의 기본 영역에 한정되지는 않을 것이다. 정치적 효능감 역시도 항의활동을 조장하는 측면이 있다. 끝으로 만약 항의가 하나의 계획되고 조직된 활동이 되어간다면 아마도 사회집단들과 그것의 멤버들은 더 적극적인 항의자가 될 수 있을 것이다.

결국, 우리는 이 장에 나오는 다른 모델들로부터 도출한 여섯 가지 참여의 예측요인들을 사용하였으며 불만족 이론을 검증할 목적에서 정부의 성과에 대한 만족도를 묻는 질문을 추가시켰다. 〈표 4.4〉는 이러한 분석으로부터 도출된 항의활동의 상관계수들을 제시하고 있다.[5]

정부에 대한 불만족은 네 개 국가 모두에서 항의를 조장하는 요인으로 나타났다. 미국에서 그 효과는 적정수준이었고 프랑스와 독일에서는 거의 무시할만한 수준이었다.[6] 게다가 다른 예측요인들의 패턴은 불만족 설명을 약화시키고 있다. 예를 들면, 일반적으로 덜 교육받고 낮은 소득 수준을 가진 사람들 사이에서 불만족 수준이 높게 나타났음에도 잘 교육받은 사람들 사이에서 항의 의지가 더 자주 확인되었다. 또한 우리는 정치에 대해 영향력을 발휘할 수 있다고 느끼는 사람들 사이에서 비록 약한 형태기는 할지라도 어떤 일관된 항의 경향을 더 많이 발견했다.

한마디로, 항의는 단순히 소외되고 박탈감을 느끼는 사람들을 위한 출구일 뿐만 아니라 종종 그 반대일 수가 있다. 항의는 좀 더 빈번히 시민자발주의 모델의 기대치들을 따르고 있었다. 항의자들은 항의를 포함한 모든 형

표 4.4 항의활동의 예측요인들

| 예측요인 | 미국 | 영국 | 프랑스 | 독일 |
|---|---|---|---|---|
| 자원(Resources) | | | | |
| 교육 | .14* | .08 | .03 | .14* |
| 연령 | −.05 | −.06 | −.16* | −.08 |
| 젠더(남성) | −.03 | .00 | .04 | .00 |
| 동기(Motivations) | | | | |
| 정부성과에 불만족 | .08 | .08 | .16* | .11* |
| 정치적 효능감 | .03 | .02 | .05 | .04 |
| 좌익/우익 입장 (우익) | −.10* | −.17* | −.20* | −.13* |
| 집단 요인(Group) | | | | |
| 정당 애당심 | .05 | .12* | .11* | .11* |
| 집단 멤버십 | .11* | .15* | .04 | .05 |
| R | .26 | .28 | .37 | .28 |

출처: 선거시스템비교연구(CSES), module II.
유의사항: 표에 삽입된 수치들은 다중 회귀분석에서 도출된 표준화된 상관계수들이다. 통계적으로 유의미한 효과들(p < .05)은 *표로 표시했다. 회귀분석 상관계수 해석에 관한 설명은 각 주 2와 통계독본 부록 A를 참조하시오..

태의 정치적 활동을 조직하고 그러한 것들에 참여할 수 있는 능력을 지닌 사람들이다. 이것의 가장 분명한 증거는 모든 네 개 국가에서 잘 교육받을 사람들이 항의에 관여하는 경향이 일관되게 발견되었다는 사실이다.

　한 가지 중요한 영역에서 항의의 상관계수들이 관례적인 선거활동과 다르게 나타났다. 투표와 캠페인 참여는 가족과 사회적 책임이 [개인들에게] 정치의 적실성을 부각시키는 효과가 있기 때문에 대개 연령증가에 따라 증대된다. 이와 대조적으로, 항의는 젊은이의 영역이다. 미국에서 25세 이하의 11퍼센트가 지난 5년 사이에 한 번 이상 항의에 참여했는데, 이는 65세 이상의 시민들 중 단지 3퍼센트가 참여한 것과 대비된다.

　정치학자들은 이 연령 관계에 대한 해석을 두고 이견을 보인다. 한편으로 이 패턴은 항의에 있어 생애-주기적 차이를 반영할지도 모른다. 젊은이들은 격정과 반항의 시기에 있으며, 그것이 항의 및 그와 유사한 다른 활동

4장 누가 정치에 참여하는가? 133

들에 대한 참여를 부추길 것이다. 젊은 사람들은 자유시간이 많고 대학 캠퍼스에 집결되어 있기 때문에 항의에 참여할 기회가 더 많을 수도 있다. 이 설명은 나이가 들어감에 따라 개인들의 항의활동이 쇠퇴하리라 예측한다. 다른 한편, 이러한 차이들은 변화하고 있는 참여스타일에서 세대별 패턴을 대변해줄지도 모른다. 요컨대, 오늘날 젊은 사람들은 그들이 젊기 때문에 항의하는 것이 아니라 그들의 세대가 다른 새로운 행위 스타일을 채용했기 때문이라는 것이다. 좀 더 높은 교육수준과 정치적 세련화 수준 그리고 변화하는 젊은 세대의 시민적 규범은 직접-행동 테크닉에 대한 지지를 창출한다. 만약 이 주장이 사실이라면 항의와 관련된 연령차는 참여패턴에 있어 세대적 변화를 표상할 것이다. 더욱이 항의는 젊은이들 사이에서 논쟁적 정치, 직접 행동, 새로운 인터넷 행동주의 스타일이 좀 더 폭넓게 사용되는 일반적 패턴의 한 가지 예에 지나지 않을 것이다(Dalton 2007a, 4장; Zukin et al. 2006).

비록 좌익과 우익 집단들이 모두 항의를 사용한다손 쳐도 좌익 사이에서 이러한 활동들에 관여하려는 의지가 더 일반적이다. 효과는 관례적 형태의 정치행위 속에서 발견되는 이념적 편견들보다 더 강력하며, 그것은 심지어 여론조사 시점에 두 개 국가—영국과 독일—에 좌파 정부가 집권하고 있었음에도 일관되게 나타났다. 항의정치는 비록 불균형적인 형태기는 하나 여전히 좌파의 영역에 속해 있는 것이다.

## 인터넷 행동주의

인터넷 여러 가지 독특한 참여양식들을 연계시킬 수 있는 정치적 접근과 활동의 새로운 수단을 제공한다(3장을 보시오). 개인들은 이메일을 통해 정부의 공무원들이나 언론에 접촉 시도를 할 수 있다. 그들은 인터넷 청원을 하거나 비관례적 형태의 정치행위를 지원하기 위해 인터넷을 사용할 수 있다. 이에 덧붙여 인터넷은 비슷한 생각을 하는 사람들을 동호회나 가상공동체에 함께 모을 수 있는 특별한 잠재력을 갖는다.

2005년 시민, 관여, 민주주의 여론조사는 우리가 제3장에서 기술한 바 있는 인터넷 행동주의의 세 가지 형태에 관해 질문했다. (1) 정치적 웹사이트 방문, (2) 정치적 정보를 담은 이메일 보내기, (3) 인터넷 상으로 전개되는 정치활동에 참여하기.[7] 지난해에 미국 공중의 1/5이 이런 것들 중 하나 이상을 해본 경험이 있었다.

인터넷 행동주의 여론조사로부터 우리가 기대할 수 있는 결과는 무엇인가? 〈그림 4.4〉에서 나타나듯이 전혀 놀라운 사실은 아니지만 인터넷 행동주의가 나이 든 사람들보다 젊은이들 사이에서 더 일반적이었다. 이에 덧붙여, 인터넷 행동주의가 포괄적인 시민자발주의 모델에 의거한다는 강력한 징후들이 존재한다. 온라인 행동주의와 관련하여 가장 강력한 예측요인은 높은 교육수준이며, 좀 더 많은 사회집단에 속한 사람들이 인터넷을 정치적 도구로 사용할 가능성이 크다. 이와 유사하게 정치인들이 생각하는 것에 관심이 있다고 믿는 사람들이 인터넷에 근거한 정치활동에 참여할 확률이 더 높다. 이러한 결과들은 미국에서 나온 것이지만 다른 기성 민주주의 국가에서도 유사한 패턴이 나타날 것으로 생각한다. 인터넷은 젊은이들의 정치행위 목록을 확장시키는 듯이 보이며, 또한 이미 참여의 의지가 있는 사람들에게 추가적인 행동의 형식도 제공한다.

## 상이한 활동들의 상관계수 비교

이 장에서 우리는 누가 참여하는가가 중요한 문제라고 말했다. 왜냐하면 그것이 사회 내 어떤 부류들이 자신의 정치적 견해를 표출하고 있으며 그 결과

**그림 4.4** 미국 내 인터넷 행동주의의 예측요인들

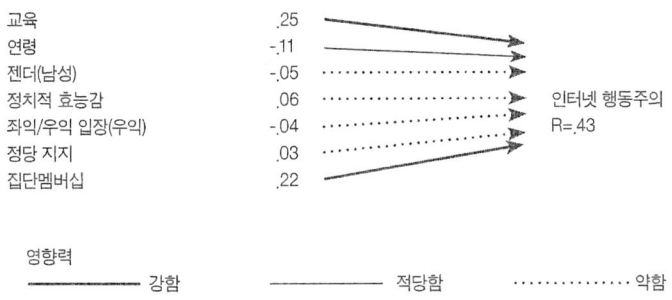

출처: 시민, 관여, 민주주의서베이, 조지타운대학교, 2005.
유의사항: 그림의 수치들은 다중회귀분석을 통해 얻은 표준화된 상관계수다. 회귀분석의 상관계수 독해설명은 각주2를 보시오.

어떠한 이익들이 공공정책 수립에 영향을 미치는가를 보여주기 때문이다. 이에 덧붙여, 누가 선거에서 투표하는가가 결과에 영향을 미칠 수 있다.

우리는 젊은층의 정치적 관여—혹은 회피—에 관한 우려도 지적했다. 명성이 높은 여러 정치학자는 젊은이들이 정치에서 빠져나간 결과 민주주의가 위험에 처해 있다고 주장한다(Macedo et al. 2005; Wattenberg 2006; Franklin 2004). 푸트남(2000)을 예로 들면, 그는 나이 든 시민운동 세대가 더디기는 하지만 확실하게 그리고 불가피하게 X세대와 Y세대로 교체되는 현상이 미국 내 사회적 관여가 무너지고 있는 이유라고 주장한다. 심지어 2006년 미국의 시민적 삶에 관한 연구에는 더 강한 표현이 나온다: "매년 죽음의 신이 미국의 가장 시민적인 계층 중 하나를 쥐도 새도 모르게 데려가고 있다. '위대한 세대'에 속하는 최후 멤버들이 사라지고 있다. 이는 훨씬 나이 어린 미국인들이 그들의 조부 세대처럼 정치에 관여하게 되지 않는 한 되돌릴 수 없는 냉철한 세대적 계산법이다"(2006년 전미 시민성 학술대

회 자료집 8쪽). 미국 젊은이에 대한 참으로 서늘한 설명이 아닌가! 그런데 이 설명은 정확한 것일까?

이 장에서 우리가 정치참여에 관해 제시하는 좀 더 폭넓은 견해는 이러한 젊은층에 대한 기소가 과장된 것임을 알려준다. 서구 민주국가의 젊은 이들은 정치로부터 빠져나가고 있지 않다: 다만 행동 스타일을 바꾸고 있는 것이다. 그들의 선거정치 참여는 줄고 있지만 모든 연령층이 고르게 자치단체 활동에 참여하고 있고 젊은이들이 항의, 정치적 소비자 중심주의, 자발주의, 인터넷 행동주의와 같은 직접행동에 훨씬 더 적극적이다(Dalton 2007a: Wuthrow 2002). 최근 주킨과 그의 동료들은 젊은이들의 정치행위 목록 전체를 검토한 후 젊은이의 정치회피라는 일반적인 주장에 반박하였다: "첫째로 그리고 가장 중요하게는 오늘날 젊은이들이 정치적으로 무관심하며 시민적인 삶의 방식에 거리를 두고 있다는 단순한 주장들이 정말 잘못된 것이라는 사실을 직시해야 한다"(Zukin et al. 2006, 189). 요약하자면, 젊은이들이 일률적으로 정치적 적극성을 띠지 않는다는 주장은 너무 순진하다는 것이다: 젊은이들은 정치적으로 적극적인데, 그들의 부모나 조부모 세대와 다른 방식으로 그러하다. 더욱이, 우리는 오늘날 젊은이들의 행동주의가 생애주기를 통해서 더욱 증대하며 아마도 그 형태도 변화할 것으로 기대한다.

우리의 분석 역시 정치활동을 촉진하는 데 있어 개인의 자원이 갖는 중요성을 보여준다. 증대하고 있는 현대적 이슈들의 복잡성과 기술적 성격 때문에 시민들이 정치세계에 대처하기에 충분한 정도의 세련화가 요구된다. 사실상 모든 형태의 정치행동적 참여는 잘 교육받은 사람들 사이에서 훨씬 높은 수준으로 나타난다. 변화하는 정치적 행동주의 패턴들이 창출한 예기치 못했던 결과는 높은 지위의 사람들과 낮은 지위의 사람들의 참여수준에서 차이가 점점 벌어진 것이다. 노동계급 정당들이 교육을 적게 받은 사람들이 투표하도록 독려할 수는 있겠지만, 자신을 대표하는 정치인에게 편지를 쓰거나 다른 형태의 정치행동에 참여하도록 동원하기는 훨씬 어려울 것이다. 민주주의 국가들은 시민들의 참여와 영향력에서 점점 더 사회적 지위에 근거한 편견을 경험할 것이다. 이 편견은 [평등에 기초하고 있는] 민주주의적 이상들에 역행한다(Hall 2002를 참조하시오). 이러한 불평등 문제에 대한 해법은 낮은 지위에 있는 집단들의 참여수준을 높이는 수단을 강구하는 것이며, 잘 교육받은 사람들의 활동을 제한하는 것이 되어서는 안 된다. 정치 지도자들은 공중의 폭넓은 스펙트럼이 참여할 수 있는 장치를 마련해야 하며 현존하는 참여의 장벽들을 낮추어야 한다.

교육수준의 불균형은 종종 다른 [세 개] 나라들보다 미국에서 훨씬 큰 것으로 나타난다. 미국의 투표참여에 대한 분석에서 나타난 교육수준의 불균형 수치(ß=.26)는 영국(ß=.10), 프랑스(ß=.12), 독일(ß=.03)보다 훨씬 크다. 다른 형태의 정치행위 형태에서도 동일한 패턴이 나타난다. 사회계층들 사이에 너무 큰 간극이 존재하는 것은 미국 내 특정 집단들이 민주주의 [정치] 과정에 참여하고 있지 않다는 의미다. 유럽의 대부분 민주주의 국가에서 이 간극은 미국보다 작다. 노조의 약화와 [노동자의] 참여를 조직하는 노동계급 기반의 정당 부재가 미국 선거체계의 제약적인 등록 요건들과 맞물리게 되면 미국 내 사회집단들 사이에 심각한 참여의 간극이 생겨난다. 참여 간극의 크기는 미국정치에서 모든 사회집단들의 관여를 평준화할 방안 강구의 필요성을 보여준다.

정치적 태도들 또한 그들의 영향력에서 체계적인 차이를 드러낸다. 정치적 효능감은 선거참여를 동기화하는 데 중요하지만, 다른 정치행위 형태에 대해서는 상대적으로 덜 중요한 것으로 보인다. 항의의 경우에 좌파적 태도와 정부의 국정운영에 대한 불만 양자가 참여를 촉진한다. 그러나 항의는 적극적일 수 있게 하는 자원을 소유하는 사람들 사이에서 더 일반적이다. 좌익/우익 이념은 인터넷에 근거한 행동주의를 포함하여 다른 정치행동 형태들에 최소한의 효과만을 지닌다.

끝으로 집단적 유대는 참여에서 중요한 영향력을 갖는다. 정당에 대한 애당심은 선거참여에 가장 중요한 요소로 작용한다. 투표는 당 지지자들이 '그들의 팀'을 지원하려고 나오게 되는 계기일 뿐이다. 당파적 효과는 중요하지만, 접촉활동과 자치단체 활동에서는 그 정도가 약간 덜하다. 이에 덧붙여, 집단 멤버십은 일반적으로 모든 형태의 정치행동을 고무시키며, 특히 참여의 초점이 한 집단을 통해 이루어지는 자치단체 활동에서는 더욱 그러하다. 정치행동의 양식 각각의 특성은 누가 참여하는가를 결정하는 요인들에서 매우 명시적으로 드러난다.

## 참여와 현대 민주주의 국가

몇몇 학자들은 시민이 사회와 정치에 관여하는 것이 줄어들고 있으며, 이 경향이 민주주의에 중대하고 위태로운 결과를 가져온다고 주장한다(Putnam 2000; Macedo et al. 2005; Wolfe 2006). 제3장과 4장에 제시된 증거자료는 이 결론에 의문을 제기한다. 총체적으로 보았을 때, 선진 산업사회에서 정치적 관여는 일반적으로 줄어들고 있지 않다. 대신 모든 정치행위의 형태가 변하고 있다. 구식 정치참여의 형태—선거, 정당과 관련된 일, 캠페인 활동—가 쇠퇴하고 있으며, 시민주도의 정책지향적 형태의 활동에 대한 참여는 증가하고 있다. 심지어 이 경향은 우리가 정치적 소비자 중심주의와 인터넷 행동주의 같은 새로운 형태의 정치행위를 여기에 추가하면 훨씬 더 명시적이다. 미국 내 정치활동의 총량은 1960년대 획기적인 여론조사들이 진행된 이후 1/3가량 성장했다.

특히 비선거적 활동의 증가는 그러한 활동이 참여의 위치와 중심에 대한 통제력을 더 많이 시민의 손에 쥐어 주기 때문에 더 의미가 있다. [참여를 통한] 정치적 투입은 엘리트가 규정하는 이슈들과 제도화된 채널들에만 국한되지 않는다. 대신에 한 사람의 개인이나 시민집단이 특정 이슈를 중심으로 조직될 수 있고 정책수립자들에게 영향력을 행사하는 시점과 방법을 선택할 수가 있다. 이러한 직접행동의 테크닉들 역시 높은 수준의 정보와 고도의 압박을 요구하는 활동들이다. 그것들은 투표나 캠페인 활동들보다 점점 더 많이 교육을 받고 정치적으로 세련된 공중의 특정한 참여 요구에 훨씬 더 잘 복무한다(Cain, Dalton & Scarrow 2003, 12장).

민주국가의 주요 목표 중 하나는 정치과정에 시민들의 참여를 확장시킴으로써 정부에 대한 인민의 통제 수준을 높이는 것이다. 그러므로 자치단체 참여, 항의, 그 밖에 다른 시민 주도의 활동들에 대한 참여의 증대는 여러모로 환영받아 마땅하다. 이 변화하고 있는 정치행위 패턴은 선진 산업민주주의 국가들의 새로운 시민정치 스타일을 형성하는 중요한 요소다. 동시에 누가 정치적으로 적극성을 띠는가의 문제에서 사회적 지위에 근거한 편견이 점점 더 커지는 것과 같은 사실은 그러한 새로운 패턴이 현대 민주주의 국가에 대해 새로운 도전을 제기한다는 의미이기도 하다.

이에 덧붙여, 접촉활동 그리고 심지어는 시민이익집단과 같은 새로운 형태의 정치적 행위는 좀 더 개인주의적으로 되어가는 경향이 있으며 선거 및 정당과 관련된 일과 같이 집합적인 행위들을 대체시키고 있다(Pattie, Seyd & Whiteley 2004). 원자화된 참여는 사회의 집합적인 필요에 대한 관심을 감소시킬 수 있으며 개인의 이익과 사회 전체의 이익 사이의 균형점을 찾는 일을 어렵게 만들 수도 있다. 많은 개인이 (그리고 집단들이) 자신들의 특정 이익을 극대화하기 위해 참여를 결정하는 한편, 자신들의 집합적 책임을 경시하는 태도를 보일 것이다. 이와 관련하여 한 가지 해법은 이미 존재하는 집성된 이익의 확장에 균형감각을 부여할 수 있는 새로운 정치적 이익의 집성방법들을 구축하는 것이다.

직접행동 방법들은 현대 민주주의 국가들에 또 다른 도전을 제기한다. 본연의 성격상 직접행동 테크닉은 기존상태를 부서뜨린다. 이러한 활동들은 간혹 현대 민주주의 국가의 확립된 제도와 절차에 도전을 가하기도 한다. 붕괴 잠재력은 비판가들로 하여금 급속히 팽창하는 시민참여, 특히 항의 활동들이 정치시스템에 너무 많은 요구를 부가하는 것이 아닌지 묻게 한다(Zakaria 2003; Huntington 1981). 정책은 거리에서 만들어지는 것이 아니라고 그들은 주장한다. 효율적이고 효과적인 정책을 수립하려면 토의과정이 필요하며, 그 토의과정에서 정부관료들은 자신의 결정과 관련하여 운신의 폭을 약간 가지고 있다. 정책중심의 소수자들이 강도 높게 자신들의 특수이익을 로비하는 행태를 취하는 정치화된 공중은 정치적 합의라는 민주주의 정치의 필요요건에 제약을 가할 것이다. 실제로 시민들이 영향력을 행사하고자 하는 요구가 커지는 상황에서, 워싱턴의 정치엘리트를 대상으로 벌인 여론조사는 정책 수립과 이행을 책임지고 있는 사람들이 미국 공중의 능력에 의구심을 품고 있음을 보여준다.[8]

그래서 몇몇 저술가들은 정치참여는 좋은 것이지만 부작용이 있을 수도 있다고 주장한다. 심지어 일부 인사들은 이러한 입장의 근거로서 엘리트주의 민주주의 이론에 수반되는 증거를 인용하기도 한다(제2장을 참조하시오). 그들은 시민의 행동주의는 반드시 정부의 효율성 및 합리적인 정책기획과 균형을 맞춰야 한다고 역설하며, 최근 몇 년간 확대된 참여는 이 균형 상태를 무너뜨려서 서구 민주주의 통치불능의 문제로 인도될 수도 있다고 주장한다. 이러한 주장들이 1980년대에 이미 만연되어 있었다. 나는 심지어 1990년대 민주화 물결 이후에도 다른 사람들의 권리를 제한할 수 있는 자들이 너무 많이 존재하고 있다고 생각한다.

참여의 과도함에 대해 경고하는 사람들은 자신들이 지키겠다고 공언한 민주주의의 목표들을 경시하는 태도를 보이고 있다. 그들은 진정한 민주주의 원칙들보다는 과거 동구의 정권들과 공유하는 것이 더 많아 보인다. 《이코노미스트》의 공동편집인은 우리가 공산주의의 붕괴를 축하하는 한편으로 민주주의의 과잉에 대해서도 염려하는 역설적인 상황에 주목했다.

민주주의 국가들은 그들이 공산주의자들을 겨냥해서 제기했던 주장을 자신들에게도 적용해야만 할 것이다. 사람들이 점점 부유해지고 교육을 더 많이 받게 됨에 따라 한 사람의 민주주의자가 한 사람의 공산주의자에게 더 이상 손가락으로 꼽을만한 숫자의 정치국 사람들이 나라의 생명을 좌우하는 모든 결정들을 하도록 허용하지 않겠다고 훈계조로 말할 기분이 아닐 것이다. 지금은 똑같은 훈계를, 말의 수위를 약간 조절하여, 민주주의의 작동에 대해서도 얘기해야만 할 때다. [과거에] 부, 교육, 사회적 조건들이 만들었던 차이들이 무색해짐에 따라, 그 [시민]들 대다수가 몇 년마다 돌아오는 선거에서 투표용지에 표시하는 것에만 적합하다고 설득하는 것과 그들이 [투표용지에 표시하여] 의회로 보낸 소수의 남자와 여자들이 [그들을 대신하여] 모든 결정을 하도록 내버려두어야 한다고 설득하는 일이 점점 더 어려워질 것이다 (Beedham 1993, 6).

현재 [목도하는] 직접적인 시민행동에 대한 요청은 반민주주의적인 행태가 아니다. 그것은 전형적으로 보통 시민들이 정치시스템을 더 민주적이고 여론에 민첩하게 반응하게 하려고 압력을 가하는 시도다. 게다가 아주 적은 수의 사람들만이 실제로 민주주의 시스템에 위협이 될 수 있는 극단의 폭력적인 정치행위에 찬동하고 있다.

나는 제퍼슨의 민주주의 [정치]과정에 대한 견해를 선호한다. 민주주의 정치의 논리는, 정치적 관여의 확장이 시민의 정치과정에 대한 이해도 확장시킨다는 것이다. 시민들은 관여함으로써 통치의 책임과 사회가 직면한 선택에 대해 배우게 된다. 그리고 더 좋은 시민들로 거듭나게 된다. 연구물들은 참여가 공중의 정치에 대한 지식을 증대시킨다는 사실을 보여준다 (Parry, Moyser & Day 1992, 13장; Pierce et al. 1992). 장기적 안목에서 볼 때, 관여하는 공중은 더 좋은 시민들을 만들어내며 더 좋은 정치를 만들어낸다.

역설적으로, 적극적인 시민들은 정치인들과 정치과정에 대해 더욱 비판적일 수도 있다(Parry, Moyser & Day 1992, 13장; Pierce et al. 1992). 참여의 학습적 측면들은 현재의 정치적 상태에 더 큰 도전을 가할 수 있을 것이다. 그러나 민첩하게 반응하는 정치시스템은 민주적 과정과 더불어 긍정적인 경험들을 축적할 수 있으며 비판적인 공중의 요구에 답함으로써 진보를 일구어낼 수 있다.

현대 민주주의 국가들은 분명 중요한 도전에 당면해 있으며, 미래는 그들이 반응하는 방식에 좌우될 것이다. 그 반응이 시계를 거꾸로 돌려 지나간 시대의 정치 이미지들을 재창출하려는 것이어서는 안 된다. 어쩌면 정치는 과거에는 존재한 적이 없었을지도 모른다. 민주주의 국가들은 생존하기 위해 적응해야만 한다. 가장 이상적으로는 더 많은 시민참여의 장점들을 극대화하고 단점들을 최소화하는 방식으로 그렇게 해야 한다. 지난 몇 년간의 경험은 우리가 이 방식을 따르고 있음을 암시한다. 민주주의 국가의 제도들이 시민의 접근을 장려하는 방향으로 변화하고 있고(Cain, Dalton & Scarrow 2003), 정치인과 관료들이 확장된 민주주의 형식에 점차 편안함을 느끼고 있다. 민주주의는 우리가 민주주의 강령을 문자 그대로 지켜내지 못하고 새로운 시민정치 스타일이 부과하는 도전들을 창조적으로 다루지 못하면 가장 큰 위협에 직면하게 될 것이다.

## 독서 목록

Burns, Nancy, Kay L. Schlozman&Sidney Verba. 2001. *The Private Roots of Public Action*. Cambridge: Harvard University Press.

Cain, Bruce, Russel Dalton,&Susan Scarrow, eds. 2003. *Democracy Transformed? Expanding Political Access in Advanced Industrial Democracies*. Oxford: Oxford University Press.

Conway, M. Margaret. 2000. *Political Participation in the United States*. 3rd ed.Washington, D. C.: CQ Press.

Dalton, Russell. 2007. *Good Citizen: How Young People Are Reshaping American Politics*. Washington, D. C.: CQ Press.

van Deth, Jan, Jose Ramon Montero,&Anders Westholm, eds. 2007. *Citizenship and Involvement in European Democracies: A Comparative Analysis*. London: Routledge.

Verba, Sidney&Norman Nie. 1972. *Participation in America*. New York: Harper and Row.

Verba, Sidney, Kay Schlozman,&Henry Brady. 1995. *Voice and Equality: Civic Voluntarism in American Politics*. Cambridge: Harvard University Press.

Zukin, Cliff, et al. 2006. *A New Engagement? Political Participation, Civic Life, and the Changing American Citizen*. New York: Oxford University Press.

제Ⅱ부
# 정치적 지향

5장
# 변화하고 있는 가치

2006년 10월 유로바로미터(Eurobarometer) 여론조사는 유럽연합 25개국 시민들에게 어떤 가치가 그들에게 가장 중요한지를 물었다. 이것은 시민들이 자기 삶의 본질, 그들의 태도와 행태를 형성한다고 생각하는 가치들을 제시하도록 물은 중요한 질문이다. 여기서 당신 자신도 이 질문에 어떻게 답할 것인지 잠시 생각해볼 수 있을 것이다. 우리의 가치는 우리가 우리 자신과 사회에 있어 무엇을 중요하게 생각하는지를 말해줄 것이다. 가치들은 우리가 결정할 때 준거가 되는 기준을 제공한다. 우리가 가치를 부여하는 것이 경력이든, 결혼상대자든 아니면 토요일 밤에 볼 영화처럼 사소한 것이든 그게 무엇인지를 떠나서, 우리는 가치를 두는 것에 근거하여 우리의 삶을 구조화하고 선택을 하게 된다.

흔히 정치는 인간의 가치와 결부된다. 유럽시민들이 유로바로미터의 설문에 답했을 때 그들은 평화, 인간생명의 존중, 인권을 가장 중요한 개인적 가치로 꼽았다. 가치들은 사람들이 사회와 정치시스템의 목표라고 생각하는—혹은 목표여야 한다고 보는—것을 알려준다. 공유된 가치들은 정치시스템과 사회시스템의 규범들을 정의하는 데 도움이 되는 한편, 무엇이 정책을 형성하는 가치가 되어야 하는지를 둘러싼 대안적 가치들의 충돌은 정치적 경쟁의 근거가 된다. 복지프로그램은 경제적 효율을 강조해야 하는가, 아니면 수급가정의 다급한 형편을 먼저 살펴야 하는가? 줄기세포연구와 관련하여 생명이 태어나는 것에 대한 도덕적 태도를 반영해야 하는가, 아니면 불치병으로 고통받는 사람들의 사정을 고려해야 하는가? 실제 현실에서 정치는 정기적으로 가치를 둘러싼 갈등과 연루된다.

새로운 시민정치 스타일이 등장하는 이유는 부분적으로 점점 더 많은 수의 사람들이 기본적인 정치적 가치들을 바꾸고 있기 때문이다. 한 세대 전과 비교했을 때 현재 사회는 사회규범이 변화하고 있는 강력한 증거를 보여주고 있다: 위계적 관계와 권위에 대한 존경심은 탈중앙집권주의, 자기표현, 자신의 삶에 영향을 미치는 결정에 대한 참여욕구에 자리를 내어주고 있다. 우리는 앞에서 이미 참여적 규범들이 어떻게 더 많은 정치적 관여를 자극하고 있는지에 대해 설명했으며, 가치변화의 결과가 얼마나 폭넓은 것인지도 설명했다. 새로운 가치들은 일, 라이프스타일, 사회 내 개인의 역할에 대한 태도에도 영향을 미친다.

사회적 목표와 '성공'의 의미 역시도 변화하고 있다. 최근까지도 많은 미국인과 유럽인들이 성공을 대개 큰 집, 차고에 있는 두 대의 차, 다른 부의 상징물들과 같은 경제적 잣대로만 생각했다. 고인이 된 말콤 포브스는 삶이란 경연(競演)이며 죽기 전에 가장 많이 소유물을 가진 자가 승자라고 했다. 다른 산업민주주의 국가에서 경제적 성공의 문턱은 어쩌면 [미국에서보다] 조금 낮을지도 모르겠다. 하지만 물질적 관심은 엇비슷한 수준으로 중요하다.

그러나 풍요로움이 확산되면서 많은 사람이 많이 가진 것이 반드시 더 나은 삶은 아니라는 사실을 깨달았다. 경제적 성장에 대한 욕망은 이제 삶의 질 향상에 대한 관심에 의해 조절되고 있다. 환경보호에 대한 새로운 관심이 선진 산업민주주의 사회 전역에 확산되었다. 단지 소득만 따지는 대신에 일이 주는 성취감과 개인의 자유에 의해서도 직업이 평가된다. 사회적 관계와 다양성의 수용태도는 변화하고 있는 가치의 추가적인 예이다. 인종, 성

### 인터넷 자료 소개

이 지구적 가치 여론조사에 대한 정보는 세계가치서베이(World Values Survey) 웹사이트를 방문해보시오: http://www.worldvaluesurvey.org

별, 종교에 대한 평등의 진전현상이 미국과 유럽 사회를 변형시키고 있다.

주변을 둘러본다면 가치 변화의 증거는 즐비하다. 그러나 우리는 현재 생각만 할 뿐이고 이러한 변화들의 중대성에 대해 늘 의식하고 있는 것은 아니다. 만약 누군가가 현대 미국인의 라이프스타일을 1950년대와 1960년대를 배경으로 만든 텔레비전 재방영물 속에 그려진 미국인들의 이미지와 비교한다면 이러한 변화에 대한 감각을 얻게 될 것이다. 〈비버에게 맡겨 *Leave It to Beaver*〉, 〈오지와 해리엣 *Ozzie and Harriet*〉, 〈아빠가 제일 잘 알잖아 *Father Knows Best*〉와 같은 시리즈물들은 지난 시대의 가치들을 반영하고 있다. [거기 나오는] 클리버 가족이나 넬슨 가족이 어떻게 젠더평등, 새로운 성도덕, 탈(脫)인종차별, 랩음악, 대안적 라이프스타일에 적응할 수 있을까? 준 클리버가 〈위기의 주부들 *Desperate Housewives*〉과 어울리게 되는 것을 상상해보라.

이 장은 우선 선진 산업사회 내에서 가치들이 체계적으로 변화하고 있는 증거를 검토한다. 다음으로는 가치변화가 민주주의 정치에 갖는 함의들로 시선을 옮길 것이다.

## 가치변화의 성격

시민들의 가치는 그들의 태도와 행태를 인도하는 기준을 제공한다. 일부 사람들은 자유, 평등, 사회적 조화에 높은 우선순위를 둘 수 있고 이러한 가치들을 강화하는 정책을 선호할 것이다. 다른 사람들은 독립성, 사회적 인정, 자신의 행동을 인도하는 야망을 중시할 수도 있다.

여러 개인적이고 정치적인 결정은 주어진 상황과 배치되는 가치를 담지한 목표들 중에서 선택하는 일을 수반한다. 자주성과 복종 혹은 공손한 회피와 투박한 진실성 사이에서 양자택일을 해야 하는 상황이 벌어질 수도 있다. 어떤 국가정책 목표가 세계 평화와 국가안보 혹은 경제성장과 자연보호 사이에서 충돌을 일으킬 수도 있다.

사람들은 자신에게 중요성이 있는 가치들을 정리해둠으로써 이러한 것들을 결정하는 데 도움이 되는 종합적인 틀을 발전시킨다. 우리가 각각의 가치들에 대해 고려하지 않는다면, 그리고 그들이 자신의 가치를 어떻게 구체적인 상황에 적용시키는지를 고려하지 않는 한, 시민의 행태는 비일관적이고 비논리적으로 보일 수 있다(제2장을 참조하시오). 한 시민에게 있어 이민정책의 개혁이라는 이슈는 사회적 평등과 인권의 가치로 여겨질 것이지만, 다른 시민에게 그것은 법에 대한 복종 및 자신의 사생활보호 문제와 연관된 것일 수 있다. 양자의 시각은 모두 합당하며, 이민에 대한 태도는 사람들이 이러한 상충하는 가치들을 어떻게 평가하는가에 따라 정해진다.

가치체계는 인간의 행동을 인도하는 뚜렷한 목표들을 포함해야 한다. 로키이치(Rokeach 1973)는 원하는 목표를 성취하는 방법을 다루는 도구적 가치들 18개와 최종단계에서 선호하는 목표를 규정하는 말단(末端)의 가치들 18개의 목록을 개발했다. 개인의 행동을 온전히 다 설명하려면 아마도 로키이치의 목록보다 더 긴 인간의 중요한 목표를 전부 담은 목록이 필요할 것이다. 공중의 가치가 이동한다는 증거가 확실해짐에 따라 사회과학자들은 현대적 가치들이 어떻게 변화하고 있는지에 대해 몇 가지 이론을 제공했다(예를 들어 Flanagan & Lee 2003; Schwartz & Bardi 2001; Nevitte 1996 등).

그 가운데 가장 영향력이 있는 것이 잉글하트의 선진 산업사회 내 가치변화 이론이다(Inglehart 1977; 1981; 1990; Abramson & Inglehart 1995). 잉글하트는 그의 가치변화이론의 기초를 두 가지 가설 위에 정립시킨다. 첫째는 희소성(scarcity) 가설이다. 요컨대 개인들은 "공급이 상대적으로 달리는 것들에 더 큰 가치를 둔다"는 것이다(1981, 881). 가치를 둔 물건이 구하기가 어렵다면 그 물건의 물질적 가치는 더 커진다. 만약 공급이 늘어나서 수요를 충족시키게 되면 그 물건은 당연한 것으로 여겨지고 아직 희소한 상태에 놓여 있는 물건으로 관심이 이동하게 된다. 물은 가뭄에는 소중한 재화지만 정상적으로 비가 오면 물에 대한 염려는 사라져버린다. 오염이 확산되고 청량한 물의 가용성이 불확실해지자 현대인의 깨끗한 물에 대한 관심이 늘어났다. 이러한 일반론은 사회가 가치를 부여한 다른 항목들에도 적용할 수 있다.

둘째, 잉글하트는 사회화(socialization) 가설을 제시한다. 요컨대 "개인의 가치 우선순위는 성년기에 접어들기 이전 시기에 팽배했던 [사회문화적] 조건들을 상당 정도로 반영하고 있다"는 것이다(1981, 881). 이러한 형성 조건들은 가족 상황은 물론, 좀 더 폭넓게는 정치적 사회경제적 조건들을 포함한다. 사람들이 생애주기를 경과하게 됨에 따라 혹은 새로운 경험을 하게 됨에 따라 가치변화는 이 형성기 이후에도 계속될 것이다. 그러나 잉글하트는 나중의 배움은 이미 존재하고 있는 정향들의 관성을 극복해야만 가능할 것으로 가정한다.

두 가지 가설—희소성 가설과 사회화 가설—의 결합이 가치변화의 일반모델을 만들어내고 있다. 개인들은 생애 초반부에 기본 가치의 우선순위를 형성하며 이 형성기 동안에 공급 부족 상태임에도 불구하고 자신이 원하는 목표들을 강조한다. 일단 이러한 가치 우선순위를 발전시키게 되면 대개는 나중에 개인적·사회적 조건에 추가로 변화가 발생하더라도 먼저의 것들을 유지한다.

제1장에서는 선진 산업사회들이 어떻게 예기치 못했던 풍요와 높은 교육수준, 확장 일로에 있는 정보의 기회, 확대된 사회복지 시스템과 20세기 동안 획기적으로 변화된 다른 관련 사항들을 경험하게 되었는지에 대해 설명했다. 우리는 이러한 경향들을 늘어나는 세련화, 인지적 동원, 현대 공중의 참여와 연계시켰다. 잉글하트는 이러한 사회적 저력이 공중의 기본 가치의 우선순위를 변화시키고 있다고 주장한다. 가치화된 대상들의 상대적인 희소성이 변화함에 따라 이 경향은 공중이 가장 가치를 두는 것에 있어서도 비슷한 변화를 일으킨다.

희소성 가설을 좀 더 폭넓은 이론모델로 일반화하기 위해서 잉글하트는 아브람 매슬로우(Maslow 1954)의 연구로 관심을 돌렸다.[1] 매슬로우는 인간목표의 위계적 질서체계를 제시했다. 그에 따르면 사람들은 처음에 기본적인 생계의 필요—물, 음식, 주거지—를 충족시키는 데 열중한다. 이러한 필요들이 충족되면 그들은 경제적 안전을 위한 편안한 여유분을 확보할 때까지 계속 노력한다. 이 목표가 달성되면 사람들은 소속감, 자부심, 참여, 자아실현, 심미적이고 지적인 잠재력의 실현과 같은 상위-질서의 필요들로 관심을 돌리게 될 것이다. 그러므로 사회적 조건들은 일반적으로 공중이 강조하는 폭넓은 가치들을 예고하게 된다.

〈생존자 *Survivor*〉라는 CBS 텔레비전 쇼는 매슬로우의 가치의 위계를 실제 생활과 접목시켜서 보여주고 있다. 비교적 부유한 미국인 집단이 섬에

**그림 5.1** 매슬로우(Maslow)의 가치 위계도

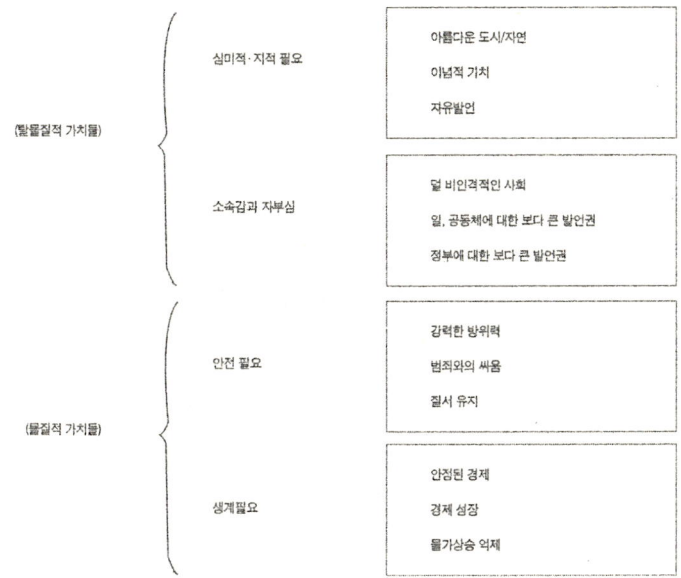

출처: Inglehart(1977, 42)

도착한 이후에는 그들이 가정에서 강조했었음에 분명한 삶의 질에 대한 관심이 생존의 필요로 뒤바뀐다. 그들의 우선순위는 생존의 필요 쪽으로 바뀌게 된다. 식수를 구하고 그날 하루를 버틸 만큼 충분한 식량을 확보하며, 심지어는 추가적인 단백질 보충을 위해 쥐를 잡을 수도 있다. 이것은 로빈슨 크루소로 변한 매슬로우의 모습이다.

잉글하트는 이 매슬로우의 가치 위계의 논리를 정치적 이슈에 적용시킨다(〈그림 5.1〉을 보시오). 경제적 안보, 법과 질서, 국가방위와 같은 많은 정치적 이슈들은 생계와 안전의 필요를 두드린다. 잉글하트는 이러한 목표들을 물질적(material) 가치들로서 설명한다. 예컨대 경제적 불황이나 시민적 소요가 일어난 시기에 안보와 생계의 필요는 불가피하게 최대의 관심을 끌

게 된다. 만약 한 사회가 이러한 필요들에 대해 상당한 수준의 진보를 일구어낸 경우라면 관심은 개인의 자유, 자기표현, 참여와 같은 이슈들이 대변하는 상위-질서의 가치들로 이동하게 된다. 잉글하트는 이러한 목표들을 **탈물질적**(postmaterial) 가치들로 명명한다.

잉글하트는 물질적/탈물질적 가치의 연속체가 현재 선진 산업민주주의 국가 내에서 일차적인 가치변화들을 표상하고 있다고 역설한다. 좀 더 최근의 저술 속에서 잉글하트는 이러한 발전상을 생존가치로부터 자기표현적 가치로의 이동으로 설명한다(Inglehart 1997; Inglehart & Welzel 2005). 나는 나의 다른 책에서 미국 공중의 시민권 관련 규범들 속에서 나타나는 이와 유사한 이동에 대해 설명한 바 있다(Dalton 2007a).[2] 이러한 가치변화의 명료한 성격으로 인해 다른 이론가들은 이 과정을 경제성장, 안보, 전통적 라이프스타일로 표현되는 '구(舊)정치'적 가치에서 개인의 자유, 사회적 평등, 삶의 질로 표현되는 '신(新)정치'적 가치로의 이동으로 설명한다. 이 개념이 갖는 학문적 중요성의 징후 한 가지는 많은 수의 연구들이 탈물질적 현상을 검토하고 있다는 사실에서 발견된다(이와 관련하여 인용된 광범위한 문헌목록은 1995년 출간된 van Deth & Scarbrough의 연구를 보시오).

잉글하트의 가치변화 이론에 대해 제출된 주요 이론적 도전장은 두 가지 논제에 초점이 맞추어져 있다. 첫째, 몇몇 연구들은 그가 예측하듯이 사회경제적 조건들이 시민의 가치들과 연계되고 있는가의 문제를 검토한다. 클라크와 더트(Clarke & Dutt 1991; Clarke et al. 1999)는 잉글하트의 단순한 가치지표가 앞선 [가치] 형성기의 환경조건들을 일관되게 반영하기보다는 경제적 조건의 성쇠와 긴밀히 연결되어 있음을 입증했다. 더치와 테일러(Duch & Taylor 1993, 1994)는 [가치의] 형성조건들이 가치의 주된 결정요인인지 여부에 의문을 제기했다(또한 1995년 아브람슨과 공저한 책에 실린 잉글하트의 반론도 보시오). 많은 부분에서 나는 이러한 것들을 가치측정에 관한, 예컨대 어떤 사람의 교육수준이 우선하여 형성기의 조건들을 대변하는가 아니면 현재의 사회적 지위를 대변하는가와 같은 방법론적 문제들로 본다. 그러나 이 비판은 가치들이 형성기의 조건과 현재 상황에 다 같이 좌우된다는 점을 부각시키고 있다.

두 번째 비판은 변화하는 가치들의 내용에 관해 의문을 제기하고 있다. 플러네이건(Flanagan 1982, 1987; Flanagan & Lee 2003)은 가치들이 적어도 두 개의 차원에서 변화하고 있다고 주장했다. 한 차원은 물질적 가치에서 비경제적 가치로의 이동과 연루되어 있고, 두 번째 차원은 권위주의적 가치에서 자유지상주의적 가치로의 이동과 연루되어 있다. 브레이트웨이트, 매캐이, 피텔코우(Braithwaite, Makkai & Pittelkow 1996)는 선진 산업사회가 안보에 근거한 가치들로부터 조화에 기초한 가치들로 변화하고 있다고 귀띔하였다. 최근에 슈바르츠(Schwartz & Bardi 2001)는 사회변화 차원과 자아/자아초월적 가치 차원의 관점에서 인간가치들을 설명했다.

지구적 가치비교에 관한 최근 작업에서 잉글하트는 변화하는 가치들에 관해 좀 더 차별화된 견해를 내놓았다(Inglehart & Welzel 2005). 그는 생존 가치에서 자기표현적 가치로의 이동 차원과 전통적 가치에서 세속적/합리적 가치로의 이동 차원을 구분한다. 사회는 사람들의 가치시스템 속의 상이한 부분들을 두드리는 다중적인 방식으로 변화하고 있다. 이 분야는 명백히 후속 연구를 약속하는 영역이다. 그러나 잉글하트의 분석틀은 대체로 다른 연구자들이 제안했던 가치 차원들과 중첩된다. 그리고 우리가 이 과정을 어떻게 개념화하든, 현대 공중의 가치에 있어 우선순위가 중요한 방식으로 변화하고 있다는 데 대해서는 일반적인 합의가 존재한다.

## 가치의 분포

많은 사람이 물질적 그리고 탈물질적 목표들에 대해 긍정적인 가치를 부여한다. 보통의 개인은 경제적 성장과 깨끗한 환경, 사회적 안정과 개인의 자유 양자를 다 좋아한다. 그러나 정치는 종종 이러한 목표들 사이의 갈등에 연루된다. 그러므로 연구자는 다른 쪽의 가치세트만을 접어놓고 한쪽의 가치세트를 연구하는 대신에, 가치들이 갈등을 일으키게 되면 공중의 마음속에서 어떤 목표가 우선순위를 점하게 되는지에 대해 질문해야 한다.

여론조사는 가치 측정을 위해 여러 가지 방법들을 동원한다. 가치는 비교적 순수하고 내밀한 느낌들과 연결되어 있기 때문에 간단한 여론조사 설문을 가지고는 파악하기가 어렵다. 이에 덧붙여 연구자들은 우리가 꼭 개인적인 삶의 조건들의 용어나 아니면 정치적 행태와 연계된 정치목표의 용어상으로 표기한 설문들을 통해서만 가치들을 측정해야 하는지에 대해 토론을 벌인다.

2005~2008 세계가치서베이(WVS)는 잉글하트의 매슬로우식 가치 위계 모델에 따라서 응답자들에게 12개의 정치적 목표들을 중요성 순으로 순위를 매기라고 요청함으로써 가치의 우선순위를 평가했다. 모든 목표들이 잠재적으로 다 중요했기 때문에 응답자들에게 4항목이 한 조로 묶여 있는 가치세트 각각에서 2개 항목을 선택하도록 했다. 〈표 5.1〉은 이 항목들에 대한 미국, 영국, 프랑스, 독일 시민들의 최고 우선순위를 제시하고 있다.

대서양 양안의 시민들 대부분은 물질적 목표들을 자신의 첫 번째 우선순위로 꼽았다. 미국인들은 경제성장, 안정된 경제, 범죄예방을 가장 빈번하게 강조했다. 이전의 세계가치서베이 결과와 달라진 중요한 점은 미국인들의 강한 국가방위에 대한 강조가 18퍼센트에서 61퍼센트로 증가한 것이다. 이 증가 폭은 2001년 9·11의 경험과 이슬람 지하드의 테러리즘에 대한 전쟁이 지속되고 있기 때문으로 보인다. 유럽인들도 동일하게 세 가지 물질적 목표들을 우선순위에 놓았는데 국가방위에는 확실히 적은 관심을 보였다.

12개 항목 가운데서 선택하는 방식을 사용함으로써 우리는 개인들이 탈물질적 목표에 부여한 상대적인 비중에 따라 개인들에게 점수를 매길 수

**표 5.1** 가치 우선순위의 분포

(단위: %)

| | 미국 | 영국 | 프랑스 | 독일 |
|---|---|---|---|---|
| 높은 수준의 경제 성장(M) | 67 | 66 | 68 | 82 |
| 안정적인 경제(M) | 67 | 61 | 51 | 72 |
| 일터/공동체에서의 발언권(PM) | 49 | 71 | 72 | 74 |
| 범죄와의 전쟁(M) | 63 | 69 | 50 | 32 |
| 자유로운 의사표현의 보호(PM) | 59 | 55 | 49 | 38 |
| 국내 질서(M) | 47 | 58 | 48 | 42 |
| 정부에 대한 발언권 확대(PM) | 54 | 56 | 42 | 57 |
| 좀 더 인간적인 사회(PM) | 37 | 36 | 60 | 52 |
| 소비자 물가 상승 억제(M) | 36 | 26 | 59 | 57 |
| 도시/국가의 미화(PM) | 28 | 26 | 36 | 23 |
| 금전 이외의 사상(PM) | 29 | 28 | 37 | 37 |
| 강한 안보(M) | 61 | 28 | 18 | 10 |

출처: 2005~2008 세계가치서베이
유의사항: 표의 수치들은 4개의 선택항목이 포함된 설문지에 첫 번째와 두 번째로 표시한 항목들을 퍼센티지로 나타낸 것이다. 누락된 데이터가 퍼센티지에 포함되었다. M=물질적 가치; PM=탈물질적 가치.

있는 단일지표를 만들었다.³ 물질주의자들은 6개의 경제목표와 안보목표에 높은 우선순위를 두었던 반면, 탈물질주의자들은 참여와 여타 다른 탈물질적 목표들을 강조하였다. 〈표 5.2〉는 시간 경과에 따라 변화한 12개 항목 지표에 대한 탈물질주의자들의 비율이다.

1970년대 초에는 각 나라에서 탈물질주의자들의 비율이 상대적으로 작은 수였다. 12개 항목 지표에서 보면 서독인들의 단지 13퍼센트와 영국인들의 18퍼센트가 탈물질적 척도에서 높은 점수를 냈다. 사실 물질주의자의 비율은 잉글하트의 4-항목 지표(1977; 1990)에서는 훨씬 더 두드러졌다. 높은 비율의 물질주의자들이 존재하는 것은 전혀 놀라운 일이 아니다. 당시는 탈물질적 가치변화를 배양하는 조건들이 아직 발전단계에 있었기 때문이다. 역사적 관점에서 볼 때 선진 산업주의의 발전은 비교적 최근의 현상이다.

1990년대가 되자 장기적 경향을 파악할 수 있는 각 국가 내 탈물질주의자들의 비율이 증가했다. 4-항목의 탈물질주의 지표에는 우리의 비교를

표 5.2 탈물질적 가치로의 이동에 대한 시계열 조사

(단위: %)

| 국가 | 1973 | 1990 | 1999 | 2007 |
|---|---|---|---|---|
| 벨기에 | 38 | 38 | – | – |
| 캐나다 | – | 29 | 30 | – |
| 덴마크 | 19 | 32 | – | – |
| 프랑스 | 33 | 27 | – | 35 |
| 독일(서독) | 13 | 36 | 43 | 30 |
| 영국 | 18 | 19 | – | 25 |
| 아일랜드 | 15 | 23 | – | – |
| 이탈리아 | 16 | 33 | – | – |
| 일본 | – | 31 | 28 | – |
| 네덜란드 | 35 | 39 | – | – |
| 노르웨이 | – | 17 | 20 | 26 |
| 스페인 | – | 37 | 29 | – |
| 스웨덴 | – | 31 | 29 | – |
| 미국 | – | 21 | 23 | – |

출처: 1973 유럽공동체연구; 미국의 경우 첫 번째 조사는 1974년 정치행동연구; 1990~1991 세계가치서베이; 1998~2002 세계가치연구; 1999년 독일의 경우 첫 번째 조사는: 1995~1998 세계가치연구; 2005~2008 세계가치연구.

유의사항: 표의 수치들은 〈표 5.1〉의 12개 가치항목을 사용하여 탈물질적 목표들에 높은 선호를 표시한 항목들을 퍼센티지로 나타낸 것이다. 척도구축과 관련해서는 아래 각주 11)을 참고하시오. –는 설문조사가 실시되지 않았음을 가리킨다.

위한 시점들이 더 많이 주어져 있다. 이러한 경향 데이터는 많은 선진 산업사회가 일반적으로 탈물질적 가치로 이동하는 모습을 보여준다(Abramson & Inglehart 1995; Inglehart & Welzel 2005, 4장). 우리의 연구대상인 4개국의 2006~2007 데이터는 1973년 이래 탈물질주의자의 비율이 증가했음을 확실하게 보여준다. 이 기간에 영국, 프랑스, 서독의 탈물질주의자의 평균 비율은 반절이나 증가했다.

비록 이러한 가치들을 측정하는 방법에 대한 논쟁이 탈물질주의자의 정확한 분포비율에 관해 불확실성을 초래한다 해도 탈물질주의로 이동하는 경향은 확실하다. 선진 산업사회 내 공중의 높은 비율—대개 1/3가량—이 현재 탈물질적 목표들에 우선순위를 두고 있다. 다른 많은 개인이 양측의 가치들을 모두 선호하기 때문에 대부분의 국가에서 물질적 목표들을 배타적으로 선호하는 사람들의 숫자는 소수다. 현재 이들 국가 내에서 가치 우선순위는 물질적 목표와 탈물질적 목표의 혼합체로 특징지을 수 있다.

    1970년대 중반 이래 비평가들은 탈물질주의를 경제적 하향곡선이나 정치적 불확실성이 도래하면 사라지게 될 '햇볕' 이슈라고 주장했다. 1970년대 석유수출국기구(OPEC)의 유류(油類) 가격 인상결정은 지구적 경기후퇴를 자극했다. 일각에서는 이것이 1960년대 자유주의를 끝장낼 것이라고 주장했다. 1980년대는 '내가 우선'인 10년으로 포고(布告)되었다. 1990년대는 독일, 일본, 그리고 다른 많은 국가에서 경제적 수축이 시작되었다. 이러한 잠재적인 역(逆)경향에도 불구하고 여론조사들은 시간이 경과하면서 탈물질적 가치들이 성장하는 자료들을 제시했다. 우리는 향후 가치변화가 지속될 것으로 기대한다. [전체적으로] 사회변화의 속도가 줄었기 때문에 그 속도도 느려지기는 하겠지만 말이다. 예를 들어 지금도 교육수준이 여전히 높아지고 있지만 과거에 그랬던 것처럼 획기적인 수준은 아니다. 그럼에도 이러한 점진적인 가치 변화가 시민정치의 본질을 변형시킨 것은 사실이다.

## 가치변화의 과정

탈물질적 목표들에 대한 지지가 선진 산업사회의 사회적 현대화에 실제로 반영하는지 우리가 어떻게 알 수 있을까? 처음에는 증거가 한시적인 성격을 띠었다. 시간이 경과함에 따라 탈물질적 가치변화의 증거가 늘어났다. 〈표 5.2〉에 나타난 경향들이 그러한 유형의 증거다.

    탈물질주의 명제를 지지하는 가장 확실한 증거는 잉글하트의 두 가지 가설을 검증함으로써 얻어졌다. 희소성 가설은 한 국가의 사회경제적 조건들이 시민들의 가치 우선순위와 관계가 있다는 것이다. 사회화 가설은 가치들이 생애 초반에 굳어지게 된다고 예상한다. 따라서 한 사회의 총체적 가치들은 그것이 형성되었던 수십 년 혹은 그보다 더 이른 시기의 조건들을 반영한다고 볼 수 있다.

우리는 국가의 탈물질주의 가치 수준과 사회경제적 조건을 비교해봄으로써 첫 번째 가설을 검증할 수 있다. 만약 희소성이 물질적 가치에 대한 관심을 부른다면, 이러한 관심들은 좀 더 낮은 생활수준의 국가에서 더 일반적이어야 한다. 역으로, 선진 산업사회의 풍요는 탈물질적 목표들의 지지를 증가시켜야 한다. 한편 사회화 가설에 따르면 이러한 효과들은 시간의 지체(遲滯)와 더불어 발생해야 한다. 그러므로 가치의 최고 예측요인은 한 세대 전의 국가적 조건들이 될 것이다. 그 시기에 가치들이 형성되었기 때문이다.

양 측정치를 모두 확보하고 있는 45개국의 국가의 부(1980년도 일인당 GDP)와 1998~2002년의 물질주의/탈물질주의 가치 분포를 요약한 〈그림 5.2〉는 국가의 부와 가치 분포가 분명한 관계성을 가지고 있음을 보여준다.[4] 탈물질주의자들은 대체로 2000년도에 여론조사를 실시한 보통 성인의 형성기 동안 비교적 높은 생활수준을 가지고 있었던 나라―이 책의 핵심 4개국을 포함하여―에서 가장 일반적이다. 이와 대조적으로 우리는 나이지리아, 인도, 중국, 파키스탄과 같은 가난한 나라에서 훨씬 적은 수의 탈물질주의자들을 발견한다. 혹자는 이러한 관계들이, GDP를 측정하고 시민들의 가치 우선순위를 조사한 20년 사이의 경제적 변화―좋은 방향이든 나쁜 방향이든―를 무시한다고 해도 존재한다는 점에 주목해야 한다. 잉글하트의 이론을 지지하는 다른 추가적 증거는 1980년도의 GDP 측정치가 여론조사를 해의 일인당 GDP보다 탈물질주의와 약간 더 큰 관련성을 보여주고 있다는 사실이다.[5]

〈그림 5.2〉도 경제적 조건과 가치변화 사이의 관계를 곡선상으로 설명한다. 전후 서구 유럽에서 발견된 것과 같은 생계경제에서 선진 산업사회로의 이행의 시기 동안 가장 큰 가치 변동 현상이 발생한다. 이러한 부의 수준

이 달성된 다음에는 생활수준에서 추가적인 개선사항들이 점차로 더 작은 가치변화를 일으킨다. 이는 장차 가치변화가 느린 속도로 진행될 것임을 암시하고 있다.

탈물질주의 이론의 또 다른 테스트는 사회화 가설과 연루된다. 2차 세계대전 전에 성장한 나이 든 세대들은 불확실성이 팽배한 시기에 성장기를 보냈다. 이들은 1930년대 대공황의 고초를 겪었고 두 번의 세계전쟁과 이러한 사건들에 수반된 사회적·경제적 외상을 견뎌냈다. 그러한 조건하에서 서구 민주주의 국가들 대부분의 나이 든 세대들은 당연히 경제성장, 경제적 안전, 국내질서, 사회적·군사적 안보 등등과 같은 물질적 목표들에 훨씬 큰 관심을 지니는 방식으로 사회화되었던 것이다. 이러한 가치들은 시간이 지나도 계속 존속하게 될 것이며 심지어 사회적 조건들이 극적으로 개선되어도 마찬가지일 것이다.

역으로 유럽과 미국의 젊은 세대들은 예상치 못했던 풍요와 안전의 시기에 성장하였다. 현 시점의 생활수준은 흔히 제2차 세계대전 이전에 경험했던 것보다 몇 갑절 높아졌다고 한다. 현재 복지국가 시스템은 큰 경제적 위험에서도 대부분의 사람들을 보호할 수 있을 만큼 확장되었다. 또한 전후 세대들은 그들의 높은 교육수준, 정치적 정보에 대한 노출의 혁혁한 증가, 보다 다양한 문화적 경험을 반영하는 훨씬 폭넓은 세계관을 가지고 있다. 게다가 냉전 종식은 현대 유럽사에서 가장 긴 국제적 평화의 시대를 보장했다. 이러한 조건하에서 전전 세대들이 마음을 빼앗겼던 물질적 관심이 급격히 줄어드는 게 당연하며 보다 젊은 세대들의 관심이 탈물질적 목표들로 이동하는 것은 자연스럽다.

더욱이 잉글하트의 사회화 가설은 사춘기에 형성된 가치들이 생애 전 기간을 통해 존속한다고 예측한다. 요컨대 상이한 연령집단들이 가족이나 사회 전반의 조건들이 변한다 해도 자신이 형성기에 얻은 세대적 경험의 흔적을 보유한다는 것이다. 나이 든 유럽인들은 비록 현재 그들의 라이프스타

**그림 5.2** 형성기 경제적 조건과 탈물질적 가치

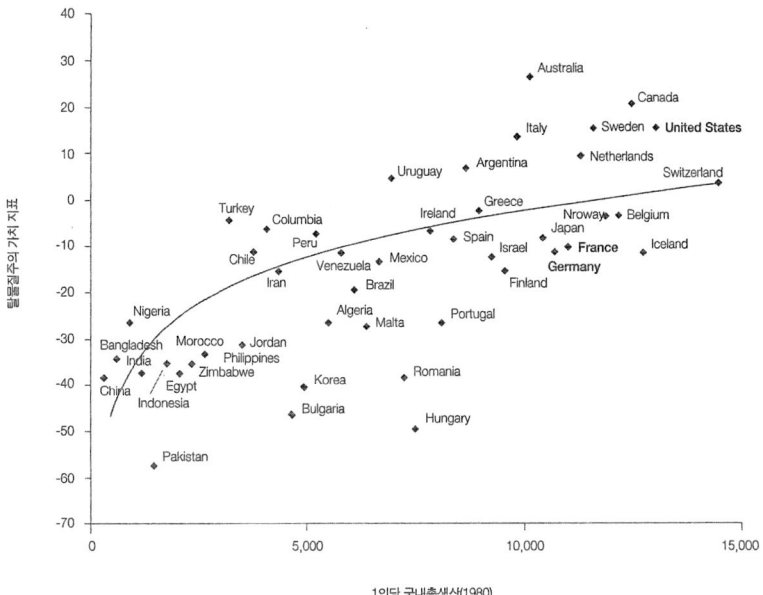

출처: 4-항목 탈물질주의 지표는 1998-2002 세계가치서베이에서 가져옴; 1980년 일인당 국내총산량 (구매물가 등가) 수치들은 세계은행(2001) 자료에서 가져옴.

일이 높아진 풍요 수준을 반영하고 있을지라도 여전히 안보에 대한 관심들을 강조한다. 전후 경제 기적의 조건들을 사회화한 세대들은 그들이 비록 나이가 들어가면서 가족에 대한 책임과 경제적 책임을 더욱 느낀다 할지라도 당연히 탈물질적 가치들에 대해 더 큰 관심을 보유한다.

가치변화 명제에 대한 결정적인 테스트는 시간이 흐름에 따라 세대의 가치 우선순위가 어떻게 변화하는지를 추적했다. 〈그림 5.3〉은 잉글하트의 4-항목 가치지표를 사용하여 1974년에서 2005년 사이에 일어난 유럽 몇몇 세대들의 가치변화에 대해 설명하고 있다.[6] 가장 나이가 많은 세대—1885년에서 1909년 사이에 태어났으며 1974년에 65세에서 88세가 된 세대—는 그

**그림 5.3** 세대별 가치 우선순위 분포

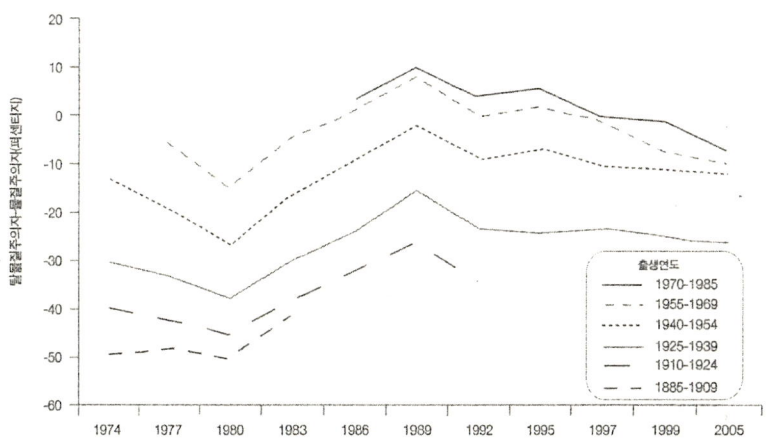

출처: Eurobarometers, 1974-2005.
유의사항: 여기 사용된 표본은 6개국(벨기에, 프랑스, 영국, 이태리, 네덜란드, 서독)에서 수행된 European Community Surveys에서 추출한 것으로 가중치를 반영하여 합성했다. 총 표본수는 약 40만개이고 세로 축에 표시된 숫자는 탈물질주의자 비율에서 물질주의자의 비율을 뺀 값이다. 생년월일에 따라 여섯 개의 세대로 그룹핑했으며 좀더 신뢰할 수 있는 결과를 얻기 위해 서베이 데이터를 3년 간격으로 합성했다.

림에서 가장 밑바닥에 분포하고 있다. 1974년에 이 세대 가운데 물질주의자의 비율은 탈물질주의자들을 거의 50퍼센트가량 능가하였다. 이와 대조적으로 1974년에 가장 젊은 세대—1940년과 1954년에 태어난 세대—는 물질적 가치와 탈물질적 가치에 관해 거의 균등한 수준으로 균형을 이루고 있다.

세대들의 상대적 순위는 잉글하트의 이론을 지지하는 좋은 증거일 뿐만 아니라 이 패턴의 지속성을 보여주는 증거이기도 하다. 가치의 수준은 시간의 경과와 더불어 무작위로 뽑은 표본의 차이와 4-항목 가치지표가 인플레이션 수준에 보이는 민감성에 반응하게 됨으로써 변동하고 있다(나는 이것이 4-항목 측정법의 방법론적 불완전성 때문에 초래된 것으로 생각한다).[7] 가장 중요한 것은, 가치 정향에 있어 세대적 차이는 시간 경과에도 불구하고—각 세대의 나란한 이동패턴에서 보는 것처럼—꽤 일정한 수준으로 남아있다는 사실이다. 모든 응답자들이 생애주기상에서 이동하고 있음에도 불구하고 말이다. 1974년에 가장 젊은 연령집단은 1990년 중반에 중년이 되었다. 하지만 그들의 평균적인 물질적/탈물질적 가치수준은 1974년과 2005년 사이에 유의미하게 변하지 않았다. 생애주기적 경험들은 대개 수정이 되지만, 초기의 가치 우선순위 학습경험을 대체하지는 않는다.

국가별로 살펴본 세대적 가치 차이의 크기는 가치변화 명제를 지지하는 추가 증거를 제공한다. 예를 들어 서독은 20세기 동안 엄청난 사회경제적 변화를 경험했다. 그 결과 가장 어린 응답집단과 가장 나이 든 응답집단 사이의 가치 차이가 다른 여러 나라들보다 훨씬 크다. 동일 기간에 사회경제적 변화를 덜 겪은 나라들에서는 연령집단들이 훨씬 작은 가치의 차이를 보여주는 게 당연해 보인다. 아브람슨과 잉글하트(1995, 134)의 연구는 경제적 성장과 가치 우선순위에서 연령차의 크기 사이에 강한 관계성이 존재한다는 점을 입증했다. 커다란 사회변화들이 커다란 가치변화를 창출한다.[8]

교육수준 역시 개인의 사춘기, 즉 가치 형성시기의 경제적 조건을 재는 간접적인 측정법이다. 고등교육에 대한 접근은 흔히 가족의 사회적 지위를 반영하고 있기 때문이다.[9] 이에 덧붙여 교육은 학습하는 내용으로 인해 가치에 영향을 미칠 수 있다. 현대 서구의 교육시스템은 일반적으로 참여, 자기표현, 지적인 이해와 같은 가치들, 그리고 다른 탈물질적 목표들을 강조한다. 현대적 대학 교육의 자유주의적 지향은 사회적 관점들의 확장을 장려할 수도 있을 것이다. 끝으로 교육의 효과는 세대 효과와 중첩된다. 젊은이들이 나이 든 세대보다 교육을 더 잘 받았다.

〈그림 5.4〉는 가장 최근에 시행된 세계가치서베이에서 탈물질적 가치들을 표현한 응답자들의 교육수준에 따른 차이들을 퍼센티지로 제시하고 있다. 각국에서 교육수준과 탈물질적 목표 지지 사이에 긍정적인 관계가 나타났다. 프랑스에서는 교육을 덜 받은 사람들 가운데는 단지 25퍼센트만이 탈물질주의자로 나타났는데, 이는 최소한 조금이라도 대학교육을 받은 사

람들의 56퍼센트가 탈물질주의자로 나타난 것과 대비된다. 혹자는 〈그림 5.4〉에 제시된 사례 중 미국의 교육시스템이 가장 평등하기 때문에 교육수준과 생애 초기적 생활수준의 연계 고리가 영국과 독일보다 약할 것이라고 주장할 수 있을 것이다. 그러므로 결과적으로 교육과 가치의 관계도 [영국과 독일보다] 약할 것이라고 주장할 것이다.

젊고 교육을 더 많이 받은 사람들 사이에 탈물질적 가치들이 집중된다는 점은 이러한 정향에 추가적인 중요성을 부여한다. 만약 잉글하트의 이론이 맞는다면 시간이 경과함에 따라 탈물질주의자의 퍼센티지가 증가할 것이다. 시간이 지남에 따라 좀 더 젊고 좀 더 탈물질적 세대들이 나이 든 물질주의자 세대들을 교체할 것이기 때문이다.[10] 그리고 만약 총체적인 교육수준이 계속 증대되면 탈물질적 가치들에 대한 지지도 계속해서 늘어날 것이다. 이 점은 탈물질주의자들이 물질주의자들보다 정치에 더욱 적극적이라는 사실 때문에, 또한 탈물질주의자들의 정치적 영향력이 그들의 숫자가 의미하는 것 이상으로 클 것이라는 이유 때문에 중요하다. 실제로 미래의 엘리트 집단—대학교육을 받은 젊은이들—사이에서 탈물질적 가치들이 지배적이다.[11] 이러한 개인들이 성공적으로 경제, 사회, 정치적 지도자의 위치에 진입하면 변화하는 가치들의 효과는 당연히 강화될 것이다.

## 가치변화의 결과

현재 대부분의 선진 산업민주주의 국가 내 탈물질주의자들은 단지 인구의 소수에 지나지 않지만 그들의 영향력은 벌써 분명하게 나타나고 있다. 그들의 영향력은 정치를 넘어서 사회의 전 영역으로 확장되고 있다. 사실 1990년에 나온 잉글하트의 저서 『선진 산업사회 내 문화변동』(*Cultural Shift in Advanced Industrial Society*)의 가장 인상적인 측면은 그가 탈물질주의와 연

**그림 5.4** 교육수준에 따른 탈물질주의자 분포

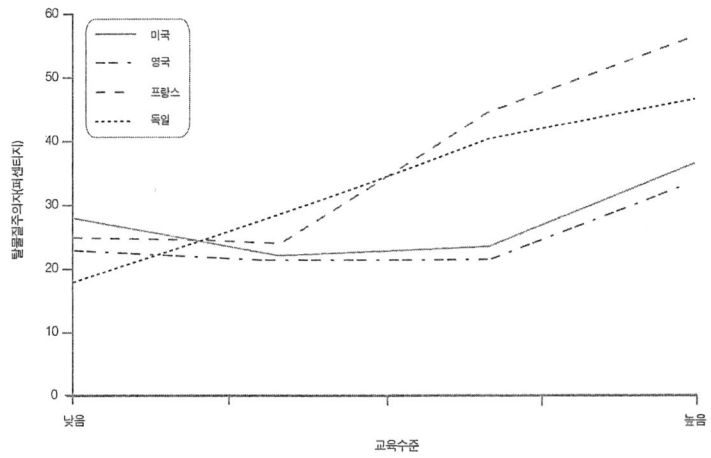

출처: 2005-2008 세계가치서베이
유의사항: 그림의 수치들은 〈표 5.2〉에 사용된 지표상에서 탈물질주의자인 사람들의 비율임.

계시킨 현상의 범위다. 일터에서 이러한 새로운 가치 지향들이 개인의 필요를 더 잘 수용하는 유연한 작업환경에 대한 요구에 불을 지폈다. 엄격하고 위계적인 일관작업 생산시스템은 노동자의 참여(공동결정), 질 관리체계, 유연한 노동시간 등의 요구에 의해 도전을 받고 있다. 1999년의 유럽가치서베이는 물질주의자들이 좋은 임금수준과 일의 안전성을 직업에서 중요한 성격적 요소로 꼽은 반면에 탈물질주의자들은 창의력 사용의 기회를 얻는 것, 유용한 직업을 갖는 것, 편한 사람들과 함께 일하는 것과 같은 목표들을 꼽았다고 알려주었다. 많은 비즈니스 분석가들이 직업윤리의 쇠퇴를 한탄하지만 사실 직업윤리가 새로운 목표세트로 이동하고 있다고 말하는 것이 더 정확할 것이다.

이러한 새로운 가치들은 사회적 관계도 변화시키고 있다. 네비트

(Nevitte 1996)는 모든 유형의 권위에 대한 공경심이 줄어들고 있음을 증명했다. 직장상사, 군 장교, 대학교수, 정치 지도자 등 모든 사람들이 자신의 권위에 대한 공경심이 쇠퇴하고 있다고 한탄한다. 탈물질적 신조에 따르면 개인은 자신의 지위에 부여된 권위를 보유하는 것이 아니라 스스로 권위를 획득해야 한다. 오늘날의 부모들 특히 탈물질주의적인 부모들은 자식을 교육할 때 훨씬 더 독립심을 강조한다. 사회적 삶과 정치적 삶의 여러 측면들에서 공중의 행태는 점점 더 스스로 방향을 결정하는 형식이 되어가고 있다. 이처럼 점점 늘어나는 독립심은 소비자들 사이에 브랜드 이름에 대한 충성심의 감소와 투표자들 사이에 정당에 대한 충성심의 쇠퇴 현상으로 반영되고 있다. 한마디로 현대적 라이프스타일은 더 큰 자유와 개별성에 대한 요구를 반영한다. 이것은 패션, 소비자의 취향, 사회적 행태, 대인관계에서도 나타난다. 가치변화의 과정은 종교적 가치와 성(性)적 관습을 포함하고 있다(Inglehart 1997; Nevitte 1996). 물질주의자들은 경제적 안전에 대한 관심에 덧붙여 혼외정사, 낙태, 동성애와 같은 성 관련 이슈들에 대해 구속하는 태도를 가지고 있을 가능성이 더 크다.

  탈물질주의자들은 기득권 정치가 종종 간과했던 새로운 정치적 이슈 세트—환경의 질, 반핵 에너지, 젠더 평등, 제한된 소비자중심주의—를 옹호한다. 워싱턴에서 열리는 지구온난화, 원전의 안전, 젠더 평등에 관한 토론들은 유럽 국가들의 수도에서 열리는 것들과 밀접한 유사성을 가지고 있다. 이런 이슈들의 주창자들은 유사한 특성을 지니고 있다: 그들은 젊고 교육을 잘 받았으며 탈물질주의자다.

  가치변화는 정치적 참여에도 영향을 미친다. 탈물질적 가치들은 자신의 삶에 영향을 미치는 결정들에 직접 참여하도록 자극한다. 그 장소가 학교든, 일터든, 정치과정이든 상관하지 않는다. 탈물질주의자들은 물질주의자들보다 정치에 더 관심이 있으며, 그러한 관심을 정치적 행동으로 옮길 가능성이 더 크다. 2005~2008년 세계가치서베이에서 유럽의 3개국—영국, 프랑스, 독일—전체에서 탈물질주의자들이 물질주의자들보다 정치에 더 관심을 둘 가능성과 정치가 그들의 삶에 중요하다고 말할 가능성이 대체로 더 큰 것으로 나타났다.

    탈물질주의자들의 행동주의 정향은 앞의 제2장에서 기술한 참여의 수수께끼에 추가되는 항목이다. 만약 탈물질주의가 정치적 행동을 자극한다면 왜 투표와 다른 형태의 참여가 감소하고 있는 것일까? 우리의 대답은 선진 산업민주주의 국가에서 정치적 행동의 스타일이 변하고 있다는 주장을 재확인시킨다. 물론 탈물질주의자들의 참여적 정향이 모든 참여양식에 균등하게 영향을 미치지는 않는다. 탈물질적 가치들이 반드시 투표나 캠페인 활동을 자극하는 것도 아니다. 일부 국가에서 탈물질주의자들의 투표 참가율은 종종 낮게 나타났다.[12] 한 가지 이유는 기성 정당들이 탈물질적 이슈들을 포섭하지 않았기 때문이다. 이에 덧붙여, 탈물질주의자들은 선거와 대부분의 정당들처럼 공식적인 위계적 절차와 조직들에 회의적이다.

    그 대신 탈물질적 가치들은 시민의 숙선, 항의, 그리고 다른 형태의 직접행동에 대한 참여를 자극한다. 2005~2008 세계가치서베이는 탈물질주의자들이 물질주의자들보다 훨씬 더 항의에 참여할 가능성이 있음을 발견했다(〈그림 5.5〉를 보시오). 이러한 비당파적 참여기회들은 탈물질주의자들에게 정치에 그들의 가치 정향과 들어맞는 좀 더 직접적인 영향력을 행사하게 한다. 대부분의 탈물질주의자들은 좀 더 요구수준이 높은 형태의 정치행위를 수행할 수 있는 정치적 능력도 갖추고 있다. 제3장과 4장에서 살펴본 것처럼 점증하는 시민 관여 수준과 더불어 정치참여의 형태에도 변화가 일어난 것이다.

## 가치변화와 가치의 안정성

서구 공중의 가치들은 변화하고 있다. 하지만 이와 관련하여 공중의 가치 우선순위의 다양성이 늘어나고 있다는 점을 지적하는 것이 아마 더 정확할 것이다. 대부분의 사람들은 아직도 물질적 목표들에 우선적인 관심을 부여하며, 그러한 물질적 가치에서 기인하는 사회경제적 이슈들이 앞으로 수십 년간 이루어질 정치토론을 계속해서 지배할 것이다. 물질적 가치들의 영속성이 간과되어서는 안 된다.

동시에 탈물질적 가치들은 더욱 일반화되어 갈 것이다. 공중의 높은 비율이 깨끗한 환경을 위해 추가적인 경제성장을 포기할 준비가 되어 있다. 많은 사람이 안정성과 질서를 보장하는 절차들을 평가하는 것보다, 시민의 투입 비용 발생을 감수하면서도 자기 삶에 영향을 미치는 결정에 참여할 기회를 더 높이 평가한다. 공중의 가치들이 변하고 있다.

근래 가치의 혼합 현상은 때때로 공중이 원하는 바를 파악하려는 정치분석가와 정치인들에게 어려움을 안긴다. 전통적인 물질적 가치 패턴의 영속성을 보여주는 거의 모든 사례의 경우에도 탈물질적 가치를 반영하는 반대 사례가 나타난다. 거의 모든 시민이 경제 활성화를 위해 지역의 관청을 상대로 로비하는 가운데도 다른 쪽에서는 성장이 녹지의 상실 또는 삶의 질 악화를 의미한다고 걱정을 한다. 가치의 다양성은 시민정치의 성격을 변화시키는 주요 원인이다. 정치토론은 단순히 합의적 목표들에 도달하는 수단 뿐만이 아니라 목표를 정의하는 일과도 관련되어 있다.

가치의 혼재 현상은 언론인들이 공중의 우선순위를 파악하는 일도 어렵게 만든다. 1960년대에 미디어는 모든 젊은이가 대안문화의 흐름에 합류하고 있는 듯이 보도를 했다. 1980년대의 여피족(the Yuppie)의 이미지는 [경영학의] MBA와 [독일차] BMW가 대체로 지배적이었다. 현재의 X세대(GenXers)는 부분적으로 양쪽의 정체성을 결여하는 것으로 정의되고 있다.

**그림 5.5** 가치 우선순위에 따른 항의활동

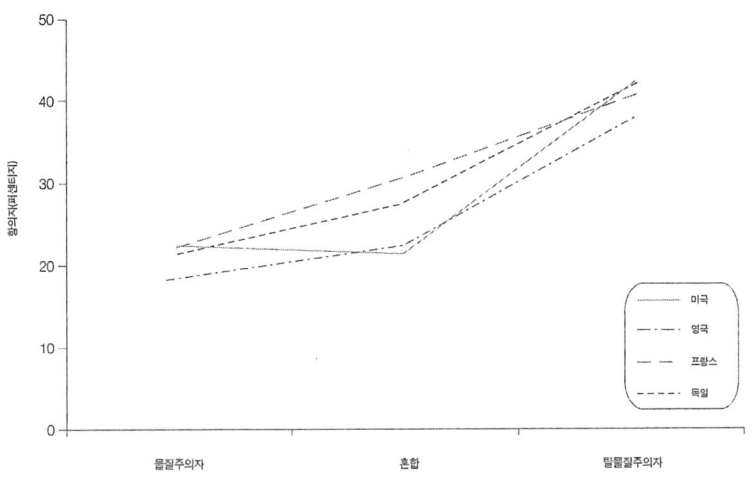

출처: 2005-2008 세계가치서베이
유의사항: 그림의 수치들은 합법적인 시위나 보이콧에 참가한 적이 있는 사람들의 비율임.

경험연구의 강점은 우리가 좀 더 과학적인 태도로 공중의 가치들을 추적할 수 있다는 것이며, 우리가 발견한 것은 공중이 탈물질적 목표들로 서서히 진화하고 있다는 사실이다.

이 가치변화의 과정은 현대 정치에 몇 가지 결과들을 가져다줄 것이다. 정치토론의 이슈들이 바뀌고 있다. 환경보호, 개인의 자유, 사회적 평등, 참여, 삶의 질에 대한 관심들이 경제와 안보 이슈들로 채워진 전통적인 정치 어젠다에 **추가되었다**. 베리가 실시한 미국의회 입법연구에서 가장 확실한 증거의 일부가 나왔다. 베리는 1963년도 의회 어젠다의 대다수 항목들이 물질적 이슈들과 관련되어 있었지만, 1991년에는 현저하게 탈물질적 어젠다로 강조점이 이동했음을 밝혀냈다(Berry 1999, 4~5장). 잉글하트(1997)는 시간이 경과함에 따라 정당들이 환경과 여타 신정치 이슈들로 급격히 관심을 이

동시키고 있는 추세를 발견했다. 현재 그리고 가까운 장래에 선진 산업사회 내 정치는 물질적 이슈와 탈물질적 이슈의 혼합물을 다루게 될 것이다.

위에서 말한 것처럼 가치변화는 정치적 참여의 패턴도 재구성하고 있다. 탈물질주의자들은 대의민주주의의 구조화된 선거정치를 덜 포용할 가능성이 있다. 대신 그들은 직접참여와 새로운 직접민주주의 형태들의 주창자다. 이는 다양한 공익집단들을 포함하고 있는 적극적인 시민사회에 추가로 더해지는 역할이다. 그러한 [공익] 집단들은 미국과 유럽에서 급격히 불어났다(Meyer & Tarrow 1998). 공중의 참여 요구로 인해 기존의 확립된 정당들은 당원들의 역할을 확대하는 방식으로 당내 개혁을 시행했다. 미국 민주당의 전당대회 개혁과 영국 노동당의 지역구 연합체의 활동이 그러한 사례다. 우리가 제7장과 8장에서 논의하고 있듯이 그러한 개혁들은 물질적/탈물질적 토론을 당파정치에 주입하게 된다.

불가피하게 가치 우선순위에서의 변화는 정치과정의 제도 변혁으로 전이된다. 탈물질주의자들은 이니시어티브와 국민투표를 좀 더 확대해서 사용할 것, 행정과정을 개방할 것, 시민집단의 합법적 권리를 확장할 것 등을 주창한다(Cain, Dalton & Scarrow 2003). 요약하면, 탈물질주의자들은 민주주의 [정치]과정의 확장 그리고 시민들이 정치과정에 더욱 직접적으로 관여하기를 선호한다.

단지 일부 회의론자들만이 여전히 서구 공중들 속에서 가치 우선순위가 변화하고 있다는 사실을 의심한다. 그러나 변화의 증거는 확실하다. 물론 이 새로운 가치들의 여러 결과를 예측하기는 훨씬 더 어렵다. 그럼에도 이러한 경향들을 모니터함으로써 우리가 선진 산업민주주의 국가들 내 시민정치의 성격을 미리 알아볼 수는 있을 것이다.

## 독서 목록

Clark, Terry Nichols, and Vincent Hoffmann-Martinot, eds. 1998. *The New Political Culture*, Boulder: Westview.

Dalton, Russell. 2007. *Good Citizen: How Young People Are Reshaping American Politics*. Washington, D. C.: CQ Press.

Inglehart, Ronald. 1990. *Culture Shift in Advanced Industrial Society*. Princeton: Princeton University Press, 1990.

Inglehart, Ronald, and Christian Welzel. 2005. *Modernization, Cultural Change, and Democracy: The Human Development Sequence*. New York: Cambridge University Press.

Nevitte, Neil. 1995. *The Decline of Deference*. Petersborough, Canada: Broadview. 1996.

van Deth, Jan, and Elinor Scarbrough, eds. 1995. *The Impact of Values*. New York: Oxford University Press.

6장
# 이슈와 이념 지향

이슈야말로 정치의 일용할 양식이다. 이슈에 대한 의견들은 정부의 행위에 대한 공중의 선호도와 정치과정에 대한 공중의 기대치를 규명해준다. 정당은 이슈에 대한 입장에 따라 구별되며 선거는 정당들이 경쟁적으로 제시하는 이슈 프로그램 중에서 공중이 선택할 수 있는 수단을 제공한다. 시민들이 더욱 세련화되어 가고 정치에 더 많이 관여하게 됨에 따라 이슈에 대한 의견들은 투표 시의 선택과 정책과정에 더 강력한 영향력을 지니게 된다. 공중의 이슈에 대한 선호는 민주주의 시스템의 정책 결과물에 직접적인 영향력을 행사해야 한다. 실제로 이슈들이야말로 정치의 핵심 내용이다.

또한 이슈에 대한 의견들은 폭넓은 가치 지향들이 구체적인 정치적 관심으로 변환되는 것을 의미한다. 이슈들은 일부분 앞장에서 검토한 바 있는 가치들에 의해서 결정이 된다. 물론 정치엘리트로부터 얻은 단서들, 정치적 사건들의 흐름, 구체적인 상황의 맥락들과 같은 다른 요인들에 의해서도 결정이 된다. 어떤 사람은 모든 시민들의 평등한 권리라는 원칙을 선호할지도 모르지만 [실제로는] 그의 가치와 현실적인 관심들의 혼합체가 투표권에 관한 입법안, 직업차별, 학교의 통학버스체계, 개방된 주택정책에 대한 그의 태도를 결정지을 수가 있다. 결과적으로 이슈에 대한 의견들은 폭넓은 가치 지

인터넷 자료 소개

국제사회서베이 프로그램(International Social Survey Program: ISSP) 웹사이트를 방문해 보시오: www.issp.org


향들보다 훨씬 더 변동이 심하고 차이가 난다.

　이슈의 또 다른 중요한 특성은 사람들이 그들의 관심의 초점을 몇 개 영역에만 맞춘다는 것이다. 그들은 한 개 혹은 몇 개의 '이슈공중'의 구성원이다(제2장을 보시오). 일부 사람들은 특별히 교육정책에 관심이 있지만, 다른 사람들은 외교정책, 시민권, 환경보호 또는 이민정책에 관심을 보이고 있다. 일반적으로 미국인들 대부분은 적어도 한 개의 이익집단에 속하고 있다. 비록 어떤 단일 이익집단이 공중의 다수를 포함하고 있지는 않을지라도 말이다. 한 이슈공중의 멤버들은 해당 이슈에 대해 비교적 정보를 많이 가지고 있으며 대체로 그 이슈를 취급하는 정치인과 정당의 행위를 따른다. 한 개인에게 두드러진 이슈는 그의 투표행태에 강력한 효과를 가지게 된다.

이슈에 대한 의견들은 정치의 역동적인 측면이며, 변화하고 있는 사람들의 가치라는 주제는 이슈연구에도 적용되고 있다. 일부 영역에서 현대의 공중들은 분명히 그들의 선조보다 훨씬 자유주의적인 태도를 보여준다. 여성의 권리, 환경보호, 사회적 평등, 개인의 라이프스타일은 2~30년 전까지만 해도 잘 알려지지 않은 매우 분열적인 이슈들이었다. 그러나 현재 이러한 이슈들은 매우 견고한 합의가 이루어진 것들이다. 다른 영역에서는 사람들이 정부의 목표들에 대해 분열된 채로 남아 있다. 세금제도에 대한 반항의 지지, 신보수주의의 소생, '가족적 가치들' 공급 측면의 경제정책들은 보수주의적 가치들이 많은 사람에게 호소력을 잃지 않았음을 암시한다. 이 장은 현재 서구 공중들의 이슈에 관한 의견들에 대해 설명할 것이며, 가능하다면 그 의견들의 경향을 부각시킬 것이다.

## 국내정책에 관한 의견들

과거에 국내정책을 경제적 문제들과 동의어로 여겼던 시절이 있었다. 아직도 대부분의 선거에서 경제적 이슈들은 공중의 정치 어젠다의 상위권을 점하고 있다. 그러나 눈에 띄는 국내 이슈들의 숫자가 급격히 늘어났고 많은 사람이 이제는 사회적 평등, 환경보호, 이민과 같은 비경제적 이슈들에도 관심을 보여주고 있다. 이 절에서는 폭넓은 국내정책적 관심사의 범위에 대한 총체적 시각을 제공한다.

### 1) 사회경제적 이슈와 국가

20세기 대부분에 걸쳐 산업화와 대공황에서 출현한 정치적 갈등들이 민주주의적 정당시스템하에서 정치를 지배했다. 이 논쟁은 사회와 경제, 특히 기본적인 사회적 필요를 공급하는 정부의 역할과 관련한 질문의 주위를 맴돌고 있다.

이 정책영역의 주요한 사례는 대부분의 정부가 관리하는 정부-지원의 사회적 보험 프로그램(미국의 사회보장제도와 유럽의 정부가 지원하는 건강 보살핌 프로그램 같은 것들)이다. 유럽의 사회보장 프로그램들은 질병, 실업, 장애, 그 밖에 고초를 초래하는 경제적 재해로부터 개인들을 보호한다. 일부 국가의 경우에 정부의 경제적 개입은 주요 기업들을 공적으로 소유하는 것과 경제 관리에 적극적인 노력을 쏟는 것을 포함한다.

노조들은 정부의 사회정책 확대를 보통 사람의 삶의 기회를 개선하는 한 가지 방식으로서 선호한다. 비즈니스 지도자들과 중산층에 속한 사람들은 종종 이러한 정책들에 대해 불필요한 정부의 개인사 침범이라는 이유로 반대한다. 관건은 정부의 사회영역 개입 문제뿐 아니라 특정의 사회적 목표들의 바람직함과 노(勞)측과 자(資)측 사이의 정치적 영향력의 분포다. 넓은 의미로 자유주의자와 보수주의자라는 용어는 이러한 질문들에 대한 입장과 동의어로 여겨져 왔다. 이러한 이슈들에 대한 태도가 대부분의 선거에서 정치적 경합의 주요 원천을 제공하고 있다.

이런 영역들에 대한 정부의 정책적 노력의 확장에도 불구하고, 혹은 어쩌면 그렇기 때문에, 1980년대에는 정부의 활동범위에 대한 새로운 질문들이 제기되었다. 대서양 양안의 보수주의 정치인들은 큰 정부에 반대하는 대중의 저항을 옹호했다. 마가렛 대처, 로널드 레이건, 헬무트 콜은 정부의 성장을 되돌리고, 정부가 소유한 기업이나 정부가 운영하는 프로그램을 민영화하며, 정부의 사회보장 프로그램을 축소하였다. 정치논객들은 그들의 선거의 성공은 정부에 대한 공중의 태도 속에 새로운 보수주의 경향이 나타난 증거라고 해석했다.

경험적 증거는 큰 정부 원칙에 대한 지지가 감소했음을 암시한다. 1964

년에서 1980년 사이에 연방정부가 너무 강력하다고 생각하는 미국인들의 숫자는 30퍼센트에서 49퍼센트로 늘어났다(비록 그 숫자가 2000년에는 39퍼센트로 줄어들었을지라도 말이다). 미국의 공중은 세금수준과 세금의 사용 방법에 대해 더욱 비판적인 견해를 갖게 되었다. 갤럽 여론조사는 1950년대에는 미국 공중의 절반 이하가 불공정한 액수의 세금을 내고 있다고 느꼈지만, 1970년대 후반 이후 3/4 이상이 자신이 내는 세금의 세율이 너무 높다고 생각하였다. 이러한 의견들이 미국인들 사이에서 조세정책 반대론에 기름을 부었으며, 공화당은 유권자 지지의 발판으로서 이러한 반(反)세금 정서에 성공적으로 호소하였다.

유럽인들 사이에서도 큰 정부에 대한 냉소주의가 증가하는 몇몇 신호가 나타났다. 영국의 여론조사는 1970년대 후반부터 큰 정부에 대한 비판이 점차 증가하고 있음을 보여주었다(Heath & McMahon 1992). 일부 기업들의 비국유화에 대한 영국인들의 바람은 대처 정부 초기에 커졌으며, 이는 정부가 소유하고 있는 몇몇 기업들의 민영화와 정부 규모 축소라는 종합적 시도와 맞물리고 있었다.[1] 독일도 유사한 방식으로 정부 규모를 축소하려고 시도했으며, 1980년대 후반 프랑스 정부도 정부가 운영하는 프로그램의 비용 삭감에 돌입했다. 적절한 정부의 규모에 대한 정책적 논쟁은 오늘날까지도 대서양 양안에서 계속되고 있다. 최근 독일의 기민당과 사민당의 대연정 체제는 이러한 이슈들에 대한 합의에 이르고자 노력 중이며 니콜라스 사르코지는 프랑스에서 새로운 경제개혁 프로그램을 입안했다.

보수주의적 정책들의 홍보에도 불구하고 여론조사 결과는 많은 사람이 여전히 정부가 개인의 복리 증진과 시민의 삶의 질 보장을 책임져야 한다고 믿고 있음을 보여주었다(Borre & Scarbrough 1995). 〈표 6.1〉은 표에 제시된 구체적인 사회문제들에 대해 정부가 "확실히 책임져야 한다"고 생각하는 시민들의 비율을 보여주고 있다. 영국인과 프랑스인은 정부에 대해 매우 높은 기대치가 있었다. 그들의 반 이상이 정부가 병자에게 건강 보살핌을 제

**표 6.1** 정책 영역을 다루는 정부의 책임

(단위: %)

| | 미국 | 영국 | 프랑스 | 독일 |
|---|---|---|---|---|
| 병자에게 건강 보살핌 제공 | 39 | 82 | 53 | 55 |
| 노년층에 반듯한 생활수준 제공 | 38 | 73 | 51 | 52 |
| 엄중한 환경 법률 통과 | 46 | 63 | 67 | 62 |
| 대학생에게 학자금 원조 | 35 | 38 | 59 | 31 |
| 소비자 물가 통제 | 25 | 44 | 42 | 28 |
| 일이 필요한 사람에게 일자리 제공 | 14 | 29 | 40 | 36 |
| 부자와 빈자 사이의 소득격차 줄임 | 17 | 36 | 49 | 31 |
| 집이 필요한 사람에게 주택 제공 | 20 | 37 | 44 | 25 |
| 실직자에게 반듯한 생활수준 제공 | 13 | 29 | 34 | 22 |
| 기업에게 필요한 도움 제공 | 17 | 41 | 36 | 20 |
| 평균 | 26 | 47 | 48 | 36 |

출처: 1996 국제사회서베이프로그램

유의사항: 표의 수치들은 각각의 영역에 대해 명백히 정부의 책임이라고 말한 사람의 숫자를 퍼센티지로 나타낸 것이다. 누락된 데이터는 퍼센티지 산정에서 제외했다.

공해야 하며, 노년층에 반듯한 생활수준을 제공해야 하고, 엄중한 환경법을 유지해야 할 책임이 있다고 믿고 있었다. 여론조사 데이터는 물가통제, 공공주택, 대학 학자금 지원에 대한 정부의 [개입]행위에 강력한 지지를 나타냈다. 많은 숫자의 독일인이 정부가 그러한 정책영역에 책임이 있다고 믿고 있었고, 이전의 동독 지역에 사는 주민들 사이에서 비율이 훨씬 더 높게 나타났다.[2] 다른 유럽 국가에서 나온 데이터는 사회적 필요를 해결하는 정부의 [개입]행위에 대한 지지가 유럽 정치문화의 핵심요소임을 보여주고 있다 (Taylor-Gooby 1998).

유럽의 대부분 국가와 비교해보았을 때 미국인들은 정부의 [개입]행위에 대해 약간 주저하는 태도를 보인다. 심지어 노년층의 보살핌과 실업자 지원과 같이 정부가 일차적인 행위자인 영역에서도 단지 미국인들의 소수만이 정부가 확실하게 이러한 문제들을 책임져야 한다고 보았다(〈표 6.1〉 참조). 미국은 서구 민주주의 국가들 가운데서 개입주의적 정부에 대해 제한적 지지를 보이는 예외적인 국가다. 미국의 국가는 결코 기업의 지분을 유의미한 수준으로 소유하려고 시도한 적이 없었으며 대부분의 미국인은 제한된 규모일지라도 국영화에 반대한다. 유럽적 기준으로 보면 기본적인 사회보장 프로그램에 대한 사람들의 지지는 낮은 수준에 머물러 있다. 이러한 미국의 보수주의적인 사회경제적 태도는 종종 미국사회의 개인주의적 성격과 사회주의자 노동계급에 기반을 둔 정당이 부재하는 사실에 의해 설명된다.

시민들이 정부에 거는 기대치를 측정하는 또 다른 척도는 정부의 지출에 대한 선호도와 관련된다. 여론의 가장 큰 모순점 가운데 하나는 비록 사람들이 세금과 정부의 총체적 크기에 비판적이라 할지라도 구체적인 정책 프로그램을 위해 지출을 증가하는 것을 지지한다는 점이다. 〈표 6.2〉는 특정 정책영역에 대해 정부가 더 지출하기를 선호하는 미국인들의 비율에서 지출을 덜 하기를 원하는 사람들의 비율을 뺀 퍼센티지를 제시하고 있다. 이 데이터는 교육, 범죄예방, 건강 보살핌, 마약중독예방, 환경보호에 대해 증액된 정부지출을 선호하는 장기적 안목의 합의가 존재함을 보여준다. 단지 복지, 우주개발 프로그램, 외국원조만이 일관되게 예산삭감의 후보로 확인되고 있다. 더욱이 구체적인 지출의 우선순위들이 시간 경과에 따라 변할지라도 표의 아랫부분에 기재된 정부의 지출 증대에 대한 평균적인 선호는 행정부가 7회에 걸쳐 교체되는 와중에도 놀라울 정도로 변화가 거의 없었다.

미국인들의 특정 정부 프로그램을 위한 지출 우선순위는 벤자민 페이지와 로버트 샤피로(Page & Shapiro 1992)가 기술한 합리적 공중의 개념과 부합되는 방식으로 연방정부 예산과 정치적 맥락에서 일어난 변화에 반응하고 있다. 잘 알려진 카터 행정부의 약체 군사력은 더 많은 방위비 지출 요구를 자극했다: 1980년 봄 미국인들 56퍼센트는 정부가 방위비를 너무 적게 쓰고 있다고 생각했다(반면에 11퍼센트는 너무 많이 쓰고 있다고 말했다). 이러한 태도들이 레이건 행정부 초반의 커다란 방위비 지출을 지지했다. 그러나 펜타곤의 낭비 사례들—예컨대 미화 500달러짜리 망치와 7,000

**표 6.2** 미국 공중의 예산 우선순위에 대한 시계열 조사

(단위: % 차이 점수)

| 우선순위 | 1973 | 1976 | 1980 | 1984 | 1988 | 1991 | 1996 | 2000 | 2002 | 2006 |
|---|---|---|---|---|---|---|---|---|---|---|
| 늘어나는 범죄율 저지 | 60 | 57 | 63 | 62 | 64 | 59 | 61 | 55 | 50 | 52 |
| 국가의 건강 보호 | 56 | 55 | 47 | 51 | 63 | 66 | 60 | 69 | 71 | 70 |
| 마약중독에 대한 조치 | 59 | 51 | 52 | 57 | 64 | 50 | 48 | 53 | 49 | 55 |
| 환경보호 | 53 | 45 | 32 | 54 | 60 | 63 | 50 | 55 | 53 | 62 |
| 교육시스템 개선 | 40 | 41 | 42 | 59 | 60 | 62 | 65 | 67 | 69 | 68 |
| 대도시의 문제 해결 | 36 | 23 | 19 | 31 | 36 | 35 | 45 | 40 | 30 | 36 |
| 흑인의 생활조건 개선 | 11 | 2 | 0 | 19 | 19 | 20 | 13 | 21 | 15 | 22 |
| 군대와 국가방위 | −27 | −3 | 45 | −21 | −22 | −13 | −15 | −2 | 9 | −15 |
| 복지 | −31 | −46 | −43 | −16 | −19 | −15 | −43 | −19 | −20 | −11 |
| 우주탐험 프로그램 | −51 | −51 | −21 | −27 | −16 | −26 | −32 | −29 | −26 | −24 |
| 외국원조 | −66 | −72 | −64 | −65 | −63 | −68 | −69 | −52 | −59 | −52 |
| 평균 | 13 | 9 | 16 | 19 | 22 | 21 | 16 | 23 | 22 | 24 |

출처: 국가여론연구센터 일반사회여론조사, 다양한 일자.
유의사항: 표의 수치들은 문제에 '너무 적게' 예산이 사용된다는 대답의 퍼센티지에서 '너무 많이' 사용된다는 비율을 뺀 것임.

달러짜리 커피 주전자—이 늘어남에 따라 방위비 지출에 대한 지지는 현 상태 유지 혹은 방위예산 삭감으로 바뀌게 되었다. 이와 유사하게 레이건 행정부의 사회적 지출에 대한 삭감은 많은 미국인이 원하는 수준을 초과했다. 1980년과 1991년 사이 건강 보살핌, 환경보호, 교육, 도시문제, 소수자 지원 영역의 지출 증대에 대한 지지가 늘어났다. 조지 W. 부시 행정부가 정부지출을 줄이려고 시도하고 있음에도 2002년 미국의 공중은 이러한 프로그램에 돈을 더 쓸 것을 원했다. 사실 더 많은 정부지출에 대한 지지는 2006년 정점에 이르렀다.

교차 국가 여론조사들은 건강 보살핌, 환경보호, 교육, 주택, 사회보장 서비스와 같은 특정 정책에 대해 더 많은 지출을 지지하는 태도가 유럽인들 사이에 널리 확산되어 있음을 보여준다(《표 6.3》 참조). 영국인들은 모든 정책영역, 특히 복지국가와 관련성이 있는 정책의 지출을 늘리는 것을 선호한다. 독일인들은 더 많은 정부지출을 적당한 선에서 지지한다. 그러나 이러한

표 6.3 국가별 시민의 예산 우선순위 비교

(단위: % 차이 점수)

| 우선순위 | 미국 | 영국 | 프랑스 | 독일 |
|---|---|---|---|---|
| 교육 | 72 | 84 | 56 | 48 |
| 건강 | 61 | 91 | 36 | 52 |
| 치안과 법 강화 | 51 | 72 | 26 | 56 |
| 노령 연금 | 41 | 79 | 23 | 51 |
| 환경 | 36 | 39 | 37 | 53 |
| 실업 보조금 | 5 | 16 | -12 | 21 |
| 문화와 예술 | -31 | -59 | -21 | -19 |
| 군대와 국가방위 | -12 | -14 | -59 | -61 |
| 평균 | 28 | 39 | 11 | 25 |

출처: 1996 국제사회서베이프로그램
유의사항: 표의 수치들은 문제에 '너무 적게' 예산이 사용된다는 대답의 퍼센티지에서 '너무 많이' 사용된다는 비율을 뺀 것임. 누락된 데이터는 퍼센티지 산정에서 제외시켰다.

태도는 이미 커다란 공공지출과 통독에 수반된 경제적 불확실성이라는 맥락에서 이해되어야 한다. 여론조사에 참가한 다른 유럽 국가들은 정부지출의 확대를 대체로 지지했다(Kaase & Newton 1998). 정부의 크기에 대하여 일반적으로 유보적인 자세를 취하고 있음에도 불구하고 미국인들 역시도 다양한 정부 프로그램에 대한 정부지출 확대를 선호했다.

정부에 대한 일반적인 회의주의 태도와 대조적으로 특정 정책영역에서 정부지출의 확대를 승인하는 태도는 여론에서 자주 보이는 한 가지 모순을 반영하고 있다. 정부에 대한 모토는 분명하다: 세금을 더 적게 부과하라, 그러나 더 많이 지출하라. 립셋과 래드(Lipset & Ladd 1980)는 이러한 역설을 '이념적 보수주의'와 '프로그램적인 자유주의'의 결합으로 묘사했다. 미국인들과 유럽인들은 계속해서 정부의 [개입]행위에 대한 지지와 반대가 섞인 모호한 입장을 보여주고 있다.

이러한 정부에 대한 인민의 태도를 가장 정확하게 묘사하는 표현은 아마도 시민들이 이제 '거대' 정부에 비판적인 한편으로 [비대해진] 현대국가의 정책들에 익숙해졌고 의존하고 있다는 것일 듯하다. 사람들이 세금삭감과 정부서비스 유지 사이에서 한쪽을 선택해야 한다면 대다수는 이른바 세금 반란의 한중간에서조차도 서비스 옵션을 선호한다는 사실이 여러 여론조사를 통해 밝혀졌다. 의견의 혼재는 공공지출에 대한 극적인 증가를 위한 이니시어티브를 제한한다. 하지만 부시 행정부가 실시한 대량 세금 삭감 정책은 시민들이 원하는 여러 가지 정부 프로그램의 혜택을 줄이게 될 것이라는 공중의 우려를 자극했다.

### 2) 인종과 평등

세계는 점점 좁아지고 있다. 서구 민주주의 국가들은 점점 인종적으로나 종족적으로 더 다양해지고 있다. 몇 세대에 걸친 휴면상태가 지난 시점인 1960년대 중반 시민권과 인종적 평등에 대한 요구가 미국정치를 뜨겁게 달구었다. 그 후 20년의 대부분은 시민권 이슈가 많은 미국인의 마음을 차지하였으며 정치적 갈등의 주요 원인이 되었다. 인종과 종족성은 계속해서 미국정치의 중심을 차지하고 있다. 아프리카계 미국인(흑인)들이 시민권운동에서 성공한 것이 히스패닉, 아시아계 미국인, 그 밖에 다른 소수집단들의 비슷한 활동을 고무시켰기 때문이다.

유럽에서도 이민이 사회 내 다양성을 증대시켰기 때문에 인종적 차이에 대한 관용과 시민권 이슈들과 직면하기 시작했다. 영국과 프랑스는 탈식민화를 통해 이전 식민지에서 꾸준히 유입된 이주자들의 소수자집단을 창출하였다(Hollifield 1993). 서독은 노동력 부족 때문에 아직 덜 발전된 지중해 국가들로부터 '손님 노동자'를 초청하여 독일공장에서 일하도록 하였다. 1990년대에 이주자들과 망명을 원하는 사람들의 숫자가 극적으로 증가했다. 유럽 세 나라의 비백인 숫자는 5~10퍼센트가 되었으며, 일부 도시에서는 노동인구의 1/4을 차지할 만큼 많다. 더욱이 새로운 이주자들은 토착민들과 인종, 종교, 사회적 지위에서 차이가 있기 때문에 이주의 물결은 더 큰 문화적 차이와 정치적 긴장을 초래하였다.

서구 민주주의 국가들이 이 문제들에 대처하는 노력에도 불구하고 소수자들에 대한 반발은 고집스러웠다. 프랑스 남부지역에서는 프랑스인과 북아프리카인들 사이의 긴장이 때때로 불거졌으며, 국민전선당은 반외국인 정책들을 채택했다. 2005년과 2006년에는 이주자들과 소수자 집단들이 도회지에서 대규모의 항의집회와 폭력시위를 벌였다. 독일통일은 외국인들에 대한 폭력의 물결, 외국인을 혐오하는 공화주의자당(Republikaner Party)의 등장, 종국에는 이주자법과 망명법의 강화를 불렀다. 가장 극적인 사례는 아마도 네덜란드 사회 내 이슬람 근본주의자의 현전을 극단적으로 비판하는 어떤 자유주의 동성애 행동주의자가 수장으로 있는 네덜란드의 핌 포르타운당(the List Pim Fortuyn)의 출현일 것이다.

인종적이고 종족적인 갈등들이 현대 정치의 엄연한 한 부분이라손 쳐도 미국인들의 신념 속에서 인종적 태도의 경향은 커다란 변화를 보여주고 있다. 1940년대에 다수의 미국인이 교육, 주택, 대중교통, 고용 분야에서의 인종 분리를 공개적으로 승인하였다(《그림 6.1》을 보시오). 미국 건국의 신조인 자유, 평등, 정의라는 가치들은 흑인들에게 적용되지 않았다. 그 후 40년간 주택, 교육, 직장 내 통합이 폭넓게 승인됨에 따라 인종통합에 대한 지지의 경이적인 성장세가 뒤따랐다. 2008년 민주당 대통령후보 선출과정에서 보여준 버락 오바마의 강력한 선거 캠페인은 이러한 극적인 변화의 한 가지 신호다.

인종 이슈에 대한 태도를 다룬 도발적인 책에서 스나이더만과 피아자(Sniderman & Piazza 1993)는 인종통합이 받아들여짐에 따라 인종정치가 현재 미국의 공중을 분열시키는 새로운 이슈세트—예컨대, 적극적 차별철폐 조처, 정부의 사회보장 프로그램, 형평성 원칙—를 포함하는 방향으로 확장되었다고 말한다. 인종적 불평등을 시정할 목적에서 취해지는 일부 행위들—예컨대 적극적 차별철폐 조처들(통학버스체계와 [학생선발에서 소수

**그림 6.1** 미국의 인종통합에 대한 지지 추이

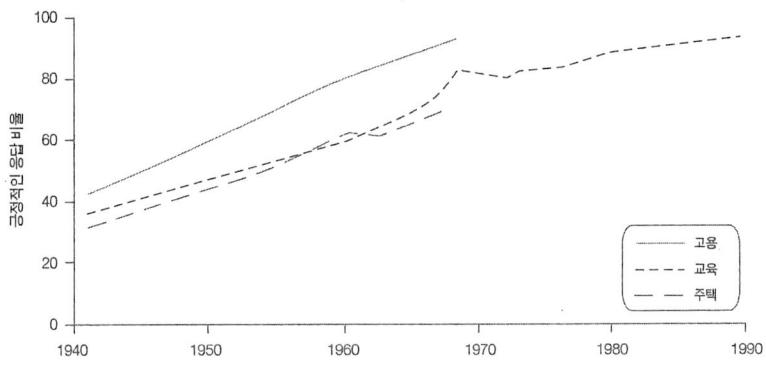

출처: Smith & Sheatsley(1984)에서 채용하고 Schuman et al. (1997)의 최신자료를 참조하였음.
유의사항: 그림의 수치들은 각 영역에서 통합을 선호하는 비율임.

인종에 대한[ 우대조치와 같은 것)에 대해서는 대부분의 미국인이 반대한다 (Schuman et al. 1997). 여러 정치분석가는 이러한 분열된 의견들이 새로운 미국 인종주의의 신호탄이라고 주장한다. 어떤 혁신적인 여론조사 실험세트에 근거하여 스나이더만과 피아자는 미국인의 소수가 여전히 인종적 편견을 지니고 있을지라도, 현재 인종정책을 둘러싼 충돌은 정부의 규모, 평등에 대한 신념, 다른 정치적 가치를 둘러싼 보다 광범위한 이념갈등의 소치로 돌릴 수 있다고 결론을 내린 바 있다.

유럽인들의 인종과 종족적 소수자들에 대한 태도도 이와 유사하게 두 가지 요인들이 혼합되어 나타나는 듯하다(Sniderman et al. 2001; Sniderman & Hagendoorn 2007). 한 요인은 어떤 상이한 인종이나 종교적 배경을 지닌 개인들에 대한 단순한 편견—비록 이러한 정서는 단지 소수의 유럽인에게서 나타나는 것일지라도—이다. 다른 요인은 사회계급, 지역, 다른 사회적 관심들과 유사한 관심이나 목표의 충돌이다. 예를 들어 중산층

표 6.4 이주자에 대한 국가별 태도 비교

(단위: %)

| 이주에 대한 태도 | 미국 | 영국 | 프랑스 | 독일 |
|---|---|---|---|---|
| • 누구나 입국 가능 | 12 | 4 | 6 | 5 |
| • 직업이 있으면 입국 가능 | 45 | 34 | 34 | 33 |
| • 엄격한 제한 | 39 | 49 | 50 | 56 |
| • 이주 금지 | 4 | 13 | 10 | 7 |
| 다문화적 vs. 이주자의 동화 | | | | |
| • 문화관습의 유지 가능 | – | 45 | 27 | 24 |
| • 반드시 동화해야 함 | – | 55 | 73 | 76 |
| 이주자에 대한 태도 | | | | |
| • 이주자에 대해 도덕적 의무감 | – | 59 | 62 | 60 |
| • 이주자에 대해 동정심 | – | 63 | 53 | 67 |
| • 직업이 부족하면 내국인에게 직업의 우선권을 줌 | 49 | 58 | 54 | 59 |
| • 이주민은 국가에 나쁜 요소 | 43 | 50 | 50 | 60 |

출처: 1999~2002 유럽가치서베이/WVS; 마지막 항목은 Pew(2003)
유의사항: 표의 수치들은 각 설문 항목에 동의한 퍼센티지이다. 누락된 데이터는 퍼센티지 계산에서 제외했다.

에 속한 개인들은 노동계급에 특별한 편견을 가지고 있지는 않지만 그들에게 혜택이 돌아가는 정책들에 동의하지 않는다. 진정한 편견은 시정이나 교정이 어렵지만, 이해가 얽힌 차이들의 경우에는 화해와 타협의 가능성이 있다. 이러한 이슈들의 잠재적 해결책을 판정하기 위해서는 [충돌]요인들의 혼합내용에 대해 아는 것이 중요하다.

국가별 의견들을 비교하는 가장 좋은 방법은 어쩌면 이주자에 대한 태도에 초점을 맞추는 것일 수 있다(McCrone & Surridge 1998; Alba, Schmidt & Wasmer 2003). 〈표 6.4〉는 4개국 시민들이 다 이주자 이슈와 소수자 관계에 관한 이슈들에 대해 관심이 있음을 보여준다. 다른 여론조사들도 대체로 대부분의 사람이 이주는 자기 나라의 주요 문제이며 이주 수준이 축소되어야 한다고 말하고 있음을 알려준다(〈표 6.8〉도 참고하시오). 〈표 6.4〉의 첫 번째 항목은 유럽인의 다수가 이주 제한을 선호하며 미국인들은 자국의 이주 역사에도 불구하고 약간 더 공개적으로 찬성의사를 표출한다. 유럽인들도 동화정책을 선호하는데, 이주자들이 그것을 통해 자신의 문화와 관습을 유지하는 것보다는 그들이 정착하게 된 새로운 나라의 가치들을 자기 것으로 만들기를 바란다. 사실 이러한 가치의 차이들이 현재 유럽 내에서 (그리고 미국에서도) 문화충돌을 일으키는 원인이 되고 있다.

동시에 [국내] 이주자에 대한 관용은 표의 아래쪽에 있는 다른 여론조사 항목들에서도 분명하게 드러나고 있다. 그러나 이주자들이 일, 범죄, 사회에 미칠 영향에 대한 우려도 일반화되어 있다. 사람들은 대체로 일이 부족할 경우에 여전히 이주자보다는 본국 노동자들에게 우선권을 준다(유럽인들이 세계가치서베이의 다른 지역 사람들보다 이 견해에 좀 더 개방적이다). 이것은 미국인들과 유럽인들이 이 이슈를 다루는 데 큰 어려움을 주는 평등과 관용의 원칙에 대한 추상적인 지지와 상이한 문화 간의 구체적인 문제에 대한 두려움이 병존하는 것을 의미한다.

현재 의견의 기상도가 좀 더 인종적·종족적 다양성을 수용하는 편이라 할지라도 여전히 존속하고 있는 현실적인 인종문제들을 간과하지 않도록 주의해야만 한다. 미국에는 평등원칙에 대한 지지와 인종 분리의 잔재가 공존하며, 인종문제는 영국의 브릭스톤, 프랑스의 마르세이유 또는 독일의 베를린에서 확 불붙을 수 있다. 주택 분리, 불평등한 교육, 직업차별의 문제는 실제로 존재하는 것들이다. 여론 자체가 이러한 문제들을 해소하는 데는 충분치 않으며 일부 여론조사 응답자는 분명히 자신의 관용 수준을 과장한다. 그럼에도 사회규범이 인종적 평등에 대한 지지 쪽으로 이동하고 있다는 사실은 차별이 공공연하게 성행되고 있던 때보다 이러한 문제를 바로잡는 일을 훨씬 쉽게 만들기는 한다.

**그림 6.2** 미국에서 여성평등에 대한 지지 추이

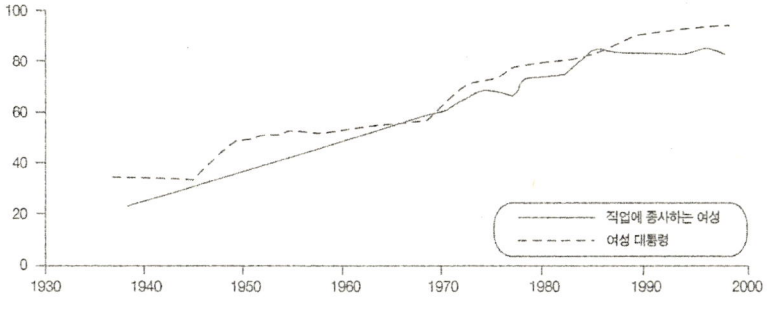

출처: 갤럽 구성, 1938-1975, 일반사회서베이, 1972-1998.

### 3) 젠더 이슈

또 다른 사회적 차원은 남성과 여성 사이의 평등과 관련이 있다. 역사 전반을 통해 전통적인 젠더 역할은 대서양 양안 전체에 깊이 뿌리를 틀고 있다. 미국 여성들은 제한된 직업 기회에 맞서야 했으며 독일의 주부들은 자신의 노력을 아이들, 교회, 그리고 부엌에 바치도록 기대되었다. 영국, 프랑스, 다른 선진 산업사회에서도 여성의 지위는 대동소이하게 제약을 받았다.

    20세기 후반에 이르러 이러한 태도들이 심오한 변형을 겪게 되었다. 여성운동이 미국에서 가장 급속히 신장하였고 유럽에서는 여성집단들의 수가 늘어났다(Lovendustk & Norris 1996). 이들 여성집단은 여성들의 개별적인 노력에 힘입어 여성과 남성에 대한 상이한 대우와 관련하여 사회의식을 고양시켰다. 정치적 행동이 양쪽 성의 권리를 평등화하는 법안 제정으로 이어졌고 공중이 대체로 젠더 이슈들에 좀 더 민감해졌으며 사회규범도 점진적으로 변화했다.

    미국인들 대부분은 현재 남성과 여성의 동등한 기회에 대한 신념을 표현한다. 한 여론조사 설문은 경제적으로 지원하는 남편을 가지고 있더라도

결혼한 여성이 일하는 것을 승인하겠는지를 물었다. 이 질문은 기혼여성은 가정에 소속한다는 규범을 너그럽게 봐 주겠는지를 암시하고 있는 것이다 (〈그림 6.2〉를 보시오). 1938년 처음 이 질문을 했을 때 단지 미국인의 22퍼센트만이 이런 경우에 여성이 일하는 것을 승인했다. 1990년대 말에 이르자 이 수치는 80퍼센트 또는 그 이상으로 커졌다. 갤럽 데이터에 따르면 1936년에는 단지 31퍼센트만이 여성 대통령 후보에게 투표하겠다고 답했지만 1990년대 말 이 수치는 80퍼센트 이상으로 상승했다. 실제로 한 세대 동안 여성의 정치적 약진은 놀라운 수준이었다. 마가렛 대처는 1979년에 [영국의] 첫 여성 수상이었고, 앙겔라 메르켈은 2005년에 독일의 첫 번째 여성 총리가 되었다. [대통령 후보로 나선] 미국의 힐러리 클린턴과 프랑스의 쇠골렌 루아얄은 바로 이러한 변화상을 증언하고 있다.

〈표 6.5〉는 미국인과 유럽인들이 젠더-관련 이슈들에 대해 어떻게 생각하는지와 관련하여 추가 자료를 제공하고 있다(Inglehart & Norris 2003; Scott, Braun & Alwin 1998도 참조하시오). 여성의 역할에 초점을 맞춘 항목들은 이러한 변화하고 있는 태도들의 좋은 사례다. 사람들 대부분이 일하는 여성이 자기 아이들과 긴밀한 유대관계를 구축할 수 있다고 믿는다. 이제 대다수가 남성이 고용이나 대학교육에 우선권을 가져야 한다는 명제에 동의하지 않는다. 동시에 소수의 사람만이 주부가 되는 것은 보람 있는 일이라는 데 찬동한다.

〈표 6.5〉의 또 다른 질문세트는 정치적 행위에 초점을 맞추고 있다. 미국인들은 여성집단의 자발적인 활동에 참여하기 위해 여성단체의 멤버가 될 가능성이 더 크다. 데이터는 미국 여성운동의 앞선 기원은 물론 미국인들의 강한 참여규범을 반영하고 있다.

정치나 비즈니스가 눈에 띄는 남성의 역할 이미지를 나타내고 있는지를 묻는 질문에 대해서는 놀라운 응답패턴이 나타났다. 대다수는 남성이 여성보다 정치나 비즈니스에 더 낫다는 생각을 거부했다. 이것은 한 세대나 두

표 6.5 젠더 평등에 대한 태도
(단위: %)

| | 미국 | 영국 | 프랑스 | 독일 |
|---|---|---|---|---|
| 여성의 상황이 개선되었다 | 70 | 68 | 60 | 68 |
| **여성의 역할** | | | | |
| • 일하는 엄마/일하지 않는 엄마는 자녀들과 동일한 관계를 구축한다 | 79* | 73 | 77* | 67* |
| • 남성은 직업에 대해 더 큰 권리를 갖는다(동의하지 않음) | 85* | 76 | 74 | 63* |
| • 대학교육은 남아에게 더 중요하다(동의하지 않음) | 92* | 93* | 93* | 81* |
| • 가정주부로서의 지위는 보람이 있다 | 51 | 68 | 53 | – |
| **행동** | | | | |
| • 여성단체의 멤버 | 14 | 2 | >1 | 4 |
| • 여성단체에서 자원봉사를 한다 | 8 | 1 | >1 | 2 |
| **정치적/경제적 역할** | | | | |
| • 남성이 더 좋은 정치지도자다(동의하지 않음) | 73 | 80* | 79* | 76 |
| • 남성이 더 좋은 비즈니스 관리자다(동의하지 않음) | 86* | 83* | 86* | 78* |

출처: 1999~2002, 2005~2008 세계가치서베이; 첫 번째 유럽공동체, "유럽의 여성과 남성 연구 1995."
유의사항: 표의 수치들은 각 설문 항목에 동의한 (또는 동의하지 않은) 사람의 퍼센티지이다. 별표 (*)한 젠더 사이에 상당한 차이가 존재하는 여성의 역할에 관한 항목이다(Tau-b는 .10보다 크다).

    세대 전의 여론에서 많이 이동한 결과다. 비록 여성이 정치관료의 상부에 과소하게 대표되고 있을지라도 정치가 배타적으로 남성의 영역이라고 보는 오래된 스테레오타입은 부식되었다. 이렇게 표현된 의견들이 현실의 행동과 온전하게 들어맞는 것은 아닐지라도 정치규범에서의 변화는 여성의 지위에 실질적인 효과를 지니고 있으며 추가적인 정책변화를 장려하고 있다.

    어떤 의미에서 수천 년에 걸쳐 발전되어온 젠더 역할이 이렇게 신속하게 변한 것은 경이로운 일이다. 동시에 이 변혁은 불완전한 수준이다. 유럽의 여론조사에서 나온 자료는 남성 대부분이 아직도 여성이 일차적으로 가사의 책임이 있고 남성이 직업에 대해 더 많은 권리를 갖는다고 느끼고 있음을 보여준다(Scott, Braun & Alwin 1998). 다른 여론조사 데이터는 일하는 여성 중 많은 사람이 직업기회, 임금, 승진전망, 직업의 안정성과 관련하여 자신들이 남성보다 나쁜 상황이라고 느끼고 있음을 알아냈다. 궁극적으로 여성운동의 유산은 여성에게 한 가지 역할에 치중하는 대신 선택할 수 있는 여지—일과 가정은 이제 사회적으로 수용된 선택사항이다—를 마련해준 것일 수 있다.

### 4) 환경보호

환경의 질은 선진 산업민주주의 사회가 관심을 두는 새로운 이슈다. 환경주의는 처음에 몇 가지 매우 가시적인 생태위기들에 의해 촉발되었다. 이후 이러한 관심들이 계속해서 존속하였고 확장되었다. 개별적 이슈들이 환경프로그램의 형태로 함께 묶였다. 시민단체들이 환경이슈를 지지하기 위해 조직되었다. 그리고 여러 나라에서 새로운 녹색정당들이 만들어졌다(Rootes 1999). 이러한 사회들은 점차로 인간의 활동과 경제적 개발이 얼마나 자연환경을 해칠 수 있고, 삶의 질을 떨어뜨리며, 인간 진보의 지속가능성을 위협하는지에 대한 경각심을 발전시켰다.

공적 관심의 가장 광범위한 신호는 공중의 의식에 닿은 일련의 환경이슈들에 대한 관심이다. 지구온난화, 오존층 파괴, 생태적 다양성과 같은 이슈들이 지구적 관심의 대상이 되었다. 환경이슈들에 대한 관심은 환경보호의 지지로 전환되었으며 현대 공중들은 환경보호를 위한 정부의 행동을 대체로 지지하고 있다(〈표 6.6〉을 보시오).

이러한 환경에 대한 의견들이 환경정책의 실제 비용에 대한 고려가 없이 쉽사리 여론조사를 통해 표현될 수 있기 때문에 여러 정치분석가는 이것들을 과소평가하는 경향이 있다. 하지만 사람들이 환경보호에 소요되는 잠

표 6.6 환경에 대한 태도 비교
(단위: %)

| | 미국 | 영국 | 프랑스 | 독일 |
|---|---|---|---|---|
| **정책 지지** | | | | |
| • 정부가 공해를 축소해야 한다. | 57 | 77 | 84 | 68 |
| **균형을 잡기 위한 질문** | | | | |
| • 공해 예방을 위해 수입 일부를 포기할 용의가 있다. | 69 | 49 | 46 | 33 |
| • 공해 예방을 위해 더 많은 세금을 낼 용의가 있다. | 61 | 50 | 37 | 29 |
| **행동** | | | | |
| • 환경집단의 멤버 | 20 | 2 | 2 | 3 |
| • 환경집단을 위한 자원봉사 | 9 | 8 | 1 | 2 |

출처: 1999~2002 유럽가치서베이/WVS
유의사항: 표의 수치들은 각 설문 항목에 동의한 퍼센티지이다. 누락된 데이터는 퍼센티지 계산에서 제외시켰다.

재적인 경제 비용을 고려하여 환경에 대한 생각을 표현하도록 요청을 받더라도 지지도는 여전히 상당한 수준이다. 〈표 6.6〉의 중간 부분에 있는 데이터는 (독일을 제외할 경우에) 대략 공중의 반절이 공해 예방을 위해서 자신의 수입 중 일부를 포기하고 더 많은 세금을 낼 용의가 있음을 보여준다. 미국인들 가운데 확실히 과반이 넘는 사람들이 비록 경제성장의 발목이 잡힐 수 있는 위험하에서도 환경보호를 선호하고 있으며 대부분의 유럽인도 이에 찬동한다(Dalton & Rohrschneider 1998).

환경운동 참여는 환경개혁에 대한 공적인 지지의 추가적 증거다. 〈표 6.6〉의 하단에 나오는 항목들은 미국에서 환경단체 멤버십을 가진 사람들의 비율이 상대적으로 높음을 말해준다. 이에 덧붙여 환경운동은 대부분의 유럽 국가에서 작지만 분명한 목소리를 내는 소수자집단이다. 이보다 요구 수준이 낮은 소비자행태의 사례들은 유럽의 공중들 사이에 환경행동주의의 수준이 훨씬 광범위하다는 사실을 보여준다.[3]

현재 사람들은 탈물질적 가치의 전형인 비경제적인 관심에 대해 파악할 수 있는 환경주의와 같은 새로운 정치이슈에 관심이 있다. 오늘날 많은 사람이 자신은 환경 개선을 위해 금전적인 희생을 감수할 용의가 있다고 말한다. 이러한 관심들은 단순히 감추어진 건강과 공해의 경제적 비용에 대해 커지는 각성 그 이상을 반영하고 있다. 잉글하트(1995)는 비교적 깨끗한 환경을 가진 부유한 나라의 시민들이 환경보호를 위해 희생을 감수할 용의를 가장 많이 가지고 있다고 알려준다. 환경단체의 멤버십도 선진 산업민주주의 국가에서 더욱 일반적이다. 물질적 성공이 이러한 나라들의 시민들로 하여금 자기 삶의 질로 관심을 돌리도록 허락한다. 이와 유사하게 환경보호에 대한 지지는 젊은이들, 좀 더 많이 교육받은 사람들, 그리고 탈물질주의자들 사이에서 더욱 일반적으로 나타난다. 결국 환경주의는 새로운 시민정치 스타일의 일부를 구성하는 가치변화의 과정을 반영하고 있는 것이다.

### 5) 사회적 이슈와 도덕적 이슈들

많은 현대 민주주의 국가들이 국제관계 그리고 그에 따른 선택사항과 관련된 사회적 이슈와 도덕적 이슈들을 둘러싸고 시끄러운 토론을 경험하고 있다. 1960년대 후반과 1970년대 초반 젊은 사람들이 마약 사용이나 머리스타일, 옷, 음악과 같은 상징적 진술들을 통해서 전통가치들에 의문을 제기하기 시작했다. 이 움직임은 낙태, 이혼, 동성애, 포르노그래피와 같은 사안들에 관하여 개인적 자유의 범위를 시험했다. 이러한 이슈들이 다양한 방식으로 정치토론에 진입했고 종종 사회 내 보수적인 사람들의 대항적인 움직임을 야기하였다. 친–선택 집단들은 친–생명 집단의 대응을 자극하였고 동성애 권리의 주창자들은 보수주의자들의 반발을 촉발시켰다.

이러한 이슈들은 빈번히 신정치의 가치들과 연계되어 있지만 도덕적 내용으로 인해서 전통적인 구정치적 관심들과도 연계되어 있다. 낙태와 동성애 같은 사회적 이슈들은 옳고 그름과 연결된 기본적인 도덕원칙들을 제

표 6.7 사회적 이슈와 도덕적 이슈에 대한 태도 비교

(단위: %)

| | 미국 | 영국 | 프랑스 | 독일 |
|---|---|---|---|---|
| 이혼은 때때로 정당화된다 | 88 | 93 | 91 | 95 |
| 동성애는 때때로 정당화된다 | 65 | 80 | 85 | 91 |
| 낙태는 때때로 정당화된다 | 61 | 80 | 86 | 85 |
| 성매매는 때때로 정당화된다 | 45 | 70 | 59 | 83 |
| 안락사는 때때로 정당화된다 | 76 | 79 | 88 | 72 |
| **낙태에 대한 태도** | | | | |
| • 장애아 출산을 막기 위한 낙태는 잘못된 것이다 | 47 | 63 | 81 | 49 |
| • 부모의 가난 때문에 하는 낙태는 잘못된 것이다 | 31 | 34 | 53 | 22 |
| **종교에 대한 태도** | | | | |
| • 나는 종교적인 사람이다 | 80 | 49 | 38 | 54 |
| • 신은 내 인생에 중요한 요소다 | 85 | 51 | 47 | 49 |
| 종교적 태도 평균 | 83 | 50 | 43 | 52 |

출처: 1999~2002 유럽가치서베이/WVS: 낙태 항목은 1998년 국제사회서베이 Program에서 나온 자료임.

유의사항: 표의 수치들은 각 설문 항목에 동의한 퍼센티지이다. 누락된 데이터는 퍼센티지 계산에서 제외했다.

기한다. 종교적/세속적 가치들이 전형적으로 이러한 의견들에 중요한 영향력을 미치고 있다. 사람들은 흔히 자신이 누구인가라는 문제와 함께 묶여 있는 도덕적 견해 때문에 사회적 이슈에 대한 타협이 어렵다는 점을 발견한다. 사회적 정책 문제에 관한 이슈공중들은 종종 기대했던 것 이상으로 광범위하다. 사회적 이슈에 관해 적극적인 이해 집단들은 종교단체와 기독교민주주의당이며, 노조와 기업집단은 아니다.

〈표 6.7〉은 몇몇 사회적 이슈와 도덕적 이슈에 관한 여론 데이터를 제시한다. 과거에는 전통적 가치지향들이 많은 사람으로 하여금 낙태에 대해 매우 비판적이게 만들었다. 흔히 사회적 망신, 불명예, 종교적 고립이 이혼 판결에 수반되었다. 〈표 6.7〉의 데이터는 이와 다른 그림을 보여주고 있다. 우리의 연구대상 4개국의 거대 과반수가 이제는 이혼이 때로 정당화된다고

믿고 있다. 이혼에 관한 태도가 훨씬 관대해짐에 따라 거의 모든 서구 민주주의 국가들이 이혼의 오명을 제거하고 여성 차별 조항들을 제거하는 방향으로 법을 바꿨다.

이보다 훨씬 더 시선을 끄는 것은 동성애에 관한 폭넓은 관용수준인데, 이것은 한때 사회적 일탈로 인식되었다. 동성애자들은 자신의 성적 지향이 공개적으로 인정을 받을 수 있다고 거의 생각지 못했을 것이다. 세계가치서베이의 장기 데이터와 미국 일반 사회여론 조사의 경향들은 시간이 갈수록 의견들이 점점 더 관대해지고 있음을 보여준다(Dalton 2007a, 5장). 가치가 변화하고 있음을 보여주는 또 다른 신호는 각국에서 과반의 응답자들이 감정이 개입된 안락사 이슈와 관련해서조차도 그것이 정당화될 수 있는 정황들에 대한 이해심을 보이고 있다.

낙태 찬성자와 반대자들은 강한 신념이 있고 이미 정치적 행동에 돌입했다. 4개국 모두에서 낙태는 주기적으로 주요 입법적 혹은 사법적 행동의 주제였다. 오늘날 사람들은 대체로 낙태가 때때로 정당하다고 믿는다. 예컨대 산모의 목숨이 위태로울 경우라면 그렇다. 낙태에 관한 공적 사건들에서 극적인 부침이 있었음에도 이러한 태도에는 시간이 경과하면서 위로든 아래로든 어떤 강력한 경향이 나타나지 않는다.

이러한 발견사항들은 두 가지 광의의 결론으로 인도된다. 첫째, 미국인은 사회적 이슈와 도덕적 이슈에서 일반적으로 유럽인보다 보수적이다. 이 패턴은 〈표 6.7〉 아랫단에서 보는 것처럼 종교적 느낌에서의 국가적 차이가 반영된 결과일 가능성이 있다. 풍요로움, 높은 사회적 신분상승 비율, 시민들의 사회적 배경의 다양함에도 불구하고 미국은 가장 종교적인 서구 사회 가운데 하나다. 미국인의 교회출석과 종교적 느낌은 세계에서 가장 높은 수준이다. 미국인 80퍼센트가 자신이 종교적이라고 간주하였고 85퍼센트는 신의 존재는 자신의 삶에 중요하다고 말한다. 유럽인들은 반절 정도만 이러한 견해를 공유하고 있다.[4]

둘째, 근대화와 세속화 과정이 서구 사회를 변모시킴에 따라 일반적으로 여론은 대부분의 사회적 이슈들에 대해 훨씬 관용적으로 바뀌었다. 미국과 독일에서 시행된 장기적 의견조사 시리즈는 성관계와 동성애에 대해 점차 자유를 허용하는 태도를 보여주고 있다. 이 책의 이전 판본도 세계가치서베이 전반에 걸쳐 관용적인 태도가 증가하고 있음을 보여주는 자료를 제시한 바 있다.

종교에 대한 애착과 가치의 쇠퇴가 이러한 사회적·도덕적 이슈들에 관한 의견 변화의 배경에 있다. 교회출석이 감소했고 종교적 애착도 약화되었다(제8장을 보시오). 이전보다 훨씬 적은 숫자의 미국인들과 유럽인들이 교회에 정기적으로 출석하고 있다.[5] 더욱이 심지어 여러 [기독교] 교단 내에서도 개인의 선택과 관련하여 더 많은 관용을 허용하는 규범상의 전환이 이루어졌다. 우리는 이러한 경향들을 서구 산업사회 내 사회적 현대화의 속성으로 간주하기 때문에 이런 추세가 계속되리라고 예측한다.

가치의 변화는 정치에 관한 한 뒤섞인 효과를 창출한다. 종교성의 쇠퇴는 낙태와 동성애에 대해 더 큰 관용을 촉발할 수 있을 것이다. 동시에 약화된 종교적 애착은 아마도 도덕과 윤리기준의 부식은 물론 [정치적] 권위에 대한 존경심 및 수용적 태도의 쇠퇴와 연계될 것이다. 좀 더 세속적인 공중은 인간을 다른 시각으로 볼 것이다..

## 외교정책에 관한 의견들

외교정책은 이슈에 대한 의견들이 변화하고 있는 또 다른 영역일 듯하다 (Eichenberg 2007). 조용한 갈등이 수십 년간 진행되었던 냉전 시기 이후 소련의 붕괴는 국제질서의 극적인 재편으로 이어졌다. 동구에 확산된 민주혁명은 국제적 차원에서 권력과 가치들의 분포를 근본적인 방식으로 바꿔놓

왔다. 새로운 안정적 질서가 출현하게 되자마자 세계는 2001년 세계무역센터와 펜타곤에 대한 무시무시한 테러공격 때문에 충격에 휩싸였다. 뒤따른 미국의 아프가니스탄 해방 전쟁은 이라크에서 사담 후세인 정권의 전복과 계속되는 종파 간 내전을 수반하였다. 세계는 급속히 변하고 있으며 정부와 국민은 장차 무엇이 일어날지 정부가 어떤 정책을 좇을지에 대해 확실성을 갖지 못한다.

### 1) 갈등

냉전이 끝났지만 세계는 여전히 야만적인 장소로 남아있다. 지역갈등과 지방갈등—수단(Sudan)의 경우에서 보는 것과 같은 것—은 개별 국가의 안보는 물론 국제적 안보를 위협한다. 냉전 종식은 작금 세계의 평화와 갈등에 관한 이슈들을 변형시켰다. 미국과 러시아 사이의 잠재적 갈등은 더 이상 국제관계의 중심 주제가 아니며, 이제 공중의 관심은 다른 국제적 갈등의 원천들로 이동했다.

  독일마셜기금(GMF)이 실시한 2007년 여론조사는 미국인들이 다음 10년 사이에 예상되는 잠재적인 국제적 위협들의 범위에 관해 유럽인들보다 더 큰 우려를 하고 있음을 보여주는 자료를 제시했다(〈표 6.8〉 참조). 에너지 의존성에 관한 걱정이 목록의 꼭대기에 올라왔으며, 상당수의 미국인은 국제적 테러리즘, 이란의 핵무기 확보, 이주자/난민의 대량 유입 등이 예상할 수 있는 위협들이라고 생각했다.

  비록 미국인들이 대체로 높은 수준의 위협을 인식하고 있을지라도 유럽인들의 우려도 2005년 이래 증가하고 있다(독일마셜기금(GMF) 2007년 여론조사). 국제 테러리즘, 이슬람 근본주의, 지구 온난화에 대한 유럽인들의 위협 인식은 상당히 높아졌다. 이라크의 갈등상황에서 물러나 있던 독일인들조차 현재 자국도 국제적 테러리스트들의 목표라고 보고 있다. (목록에

표 6.8 외교정책에 대한 태도 비교
(단위: %)

|  | 미국 | 영국 | 프랑스 | 독일 |
|---|---|---|---|---|
| **국제적 위협에 관한 우려** | | | | |
| • 에너지 의존 | 88 | 69 | 88 | 76 |
| • 지구온난화 | 70 | 89 | 83 | 80 |
| • 국제적 테러리즘 | 74 | 70 | 70 | 48 |
| • 이주자/망명자의 수 증가 | 72 | 53 | 74 | 68 |
| • 이란이 핵무기를 갖는 것 | 72 | 63 | 63 | 58 |
| • 이슬람 근본주의 | 59 | 61 | 58 | 50 |
| • 지구적 질병 | 57 | 49 | 52 | 57 |
| **국제협력** | | | | |
| • UN에 대한 신뢰 | 57 | 60 | 54 | 52 |
| • NATO에 대한 신뢰 | 53 | 59 | – | 51 |
| • 유럽연합에 대한 신뢰 | – | 26 | 49 | 37 |
| **지구화** | | | | |
| • 지구적 무역은 긍정적 효과 가짐 | 78 | 87 | 88 | 91 |
| • 국제기구는 국가에 긍정적 효과 가짐 | 60 | 67 | 66 | 66 |
| • 다문화적 협력은 국가에 긍정적 효과 가짐 | 55 | 61 | 50 | 57 |
| • 반지구화 항의자들은 국가에 긍정적 효과 가짐 | 30 | 39 | 44 | 34 |

출처: 제일 상단의 항목세트는 독일마셜기금 2007 범대서양경향서베이; 그밖에 데이터는 Pew (2002, 2003).
유의사항: 표의 수치들은 각 설문 항목에 동의한 퍼센티지다.

빠져 있는) 다른 항목들은 러시아와 중국의 정치적 전개상에 대한 일반의 우려를 보여준다. 장차 있을지도 모를 잠재적 위협에 대한 미국과 유럽인들의 인식이 한 곳으로 모이고 있다.

이들 공중은 다양한 국제적 갈등의 현장에 자국 군대를 보내는 것에도 찬성하고 있다. [수단]의 다르푸르에 인도적 지원을 하기 위해서 파병하는 것에 대해 폭넓은 지지를 보내며, 아프가니스탄의 재건과 발칸반도의 평화유지를 위해 파병하는 것을 지지한다. 그러나 훨씬 적은 수의 유럽인들은 아프가니스탄의 탈레반 징벌을 위해 군대를 파병하는 것에 찬성한다. 일련의 다른 여론조사 데이터는 유럽인들이 미국의 이라크 공격에 대해 대체로 비판하고 있음을 보여준다. GMF 여론조사는 유럽인들의 부시 대통령에 대한 지지율이 2002년 34퍼센트에서 2007년 17퍼센트로 떨어졌음을 발견했다. 동 기간 미국이 세계의 문제에서 국제적 역할을 하는 것에 대한 승인 비율도 64퍼센트에서 36퍼센트로 추락했다.

## 2) 국제협력

외교정책에 관한 의견의 또 다른 요소는 국제기구에 대한 긍정적인 정서다. 퓨(Pew) 여론조사(2002, 2003) 자료인 〈표 6.8〉의 두 번째 항목군은 사람들 대부분이 UN에 대해 신뢰를 표시하고 있음을 보여준다. 이것은 보수주의 정치인들이 오랫동안 UN을 비난해온 미국에서조차 그러하다. 표에 나타난 표본의 과반수가 온건한 태도를 보여주지만 4개국 전체의 시민들은 자국 의회보다 UN을 더 신뢰하고 있다. UN이 과거 미국의 저명한 몇몇 정치인들로부터 비판을 받아온 것과 대조적으로 이러한 지지는 새로운 국제협력의 정신을 담지한 지표일 것이다. 비록 이러한 발전양상에 대한 잠재력이 이라크 갈등 상황으로 인해 시험을 받고 있을지라도 말이다. 북대서양조약기구(NATO)에 대한 지지 또한 3개 연구대상국에서 높게 나타나고 있다. 그러나 GMF 여론조사에 나타난 경향은 2000년대 초반 이래로 NATO에 대한 지지가 줄어들고 있음을 보여준다. 이러한 데이터와 다른 데이터는 국제주의에 대한 지지가 현재 서구 민주주의 국가들 사이에 일반화되고 있음을 귀띔한다. 이는 새로운 세계질서의 일면을 반영하고 있다.

  국제협력의 또 다른 사례는 지구화 과정인데, 그것은 무역과 다른 국제 거래들과 관련이 있다. 지구화에 대한 적극적이고 조직적인 반대, 특히 서구 민주주의 국가들 내 자유주의자들 사이에 존재하는 반대 경향에도 우리가 연구하고 있는 4개국 시민들은 이러한 의견에 동참하지 않는다. 사람들 대다수가 세계무역이 자국에 긍정적인 효과를 주었다고 말한다. 자주 언론에서 비우호적인 대접을 받고 있음에도 사람들은 일반적으로 지구화와 다국적 협력수단인 국제기구에 우호적이다. 이와 대조적으로 반지구화 항의자들은 훨씬 적은 지지를 얻고 있다. 분명 지구화는 서구 민주주의 국가에 새로운 경제적, 사회적, 문화적 도전을 표상하지만 대부분의 사람들은 긍정적인 면이 부정적인 면을 능가한다고 믿는 것으로 보인다.

우리는 국제관계가 유동적인 시기에 살고 있으며 세계질서에 대한 새로운 위협들이 등장했다. 비록 외교정책에 관한 여론이 이러한 새로운 맥락의 형태를 확실하게 파악해내기란 아직 이른 감이 있지만 현재 서구의 공중들은 자신들의 시각을 확장하고 있으며 외교정책을 보다 협조적이고 국제적인 용어상으로 숙고하고 있다.

## 좌익/우익 지향

평등 이슈와 사회보장 프로그램에 관한 공중의 의견 속에서 변화의 폭이 감지됨에도 불구하고 우리가 한 나라의 정치적 지향을 총체적으로 일반화하기 위해 구체적인 이슈 의견들을 사용할 수는 없다. 이제 시민들이 그저 사회경제적 관심사만이 아니라 그보다 훨씬 넓은 범위의 이슈들에 관심이 있기 때문에 총체적인 정치적 경향들에 대한 일반적인 평가를 위해서는 몇 가지 상이한 이슈들을 따져보아야만 한다. 다양한 이슈들을 아우르는 사회적 변화의 진도는 균일하지 않다. 환경보호에 대한 지지는 시간이 지나면서 급속히 신장되었지만 낙태에 대한 태도는 훨씬 안정적이었다. 이에 덧붙여 현재 진행형인 정치적 논쟁들도 시간의 경과에 따라 변화한다. 미국의 경우 1960년대는 강렬한 인종 이슈들—학교 분리, 개방된 주택, 공적 장소에서의 [유색인] 수용—은 현재 압도적으로 관대한 응답을 얻고 있지만, 새로운 인종 이슈들—할당과 적극적 차별시정 조치 프로그램—은 공중을 분열시킨다. 이 변화는 인종적 관용의 발전이 진보했음을 표상하지만 인종정책은 [여

**그림 6.3** 좌익/우익 이념에 대한 자가 측정의 국가별 차이 비교

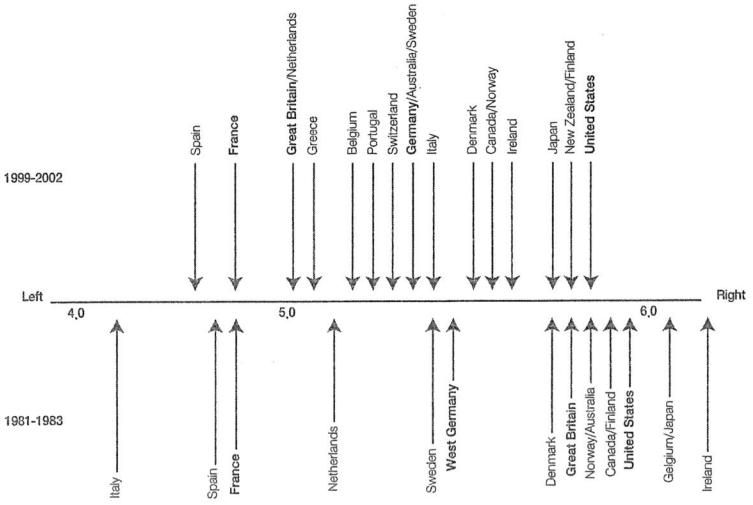

출처: 1981-1983 & 1999-2002 세계가치서베이
유의사항: 좌익/우익 척도는 좌(1)에서 우(10)로 수치화하였음; 그림은 국별 평균값을 의미함.

전혀] 잠재적인 논쟁의 대상으로 남아 있다. 근래의 정치적 경향에서 우리가 배운 주요점은 새로운 갈등 이슈들이 해결된 옛날 이슈를 대체하고 있다는 점이다.

서구 공중의 총체적인 정치적 지향을 일반화할 수 있는 한 가지 방법은 구체적인 이슈들 너머로 확장되는 폭넓은 이념적 지향을 검토하는 것이다.

흔히 정치학자들은 폭넓은 지향들을 좌익/우익 태도의 용어상으로 측정한다(Fuchs & Klingemann 1989). 정치적 이슈들은 종종 좌익/우익 혹은 자유주의/보수주의 철학의 용어상으로 논의되거나 요약된다. 공화주의자들은 자신들이 '머리가 돈 좌익'이라고 부르는 상대편을 공격하는 반면, 민주주의자들은 '시대에 역행하는 우익'이라고 매도한다. 이러한 딱지들은 투표

자들이 정치적 활동을 해석하고 평가하는 데 도움이 된다.

시민들이 자신을 좌익/우익의 용어로 규정하는 능력이 있다는 사실이 곧 그들이 세련된 개념 틀이나 이론적 강령을 가졌다는 의미는 아니다. 많은 개인에게 좌익/우익 태도는 가장 관심을 두는 정치적 이슈들에 대한 자신의 입장을 요약해준다. 이러한 이슈들은 국가에 따라 그리고 전체 국가에 걸쳐 차이가 있다. 그러므로 좌익/우익은 이렇게 차이가 있는 정치적 지향을 요약해주는 일종의 '초(超)-이슈'로 볼 수 있다.

〈그림 6.3〉은 1980년대 초반(하단의 수치)과 1990년대 말(상단의 수치)에 조사된 몇 개 나라 전역의 좌익/우익 지향 분포를 제시하고 있다. 이 여론조사는 응답자들에게 '좌익'에서 '우익'으로 펼쳐진 10점 척도 상에서 자신의 위치를 표시하도록 요구했다. 〈그림 6.3〉은 유권자들의 평균 좌익/우익 자가 측정결과를 제시하고 있다.

미국은 총체적인 좌익/우익 용어상으로 가장 보수적인 국가 가운데 하나다. 사실 선진 산업민주주의 국가들이 우익 쪽으로 많이 간 경우는 거의 없다(추가 국가들에 대해서는 Inglehart 1997을 보시오). 이 정치적 척도 상의 측정 결과는 이 장에서 검토했던 구체적인 이슈 영역들 여럿에서 도출한 인상을 재확인해주고 있다. 독일과 다른 대부분의 선진 산업민주주의 국가들은 척도의 중앙지점 근처에 집중되어 있다. 자유주의 극단에는 중요한 좌익 전통을 가진 지중해 국가들—프랑스와 스페인—이 분포되어 있다.

일부 자료는 좌익/우익 태도가 시간에 지남에 따라 자유주의 쪽으로 이동하고 있음을 암시한다. 비록 교차국가 패턴이 차이를 보일지라도 말이다. 1981년에서 1999년 사이에 오스트레일리아, 벨기에, 영국, 캐나다, 아일랜드, 일본, 노르웨이, 미국은 의미심장하게 좌측으로 이동하였음을 보여준다.·오직 이탈리아만이 확실히 보수주의 방향으로 움직였다. 세대비교는 이보다 훨씬 더 강력한 정치적 변화의 증거를 제공한다. 일반적으로 젊은층이 나이 든 사람들보다 더 자유주의적이다. 이 세대차는 민주주의 공중들이 자신의 총체적인 정치적 지향에서 점차 더욱 자유주의적으로 되어간다는 사실을 암시한다.[6] 그러나 이러한 데이터들은 단지 이야기의 일부일 뿐이다.

우리가 위에서 제시한 것처럼 좌익과 우익 지향의 내용이 공중의 이목을 끄는 이슈들을 반영한다. 이는 또 다른 정치적 변화의 원천이다. 용어들 자체의 의미는 연령과 정치집단을 통틀어 차이가 있다(Inglehart 1984; Fuchs & Klingemann 1989). 높은 연령대의 시민들의 경우에 이러한 용어들은 사회경제적 이슈에 관한 태도와 연계되고 있다. **좌익**은 사회보장 프로그램, 노동계급의 이해관계, 노조의 영향력에 대한 지지를 보여준다. 반면에 **우익**은 제한된 정부, 중산층의 이해관계, 비즈니스 섹터의 영향력과 동일시된다. 젊은이들 사이에서 환경보호, 사회적 평등, 라이프스타일 선택에 대한 자유과 같은 신정치(New Politics) 이슈들이 사회경제적 관심에 추가된다. 젊은이들에게 좌익은 핵에너지 반대, 성적 평등 지지, 국제주의, 사회보장 프로그램 승인과 같은 것을 의미한다.

그러므로 현대적 공중들이 총체적 의미에서 점점 더 자유주의적 혹은 보수주의적으로 되어 가는지 여부는 간단한 용어상으로 말하기가 어렵다. 실제로 미국에서 확보한 가장 훌륭한 장기간에 걸쳐 축적된 자료는 이러한 폭넓은 지향들이 논쟁 이슈에 따라 또는 당시의 정치적 풍향에 따라 양쪽 이념 모두에서 바뀌고 있음을 암시한다. 스팀슨(Stimson 1999)에 따르면 1960년대는 자유주의가 오름세를 탄 시기이며 1980년대는 보수주의로 선회한 10년이었다. 그러나 이러한 총체적 경향의 밑바탕에 깔려 있는 것은 젊은 시민들의 좌익/우익 자가 측정 결과가 그들의 선배들의 것과 다르며 정치담론에서 **좌익과 우익**의 의미 또한 변화하고 있다는 사실이다.

## 여론과 정치적 변화

현재의 이슈에 대한 여론의 중요한 한 가지 특질은 더 많은 사람이 더 많은 이슈에 관심이 있다는 것이다. 사회경제적 이슈들에 관한 여론은 한때 투표자들과 정치엘리트들에게 가장 눈에 띄는 관심사였다. 과거에는 정치적 경쟁을 현실감 있게 설명할 때 미국의 경우는 뉴딜, 유럽의 경우에는 자본주의자/사회주의자 간의 갈등과 같은 단 한 개의 포괄적인 정책영역의 용어로 기술할 수 있었다. 이제 공중의 이슈 관심은 다변화되었다. 사회경제적 사안들이 여전히 광범위하게 시선을 끌고는 있지만 사회적 평등, 환경보호, 사회적 윤리, 외교정책도 점차 많은 시민의 관심을 얻고 있다.

이러한 새 이슈들을 포함하는 정치의 경계 확장은 현대 정치의 본질에 몇 가지 함의를 갖는다. 정부들은 활동의 범위를 확장했으며 경제정책뿐만 아니라 환경이 깨끗한지 개인 삶의 선택사항들이 관대해졌는지에 대해 염려를 해야만 한다. 정부의 역할 확대는 정부의 적정한 규모에 관해 현재 진행 중인 토론들을 다시 점화시켰다. 토론되는 정책적 내용이 국가의 경제적 역할에 집중되었던 이전의 토론들과는 매우 다를지라도 말이다.

이슈공중의 양산 또한 정치적 대의(代議) 체계와 의사결정 구조를 변화시킨다. 이슈공중들은 자신의 이슈에 대한 대표성을 극대화하는 데 노력을 집중시킨다. 그러나 그러한 집중화된 관심들의 확산은 아마도 통치과정의 복잡성을 강화시킬 것이다. (차이를 보이는) 투표자들의 과반은 (차이를 보이는) 구체적인 프로그램들에 관한 정부 지출을 원할 것이다. 그런가 하면 다른 과반은 정부가 자신들에게 세금을 적게 매기기를 원할 것이다. 정책수립자들은 공중으로부터 혼란스러운 신호들을 접수하게 될 것이며 이러한 갈등을 체계적으로 해소시킬 어떠한 방책 (또는 어떠한 동기)도 가지지 못할 것이다. 한 이슈공중의 요구에 답하는 정부는 다른 이슈공중의 요구와 갈등을 일으킬 수도 있다. 정책 양산은 폭넓은 프로그램의 기획보다는 이슈 각각에 대한 결정으로 귀결할 것이다. 현재 정부들이 당면한 도전 가운데 하나는 어떻게 민주주의 [정치]과정을 이러한 상이한 이익의 대표 패턴에 순응시킬 수 있는가의 문제다.

현대 공중의 총체적 정치 지향에 관해 우리는 무엇을 말할 수 있는가? 흔히 언론인들과 사회적 논객들은 한 나라에 팽배한 자유주의적 혹은 보수주의적 분위기에 관해 언급하곤 한다. 추정컨대 1960년대 초반과 1970년대 초반은 급진적인 변화와 자유주의의 상승기였다. 이와 유사하게 서구 민주주의 국가에서 레이건, 대처, 콜, 자크 시라크가 증명하듯이 새로운 보수주의 분위기를 담은 토론들이 1980년대에는 보편적이었다. 1992년 빌 클린턴의 선거승리는 새로운 시대를 여는 신호탄이었고, 불과 2년 뒤에 찾아온 공화당의 중간선거 승리는 또 다른 새로운 시대의 이정표로 간주되었으나 다시 2년 뒤인 1996년 클린턴의 재선으로 인해 금방 반전되었다. 2000년에 공화당이 의회의 양원을 모두 지배하는 가운데 조지 W. 부시가 백악관을 차지하게 되었을 때 학자들은 또다시 놀라움을 금치 못했다(블레어와 슈뢰더의 승리는 영국과 독일을 왼편으로 이동시켰다). 부시와 칼 로브는 부시의 대통령 재직 기간에 새로운 공화당 과반수를 이뤄내고자 했으나 2006년 선거에서 민주당에 하원과 상원을 모두 빼앗겼다.

실제 여론 데이터로 검증해보건대 우에서 좌로 다시 우로 이동하는 것에 대한 일반화는 경험적으로 지지되기가 어렵다. 1970년대에 일어난 반문화운동은 미디어에서 제시한 것처럼 광범한 것이 아니었으며, 1980년대 보수주의의 부활도 이와 유사하게 과장된 것이었다. 정치집단의 눈에 보이는 공적 행동들도 좀 더 폭넓은 여론의 흐름에 대한 우리의 인식을 왜곡시킨다.[7] 게다가 공중의 잠재적 관심을 끄는 여러 이슈가 동시에 존재하며 그것들 전부가 시간이 지나면서 일관되게 한쪽으로 움직이지는 않는다.

그럼에도 우리가 발견한 것들로부터 몇몇 종합적인 경향이 나타난다. 한 가지 분명한 경향은 자유지상주의적 태도(libertarian attitudes)라고 불릴 수 있는 것으로의 이동이다. 현대 공중들은 개인의 다양성에 대해 점점 더 관대해지고 있으며 개인의 자유를 보호하는 일에 관심이 있다. 이것은 사회적 관계 속에서 개인의 자유에 대해 대체로 수용하는 태도는 물론 소수자들과 여성들의 권리에도 적용된다. 이러한 경향들은 사회적 평등, 도덕적 이슈, 삶의 질에 대한 태도 속에서 드러난다. 이러한 변화들과 병행되는 것은 권위에 대한 존경과 사회질서에 대한 중요성의 쇠퇴다.

이것에 역행하는 증거는 **사회경제적 태도**다. 정부의 과도한 경비와 관료제에 대한 불편한 심기가 현재 일반적으로 퍼져 있다(비록 사람들이 광범위한 [정부] 프로그램에 들어가는 정부의 지출이 더 늘기를 바라고는 있더라도 말이다). 사회주의의 종식과 서구 복지국가의 축소가 좌익으로 하여금 국가의 경제 통제와 기본적인 사회적 필요의 보장이라는 그것의 전통적인 목표들을 달성하는 일을 불가능하게 하였다. 이러한 사회경제적 이슈 측면들과 관련하여 보수적인 변동이 일어났다.

점증하는 이슈양산의 시기에 그러한 상충하는 경향들은 놀라운 것이 아니다. 사회적 이슈들에 관한 정치적 가치의 점증적인 자유화와 사회경제적 사안들에 관한 보수주의적 경향은 공존할 수 있다. 심지어 이슈 양산 과정의 일환으로 이데올로기의 이름표가 갖는 의미가 변화하였기 때문에 이러한 [자유주의 혹은 보수주의라는 이름으로] 일반화가 계속되기는 어려울 수 있겠지만 말이다. 자유주의는 더 이상 사회보장 프로그램의 창조, 기업의 국유화, 공산주의 세계와의 평화로운 공존을 지칭하지 않는다. 그것이 깨끗한 환경의 보호 혹은 여성의 권리 입법을 의미할 수도 있을 것임은 의문의 여지가 없다. 보수주의는 더 이상 정부의 사회보장 프로그램의 금지나 소비에트 제국의 패배를 표상하지 않는다. 대신 그것은 [공직자] 재직기간 제한을 주창하거나 가족정책을 지지하는 것을 의미할 수도 있다.

오늘의 정치토론 내용을 1930년대 뉴딜 시대의 정치적 갈등 혹은 1960년대 위대한 사회 시대의 정치적 갈등과 비교하기는 어렵다. 아마도 이러한 정치토론 내용의 변화는 새로운 천 년을 맞은 현재 선진 산업사회들이 어떻게 현대화하고 있으며 어떻게 정치적으로 진보하고 있는지를 가장 직접적으로 보여주는 사례일 것이다.

**독서 목록**

Alba, Richard, Peter Schmidt, and Martina Wasmer, eds. 2003. *Germans or Foreigners? Attitudes toward Ethnic Minorities in Post-reunification Germany*. New York: Palgrave Macmillan.
Borre, Ole, and Elinor Scarbrough, eds. 1995. *The Scope of Government*. New York: Oxford University Press.
Inglehart, Ronald, and Pippa Norris. 2003. *A Rising Tide: Gender Equality and Cultural Change around the World*. New York: Cambridge University Press.
Jowell, Roger, et al., eds. 1998. *British—and European—Social Attitudes: The 15th Report*. Brookfield, Vt.: Ashgate.
Niedermayer, Oskar, and Richard Sinnott, eds. 1995. *Public Opinion and International Governance*. New York: Oxford University Press.
Norris, Pippa, and Ronald Inglehart. 2004. *Sacred and Secular: Religion and Politics Worldwide*. New York: Cambridge University Press.
Schuman, Howard, et. al. 1997. *Racial Attitudes in America: Trends and Interpretations*. Rev. ed. Cambridge: Harvard University Press.
Sniderman, Paul, et. al. 2000. *The Outsider: Prejudice and Politics in Italy*. Princeton: Princeton University Press.
Stimson, James. 1999. *Public Opinion in America: Moods, cycles, and Swings*. 2nd ed. Boulder: Westview.

제 III 부
# 선거의 연고

7장
# 선거와 정당

시민들이 정치에 영향을 미치는 방법은 다양하다. 하지만 정당을 통해 선거와 연계하는 방식이 대의민주주의하에서 공적인 영향력을 행사하기 위한 제1차적인 기초가 된다. 선거는 한 사회가 개인의 선호에 근거한 집합적인 결정에 이르는 몇 가지 방법 가운데 하나다. 여러 정당 중에서 하나를 선택하는 것은 개별 투표자들이 지니고 있는 선호사항들의 집성을 통해 여론을 구체적인 정치결정들로 변환시키는 것이다. 다른 형태의 시민참여는 정부의 정책수립에 영향을 끼치는 반면, 이러한 대의적 특질은 결여한다.

선거는 그것이 결정하는 것 때문에도 중요하다. 선거결과는 누가 국정을 관리하며 공공정책을 수립하게 될지를 규정한다. 지도자의 선택—다음 선거 시에 '불량자를 퇴출하는' 능력과 더불어—은 공중의 차선적인 권한이다. 정치엘리트들이 항상 약속한 것을 지키는 것은 아니다. 하지만 선거, 즉 정권의 선택은 이러한 엘리트에 대한 인민의 통제 수단을 제공한다.

선거연구를 위해서는 선거과정의 토대인 정당을 반드시 이해할 필요가 있다. 정당은 대의민주주의의 첫째가는 제도이며, 특히 유럽에서 그러하다. 정당은 투표자들에게 가용한 선택사항들을 규정한다. 대부분의 유럽 국가에서 후보자들은 정당에 의해 인선되며, 개인자격이 아니라 정당의 대표로서 선출된다. 공개적인 예비선거와 무소속 의원은 사실상 미국 밖에서는 (즉 유럽에서는) 거의 존재하지 않는다고 해도 과언이 아니다. 유럽인들의 커다란 비율이 (특히 독일은) 개별 후보자가 아닌 정당명부에 직접 투표한다.

정당은 선거 캠페인의 내용도 관리한다. 정당의 프로그램들은 캠페인 기간에 토론될 이슈들을 규정하는 데 일조한다(Klingemann et al. 2006). 여러 유럽 국가에서는 개별 후보자가 아닌 정당들이 캠페인 홍보를 관장한다. 결국 정당과 정당지도자들은 공중의 관심사를 정교화하는 데 최우선적인 역할을 수행하는 것이다.

일단 정권을 획득하면 정당은 정책수립 과정을 지휘한다. 집행부의 지도력과 입법부의 조직은 다수당에 의해 결정된다. 흔히 유럽의 의회제에서 보는 것처럼 정당의 통제권은 절대적인데, 유럽에서는 같은 당 의원들이 [법안에 대해] 집단적으로 투표한다(Bowler, Farrell & Katz 1999). 미국의 정당들은 [상대적으로] 덜 통합적이고 덜 단호하다. 그러나 미국에서도 정당들은 적극적으로 입법과정을 조직화한다. 민주주의 [정치]과정에 있어 정당이 갖는 중심성 때문에 정치학자들은 많은 유럽의 정치체제들을 '책임 있는 정당정부'의 사례로 설명하고 있다.

정당들은 선거의 연고에 대한 연구와 궁극적으로 민주주의적 대의(代議)의 작동방식에 대한 연구를 위한 초점을 제공한다. 저명한 정치학자인 샤트슈나이더(Schattschneider 1942, 1)는 "현대 민주주의는 정당을 빼놓고는 생각할 수 없다"고 결론지었다. 영국의 역사가인 브라이스(Bryce 1921, 119)는 "정당은 불가피하다. 어느 누구도 정당의 존재 없이 대의정부가 작동될 수 있음을 증명하지는 못했다"고 말했다. 현재까지도 많은 정치학자가 이 견해를 공유하고 있다.

이 장은 현대 정당제도의 역사와 사회적 기반들을 요약하고 있다. 우리는 정치적 조직체로서 그리고 대의민주주의의 대리자로서 주요 정당들의 성격은 물론, 투표자들에게 제공되는 정당의 선택사양들을 이해할 수 있도록

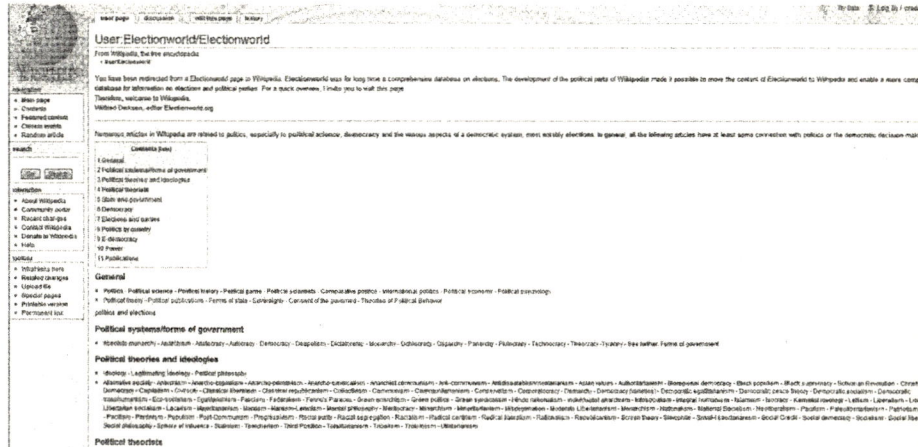

### 인터넷 자료 소개

실제로 모든 정당들이 웹사이트를 가지고 있는데, 아래 웹사이트를 방문하여 확인하시오. http://en.wikipedia.org/wiki/User:Electionworld/Electionworld

이론틀을 제시할 것이다.

## 4개의 정당시스템 개관

4개 연구 대상국의 정당시스템을 소개하기 위해서 우리는 먼저 각국의 주요 정당들의 성격을 설명할 것이다.[1] 정당들은 그들의 정치적 정향은 물론 규모, 조직, 국정 운영 경험에서 차이가 있다.[2]

〈표 7.1〉이 보여주는 것처럼 미국의 정당시스템은 여러 면에서 전형에서 벗어나 있다. 소선거구제 제도는 각 선거구에서 최다 득표한 후보에게 의석을 주기 때문에 민주당과 공화당의 양당체제 발달을 조장한다. 단 두 개의 정당에 기초하고 있는 정당시스템은 진기하다. 대부분의 민주주의 국가들은 선거에서 경쟁하는 정당의 숫자가 더 많으며, 정부를 구성하기 위해서

7장 선거와 정당 211

표 7.1 정당의 특성

| 정당 | 창립연도 | 의회선거 투표율(%) | 의회선거 의석수 | 정당 조직 | 정권 창출 횟수 (1977~2007) |
|---|---|---|---|---|---|
| **미국(2004)** | | | | | |
| • 민주당(US Dem) | 1832 | 44.0 | 201 | 탈중앙집권적 | 17 |
| • 공화당(US Rep) | 1856 | 55.0 | 233 | 탈중앙집권적 | 13 |
| **영국(2005)** | | | | | |
| • 노동당(Lab) | 1900 | 35.2 | 356 | 중앙집권적 | 19 |
| • 자민당(LibDem) | 1987 | 22.1 | 62 | 탈중앙집권적 | 0 |
| • 보수당(Con) | 1830 | 32.4 | 198 | 혼합적 | 11 |
| • 스코틀랜드민족당(SNP) | 1934 | 1.5 | 6 | | 0 |
| • 웨일즈당(PCy) | 1925 | .6 | 3 | | 0 |
| • 기타 정당 | | 18.2 | 16 | 혼합적 | 0 |
| **프랑스(2007)** | | | | | |
| • 공산당(PCF) | 1920 | 4.3 | 15 | 중앙집권적 | 5 |
| • 사회당(PS) | 1905 | 24.7 | 186 | 중앙집권적 | 13 |
| • 녹색당(Verts) | 1978 | 3.3 | 4 | 탈중앙집권적 | 5 |
| • 대중운동연합(UPM/RPR) | 1947 | 39.5 | 313 | 혼합적 | 24 |
| • 신중도(이전 UDF) | 1978 | 2.3 | 22 | 혼합적 | 24 |
| • 국민전선당(FN) | 1972 | 4.3 | 0 | 개인주의적 | 0 |
| • 기타 정당 | | 21.6 | 37 | | |
| **독일(2005)** | | | | | |
| • Linke.PDS | 1990 | 8.7 | 54 | 중앙집권적 | 0 |
| • 사민당(SPD) | 1863 | 34.2 | 222 | 중앙집권적 | 15 |
| • 녹색당(Grüne) | 1980 | 8.1 | 51 | 탈중앙집권적 | 8 |
| • 자유민주당(FDP) | 1948 | 9.8 | 61 | 탈중앙집권적 | 21 |
| • 기민련/기사련(CDU/CSU) | 1950 | 35.2 | 226 | 혼합적 | 18 |
| • 공화주의자/NPD | 1983 | 2.2 | 0 | 혼합적 | 0 |

출처: 저자가 편집함; 선거 통계는 Wikipedia의 세계 선거 데이터베이스에서 가져옴.

여러 당들 사이의 연정 구성이 요구되기도 한다. 이와 대조적으로 미국에서는 두 개의 주요 정당이 권력을 주고받는다. 1994년 의회선거에서는 공화당이 40년 민주당 지배를 종식하는 극적인 돌파구를 마련하였다. 그때 이래로 전국의 유권자들은 매우 균등하게 양당으로 나뉘었다. 의회투표에서 시간 경과에 따른 변동은 비교적 작고 선거들의 득표율 차이는 평균 3퍼센트 이내다.

대선경쟁의 결과는 대개 의회선거보다 다양하다. 1964년 린든 존슨은 압도적으로 민주당의 승리를 이끌었고, 1984년 로널드 레이건도 이와 유사하게 인상적인 공화당의 승리를 견인했다. 2000년과 2004년의 대선은 정당 지지에서 등가성을 보여주었다. 대선은 후보의 자질에 의해 크게 영향을 받으며, 투표 결과는 선거마다 몹시 요동친다. 그러므로 우리의 교차-국가 투표행태 분석에서는 미국의 대선 경선보다 의회선거 자료를 사용하고 있는데, 그것이 서유럽 의회 경선의 자료와 좀 더 유사한 특성을 보이기 때문이다.

미국 정치시스템에서 또 하나의 독특한 측면은 정당 조직의 탈중앙집권적 성격이다. 한 개의 민주당 (혹은 공화당) 정부가 존재하는 대신에 미국 정부의 연방주의 시스템 덕분에 각 주에 한 개씩 50개의 정부가 존재한다. 전국 정당의 모임들은 교황의 추기경단들이 하나로 조직된 중앙집권적인 것이라기보다 중세 영주 국가들의 모임과 같은 형태를 띠고 있다. 대선후보 지명을 위한 전당대회는 전국 정당이 통제하고 지시하는 것이라기보다 4년마다 승리한 후보 사단에 의해 접수된다. 의회 내에서도 미국의 의원들은 [유럽의] 당의 기율에 종속되는 의회주의자들보다 당의 노선을 벗어날 가능성이 훨씬 더 크다. 이 점이 미국의 정당시스템을 유럽의 것보다 훨씬 더 다양하고 유연하게 만든다. 미국 정당의 제도적 약점은 그들의 당원 수가 적다는 것에서도 명백히 드러나고 있다(제3장을 보시오).

영국은 흔히 2와 1/2 정당시스템이라고 묘사되는 상이한 당파적 패턴을 보여준다. 노동당은 좌파 노선의 주요 세력이며 보수당은 우파 노선의 주요 정당이다. 이들 각 정당은 대개 전국 유권자의 35퍼센트에서 45퍼센트가량을 득표한다. 이들보다 작은 규모의 자유민주당(Lib-Dem)은 정치적 스펙트럼의 중앙 근처에 있으며 약 15퍼센트에서 20퍼센트의 득표 수준을 보

여준다.[3]

1970년대 이래 영국 내 정당시스템의 다양성이 커졌다. 1970년대에 되살아난 지역운동들이 스코틀랜드(일례로 스코틀랜드민족당, SNP)와 웨일즈 지방(일례로 웨일즈당, PCy)에서 민족주의 정당들을 강화시켰다. 1990년대 지역의회의 발전은 이들 민족주의 정당들을 한층 더 강화시켰다. 1980년대 말 자유당은 경제이슈들에 대한 전통적 보수주의와 사회이슈들에 대한 자유주의 정책을 결합시키면서 자민당으로의 당명 개혁을 단행했다. 기타 군소 정당들도 주기적으로 유권자 표의 상당한 몫을 얻었으며, 특히 비례대표제를 실시하는 유럽 의회선거 시에 그러했다. 이러한 정당시스템 내 변화들에도 불구하고 노동당과 보수당 사이의 경합이 여전히 영국 하원선거 경선을 구조화하고 있다.

영국의 정당들은 미국 정당들보다 더욱 잘 조직되고 중앙집권화되어 있다. 영국은 다른 민주주의 국가들과 마찬가지로 후보를 선택하는 미국식 예비선거 시스템을 갖고 있지 못하며 전국 단위 정당조직들이 공식적인 당원들과 함께 후보선출과 캠페인 전략을 정하는 일을 한다. 일단 선출이 되면 의회 멤버들은 정책토론과 투표행태에서 대체로 당의 노선을 따른다.

의회시스템의 또 다른 특질은 개별 정치인보다는 당에 대한 강조라고 할 수 있다. 미국인들이 대통령 선출을 위해 투표용지에 기입하는 것과 대조적으로 영국의 투표자들은 최고지도자(총리) 선출을 위해 표를 행사하지 않는다. 의회시스템의 절차하에서 의회를 지배하는 정당의 집단이 총리를 선출하며, 총리는 집행부의 수장이 된다. 지역구의 대표를 선출하는 경우도 영국의 투표자들은 종종 지역의 후보에 대해 별로 아는 바도 없이 [자신이 선호하는] 정당을 선택한다. 영국의 정치시스템은 강력한 정당정부 모델을 따르고 있다.

독일의 정당시스템은 훨씬 더 이채롭다. 선거시스템은 비례대표제에 기초하고 있다. 한 정당이 득표한 몫이 궁극적으로 의회 내 의석의 지분을 결정한다.[4] 결과적으로 독일은 두 개의 주요 정당과 몇 개의 소수 정당으로 구성된 다당제 시스템을 가지고 있다. 기독민주당(CDU/CSU, 기민련과 기사련의 연합당)이 주요 보수주의 정당이고 사민당(SPD)이 주요 좌파 정당이다. CDU/CSU 정부가 독일연방공화국의 처음 20년(1949~1969)을 이끌었으며 다시 1982년에 집권하여 1998년까지 통치했다. SPD는 1969년부터 1982년까지 집권당으로 있었으며, 1998년에서 2005년까지는 녹색당과 연정을 꾸려서 권력을 잡았다. 2005년 선거는 두 개의 주요 정당들 사이에 교착상태를 초래했으며 두 당은 공동으로 정부를 구성하는 예상 밖의 행보를 취했다. 두 당이 선거에서 얻은 득표율의 합계는 69퍼센트였다.

독일 선거에서는 몇 개의 군소정당들도 경쟁에 가세한다. 녹색당은 1980년대에 탈물질주의적 어젠다의 대표주자로서 당파들의 무대에 등장했다(Poguntke 1993). 녹색당은 다양한 신정치적 명분들을 주창하고 있다. 예를 들어 그들은 사회당/녹색당(SPD/Green) 정부의 한 축으로서 핵발전소 폐쇄 정책을 주도했고, 새로운 녹색에너지세(稅)를 법제화했다. 총 투표의 5퍼센트에서 10퍼센트를 얻는 작은 규모의 자유민주당(FDP)도 이전 정부들의 잦은 연정 파트너였다.

1990년 독일통일은 수백만이 넘는 동쪽 출신의 새로운 투표자들을 추가함으로써 정치지형을 더욱 변화시켰다. 민주사회당(PDS)이 독일민주주의공화국(구동독)의 공산주의와 사회주의 가치의 계승자로 등극했다. 이 정당은 여전히 동쪽 지역으로부터 대부분의 지지를 이끌어내고 있다. 2005년 PDS는 옛 서독 지역의 SPD 및 일부 좌파 집단과 연대하여 Linke.PDS를 구성했다. 이 당은 SPD의 표를 잠식하여 의회 의석 54개를 확보했다. 2007년에 두 정당은 Die Linke(좌파)라는 당명 하에 통합했다. 독일에는 몇 개의 소규모 극우 정당들도 있다. 공화주의자당(the Republikaner), NPD, DVU 등이 그것인데, 이들은 민족주의와 반외세적 정서를 표방한다. 이들 중 어느 것도 전국 의회 의석을 얻지는 못했지만 그들의 존재는 국가 내 정치토론에 영향을 미치고 있다.

　독일의 정치시스템은 미국 시스템보다 정당의 역할을 훨씬 높은 수준으로 강조한다. 정당들이 후보 선택과정을 지배한다. 하원(Bundestag) 선거에서 투표자는 두 가지 투표를 한다. 제1 투표(Erststimme)는 (미국처럼 예비선거를 거치지 않고) 적은 수의 정당원 집단이나 당 위원회가 추천한 지역구 후보 선출을 위한 것이다. 제2 투표(Zweitstimme)는 직접 당에 투표하는데, 이것이 정당명부로부터 [전체] 하원 의원의 반을 선출하게 된다. 정부가 선거 캠페인의 재정을 지원하며, 개별 후보보다는 정당에 자금과 공영라디오 및 텔레비전의 접근권을 배분한다. 정부의 정당에 대한 재정지원은 선거와 선거 중간에도 계속되는데, 이는 기본법(the Basic Law, 독일헌법)에 규정된 바에 따라 교육기능을 수행하도록 돕기 위함이다. 눈에 띄게 차이를 보이는 녹색당을 제외하면 독일의 정당들은 고도로 조직화되고 중앙집권적인 제도적 틀을 가지고 있다. 그러므로 독일을 '정당정부' 시스템이라고 기술하는 것은 결코 놀라운 일이 아니다.

　프랑스는 훨씬 더 높은 수준으로 파편화된 다당제 시스템을 가지고 있다. 좌파 노선 정당은 하나가 아니라 몇 개가 존재한다. 공산당(PC), 사회당(PS), 그 외에도 작은 규모의 극좌 정당들이 존재한다. 우파 노선에도 하나가 아니라 몇 개의 정당이 존재한다. 대중운동연합(UMP, 전신은 공화국집회당, RPR)은 드골주의 전통을 대표하며 프랑스민주주의연합(UDF)은 좀 더 중도주의 노선을 견지한다. 1980년대 동안 국민전선당(FN)이 외국이민자에 반대하는 민족주의 표를 긁어모으는 극우 정당으로서 출현했다. 또한 1980년대에 새로운 환경주의 정당이 탄생했는데, 이 정당은 1980년대 중반과 1990년대 초에 재차 개혁을 단행했다. 현재 이 정당은 녹색당(Verts)이라는 당명으로 불리며, 젊은층, 탈물질주의적 투표자들로부터 약간의 지지를 이끌어내고 있다. 이러한 정당 혼성물에 잡다한 작은 중도파 혹은 극단주의파 정당들이 추가된다. 2007년 선거에서 9개의 정당이 원내진출을 했고 더 많은 수의 정당들이 공직선거에 후보자를 냈다.

제5공화국의 선거역사는 정당의 변화와 선거의 휘발성을 보여주고 있다. 드골주의자당(현재의 UPM)은 원래 주요 우파 정당이었으며 제5공화국의 처음 20년 동안 지배한 보수주의 정권에 참여했다. 이러한 조류는 1980년대에 좌측, 특히 구정치와 신정치 개혁 프로그램을 폭넓게 가진 사회당 쪽으로 이동했다. 1981년 의회선거에서 사회당은 다수당이 되었다. 보수주의자들이 1986년에서 1988년까지 의회를 지배했고, 다시 좌파 다수가 의회를 재탈환했다. 1993년 의회선거에서는 보수주의자들이 휩쓸었고, 1997년 선거 이후에 사회당/녹색당/PCF 다수[연합]파가 구성되었다. 2002년에는 보수주의자 다수가 의회를 장악했다. 2007년에는 우파가 대통령직과 의회 내 새로운 다수파가 되었다. 한마디로 프랑스의 정당시스템은 이례적으로 유동적이다.

프랑스의 정당시스템을 책임 있는 정당정부 모델로 보기는 어렵다. 한편으로 프랑스 정당시스템은 미국이나 영국 또는 독일에서 투표자들에게 주어지는 것보다 훨씬 큰 이념적 선택지를 부여하고 있다. 정당들은 정치 캠페인과 의회의 활동에 영향력을 행사한다. 다른 한편 정당시스템이 파편화하면서 전형적으로 재휴정치가 요구된다. 이로 말미암아 정당들은 제작기 프로그램을 내어놓고 서로 협상과 타협을 하게 된다. 이 과정은 영국이나 독일 정부에 존재하는 정당의 책임성이라는 족쇄를 약화시킨다. 더욱이 당의 목표와 전략을 규정하는 것은 종종 전국 정당조직보다는 당대표다. 프랑스의 정당들—심지어 공산당과 같이 고도로 중앙집권화된 당조차도—은 종종 대단히 사당적인 성격을 갖는다. 프랑스의 정당시스템은 지속적으로 변천하고 있는 정당시스템으로 그 성격을 규정할 수 있을 것이다.

## 정당시스템의 역사

정당에 관한 논의는 대개 현재에 초점이 맞추어져 있다. 정책적 입장과 정치 지도자들이 현재의 정당 이미지를 규정짓는다. 우리는 흔히 각각의 선거를 당시 현안 이슈들의 용어로 바꾸어 생각한다. 그러나 매번 선거에 나서는 정당들은 대개 어떤 이념이나 사회적 이익집단과의 지속적인 연고관계에 바탕을 둔 자신들의 역사적 뿌리를 반영하는 일관된 입장을 취한다. 같은 이유로 많은 투표자가 선거마다 동일 정당을 반복적으로 지지한다. 예컨대 미국의 가톨릭 신도들은 민주당 지지성향을 보여주는데, 이는 그들이 미국으로 처음 이주해왔던 시기의 사회계급적 입장과 가톨릭 신도들이 사회와 정책에 통합되었던 방식에서 비롯된 결과다. 미국 내 쿠바 출신들의 공화당 지지성향은 그들의 독특한 역사적 경험을 반영하는데, 그것은 공화당과 그들을 연결해준다.

립세트와 록칸(Lipset & Rokkan 1967)은 현대 정당시스템을 민족의 발전과 사회경제적 발전의 역사적 패턴이라는 용어로 기술하였다. 〈표 7.2〉는 그들의 분석결과를 요약해주고 있으며 이러한 이론틀이 투표에 대해 갖는 함의를 정리해주고 있다. 립세트와 록칸은 서구 사회의 현대화 과정에서 잇따른 두 개—**민족혁명**과 **산업혁명**—의 개혁이 현재의 당파적 경쟁을 여전히 구조화하는 특정 사회집단들 사이의 분열을 일으켰다고 주장했다. 비록 그들의 논의가 기본적으로 서유럽을 다뤘다손 쳐도 이 접근법은 미국을 포함한 다른 서구 민주주의 국가에도 적실성을 갖는다.

민족혁명 시기는 유럽에서 18세기와 19세기 동안 통합된 국민국가를 건설하는 과정과 연루된다. 민족혁명은 〈표 7.2〉의 중간에 표기된 두 세트의 경쟁적인 사회집단(사회분열)을 낳았다. **중앙/주변**의 분열은 지배적인 민족문화 대 주변지역의 인종, 언어, 혹은 종교적 소수자 집단의 분열의 골을 내었다. 예를 들면, 알사스 지방 사람들은 독일인이 될 것인가 아니면 프랑스

표 7.2 사회계층 분열과 투표자의 연대

| 역사적 시기 | 사회계층 분열 | 투표집단 |
|---|---|---|
| 민족혁명기 | 중앙/주변<br>교회/국가 | 지역<br>종교적 종파<br>종교적/세속적 |
| 산업혁명기 | 토지/산업<br>소유자/노동자 | 도시/시골<br>중산계급/노동계급 |
| 후기산업혁명기 | 문화적 가치 | 물질적/탈물질적 |

출처: 저자(R. Dalton)가 편집한 표임.

인이 될 것인가? 스코틀랜드인들은 스코틀랜드를 분리하여 국가로 만들 것인가 아니면 영국의 한 지역으로 둘 것인가? 미국 내 상이한 주의 역사도 이와 유사한 지역문화 간의 긴장관계를 야기했고 결국 시민전쟁으로 인도되었다. 이러한 분열은 지속되는 지역적인 정치적 지향의 차이 속에서 찾아볼 수 있다. 영국의 잉글랜드 지방 사람들과 웨일즈 지방 사람들, 잉글랜드 지방 사람들과 스코틀랜드 사람들 간의 차이가 그러한 경우다. 또한 프랑스의 브레통 지방 사람들과 파리 중앙의 사람들이 그러하고, 독일의 '바바리아 자유 주' 사람들과 독일연방공화국 사람들의 경우, 옛 연방공화국 사람들과 동쪽의 새로 탄생한 주에 사는 독일주민들이 그러하며, 미국 내 독특한 지역문화들 간의 차이가 그러하다.

민족혁명은 **교회/국가** 간의 갈등도 공식화했다. 그것은 가톨릭교회의 전통적 가치들에 반하여 민족정부의 세력을 중앙으로 집중시키고 표준화하며 동원하였다. 세속정부의 성장에 직면하자 교회는 새로운 민족정부에 저항하거나 종교적 이해를 대표하는 정치집단을 만듦으로써 자신의 특권을 보호하려는 시도를 빈번히 했다. 개신교도들은 민족자치투쟁에서 민족주의 세력들과 종종 연대하였다. 현대적 종교의 교파 간 그리고 세속과 종교집단 사이의 분열은 이러한 이전 시대의 사회적 분열을 계속 견지하고 있다.

[18세기에 시작하여] 19세기에 본격화된 산업혁명은 두 개의 추가적인 사회 분열을 야기했다(〈표 7.2〉 참조). **토지/산업** 분열양상은 시골과 농경 관련 이익집단을 부상하는 산업기업가 계급과 대치시켰다. 산업귀족들이 영국의 토지귀족들과 미국의 농경이익집단에 도전을 가했다. 독일 루르 지방의 산업가들은 프러시아 지역의 토지귀족인 융커(Junker)들의 권력에 도전장을 던졌다. 이러한 분열은 현재 시골과 도시의 이해집단들 사이의 갈등양상으로 계속 이어지고 있다.

산업화가 진전되면서 산업영역에서 **소유자**와 **노동자** 사이의 두 번째 분열양상으로 전개되었다. 이 분열양상은 노동계급과, 기업 소유주 및 자기고용자로 이루어진 중산계급 간의 갈등을 반영했다. 노동계급운동의 정당화 및 대표성 확보를 위한 투쟁은 19세기 말기에서 20세기 초반에 걸쳐 강도 높은 정치적 갈등을 빈번히 야기했다. 오늘날, 이 분열양상은 노조와 기업인연맹 사이의 경쟁, 보다 일반적으로 말하면 노동계급과 중산계급 구성원들 간의 경쟁에서 나타난다.

이러한 역사적 사건들은 현재의 정당시스템과 거리가 있는 듯이 보인다. 그러나 립세트와 록칸(1967)은 그들 간에 연계성이 여전히 존속하고 있다고 주장했다. 이러한 분열양상과 관련이 있는 사회집단들—농경인연맹이나 노조와 같은—이 발전하면서 그들은 투표권의 확장 이전에조차 정치과정에 참여하였다. 20세기 초엽 대부분의 유럽 국가가 대중에게 투표권을 부여하였을 때 이러한 집단경쟁 구조는 이미 안착되어 있었다. 새로운 투표자들은 이미 정치적으로 활발한 정당을 지지하는 경향을 보여주었으며, 미리 존재하고 있던 당파적 경향을 가지고 유권자 대열에 합류하였다. 예컨대 영국의 보수당은 중산계급의 기득권을 대표하는 반면, 노동당은 노동계급의 이익을 보살폈다. 프랑스와 독일의 노동계급은 공산주의 정당과 사회주의 정당을 지지했다. 미국의 정당시스템은 보다 점진적으로 발전했는데, 그 이유는 투표권이 유럽보다 먼저 주어졌고 사회집단들이 덜 양극화되어 있었기 때문이다. 그러나 현대 미국의 정당시스템은 계속해서 시민전쟁과 대공황 때 생긴 분열양상을 반영하고 있다. 예컨대 민주당은 1930년대에 형성된 뉴딜 정치연합의 토대에 아직도 의존하고 있다.

대중 정당의 형성은 현존하는 집단연대를 제도화하면서 현대 정당시스템의 틀을 창출했다. 투표자들이 정당에 대한 충성심을 형성하고 이익집단들이 정당과 유대관계를 형성하면 이러한 관계들은 자기-영속적인 특성을 띠게 된다. 정당들은 선거마다 동일한 집단들에게 핵심적인 지지를 기대하며, 그러한 집단에 속한 대부분의 투표자들은 습관적으로 같은 당을 지지한다. 비교정치학에서 가장 빈번하게 인용되는 립세트와 록칸의 결론은 "1960년대 정당시스템은, 거의 예외가 없이, 1920년대의 계층분열 구조를 반영하고 있다"(1967, 50)는 것이다.

초기 선거연구는 립세트와 록칸의 주장을 실증적으로 확인했다. 20세기 초반 지역적 투표 패턴들이 최근의 선거 결과에 나타나고 있다. 여론조사 연구는 사회적 분열양상들, 특히 계급과 종교적 차이들이 투표에 유력한 효과가 있음을 알려주었다. 예컨대 로즈(Rose 1969)의 1960년대의 투표양태 비교연구는 투표에서 선택은 분명히 립세트와 록칸이 설명한 분열양상들과 관련이 있음을 알아냈다.

이 당파적 안정성 주제가 관례적인 지혜가 되어 감에 따라 1970년대에 들어서면서부터 몇 가지 극적인 변화들이 정당시스템에 영향을 주기 시작했다. 기성정당들이 새로운 요구와 도전에 직면하게 되었고 당파적 변화의 증거가 누적되었다(Dalton, Flanagan & Beck 1984).[5] 새로운 정당들이 출현하여 선거에서 경쟁하였으며 일부 기성정당들은 파편화되었다. 그 후 몇십 년 사이 좀 더 유연하고 역동적인 정당정치의 증거가 불어나기 시작했다.

이러한 발전상의 뿌리에는 전통적 사회계급들과 당파적 선택 사이의 관계 약화 현상이 놓여 있다. 프랭클린, 맥키, 발렌(Franklin, Mackie & Valen 1992)의 서구 민주주의 국가 비교연구는 전통적 사회 분할이 투표 관련 선택을 예측하는 [척도로서의] 능력을 상실하기 시작했음을 발견했다(제8장도 참조하시오). 이러한 전통적 사회집단에 근거한 정치의 부식으로 인해 투표 관련 선택은 더더욱 유동적으로 변했다. 당파적 휘발성이 집단과 개인의 차원 양자 모두에서 증가하였다. 정당에 대한 사람들의 애당심도 약화되었다(제9장을 보시오). 따라서 주요 연구 질문은 현대 정당시스템의 역사적 패턴이 지닌 영속성을 설명하는 것에서 그것들의 점증적인 불안정성을 설명하는 것으로 바뀌었다.

몇몇 국가의 상황이 이러한 불안정성에 기여했다. 베트남전, 미국 내 인종분리정책, 영국의 지역적·경제적 긴장관계 프랑스와 독일에서의 학생운동 등이 그러한 상황적 요소들이다. 유럽과 북미의 정당시스템은 일반적인 정치적 위기를 경험하였고 흔히 집권당의 발목을 잡는 경제적 문제들도 경험하였다.

이에 덧붙여, 후기산업혁명은 새로운 탈물질주의적 이슈들을 정치 무대로 불러들였다(〈표 7.2〉와 제5장을 참조하시오). 기성정당들은 환경보호, 사회적 평등, 핵에너지, 젠더 평등, 대안적 라이프스타일 등과 같은 상이한 이슈세트에 당면하게 되었다. 일부 투표자들은 자기 삶에 영향을 미치는 결정들의 수립과정에 대한 보다 폭넓은 참여기회를 요구하였고 사회의 민주화를 한층 압박하였다. 이러한 경향들의 확산과 더불어 사회규범의 자유화와 기타 탈물질주의적 이슈들에 반대하는 보수주의 진영의 반응이 촉발되었다. 이러한 반격은 때때로 종교나 다른 역사적 사회계급에 기반을 둔 전통적 가치갈등을 재확인하였다. 이제 이러한 새로운 탈물질주의적 갈등들은 현대정치의 중요한 측면이 되어 있다.

주요 정당들이 초창기에 공중이 요구한 바에 온전히 대응하는 데 실패한 것이 현대 정당시스템 불안정화의 주요 요인이었다. 그 결과 새로운 정치적 관점들을 구체적으로 대의하기 위해 새로운 정당들이 조직되었다. 첫 번째 물결은 프랑스와 독일의 녹색당과 같은 환경 정당들이나 좌파-자유주의자 정당을 포함하였다(Richardson & Rootes 1995). 이 경향은 프랑스의 국민전선당(FN)과 독일의 공화주의자당(Republikaner) 같은 신우파 정당들의 탄생이라는 반기류를 수반하였다(Ignazi 2003). 이런 정당들이 현대적 이슈에 대한 일시적 대응방식을 반영하는지, 아니면 좀 더 영구적인 정치적 갈등의 재편성인지는 확실치 않다. 미국역사는 결국 기성정당으로 편입되고 마는 제3당의 출현으로 가득 차 있다. 현재 선진 산업민주주의 국가들 내 당파적 불안정성은 이런 재발 패턴의 또 다른 경우일 수 있다.

정당시스템은 유동적 상태에 있으며, 이러한 변화들이 얼마나 근본적이며 또 얼마나 지속할 것인지를 규정하기는 어렵다. 그러나 선진 산업민주주의 사회 내 새로운 정치적 갈등들이 이 유동성에 기여한 것은 분명하다. 역사가 이러한 경향들의 의미를 규정하도록 기다리는 한편, 우리는 미국, 영국, 프랑스, 독일에 현재 존재하고 있는 정치적 제휴관계들을 밀착하여 살펴볼 수 있다.

## 정치적 제휴관계의 구조

대부분의 정당과 정당시스템들은 아직도 일차적으로 립세트와 록칸이 설명한 전통적 정치제휴들을 지향하고 있다. 우리는 그것들을 구정치적 분열양상이라고 지칭할 것이다. 구정치의 분열양상은 구(舊)좌파 연정과 구(舊)우파를 경쟁시킨다. 립세트와 록칸은 사회계급을 구정치 분열양상의 일차적 요인으로 간주했는데 그 이유는 참정권이 확대되면서 계급이슈들이 대단히 현저해졌기 때문이었다. 구좌파는 세속집단과 도시 이익집단은 물론 노동계급 및 노조와 자신을 동일시한다. 구우파는 기업이익 및 중산계급과 동의어다. 정치적 이슈들이 구정치 분열양상의 관심사들—임금협상, 고용 프로그램, 사회적 안전망 프로그램—을 건드릴 때 계급특성들이 투표 선호와 긴밀히 맞물리게 된다.

구정치의 두 번째 요소는 종교적이거나 도덕적인 이슈들을 놓고 벌어지는 갈등이다. 많은 서구 민주주의 국가들은 아직도 교회와 국가 간의 관계에 대한 갈등들과 맞닥뜨리고 있다. 이러한 분열양상은 해당 사안들에 대해 상이한 견해를 가지고 있는 가톨릭교와 개신교를 이따금 분리시킨다. 또 어떤 때는 이 분열양태가 세속적인 투표자들과 종교적인 투표자들을 분리시킨다. 사실상 유럽의 몇몇 정당시스템들은 기독교와 기독민주당을 주요 우파 세력으로 특색 짓는다.

이제 대부분의 선진 산업사회들은 탈물질주의적 분열양상의 차원을 내포하고 있다(제5장을 보시오). 신정치의 차원은 환경의 질, 대안적 라이프스타일, 소수자 권리, 사회적 평등, 그 밖의 탈물질주의적 이슈들을 둘러싼 갈등과 연루된다. 이 차원은 이러한 이슈들의 주창자, 신좌파, 이러한 이슈들에 대해 위협을 느끼는 시민들, 신우파 사이의 분열양상을 표상한다.

구정치적 분열양상은 가까운 미래에도 선진 산업민주주의 국가에서 당파적 갈등의 일차적 토대로 존속하게 될 가망성이 있다. 신정치의 차원이 이러한 정당시스템에 의미 있는 방식으로 영향력을 행사한다. 그것은 기성의 구정치적 분열양상을 가로지를 수 있기 때문이다. 그들의 경제적 차이에도 불구하고 노조와 기업이익단체들은 핵에너지를 지지하기 위해 종종 공조체제를 구성한다. 농부들과 학생들은 때때로 환경에 위협이 될 수 있는 산업발전 프로젝트에 반대하기 위해 연대한다. [종교적] 근본주의를 신봉하는 육체노동자와 사무노동자는 자신들의 도덕적 강령에 대한 도전을 반대하기 위해 힘을 합친다. 신좌파와 신우파의 출현은 이렇듯 참신하고 비교되는 방식으로 사회집단연대와 정당 제휴를 재구조화할지도 모른다. 요약하면, 구좌파와 구우파 사이의 간단명료한 이분법이 정치적 경쟁의 패턴을 더 이상 적절하게 설명할 수 없다는 것이다. 현대 정치의 공간은 이제 적어도 두 개(또는 그 이상의) 차원으로 기술되어야 한다.[6]

우리는 미국의 사례를 들어 구정치와 신정치의 분열양상의 분리를 설명할 수 있다. 지난 세기 대부분에 있어 구정치적 분열양상들이 미국 정당시스템 내 정당경쟁을 구조화하였다. 1930년대 대공황에 대한 대응책으로서 창출된 뉴딜 정치연정은 정당지지의 사회적 기반을 규정하였고, 그것이 민주당과 노동계급 지지자들을 공화주의자들 및 대기업에 대치시켰다. [이에 덧붙여] 공식적인 교정분리도 미국 내 종교적 차이들을 침묵시켰다.

1960년대와 70년대 학생 항의자들, 여성운동, 대안적 라이프스타일 운동이 정치적 기득권의 상징들에 도전장을 던졌다. 와이스버그와 러스크(Weisberg & Rusk 1970)는 이러한 문화갈등이 어떻게 조지 맥거번(George McGovern)과 게리 하트(Gary Hart)처럼 의견을 달리하는 민주당 후보들이 표상하는 새로운 분열양상을 창출하게 될 것인지에 대해 기술했다. 이들 연구자는 민주주의자들과 공화주의자들이 신정치 이슈들과 확실하게 제휴하지 않았음을 발견했다. 신정치 이슈들은 정당들을 정치적으로 분리시켰다기보다는 내부적으로 분리시켰다(Inglehart 1984도 참조하시오).[7]

레이건과 첫 번째 부시 행정부(1981~1993)의 정책들은 구정치의 집중과 신정치적 제휴를 자극했다. 레이건 행정부의 과세방식과 정부지출의 우선순위는 기업과 사회 내 부유층에게 명백하게 유리했다. 이는 공화당과 기업이익 사이의 유대관계를 더욱 강화하였다. 게다가 레이건 행정부는 보수주의적 사회 어젠다를 추구했으며, 현대 미국정치에 비전형적이라고 할 만큼 종교를 당파정치로 끌어들이면서 '도덕적 다수'(the Moral Majority)와 기타 근본주의자들의 단체들과 같은 종교단체들과 정치적 연계를 발전시켰다.

레이건-부시 행정부들은 신정치 어젠다와 관련하여 정당의 입장을 분명하게 제시했다. 이전에 공화당은 몇 가지 환경 이슈들을 지지했었다. 예컨대 리처드 닉슨 대통령은 환경보호청을 만들고 다양한 환경법안을 도입하였다. 그러나 레이건과 부시 행정부는 환경운동에 공공연히 적대적이었으며 추가적인 환경개혁도 훼방을 놓았다. 이에 덧붙여 이 두 개의 공화당 행정부들은 여성주의 단체들에게도 공공연히 적대적이었다. 낙태 이슈는 연방판사의 임명과 후보선택 시에 공화주의적 가치를 검증하는 시험대로 작용했다.

공화당원들이 더욱더 신정치 어젠다에 대해 비판적 입장을 취하게 되자 민주당원들은 신정치적 명분들의 주창자가 되었다. 민주주의자들은 환경개혁과 보다 강력한 환경보호 기준을 지지했다. 빌 클린턴(1993~2001)과 그의 '신민주주의자' 연합은 노조의 옛 텃밭과 환경주의자 및 여성주의자의 새 텃밭을 결합시키려고 시도했다. 알 고어는 2000년 대선에 입후보할 당시와 그 이후 환경개혁의 전도사로서 환경이슈에 집중하였다.

다른 한편 공화당은 전통적 중산층 및 비즈니스 지지자들과 문화적 보수주의자들 가운데에서 새로운 투표자들을 한 데 규합하려고 했다. 조지 W. 부시는 공화당의 보수주의적 정체성을 한층 더 강화하는 방향으로 나아갔다. 1980년 이래 미국의 정당시스템은 정당의 양극화를 확실하게 경험했다.

우리는 2004년 미국전국선거연구 자료를 가지고 최근의 사회적 당파적 연대를 설명할 수 있다. 여론조사는 응답자들에게 그들이 일군의 사회정치집단들 및 정당들과 가깝게 느끼는지 멀게 느끼는지를 물었다.[8] 우리는 집단인식에 대한 상호연계성을 그래프 형태로 제시하는 통계분석방법을 사용했다.[9] 이 테크닉은 미국인들이 인식한 정치적 공간의 지도를 그려준다. 두 집단을 평가하는 방식에 강한 유사성이 존재하면 두 집단은 공간상 서로 가깝게 위치하게 된다. 집단들이 유사하지 않다고 평가되면 그들의 위치 사이에 거리가 생긴다. 이 〈그림 7.1〉은 투표자들이 사회집단 및 정당과 관련하여 자신의 위치를 정하는 데 사용할 수 있는 정치지도를 도식화한 것이다.

〈그림 7.1〉은 2004년 미국의 사회정치적 공간을 보여준다. 전통적인 구정치의 좌파/우파 분열양상은 그림의 수평적 차원에서 나타나는 것처럼 제법 분명하다. 존 케리는 여론조사에 참가한 응답자들의 선거구 출신 민주당

하원의원 후보들(Dem. House)과 함께 좌측에 있으며, 양 정치인들은 노조와 가까운 관계로 보인다. 이와 대조적으로 조지 W. 부시는 연속선상의 반대편 끝에 있으며, 그에 가장 근접하고 있는 것은 비즈니스 집단들, 기독교연합, 공화당 하원의원 후보 등이다.

〈그림 7.1〉은 이 정치적 공간의 다른 정치집단들의 위치도 보여주고 있다. 여성주의자들과 환경주의자들을 포함한 신좌파 집단들은 케리 및 2004년 민주당원들과 가까워 보인다—케리는 이전의 빌 클린턴이나 알 고어보다 더 좌파주의 정치성향을 지녔기 때문이다. 민주당원들과 가까운 신좌파 집단들과 공화당원들과 가까운 기독교연합의 위치설정은, 최소한 2004년 후보선택을 고려할 경우에, 문화적 이슈들이 미국 정당정치로 통합되었음을 암시할지도 모른다. 정치적 공간에서의 또 다른 영역은 소수자 집단들—흑인, 멕시코계 이민자들, 가난한 자들—이 차지하고 있다. 이들은 민주당과 더 가까운 것으로 인지되지만 구좌파나 신좌파 집단들과는 차별화된다.

수직단면의 반대편에는 이전에 녹색당 후보였으며 2004년 반기득권 무소속 후보로 출마했던 랄프 네이더와, 미국인들이 보기에 네이더를 가장 반대했던 집단인 군대가 포진하고 있다. 네이더와 군대의 대조도 기득권/반기득권 차원 역시 미국의 정치공간을 규정하고 있다는 사실을 귀띔한다.[10]

이것과 비교가 가능한 영국, 독일, 프랑스의 사회정치적 공간에 관한 최근 데이터는 존재하지 않지만, 우리는 정당의 상대적인 입장들을 다른 방식으로 설명할 수가 있다. 배노이트와 레이버(Benoit & Laver 2006)는 각국 정치 전문가들에게 정책 차원에서 정당들의 입장을 표시하도록 요청했다. 우리는 전문가의 견해를 통해 정당들이 상이한 정책차원에서 어떻게 인식되고 있는지와, 정당들이 국가별로 어떻게 차이가 나는지를 비교해볼 수 있다.

〈그림 7.2〉는 두 개의 정책과 관련하여 정당들의 입장을 제시하고 있다. 구정치의 경제 이슈들에 대한 입장을 측정하기 위해 사회적 지출의 유지 대(對) 세금 감축을, 신정치 이슈들에 대한 입장을 측정하기 위해서는 환

**그림 7.1** 미국 내 정치적 공간 점유 현황

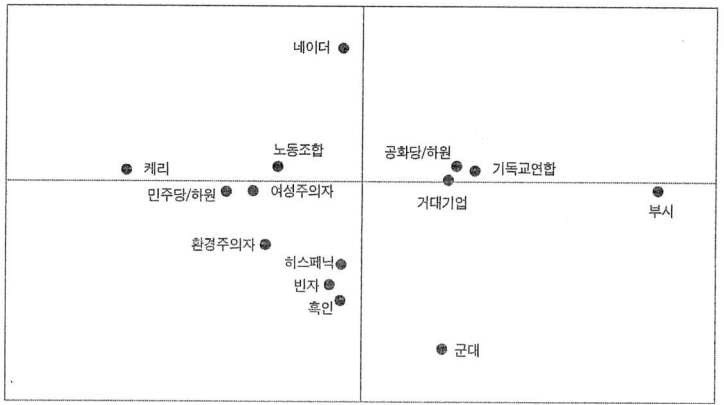

출처: 2004 미국전국선거연구
유의사항: 그림은 정치공간상에서 집단들을 도식화하고 있다; 유사하게 평가된 집단들은 서로 가까이 위치하고 있으며, 상이한 집단들은 공간상에서 거리가 상당히 떨어져 있다. 이 지도는 다차원 온도계 점수 척도에 근거하고 있다(각주 9를 보시오).

경보호 대 경제성장 정책을 선택했다. 그림 속의 점들은 베노이트/레이버 연구에 포함된 기성의 18개 민주주의 국가들 각각 내 개별 정당들을 표상한다.[11] 4개 연구대상국 내 주요 정당들은 그림에서 정당의 머리글자로 나타난다(〈표 7.1〉을 보시오).

〈그림 7.2〉의 수평축은 사회적 지출 대(對) 감세 이슈에 관한 정당의 입장들을 표시하고 있다.[12] 우리는 [그림을 통해] 전통적인 좌파/우파 정당 제휴에 관해 알 수 있다. 극좌 정당들은 프랑스의 공산당(PCF)과 독일의 탈-공산주의자 정당인 민사당(PDS)인데, 이들은 사회서비스 확대를 위한 증세를 강력히 선호한다. 구정치 차원의 반대편에는 세금 감축 목적에서 사회서비스를 줄이는 것을 선호하는 보수주의 정당들이 놓여있다.

수직적 차원은 환경보호 대(對) 환경을 희생하더라도 경제성장을 지지하는지에 관한 정당의 입장을 대변한다. 이것은 탈물질주의/물질주의 분열양상을 살펴보기 위한 것이다. 프랑스의 녹색당(Verts)과 독일의 녹색당(Grunen)은 강력한 탈물질주의 입장의 주창자다.

〈그림 7.2〉에 있는 구체적인 국가 내 정당들을 알아봄으로써 각 국가 시스템 내 정당 입장의 다양성을 알 수 있다. 프랑스의 정당시스템은 녹색당에서 국민전선당(FN)에 이르기까지 좌파/우파 대각선을 따라 광범위하게 퍼져 있다. 이 축을 따라 일련의 정당들이 포진하고 있다. 프랑스 공산당은 구정치 차원에서 뚜렷한 좌파 정책의 혼합물을, 신정치 차원에서는 보수주의적인 입장을 보여준다. 독일 정당시스템도 이 정치공간에서 PDS에서 FDP에 이르기까지 폭넓은 범위를 아우르고 있다. 녹색당은 두드러지게 환경 옵션을 주창하고 있다. 현대 정당시스템의 유동성은 아마도 영국 정당을 통해 가장 잘 설명될 수 있을 것이다. 토니 블레어와 고든 브라운은 더 많은 유권자의 지지를 이끌어내기 위해 노동당을 의식적으로 이념적 중앙 쪽으로 이동시켰으며, 그들의 노력은 그림 속에 나타난 정당의 위치에서 분명히 드러나고 있다. 이제 노동당은 스코틀랜드민족당(SNP)과 웨일즈의 웨일즈당(PCy)는 물론 구좌파와 자민당(Lib-Dem)의 신좌파에 의해 측면 포위되었다. 한 세대 전만 해도 영국의 정당시스템은 사회적 지출/세금 감축 차원을 따라 극단적인 양극화를 보여주었을 것이다. 당시는 한 극단에 노동당원들이 다른 한 극단에 보수주의자들이 위치하였고 자유주의자들이 중앙을 차지하고 있었기 때문이다.

두 개의 미국 정당은 이 정치공간에서 넓은 간격을 두고 떨어져 있다. 전문가들은 민주당이 영국, 프랑스, 독일의 주요 좌파 정당들보다 약간 더 사회서비스를 선호하며 더욱 환경 정책을 지지하는 입장이라고 표시했다. 역으로 공화당은 양 차원에서 가장 보수적인 정당으로 인식되었으며, 그림의 우측 상단에 위치가 정해졌다. 나는 이 양극화가 지난 10년 사이 정당의 차별성이 커진 것을 반영하며 조지 W. 부시 행정부 기간에 고조된 정당들 간의 정치적 긴장 수위를 반영한 과장된 진술일 것으로 생각한다. 단지 두

**그림 7.2** 정당의 서비스/세금&환경/경제정책 입장들

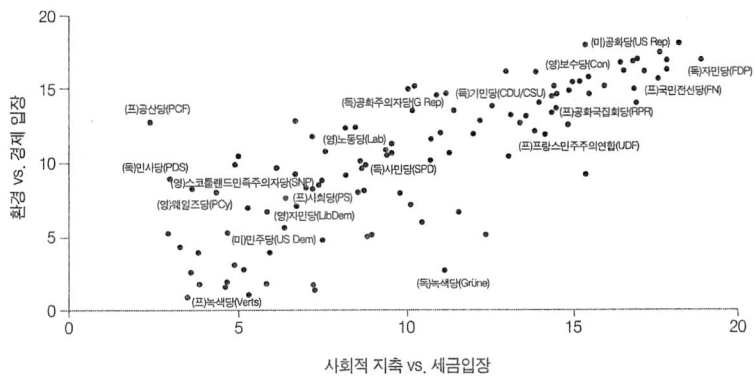

출처: Benoit & Laver(2006)의 저서에 제시된 정당의 입장; 18개 선진 산업민주주의 국가의 정당들이 그림에 포함되어 있다.
유의사항: 그림은 전문가 패널이 규정한 양대 정책 차원상에서의 정당 위치를 제시한다. 정당의 약칭은 〈표 7.1〉에 등재되어 있다.

개의 정당뿐이므로 한 당은 한쪽 극단에 다른 당은 반대쪽 극단에 위치시키려는 경향이 강하다. 미국의 정당들이 약간 더 차별화된 것은 사실이지만 아마도 〈그림 7.2〉에 제시된 것만큼은 아닐 것이다.[13]

경제정책과 환경정책은 정당 간 경쟁에서 중요한 원천들이지만, 사회적 이슈와 도덕적 이슈들도 정당들을 분리시킨다. 이러한 이슈들은 종종 젠더 권리와 라이프스타일의 용어로 표현되는 것으로서 정치에 대한 종교의 영향력이 집요함을 반영한다. 그러므로 우리는 정당의 입장을 수평축의 서비스/감세와 수직축의 사회정책에 대한 것으로 도식화하여 보여주고 있다(〈그림 7.3〉을 참조하시오). 사회정책 차원은 낙태, 동성애, 안락사와 같은 이슈들에 관한 보수주의적 입장에 대한 지지 여부를 타진하고 있다.[14] 정당들은 〈그림 7.2〉에서 보듯이 사회서비스/감세 차원에서 동일한 위치를 차지하고 있지만, 현재 사회정책 차원에서 상이한 연대관계를 볼 수가 있다. 경

제정책에 관해 좌파적 입장을 가지고 있는 정당들도 사회적 이슈들에 관해서는 비교적 자유주의적인 입장을 갖는다. 이들은 그림의 왼쪽 맨 아래에 밀집하여 있다. 이와 대조적으로 사회적 이슈들은 경제적 보수주의를 표방하는 정당들 내에서 분열양상을 일으킨다. 예컨대 독일의 자유민주당(FDP)은 경제 차원에서 강력한 보수주의를 취하지만 사회정책 이슈에서는 두드러지게 자유주의적이다. 독일 공화주의자당과 프랑스의 국민전선과 같은 이른바 신우파 정당들은 사회적 이슈들에 관해 현저히 보수적인 견해들을 가지고 있다. 심지어 [프랑스 FN의 경우는] 독일 기민당(CDU/CSU)의 우측에 위치한다. 환경주의가 경제적 좌파 사이에서 분열을 야기하듯이 사회정책 역시 경제적 우파 사이의 분열을 야기한다.

    미국의 경우 전문가들은 민주당과 공화당 사이에 뚜렷한 정책분리 현상을 발견하고 있다. 민주당은 사회적 이슈에 관해 자유주의 입장을 취하는 것으로 보이며, 종종 재생산 권리와 동성애 권리가 민주당 후보들의 시험대가 되었다는 주장으로 인도되고 있다. 역으로 공화주의자들은 1980년대 이래로 사회적 이슈들에 대해 좀 더 보수적인 태도를 취했으며, 특히 조지 W. 부시 행정부 때에 더욱 그러했다. 이 정당 분열양상은 〈그림 7.1〉에서도 나타나는데, 거기서 공중은 기독교연합을 부시의 긴밀한 정치적 동지로 파악했다. 미국에서 두 당의 연대는 현재 구정치와 신정치 차원들에서 유사하게 나타난다.

    정부의 사회적 지출과 같은 구정치 이슈들이 유일한 선거경쟁의 원천이라면, 립세트와 록칸이 현대 정당시스템을 1920년대 분열양상의 용어로 기술하는 것이 여전히 맞을 것이다. 사회계급에 기반을 둔 좌파/우파 정당의 연대는 사회서비스 대(對) 감세 차원에 관해 정치 전문가들이 현재 정당의 위치를 규정한 방식에서 분명하게 드러난다.

    이제 정치 어젠다의 내용은 구정치의 경제적 관심 그 이상을 포함하고 있다. 신정치가 탈물질주의적 관심들을 정치토론에 끌어들이게 됨에 따라 이러한 이슈들이 정당들의 상이한 연대방식으로 인도되었다. 예컨대 독일의 녹색당은 강력한 환경 이슈 주창자이며 이 연속선의 좌측 끝에 위치하고 있다(〈그림 7.2〉를 보시오). 사민당은 환경 차원에서 녹색당보다는 보수적인 CDU/CSU와 좀 더 가깝다. 환경 차원은 녹색당 및 여타 신좌파 정당들을 다른 모든 정당들과 분리시킨다.

이에 덧붙여, 동성애 권리와 같은 사회적 이슈, 이민을 둘러싼 논쟁, 그리고 지구화, 국제무역, 혹은 중동에서의 갈등과 같은 국제적 이슈들은 정당 연대에 변이성을 주입한다(Benoit & Laver 2006). 단 한 개의 구정치적 분열양상이 선거 경쟁을 구조화하는 대신, 정당들은 잠재적으로 모순을 일으킬 수 있는 정치적 차원의 이슈세트에 관해 입장을 정하라는 요구를 받는다. 이 상황이 작금의 선거정치에 더 큰 복잡성과 유동성을 주입시킨다. 이러한 신구 차원의 혼합은 이들 국가의 선거시스템 변화과정에 기폭제 효과를 일으키고 있다.

## 현재의 정당시스템

이 장에서는 현재 정당시스템의 이념구조가 보여주는 폭넓은 유사성에 관해 기술하였다. 정당들 대부분은 여전히 사회계급과 종교라는 구정치적 분열양상을 지향한다. 이러한 분열양상들이 이전보다 덜 현저하더라도 사회집단들 및 정당들 사이의 정치적 유대관계가 이러한 틀을 영속화한다. 결국 정당들은 여전히 자신들에 대한 지지의 핵심을 확보하고자 동일한 이해집단들과 결사체들로 눈을 돌리기 때문이다. 현대 공중들은 우파 정당들이 기업이익집단 (그리고 때로는 교회집단들)과 연계되어 있고, 좌파 정당들은 노조와 연대를 맺고 있다고 보고 있다.

정당의 주요한 차이들은 구정치 차원에 존재하고 있지만 우리는 신정

**그림 7.3** 정당의 서비스/세금&사회정책 입장들

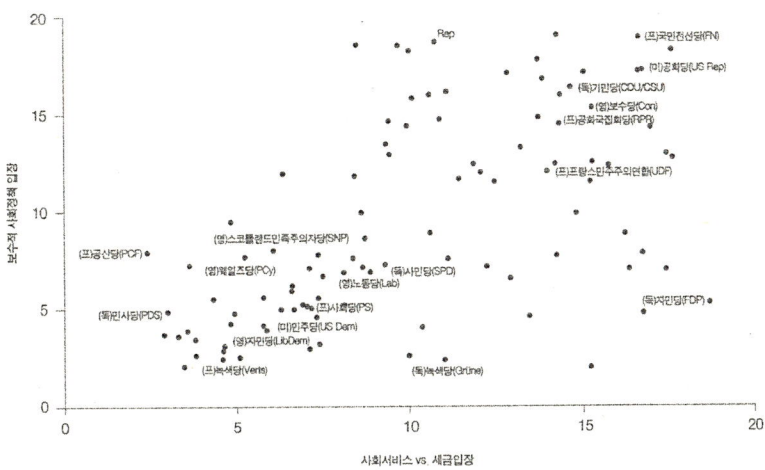

출처: Benoit & Laver(2006)의 저서에 제시된 정당의 입장; 18개 선진 산업민주주의 국가의 정당들이 이 그림에 포함되어 있다.
유의사항: 그림은 전문가 패널이 규정한 양대 정책 차원상에서의 정당의 위치를 제시한다. 정당의 약칭은 〈표 7.1〉에 제시되어 있다.

치적 분열양상이 점차 더 큰 중요성을 획득하고 있다는 신호들도 발견한다. 제5장과 6장은 사람들이 새로운 정책 관심들로 이끌리게 되는 탈물질주의적 가치들을 발전시키고 있음을 밝혀주었다. 이러한 새로운 이슈들은 애초에 기성 정당의 외부에서 공익집단들을 통해 대표되었지만, 이제는 당파정치 내에서 대표성을 획득하고 있다. 당파정치는 기성정당들에게 새로운 것들을 요구하고 있다.

우리는 몇 개 국가의 신정치 차원을 따라 움직이는 당파적 변화 신호를 읽을 수 있다. 독일과 프랑스의 녹색당과 같은 새로운 정당들이 신정치적 관심사들을 대의하기 위해 등장했다. 이러한 작은 정당들은 젊은층, 좀 더 잘 교육받은 사람들, 탈물질주의자들로부터 지지를 끌어내고 있다—이런 집단들이 신정치 분열양상을 규정한다. 이와 유사하게 신우파 정당들도 여

러 서구 정당시스템 속에 등장했는데, 이들은 특히 보수주의적 사회가치들, 사회질서, 그리고 종종 이민과 소수자 정치에 대한 비판을 창도하고 있다.

일부 기성정당들은 구좌파와 신좌파 이슈들을 하나의 프로그램에 결합시키려는 시도를 한다. 비록 그러한 결합이 폭넓게 확산된 모순적인 관심사들로 인해 유지하기 어려울지라도 말이다. 사회서비스에 대한 사회주의 정당의 입장에 만족을 표시할 것 같은 노조들은 고용에 위협이 될 것 같은 친환경 정책들에 대해서는 불만스러울 수도 있다. 이와 유사하게 일부 보수주의 정당들은 경제이슈에서는 구우파 집단들에, 사회이슈에서는 신우파 집단들에 호소하며 이 정책연합을 함께 이루는 데 동일한 성격의 긴장을 경험했다. 결과적으로 많은 기성정당은 이러한 새로운 이슈집단들과 긴밀한 유대관계를 공식화하는 데 주저하였다. 특히 유럽에서 그러했는데 그 이유는 구정치적 유대관계가 강하게 남아있기 때문이다. 정당들이 이익과 비용의 산출이 명확해지기 전에 새로운 갈등의 차원에 대하여 분명한 입장을 취하는 일을 조심스러워 하는 것은 당연하다.

2008년 미국 대선의 예비선거는 이러한 당 내부와 당들 간의 선거 경쟁이 지닌 다층적 차원을 상세히 보여주었다. 미트 롬니는 공화당 내 재정적 보수주의자들과 긴밀한 유대를 맺고 캠페인을 시작함으로써 다른 많은 사회적 보수주의자들을 소외시켰다. 마이크 허커비 후보는 공화당의 사회적 보수주의자들로부터 강력한 지지를 이끌어냈지만 재정적 보수주의자들로부터는 그러하지 못했다. 루디 줄리아니 후보는 국방적 보수주의자에게 호소력이 있었지만 사회적 보수주의자들에게는 그렇지 못했다. 민주주의 예비선거에서는 다른 분열양상들이 존재했다. 존 에드워즈와 힐러리 클린턴은 노동 측과 강한 유대관계를 맺고 있었고, 힐러리 클린턴은 〈에밀리목록〉(EMILY's list)과 같은 여성단체들로부터 지지를 이끌어냈다. 버락 오바마는 연령이 낮은 탈물질주의적 유권자들, 소수자들, 정치적으로 냉소적인 중산층에 호소했다. 결국 선거정치는 어떤 유동적이고 다차원적인 이슈의 공간

속으로 파편화되었다. 이러한 불확실성으로 인해 전문가들조차 2008년이 이미 시작된 뒤에도 예비선거의 향방을 정확히 예측하지 못했다.

정당들이 직면한 불확실성과, 새로운 정치적 분열양상을 기존의 정당 시스템으로 통합시키는 데 있어서의 어려움으로 인해 장차 대부분의 확립된 민주주의 국가에서 당파적 변화는 불가피해 보인다. 시민들의 가치와 이슈적 관심 속에서 계속되는 변화는 당파적 변화가 추가로 현실화될 수 있는 잠재력을 의미한다.

## 독서 목록

Abramson, Paul, John Aldrich&David Rohde. 2005. *Change and Continuity in the 2004 Elections*. Washington, D. C.: CQ Press.
Benoit, Kenneth&Michael Laver. 2006. *Party Policy in Modern Democracies*. New York: Routledge.
Clarke, Harold, et al. 2004. *Political Choice in Britain*. Oxford: Oxford University Press.
Evans, Geoffrey&Norris, Pippa, eds. 1999. *Critical Elections: British Parties and Voters in Long-Term Perspective*. Thousand Oaks, Calif.: Sage.
Langenbacher, Eric, ed. 2006. "The 2005 Bundestag Election." Special issue, *German Politics and Society* (Spring 2006).
LeDuc, Lawrence, Richard Niemi & Pippa Norris, eds. 2002. *Comparing Democracies: New Challenges in the Study of Elections and Voting*. 2nd ed. Thousand Oaks, Calif.: Sage.
Lewis-Beck, Michael S., eds. 2002. *How France Votes*. New York: Chatham House. 1999.
Luther, Richard&Ferdinand Mueller Rommel, eds. 2002. *Party Change in Europe*. Oxford: Oxford University Press.
Norris, Pippa. 2004. *Electoral Engineering: Voting Rules and Political Behavior*. New York: Cambridge University Press.
_____. ed. 2001. *Britain Votes 2001*. Oxford: Oxford University Press.
Webb, Paul, David Farrell&Ian Holliday, eds. 2002. *Political Parties in Advanced Industrial Democracies*. Oxford: Oxford University Press.

8장
# 정당지지의 사회적 기반

민주주의 국가 시민들의 핵심 정치활동은 선거에서 투표하는 것이다. 우리가 제7장에서 보았듯이 선거는 공직을 맡는 공직자를 선출함으로써 민주주의적 통치의 토대를 제공한다. 선거는 후보, 미디어, 정치분석가, 시민들이 국가가 당면한 이슈들과 장차 해야 할 바를 토론하는 이례적인 정치적 행사다.

    선거는 또한 다른 이유들 때문에 정치학자들의 관심을 끈다. 대부분의 공중이 연루되는 선거를 통해 사람들이 어떻게 정치적 결정을 하는지를 연구할 수 있다. 선거는 정치적 태도가 어떻게 실제 행위를 규정하는지—투표권의 행사방식—를 알 수 있는 기회를 제공한다. 사람들은 구체적인 투표결정을 하기 때문에 투표 시의 선택사항은 비교적 잘 숙고되고 명료하며 예측이 가능하다. 그러므로 선거의 연구들은 공개적인 여론조사에 대한 간단한 응답을 초월하는 정치적 사고와 행태를 연구하는 훌륭한 세팅을 제공한다. 만약 시민들의 마음을 읽는 창을 제공하는 정치적 행위가 있다면 그것이 바로 투표행위다.

    이에 덧붙여, 투표행태는 이 책에서 설명하고 있듯이 시민정치의 변화하는 패턴을 반영하고 있다. 대부분의 선거가 투표자들이 이미 결과에 대해 마음을 정한 채 시작되었던 1950년대와 1960년대는 다른 계산법이 존재

### 인터넷 자료 소개

미국전국선거연구(ANES) 웹사이트와 영국선거연구(BES) 웹사이트를 방문하여 보시오. ANES: www.electionstudies.org / BES: www.essex.ac.uk/bes

했었다. 투표자 대다수는 자신들의 사회적 위치나 당파적 충성심에 따라 오래도록 지녀왔던 성향에 의존했다. 이 장과 다음 장에서는 이러한 성향들에 관해서 설명할 것이다. 또한 투표의 선택과 관련하여 이러한 요인들의 영향력이 어떤 방식으로 약화되고 있는지도 설명할 것이다. 새로운 시민정치 스타일에 관해 말하자면, 더 많은 투표자가 당시 후보와 현안이슈들에 대한 자신들의 견해에 기초하여 선거 캠페인 기간에 결정을 내린다.

이 장은 앞의 제7장에서 설명한 사회적 연대관계들로부터 진화한 집단의 [투표 관련] 기반들에 관해 살펴봄으로써 투표행태를 검토할 것이다. 우리는 시간의 경과에 따라, 그리고 교차 국가적으로 집단 투표행태를 추적해 볼 것이다. [이 과정에서] 우리는 집단-기반의 투표행태가 보여주는 안정성과 변화를 강조하게 될 것이다.

## 사회-집단적 투표모델

뮌헨의 중심 읍의 광장인 마리엔플라츠의 풍경은 전국선거를 앞둔 주말에는 언제나 똑같은 모습이다. 다양한 정당들이 정보 부스를 설치하고 사람들이 자기 정당에 투표하도록 권유한다. 전형적으로 노조원들과 가족들은 그 부스의 행사요원으로서 사민당(SPD)을 위해 봉사한다. 가톨릭과 연계된 집단의 멤버들은 기사련(CDU/CSU) 부스에 참여한다. 젊은 전문직들이나 연배가 높은 기업가들은 자민당(FDP) 부스를 돕고 있다. 전형적인 녹색당의 방식은 머리털이 텁수룩한 대학생들로 하여금 정당의 정보지를 나누어주도록 하는 것이다. 사회-집단과 정당의 연계는 민주주의 정당시스템과 선거의 일반적인 특질이다.

애초부터 선거연구는 사회집단의 애착심을 투표행태의 중요한 영향 요인 중 하나로 강조해왔다. 사회집단은 우리가 제7장에서 논의했던—상이한 사회계급이나 종교집단들 사이에 존재하는 것과 같은—독특한 사회적 이해관계들을 대변하며, 선거는 이러한 상이한 이해관계들을 푸는 수단이다. 미국 선거에 관한 첫 번째 경험연구 가운데 하나는 당파심의 사회적 기반들에 초점을 맞추었다(Lazarsfeld, Berelson & Gaudet 1948). 이 연구는 사회계급, 종교, 시골/도시 거주자에 기초한 정치적 성향 지표가 투표의 선택과 밀접하게 연결되어 있음을 발견했다. 투표 패턴에서 첨예한 집단적 차이들을 창출하는 사회계층화는 미국보다 유럽에서 좀 더 광범위하다. 사회계급은 영국정치의 기초며 다른 모든 것들은 단지 장식과 세부사항에 불과하다는 것은 공공연한 상투적 표현이다. 독일과 프랑스에서도 계급과 종교는 투표에서 강력한 상관관계가 있다.

계급 및 종교와 같은 사회적 특성은 몇 가지 가능한 방식으로 투표자의 선거 선택에 영향을 끼친다. 첫째, 사람의 사회적 위치는 종종 그/그녀의 가치와 정치적 신념을 암시한다. 예컨대 프랑스의 강철 노동자는 사회적 서비스나 정부의 기업 규제를 선호한다. 자유로운 낙태법에 대해서는 비종교적인 사람들보다 독실한 가톨릭교도 사이에서 더욱 반대가 클 것이다. 사회적 특성은 유권자 집단과 어떤 정당이 자신들의 정책입장을 가장 잘 대변하는가에 대한 그들의 인식을 간접적으로 반영한다.

둘째, 사회적 특성은 개인이 노출된 정치적 단서의 일부를 가리킨다. 영국의 탄광노동자는 자신의 동료나 다른 노동계급의 이웃이나 친구로부터 정치에 대해 듣게 되며 일터의 노조원과 집으로 배달되는 노조의 인쇄물에서 정치정보를 얻는다. 그의 노동계급적 환경이 자신과 같은 사람들에게 혜택이 돌아가는 정책이 무엇인지, 어떤 정당이 그의 이익을 가장 잘 대변하는지를 반복적으로 제공한다. 이러한 단서들이 강한 노동당 편견을 전달하는 것은 불가피하다. 독일 바바리아 주의 가톨릭교도들은 매주 교회예배, 가톨릭 배경의 사회집단, 가톨릭 신앙을 가진 보수적인 친구들로부터 정치적 이슈에 대해 듣게 된다. 이러한 정보는 일반적으로 기민/기사련과 이 당의 프로그램에 대해 우호적인 의견을 고무시킨다.

셋째, 사회집단들은 유권자들의 정치적 이슈에 대한 지향을 형성하고 정치에 대한 정보를 제공해준다는 점에서 중요한 조회처가 될 수 있다. 비록 노조의 멤버이거나 정규적으로 교회에 가는 사람이 아니더라도 노조가 한 정당을 선호하고 가톨릭교회가 다른 정당을 선호한다는 사실을 아는 것은 유권자들이 그러한 정당들과 관계설정을 하는 데 도움이 된다. 사회적 네트워크와 집단들이 제공하는 단서들은 많은 사람의 정치적 정향과 투표행태를 인도하는 데 일조한다.

사회집단 단서에 대한 의존은 제2장에서 기술한 '충족적' 결정수립 모델을 설명해준다. 사회적 단서들은 유권자가 자신의 사회적 위치와 부합하는 정당 선택의 폭을 좁혀줄 수 있다. 유권자들은 역사적으로 자신이 속한 사회계층 혹은 종교집단을 지지하는 정당 (혹은 정당들)에 대한 선호를 지니는 한편, 비지지적인 기록을 가지고 있는 정당들을 배제하는 가운데 선거에 임하게 된다. 정당들은 자신을 '노동당' 혹은 '기민당' 지지자라고 부르는 유권자들에 대해 집단적 충성심을 전달하면서 그러한 유대관계를 육성한다.

많은 유권자가 정당들의 집단적 호소는 물론 사회집단들이 제공하는 단서들—노조의 승인, 기업인연맹, 종교집단 등—에 바탕을 두고 경쟁하는 정당들 사이에서 결정한다. 대부분의 경우에 그러한 결정수립은 합당한 투표선택 결과를 낳는다. 비록 유권자들이 적실한 모든 이슈들에 대해 온전히 잘 알지 못한다 할지라도 말이다. 영국의 산업노동자들이 자신과 같은 사람들을 대변하는 노동당에 투표할 때 그들은 합당한 유권자적 선택을 하는 것이다.

사회적 특성에 대한 의존은 투표결정에서 한 가지 지름길이다. 모든 이슈와 후보들에 대해 잘 아는 시민은 정보에 기반을 둔 투표선택을 할 준비가 되어 있고, 또 이슈-지향적이고 이념적인 용어상으로 그 결정을 정당화할 준비가 잘 되어 있다. 사회적 특성들은 어떤 정당이 자신의 이익을 대변하는지를 선별하는 데 있어 비록 약간 덜 확정적이긴 해도 훨씬 간단명료한 선택 방식이다. 대부분의 유럽 국가에서 그러한 것처럼, 강한 사회집단적 정체성이 이러한 사회적 계층분열에 관한 정당의 명확한 입장과 결합될 경우 사회적 특성들은 투표선택에 대한 유의미한 규준을 제공할 수 있다.

## 사회계급과 투표

계급정치는 우리가 구정치—가진 자와 못 가진 자의 경제적 갈등—라고 묘사한 것의 본질을 건드린다. 계급 분열양상은 산업사회들이 경제적·물질적 목표들에 이르는 과정에서 당면하는 문제들을 반영하고 있다. 예컨대 삶의 수준을 개선하는 일, 경제적 안전을 제공하는 일, 그리고 경제적 보상을 정당하게 분배하는 일 등등. 실업, 통화팽창, 사회적 서비스, 과세정책, 정부의 경제운영과 같은 이슈들은 계급분열 양상을 부추긴다.

사회과학자들은 아마도 다른 어떤 사회적 특성보다 사회계급과 투표의 관계에 더 많은 관심을 쏟아왔을 것이다. 이론상 계급분열 양상은 마르크스주의로부터 발전된 권력과 정치라는 가장 기본적인 문제들의 일부와 사회발전에 대한 자본주의적 견해들과 연루된다. 역사적으로 개인이 어떤 계급에 속했는지는 투표선택에서 강력한 예측요인이었다. 립세트의 초기 선거정치 교차-국가 연구는 계급분열 양상을 정당지지에 가장 광범위하게 영향력을 행사하는 토대 중 하나로 지목했다.

> 여러 정당이 계급갈등이나 충성심의 원칙을 거부하더라도 그들의 호소와 지지를 분석한 결과는 그것들이 상이한 계급들을 대변한다는 점을 암시한다. 세계적 차원에서 일반화될 수 있는 주된 논점은 정당들이 일차적으로 하층계급, 중산층, 상류층 중 어느 하나에 기반을 두고 있다는 것이다(Lipset 1981, 230).

대개 연구들은 사회계급을 직업의 용어상으로 정의한다. 칼 마르크스의 저술전통에 따라 직업은 전형적으로 그들의 생산수단에 대한 관계에 기초하여 분류된다. 부르주아는 자영업자와 자본가이며, 프롤레타리아트는 생활을 위해 자신의 노동력을 파는 노동자들이다. 이 틀은 두 개의 커다란 사회집단을 규정하는 일반화 방식을 제공한다. 요컨대 중산층과 노동계급의 분류가 그것이다. 사회주의자와 공산주의자 정당들은 노동계급의 이익을 대변하기 위해 등장했으며, 보수주의 정당들은 중산층의 이익을 방어한다.

이 마르크스주의적 이분법이 과거의 계급 분열양상을 정의했다. 하지만 선진 산업사회의 변화하는 성격은 계급구조를 재편성하였다. 전통적인 부르주아와 프롤레타리아트는 기본적으로 월급을 받고 일하는 사무직 노동자와 공무원으로 구성된 '새로운' 중산층 혹은 '월급노동자'(salatariat)의 합류를 허용하였다(Heath, Jowell & Curtice 1991). 플로리다(Florida 2003)는 '지식노동자'를 새로운 중산층의 하위세트로서 설명하였는데, 그들은 정보를 생산하고 이용하여 생계를 영위하며 전형적으로 신정치적 견해의 전위부대다. 벨(Bell 1973)은 새로운 중산층이 노동력의 대부분을 차지하는 사회를 '후기산업사회'라고 정의했다. 1980년대에 이르자 거의 모든 서구 민주주의 사회들이 그의 정의에 들어맞게 되었다.

신중산층은 전통적인 노동계급과 구중산층 사이의 계급갈등 구조상에서 분명한 위치를 차지하지 못했기에 [새로] 계급구조에 추가된 중요한 사회계급이다. 자본소유와 경영의 분리, 서비스 섹터의 팽창, 정부조직 (혹은 비영리적) 고용의 확대 등은 마르크스주의 계급분석에 부합하지 않는 사회적 계급을 만들어낸다. 신중산층은 옛 중산층처럼 자본을 소유하지 않으며, 라이프스타일에 있어 전통적인 프롤레타리아트에 속한 육체노동자와 차이를 보인다. 신중산층 멤버들은 구정치의 경제적 갈등에 관심을 덜 보이는 한편, 우리가 제5장과 6장에서 검토한 바 있는 신정치적 이슈들에 더욱 기우는 경향을 보인다. 결과적으로 신중산층의 정치적 정체성은 부르주아와 프롤레타리아트 양자와 다르다.

〈표 8.1〉은 가용한 최근 선거 데이터에 나타난 사회계급들의 투표선호를 보여주고 있다.[1] 역사적으로 사회적 연대는 각 국가 내에서 지속성을 보여준다. 노동계급은 좌파 정당들에게 치우친 지지를 보낸다. 영국에서는 43퍼센트가 노동당에 투표했고, 독일에서는 61퍼센트가 사회당(SPD) 녹색당 혹은 Linke.PDS에 투표했다. 다른 극단에는 구중산층이 보수정당에 대한 지지층으로 존재한다. 이 전통적 프롤레타리아트/부르주아 분열양상은 각국가 내에서 강하게 남아있다. 비록 각국 유권자의 절반 이하가 현재 이 두

표 8.1 사회계급과 정당지지

(단위: %)

|  | 노동계급 | 신(新)중산층 | 구(舊)중산층 |
|---|---|---|---|
| **미국 (2004)** | | | |
| • 민주당 | 56 | 55 | 48 |
| • 공화당 | 44 | 45 | 52 |
| 합계 | 100 | 100 | 100 |
| **영국 (2005)** | | | |
| • 노동당 | 43 | 37 | 36 |
| • 자유민주당(자민당) | 20 | 27 | 24 |
| • 보수당 | 22 | 27 | 35 |
| • 기타 정당 | 15 | 9 | 5 |
| 합계 | 100 | 100 | 100 |
| **프랑스 (2002)** | | | |
| • 공산당/극좌파 | 12 | 7 | 3 |
| • 사회당 | 43 | 39 | 28 |
| • 녹색당 | 15 | 14 | 16 |
| • UDF당(프랑스민주주의연합당) | 2 | 10 | 11 |
| • RPR당(공화국집회당) | 22 | 27 | 38 |
| • 국민전선당(FN) | 6 | 3 | 3 |
| 합계 | 100 | 100 | 99 |
| **독일 (2005)** | | | |
| • Linke.PDS | 12 | 8 | 8 |
| • 녹색당 | 9 | 9 | 14 |
| • 사회당(SPD) | 40 | 39 | 17 |
| • 자유민주당(FDP) | 9 | 11 | 18 |
| • 기민련/기사련(CDU/CSU) | 31 | 33 | 43 |
| 합계 | 101 | 100 | 100 |

출처: 미국, 2004 미국전국선거연구(CSES); 영국, 2005, 영국선거연구(CSES); 프랑스, 2002, 국제사회서베이(ISSP); 독일, 독일선거연구 2005 (CSES).

유의사항: 미국 데이터는 의회선거에 기초하고 있다; 독일 데이터는 동쪽과 서쪽의 유권자를 합친 것이다. 사회계급은 응답자의 직업에 기초하고 있다.

계급 중 어느 한 쪽에 속하고 있을지라도 말이다.

신중산층이 이제 유권자의 과반수가 되었고, 더욱 중요하게는, 야심찬 당파적 선호를 지니고 있다. 이 계급은 대개 좌파/우파 투표선호에 있어 노동계급과 구중산층 사이에 위치하고 있으며, 녹색당이나 신좌파 정당들처럼 신정치적 이념을 대변하는 정당들에게 균등하지 않은 방식으로 지지를 보내고 있다. 신중산층은 변화하고 있는 선진 산업민주주의 국가들의 정치적 연대에 한 가지 주된 요소다.[2]

비록 사회계급이 여전히 투표선택에 영향을 미친다 할지라도 계급적 단서들은 20세기 중반에 그랬던 것보다 낮은 비중을 갖는다(Nieuwbeerta & de Graf 1999; Oskarson 2005; Knutsen 2006). 〈그림 8.1〉은 알포드 계급투표 지표를 사용하여 우리가 연구하는 4개국의 장기적 패턴을 제시하고 있다. 이 지표는 노동계층이 좌파에 투표한 퍼센티지와 중산층(구중산층과 신중산층)이 좌파에 투표한 퍼센티지 사이의 순전한 차이를 계급투표로 산정한다.

〈그림 8.1〉에 나타난 일반적 경향은 계급의 차이가 확실히 줄어들고 있다는 것이다. 계급투표의 지표는 지난 50년 사이 영국과 독일에서 극적으로 감소했다.[3] 노동계급과 중산층이 좌파정당을 지지한 퍼센티지의 차이는 한때 40퍼센트나 되었지만 지금은 가까스로 두 자리 숫자가 될 뿐이다. 미국 의회선거에서 계급투표는 불규칙한 쇠퇴 패턴을 따르고 있다. 2000년과 2004년 선거에서 그 간격은 실제로 거의 존재하지 않는다. 아브람슨, 알드리치 로데(2005, 5장)의 연구는 미국 대선에서도 계급투표의 부식현상이 발생하고 있음을 보여준다. 프랑스에서는 4공화국 시절(1946~1958)에 사회계급이 투표에 적당한 수준의 영향력을 가지고 있었다. 하지만 5공화국의 형성에 수반된 소란스러운 사건들—폭넓은 지지기반을 가진 드골주의자당(Gaullist Party)의 창건을 포함하여—이 1958년 선거에서 계급투표를 급격히 하락시켰다. 그때 이래로 계급투표는 대체로 하향추세를 보여주었다 (Lewis-Beck & Skalaban 1992; Boy & Mayer 1993).

계급투표 차이가 좁혀지고 있다는 증거에도 불구하고 일부 연구자들은 서구 산업사회에서 나타나는 계급연대들이 비록 새로운 형태를 띠

**그림 8.1** 계급투표 경향

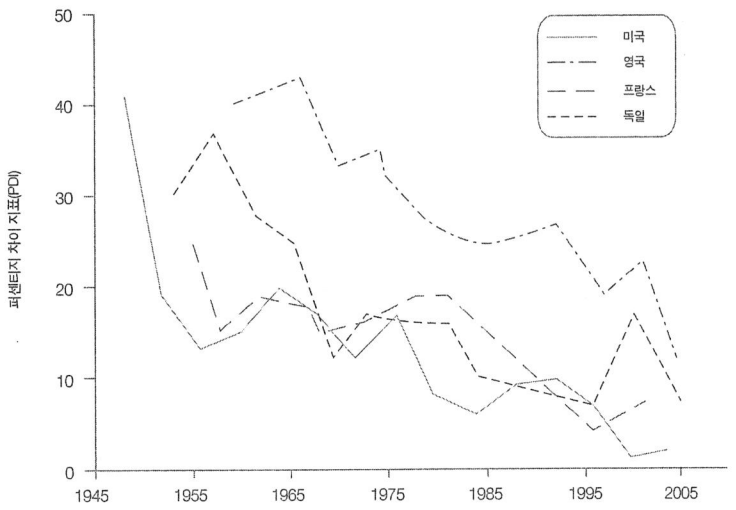

출처: 미국, 1948~2004, 미국전국선거연구; 영국, 1955, Heath et al. (1985); 1959, 시민문화연구; 1964~2005, 영국선거연구; 프랑스 1955, MacRae (1967, 257); 1958, Converse & Dupeux 여론조사; 1962 IFOP 여론조사; 1967, Converse & Pierce 여론조사; 1968, Inglehart 여론조사; 1973~1988, Eurobarometer; 1996 & 2002, ISSP; 독일, 1953~2005, 독일선거연구(서독 지역만 실시, 1990~2005).

유의사항: 그림의 수치들은 Alford Class Voting index를 사용함. 예) 노동계층의 좌파 투표(%)−중산층(구중산층/신중산층)의 좌파 투표(%). 미국의 경우는 대통령선거에 기초하고 있는 1948년을 제외하고는 모두 의회선거에 기초하고 있음.

기는 하지만 계급투표를 영속화하고 있다고 주장한다(Evans 1999, 2000; Manza & Brooks 1999; Heath, Jowell & Curtice 1991; Wright 1997). 골스롭(Goldthorpe 1987)은 직업적 자율성과 권위적 관계의 개념을 소득수준과 육체노동 같은 전통적 계급 범주들에 추가시킨 계급 범주화 방식을 제안하였다. 다른 사람들은 중산층 월급노동자나 부유한 블루칼라와 같은 새로운 사회적 맥락들을 반영하는 계급 범주들을 만들어냈다. 또한 연구자들은 사회경제적 계층분열의 잠재적인 새 기반들로서 고용 이외의 범주들을 탐구했다. 일부는 교육이, 정보가 풍족한 계층 및 기술적으로 세련된 유권자층과 정보가 빈약하고 기술이 없는 유권자층을 가르는 정치적 계층분열의 토대를 형성할 수 있다고 귀띔한다. 또 어떤 이들은 공적 영역과 민간 영역 사이의 갈등이 전통적인 계급갈등을 대체할 것이라고 역설한다.

이러한 사회계급의 재개념화는 사회적 단서가 이제 과거보다 복잡하고 차별화된 방식으로 기능할 것임을 암시한다. 그러나 경험적 현실은 여전히 건재하다. 이러한 새로운 계급 틀들조차 시민들이 투표하는 방식을 설명하는 데 있어 단지 적당한 수준의 가치를 지니는 것으로 나타나기 때문이다. 클락과 그의 동료들(Clarke et al. 2004, 3장)은 1960년대부터 현재까지 영국의 계급투표를 평가하는 세 가지 상이한 방식을 사용하여 그 세 가지 방식이 매우 유사한 감소추세를 보이고 있음을 발견했다. 니우비어타(Nieuwbeerta 1995; Nieuwbeerta & de Graf 1999)는 계급투표의 대안적인 통계 측정방식이 여러 서구 민주주의 국가들을 통틀어 이러한 장기적인 경향을 바꾸지 않는다는 점을 증명했다.

〈그림 8.2〉는 좀 더 정교한 사회계급의 측정방식을 검토하면서 교차-국가적 시각에서 4개 연구대상국의 현재 계급투표 수준을 제시하고 있다. 우리는 계급구조의 구성에 좀 더 큰 차별성을 허용한 다음 6개 사회집단의 투표 선호를 비교했다.[4] 크레이머 V 상관관계 측정법은 이 집단들 사이에 나타나는 계급투표 차의 크기를 측정한다(이 측정법에 관해서는 부록 A를 참조하시오). 이 『시민정치론』 책의 5판 전체를 통해 우리는 그러한 분석법들을 사용하여 계급투표가 하향 추세임을 추적해냈다. 오늘날 계급은 단지 온건한 수준에서 투표선택과 연관되고 있다. 비록 과거보다 낮아진 수준이라 하더라도 현재 스칸디나비아 국가들 내 계급 양극화 수준이 가장 크게 나타나고 있다. 중산층에 관한 여러 개의 [세부] 범주들을 포함한 확대된 사회계급 측정방식에서조차 이 나라들의 계급적 차이의 평균수준은 상당히 온건하다(평균 크레이머 V=.14).

우리의 연구대상인 4개 핵심국가의 용어상 영국의 계급 차는 비교적

**그림 8.2** 사회계급과 정당선호의 관계

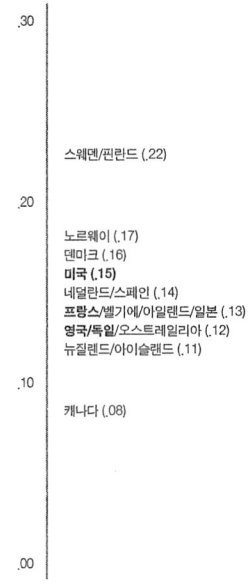

출처: 선거시스템 비교 연구, module II.
유의사항: 괄호 안의 수치들은 Cramer's V 상관계수임.

큰데, 이는 영국정치—그리고 투표에서 계급적 단서의 영향력—에서 계급이익이 지닌 상대적 중요성을 반영하고 있다. 이러한 차이들은 시간 경과에 따라 점차로 완화되는 중이다. 독일과 프랑스는 계급투표에서 교차-국가 평균보다 낮은 온건한 수준을 제시하는데, 이는 과거보다 더 작아졌다. 미국의 공중은 2004년에 이례적으로 양극화되었다. 미국은 보통 영국, 프랑스, 독일보다 아래에 놓인다. 대부분의 선거에서 미국의 2당체제는 사회계급이 투표에 미치는 영향력 요인을 무력화시키는데, 양당이 계급의 경계선을 초월한 지지자들을 상당부분 이끌어내고 있기 때문이다.

## 계급투표는 왜 쇠퇴하는가?

버틀러와 스토크스(Butler & Stokes 1969, 85~87)가 집단-기반의 투표를 설명하는 틀을 개발했다. 이 틀은 계급투표가 감소하는 원인을 규명하는 데 도움이 될 수 있다. 그들은 집단-기반의 투표를 2단계 과정으로 설명했다. 유권자들은 우선 한 사회집단과 연계되어 있다. 다음으로 그 집단은 한 정당과 연계되어 있다. 이 두 연계고리가 결합된 힘이 집단-기반의 투표 수준을 총체적으로 규정한다. 유권자와 계급 집합체들 간의 관계나 계급 집합체와 정당 사이의 관계 중 어느 것이 변했는가?

그들의 첫 번째 설명은 변화하고 있는 현대 사회의 계급구조가 개인과 계급 집합체들 사이의 연계를 어떻게 약화시킬 수 있는지를 부각시킨다. 전통적 사회계층들—산업노동자, 농부, 자영업자들—의 멤버들은 흔히 계급 네트워크에 편입된 채로 존재하며 자신들의 투표 선호에서 지속적으로 차별성을 지닌다. 그러나 그러한 유권자층이 줄어들었다. 새로운 중산층의 성장이 전통 계급적 유대관계들이 직접적인 의미에서 적실성을 갖는 공중의 퍼센티지를 감소시킨다.[5]

사회계급적 삶의 조건들이 전반적으로 대동소이해짐에 따라 개인과 그들의 사회계급 사이의 연계도 약화된다. 한편 부의 확산은 노동계급 일부 섹터의 **부르주아화**(embourgeoisement, 중산층화)로 인도된다. 요컨대, 노동자들 일부의 소득과 생활수준이 중산층의 것과 중첩된다는 것이다. 다른 한편 낮은 임금과 낮은 지위의 사무직 계층인 피고용자의 팽창과 사무직 노조의 성장은 중산층의 일부에 **프롤레타리아트화**(proletarianization) 현상을 일으킨다. 이제 개인들은 배타적으로 중산층이나 노동계급의 특성을 거의 갖지 못한다. 요컨대 생활조건의 수렴이 계급투표 패턴의 수렴에 기여할 수 있다는 것이다.

사회적 계층이동과 직업적 이동의 증가 역시 개인과 전통적 사회계급

간의 연계를 약화시킬 수 있다. 이 연구에 포함된 개별 국가는 20세기 하반기에 농부의 수적 감소와 중산층 고용의 증가 현상을 목격했다. 높은 수준의 사회계층 이동성은 종종 개인의 궁극적인 사회적 위치가 자신들의 부모와 다르다는 것을 의미한다. 많은 농부의 자녀들이 [농촌의] 보수적인 정치적 성장환경에서 도시의 노조화된 노동계급 환경으로 이동했다. 마찬가지로 많은 노동계급의 자녀들이 도시적이고 좌파적인 배경에서 전통적으로 보수적인 화이트칼라 직종으로 옮겨갔다. 일부 사회적으로 계층이동을 성취한 성인들은 그들의 새로운 사회적 맥락에 순응하기 위해 자신의 본래 계급정체성과 투표행태를 바꾼다. 물론 그렇게 하지 않는 사람들도 있을 것이다. 그러나 이러한 사회적 힘들의 혼성이 전통적인 계급과 당파적 연대의 틀을 무력화시키고 있는 것은 분명한 사실이다.

계급투표가 쇠퇴하는 것에 대한 두 번째 설명은 계급집단과 정당 사이의 관계 변화다. 20세기 하반기에 많은 정당이 신중산층 유권자들을 끌어들이기 위해 선거 호소방식의 확장을 시도했다. 이러한 지지층 확대전략은 전통적 계급-기반의 이슈들에 관한 그들의 입장을 온건하게 만들었다. 유럽의 사회주의 정당들은 마르크스주의 프로그램과 결별하고 좀 더 온건한 국내정책과 외교정책 목표를 채택했다. 보수주의 정당들 역시 그들의 견해를 누그러뜨리고 좌파가 제안한 기본적인 사회보장 프로그램들을 수용했다. 사회주의 정당들은 신중산층의 표를 겨냥하였고 보수주의 정당들은 노동계급의 표를 좇았다. 정당 프로그램에 관한 역사적 분석들은 이 시기에 사회경제적 이슈들에 대한 정당의 입장이 일반적으로 수렴현상을 보였음을 증명하고 있다(Caul & Gray 2000). 정당 프로그램에서 계급-관련된 차이가 줄어듦에 따라 계급단서들이 투표행태를 인도하는 데 있어 그 중요도가 줄어드는 것은 당연한 귀결일 뿐이다.

적어도 초기에는 이 두 번째 이론이 계급투표의 차이가 쇠퇴하는 것을 설명하는 또 하나의 그럴듯한 논거로 보였다. 그러나 다양한 연구들은 정당이 계급-관련된 이슈들에 있어 여전히 정치적으로 차별성을 보인다는 점을 보여준다. 정치전문가에 관한 한 여론조사는 그들이 계급 분열양상을 뒷받침하는 사회경제적 이슈들에 관한 정당들의 지속적인 입장차를 분명히 인식하고 있음을 보여주었다(Benoit & Laver 2006; 또한 이 책의 제7장을 보시오). 더욱이 현대 공중은 아직도 노조와 기업인연맹의 당파적 편향성을 분명히 인식하고 있다. 한마디로 사람들이 정당이 제공하는 계급투표의 단서를 인식하고 있지 않다고는 볼 수 없다. 단지 이러한 단서들이 현재의 유권자들에게 [과거보다] 약간 덜 중요해지고 있을 뿐이다.

요약하면, 계급투표 패턴의 쇠퇴는 몇 가지 이유로 중요하다. 첫째, 그 것은 한때 선거를 재배했던 계급-기반의 이슈들과는 무관하게 (또는 최소한 비계급적 이슈들을 선거 패키지에 추가시키는 방식으로) 정치적 갈등의 성격이 변화하고 있다는 신호로 읽힌다. 상이한 계급들로부터 계급을 초월하여 유의미한 지지를 이끌어내려는 정당들이 정권을 잡으려 한다면 단 한 개의 계급적 이해관계를 주창할 가능성이 훨씬 적다. 둘째, 이러한 경향들은 유권자들이 자신의 결정에 도달하는 방법에서 어떤 변화가 있음을 알려준다. 유권자와 사회계급들을 연결하는 고리들은 분명히 약화되고 있다. 비록 전통적인 계급집단들 (그리고 정당들)이 제공하는 정치적 단서들이 계속 존재하고는 있을지라도 말이다. 노조원들이 좌파 정당에 표를 던져줬으면 하고 노조 지도자들이 바라고 있다는 것을 노조원들도 잘 알고 있다. 하지만 노조원들은 이제 투표 결정에 영향을 주는 다른 요소들 때문에 자신들 스스로 결정을 할 가능성이 더 크다. 셋째, 사회의 현대화는 장기적 안목에서 계급투표의 쇠퇴가 지속될 것임을 암시하고 있다.

## 종교와 투표

종교는 현대 사회의 사회적 분열을 일으킬 가능성을 지닌 또 다른 토대다. 종교와 정당의 관계는 그 두 요인의 수 세기에 걸친 상호작용에서 등장했다. 계급 분열양상에서 보는 것과 마찬가지로 종교를 둘러싼 이견들이 엘리트들 간의 갈등을 구조화하였고 19세기 말에 존재했던 정치적 연대방식을 규정했다. 이 시기에 형성된 정당들은 자주 특수한 종교적 이해집단들—가톨릭, 개신교, 종교적이거나 세속적인 집단들—과 연대하였다. 20세기 초입에 발전된 정당의 제휴는 종교적 분열양상을 제도화하였고 그러한 정당들의 여러 특질이 현재까지도 굳건히 남아있다(Lipset & Rokkan 1967).

초기의 투표행태에 관한 경험적 연구는 종교적 분열양상의 중요성을 강조했다. 로즈와 어윈이 16개 서구 민주주의 국가들 내 정당지지의 사회적 기반에 대해 검토한 바에 따르면 "사회계급적 분열이 아니라 종교적 분열이 현재 서구 세계 내 정당의 주된 사회적 기반이다"(Rose & Urwin 1969, 12). 다수의 다른 연구들도 종교적 분열양상의 영속적인 중요성을 발견하였다. 여러 정치적 현안 이슈들—낙태, 동성애 권리, 도덕적 기준—도 종종 종교적 가치들과 연계되어 있다. 그리고 문화적 갈등과 종교적 원리주의는 정치세계 내 종교의 중요성을 부활하고 있다(Norris & Inglehart 2004; Leege et al. 2002).

투표행태에 있어 종교적 단서의 영향을 측정하는 일은 계급투표 연구보다 훨씬 더 복잡하다. 산업 민주주의 국가들의 계급구성은 서로 엇비슷하다. 하지만 종교적 구성은 다채롭다. 영국은 대체로 개신교도 국가지만 인구의 거의 2/3가 명목상으로 국교도다. 이와 대조적으로 프랑스 시민들의 거의 대다수—약 80퍼센트—는 세례를 받은 가톨릭교도며, 개신교도와 이슬람교도는 소수다. 독일은 혼합된 교파시스템을 가지고 있는데, 루터교도가 가톨릭교도의 수를 조금 웃돈다. 미국은 지배적인 국가 종교가 없으며 상당수의 가톨릭교도, 종교개혁 시기의 청교도, 경건파로 분류되는 개신교도, 다른 유형의 개신교도와 기독교 집단들, 유대교도와 비교도를 가지고 있다.

각국의 상이한 종교적 구성에 덧붙여 종교교단들의 당파적 경향들도 차이가 있다. 가톨릭교도들은 보통 우파 노선의 정당을 지지하며 개신교도들은 대개 좌파 노선의 정당을 지지한다. 그러나 역사적 사건들이 때때로 다른 방식의 종교적 제휴를 결과했다. [그런 이유로] 종교적 제휴가 제공한 투표의 단서는 사회계급에서 일관성을 보여주는 노동계급/중산층 패턴과 대조적으로 국가별로 차이가 있을 수 있다.

우리는 우선 4개 핵심국가의 종교적 교파와 정당지지 간의 관계를 설명할 것이다. 〈표 8.2〉가 보여주는 것처럼 흔히 투표에서 종교적 차이는 상당하며 각각의 국가는 독특한 패턴을 보이고 있다. 독일은 가톨릭교회와 자유주의/사회주의 정당들 간 역사적 갈등패턴을 아직도 보여준다. 대부분의 가톨릭교도들은 CDU/CSU를 지지하는데, 이 정당은 전통적 가치와 교회의 특권을 옹호한다. 거의 과반(47%)에 가까운 가톨릭교도가 2005년에 CDU/CSU에게 투표했으며, 이 수치는 매주 성당에 가는 가톨릭교도의 경우에 69퍼센트로 증가했다. 이와 대조적으로 개신교도와 비교도들은 좌파 정당—SPD, 녹색당, PDS—에 더 많은 지지표를 던졌다.

프랑스의 투표에서 가톨릭교도와 비가톨릭교도 사이의 차이는 매우 크다. 2002년의 경우 무교도의 단지 17퍼센트만이 보수정당에 투표했으며, 가톨릭교도가 던진 표의 56퍼센트가 보수정당으로 갔다. 그러나 프랑스의 공중이 압도적으로 가톨릭교도이기 때문에 비가톨릭교도의 선거 영향력은 크지 않은 편이다.

영국의 경우 종교적 분열은 다른 유형을 따른다. 영국 국교회는 역사적으로 정치적 기득권과 제휴하였으며 국교도는 보수당에 투표할 가능성이 높다. 가톨릭교도들은 자신들의 소수자 지위와 아일랜드 독립이라는 영속적인 이슈 때문에 노동당으로 기우는 경향이 있다. 장로교도들은 통상적으로 노동당과 자유민주당을 지지한다.

종교와 도덕적 갈등은 미국 역사에서 반복적으로 제기되는 주제다 (Wald 2003; Layman 2001; Kohut et al. 2000). 그러나 교회와 국가의 공식적인 분리가 당파적 정치에 관한 종교의 영향력을 줄이게 되었다. 〈표 8.2〉는 종교개혁 시기 청교도 교단(국교도, 칼뱅주의자, 루터교도 등)이 2004년 선거에서 지배적으로 공화당을 지지했고, 침례교도와 다른 개신교도 집단들이 민주당으로 기운 사실을 보여준다. 이러한 차이들은 그다지 크지 않으며 종교 자체 이외의 요인들을 반영할 수 있다. 미국 가톨릭의 가벼운 민주당 편향성은 명시적인 종교적 가치보다는 역사적인 인종적·계급적 영향의 유산을 반영하고 있다. 미국의 유대인들 또한 역사적으로 균일하지는 않지만 민주당을 지지하고 있고 그 전통은 2004년에도 고수되었다.

〈그림 8.3〉은 이러한 종교적 투표패턴을 교차-국가적 맥락에서 제시하고 있다. 그림의 좌측면은 14개의 기성 민주주의 국가들을 아우르는 교파-기반의 투표 수준을 제시해주고 있다. 네덜란드와 스웨덴처럼 종교적으로 분열된 사회들은 종종 눈에 확 띄는 종교적 차이를 보여준다. 스칸디나비아 국가들—덴마크, 핀란드, 스웨덴—의 경우 상관관계는 대체로 종교적인 유권자와 아무 종교도 갖지 않은 유권자들 간의 차이에서 나온 결과다. 정당선호에 대한 종교 교파의 영향력(평균 크레이머 V=.18)이 사회계급 영향력(평균 크레이머 V=.14)보다 약간 더 크다. 종교적 차이의 힘이 지속되는 것은 놀라운 사실이다. 왜냐하면 여러 국가에서 종교적 사안들이 선거에서 명시적으로 토의되지는 않기 때문이다. 분명한 사실은 종교가 투표선호의 토대를 제공하는 가치지향을 타진할 수 있는 요인이라는 것이다.

종교적 분열양상의 또 다른 측면은 교단의 소속 여부와 별개로 교회출석이나 종교적 감성 같은 종교성의 영향력이다. 프랑스처럼 가톨릭교도가 지배적으로 많은 국가에서 이 차원은 투표자가 가톨릭 문화에 통합되어 있음을 대변한다. 흔히 혼합된 교단시스템에서는 세속화 과정이 가톨릭교도

**표 8.2 종교교파와 정당선호**

(단위: %)

| 미국 (2004) | 종교의 수 | 유대교 | 가톨릭 | 개신교 | 침례교 | 기타 신교 |
|---|---|---|---|---|---|---|
| • 민주당 | 65 | 73 | 52 | 41 | 56 | 51 |
| • 공화당 | 35 | 27 | 48 | 59 | 44 | 49 |
| 합계 | 100 | 100 | 100 | 100 | 100 | 100 |

| 영국 (2005) | 종교의 수 | 가톨릭 | 장로교 | 국교(성공회) |
|---|---|---|---|---|
| • 노동당 | 37 | 46 | 39 | 36 |
| • 자유민주당 | 31 | 21 | 22 | 22 |
| • 보수당 | 24 | 25 | 20 | 36 |
| • 기타 정당 | 8 | 8 | 19 | 6 |
| 합계 | 100 | 100 | 100 | 100 |

| 프랑스 (2002) | 종교의 수 | 가톨릭 |
|---|---|---|
| • 공산당/극좌파 | 16 | 3 |
| • 사회당 | 49 | 32 |
| • 녹색당 | 19 | 9 |
| • UDF당(프랑스민주주의연합당) | 3 | 13 |
| • RPR당(공화국집회당) | 11 | 38 |
| • 국민전선당(FN) | 3 | 5 |
| 합계 | 100 | 100 |

| 독일 (2005) | 종교의 수 | 개신교 | 가톨릭 |
|---|---|---|---|
| • Linke.PDS | 18 | 7 | 4 |
| • 녹색당 | 12 | 11 | 7 |
| • 사회당(SPD) | 39 | 40 | 29 |
| • 자유민주당(FDP) | 11 | 11 | 13 |
| • 기민련/기사련 (CDU/CSU) | 20 | 31 | 47 |
| 합계 | 100 | 100 | 100 |

출처: 미국, 2004 미국전국선거연구(CSES); 영국, 2005, 영국선거연구(CSES); 프랑스, 2002, 국제사회서베이(ISSP); 독일, 독일선거연구 2005 (CSES).

유의사항: 미국 데이터는 의회선거에 기초하고 있다; 독일 데이터는 동쪽과 서쪽의 유권자를 합친 것이다.

**그림 8.3** 종교와 정당선호의 관계

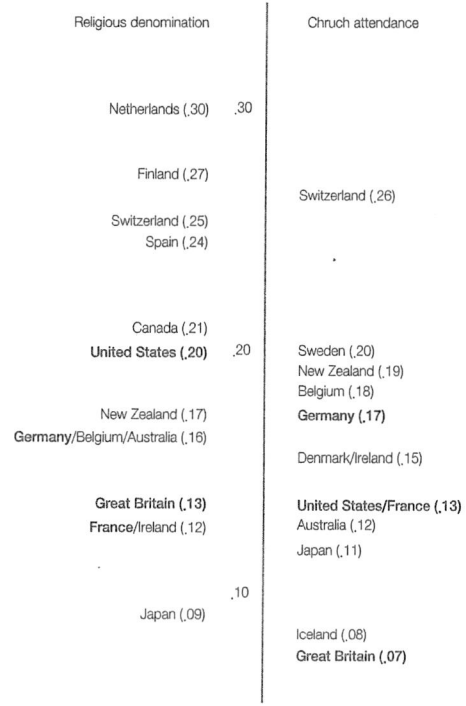

출처: 선거시스템비교연구, module II.
유의사항: 괄호 안의 수치들은 종교 교파와 정당선호(좌측)의 Cramer's V 상관계수다. 우측은 교회출석과 정당선호의 상관계수다.

와 개신교도가 합동으로 종교적 이익을 옹호하기 위해 연대하도록 자극하기 때문에 개인들이 속한 교단의 차이는 세속/종교의 분열양상에 의해 대체된다. 독일에서 기독교 민주주의 연합(CDU)은 활동적인 가톨릭교도와 개신교도가 제휴하여 사회 내 세속적 이익에 대처한다. 미국에서는 훨씬 간단한 패턴이 발전되었다. 조지 W. 부시가 대통령선거 캠페인을 할 때 그는 모든 교단의 종교적 보수주의자들의 표를 좇았다. 부시 캠페인은 전통적 가치의 보전과 낙태반대라는 일반적인 관심사를 두드리고자 했다. 심지어는 전통적으로 민주당과 연루되어 있는 사회적 집단과 인종적 집단들을 상대로도 그러했다.

〈표 8.3〉은 정당선호에 의해 측정된 종교적 관여와 종교적 의식에 출석하는 빈도 사이의 관계를 제시한다. 프랑스와 독일에서 종교적인 시민과 비종교적인 시민들 사이의 간격은 상당하다. 2002년 프랑스 시민 중 매주 교회에 가는 인구의 15퍼센트만이 사회주의나 공산주의 정당을 선호했다. 이 수치는 교회에 간 일이 전혀 없는 사람들 중 58퍼센트가 지지한 것과 비교된다. 영국의 국교회와 정부의 관계 때문에 20세기 초반 이래로 종교적 갈등이 영국 선거정치의 주요 요인은 된 적이 없었다.

미국 선거, 특히 최근의 선거에서 종교의 역할은 상당한 토론을 일으켰다. 여러 분석가는 부시가 복음주의 신앙을 강조하고 의도적으로 종교적인 유권자들에게 호소함으로써 2004년 투표에서 여유롭게 승리할 수 있었다고 주장한다. 〈표 8.3〉은 교회출석이 대선에 미친 영향력이 제한적이었음을 암시한다(크레이머 V=.09). 그리고 2004년 선거에서 교회 예배에 적극적으로 출석하는 사람들이 약간 더 민주당 후보보다 공화당 후보를 선택했던 것으로 나타났을 뿐이다(크레이머 V=.13). 미국 내 교파의 다양성과 종교적 애착의 복잡성 때문에 종교적 감성이 미국에서 분명한 당파적 영향력을 행사한다는 주장은 지나친 단순화다(예를 들면, Kohut et al. 2000; Layman 2001).[6]

〈그림 8.3〉의 우측면에 제시되어 있는 세속적/종교적 투표에 대한 교차-국가적 패턴은 세속적/종교적 분열이 사회계급보다 투표를 설명하는 데 있어 보다 설득력 있는 설명임을 보여준다(평균 상관계수=.15). 종교적 이슈의 명시성부족에도 불구하고 대부분의 선거 캠페인에서 종교적 애착심은 종종 정당선택의 강력한 예측요인이다. 예컨대 스칸디나비아의 경우에 종교는 절제와 도덕적 가치 같은 라이프스타일 이슈에 관한 지속적인 논쟁에 반

**표 8.3** 교회출석과 정당지지

(단위: %)

| | 전혀 출석하지 않음 | 이따금 출석 | 매주 |
|---|---|---|---|
| **미국 (2004)** | | | |
| • 민주당 | 57 | 58 | 46 |
| • 공화당 | 43 | 42 | 54 |
| 합계 | 100 | 100 | 100 |
| **영국 (2005)** | | | |
| • 노동당 | 38 | 38 | 37 |
| • 자유민주당(자민당) | 27 | 23 | 25 |
| • 보수당 | 26 | 34 | 27 |
| • 기타 정당 | 9 | 5 | 11 |
| 합계 | 100 | 100 | 100 |
| **프랑스 (2002)** | | | |
| • 공산당/극좌파 | 11 | 5 | 1 |
| • 사회당 | 47 | 32 | 14 |
| • 녹색당 | 16 | 12 | 8 |
| • UDF당(프랑스민주주의연합당) | 5 | 11 | 21 |
| • RPR당(공화국집회당) | 17 | 36 | 53 |
| • 국민전선당(FN) | 5 | 4 | 4 |
| 합계 | 101 | 100 | 101 |
| **독일 (2005)** | | | |
| • Linke.PDS | 15 | 6 | 4 |
| • 녹색당 | 12 | 10 | 4 |
| • 사회당(SPD) | 40 | 37 | 23 |
| • 자유민주당(FDP) | 11 | 12 | 9 |
| • 기민련/기사련(CDU/CSU) | 22 | 36 | 60 |
| 합계 | 100 | 101 | 100 |

출처: 미국, 2004 미국전국선거연구(CSES); 영국, 2005, 영국선거연구(CSES); 프랑스, 2002, 국제사회서베이(ISSP); 독일, 독일선거연구 2005 (CSES).
유의사항: 미국 데이터는 의회선거에 기초하고 있다; 독일 데이터는 동쪽과 서쪽의 유권자를 합친 것임.

영되고 있다. 다른 국가들의 경우에 종교적/세속적 분열양상은 낙태나 기타 도덕적 문제와 같은 이슈들과 관련되어 있다(제6장을 보시오). 종교는 캠페인에서 표현되지 않을지라도 투표자의 선택에 영향을 끼치는 가치와 도덕적 신념의 차이를 건드리는 감추어진 정치적 어젠다를 구성한다. 사실상 경험적 증거의 다양성은 도덕적이거나 종교적인 이슈들이 여러 서구 민주주의 국가 정당들을 계속해서 분리시킨다는 점을 암시한다.[7]

우리의 분석 역시 4개 핵심국가에 걸쳐 종교적 투표 패턴의 다양성을 뒷받침한다. 독일의 경우 종교적 교파와 교회출석 양자는 당파적 선호와 유의미하게 연결되어 있다. 프랑스 내 종교적 분열양상은 가톨릭교도와 무교자 간의 투표성향 차이에 바탕을 두고 있다. 영국의 경우에는 교회출석에 따라 약간의 당파적 차이를 발견했을 뿐이다. 미국 내 종교적 투표의 제한된 수준은 일부 후보들이 종교를 극단화하려는 시도에도 불구하고 교회와 국가의 지속적인 분리에 의해 설명된다.

이러한 종교적 가치와 당파적 선호 사이의 관계에도 불구하고 우리는 종교적 분열양상이 계급 분열양상처럼 쇠퇴 패턴을 따를 것으로 예측한다. 사회적 현대화는 사회적 계급의 경계선이 희미해지는 방식으로 종교적 제휴를 방해할 것이다. 변화하는 라이프스타일—그리고 변화하는 종교적 신념들—이 교회활동 참여를 줄였으며 사회적 (그리고 종교적) 활동의 중심으로서 교회의 중요성을 약화시켰다. 대부분의 서구 국가들은 지난 50년 사이 종교적 관여에서 꾸준한 쇠퇴를 보여주고 있다. 유럽의 가톨릭 국가들의 경우 교회출석이 잦은 사람들의 숫자는 1950년대 이래 거의 반절이나 감소했다. 미국과 북유럽의 지배적인 개신교도 국가들은 보다 낮은 수준의 교회관여로 출발했으나, 역시 감소 추세를 따르고 있다. 정의상, 세속화 경향은 훨씬 적은 수의 유권자들이 종교적 네트워크로 편입되고 있으며 투표선택을 안내하는 종교적 단서에 노출된다는 것을 의미한다.

우리는 시간 경과에 따른 종교투표 패턴의 변화추이를 관찰함으로써 종교투표의 쇠퇴 가능성을 탐구할 수 있다. 계급투표 지표와 유사하게 〈그림 8.4〉는 각 국가의 두 개 종교교파들 사이의 정당선호 차이에 기초한 종교투표 지표를 그래프로 표시하고 있다. 예컨대 보수당 지지에서 국교도와 비교도인 개신교도 사이의 차이는 1959년 이래로 줄어들었다. 독일의 가톨릭

**그림 8.4** 종교 교파 투표 경향

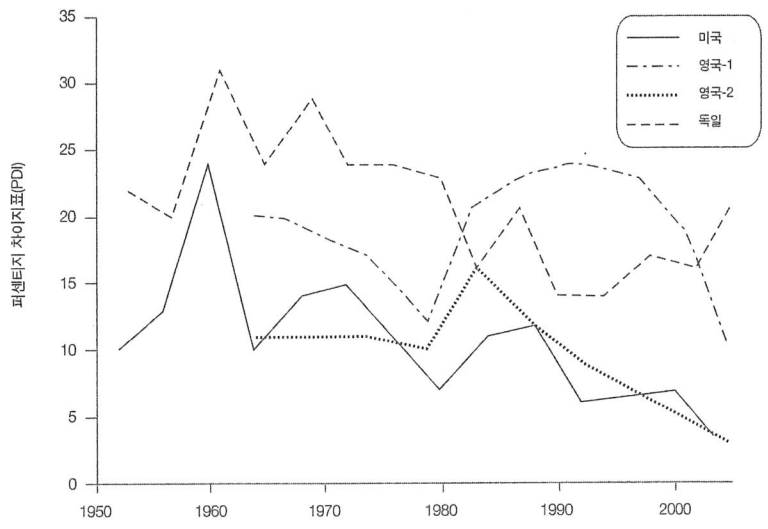

출처: 미국, 1952~2004, 미국전국선거연구; 영국, 1964~2005, 영국선거연구; 독일, 1953~2005, 독일 선거연구(서독 지역만 실시, 1990~2005).
유의사항: 미국과 독일의 비교는 개신교와 가톨릭 사이에서 이루어졌다. Great Britain-1은 노동당에 투표한 국교도와 가톨릭교도의 비교치며, Great Britain-2는 노동당에 투표한 국교도와 비교도의 비교치다.

과 개신교도의 좌파 투표에서 둘 사이의 간격은 이 책 시리즈의 상반기 동안 25점대로 평준화되었다. 1980년대에 이 간격이 줄어들었으며 세속적인 동쪽의 유권자들—2/3는 어떤 교파에도 속하지 않는다고 밝혔다—의 합류는 종교투표의 차이를 더욱 줄였다.

미국 내 가톨릭교도와 개신교도 사이의 당파적 차이는 선거마다 차이를 보인다. 1960년대 케네디 후보의 등장과 더불어 종교적 분열양상이 강화되었지만, 다른 선거에서는 종교투표 양태의 약화를 보여준다. 이에 덧붙여 근래 미국 선거에서 종교투표 블록의 강조에도 불구하고 의회선거의 경우 개신교/가톨릭 투표에서 약간의 수렴현상이 실제로 존재한다(대통령선거 관련 증거를 보려면 Abramson, Aldrich & Rohde 2005, 5장을 참조하시오).

종교적인 시민과 비종교적인 시민 사이의 투표행태에서 장기적 경향은 시간 경과에 따라 비교적 안정적으로 바뀐다. 프랑스의 종교적 관여는 투표자의 선호에 강력하고 지속적인 영향력을 갖는데, 좌파 정당 지지에서 평균 40퍼센트 이상 차이를 보여준다. 종교투표 지표상에 나타난 영국 정당의 차이는 최근 선거에서 현저히 줄어들었다. 독일의 종교적 분열양상은 1960년대로부터 1980년대까지 비교적 안정적이지만, 그 이후 비록 약한 효과수준이지만 동요를 보여준다. 미국에서는 공화당이 종교적인 유권자를 유인하려는 시도를 함으로써 종교에 대한 관심을 높였다. 하지만 종교적인 유권자와 비종교적인 유권자 사이의 간격은 제한적인 것으로 남아있다.[8]

요약하면, 종교투표의 경향들은 계급투표에서 발견된 급격한 하락을 보여주지 않는다. 교파적 차이는 몇 개 국가에서 약간 줄어들었지만 교파는 사회계급보다 더 강력한 투표선택의 예측요인으로 남아있다. 세속적/종교적 분할 역시 투표선호의 강한 상관관계 요인이다. 이러한 종교투표 패턴의 연속성은 선진 산업사회가 지난 몇십 년간 세속적으로 변한 점을 고려할 때 한결 놀라운 사실이 아닐 수 없다. 이에 덧붙여 계급 분열양상을 약화시켰다고 추정되는 사회변화상의 여러 측면이 종교투표에도 같은 효과를 가질 것으로 짐작된다.

투표행태의 토대로서 종교의 효과가 쇠퇴하고는 있지만 쇠퇴의 패턴은 계급투표보다 덜 분명하다. 종교 교단들의 투표패턴 비교결과는 약간 조정되고 있지만 이러한 관계들은 단지 종교적 애착심을 지닌 유권자만을 포함하고 있다. 예배에 정규적으로 참석하는 사람들은 종교 네트워크에 잘 통합되어 있으며 차별화된 투표패턴을 유지하고 있다. 그러나 이러한 개인들의 숫자는 예전보다 훨씬 적다. 그러므로 종교적 단서에 의존하는 유권자의 숫자가 감소함에 따라 종교적 특성이 당파적 유의미성과 투표결과를 설명하는 총체적 능력도 서서히 감소하게 되는 것이다.

## 기타 사회-집단적 차이들

사회집단-기반의 투표가 감소하는 것은 계급과 종교의 경우에 가장 분명하지만 다른 사회적 특성의 경우에도 유사한 영향력의 부식현상이 발생했다.

종교적 차이는 이따금 정당선택의 토대로서 재활성화되기도 한다. 최근에 영국, 미국, 그리고 통일된 독일은 지역의 이해관계가 극단화되는 것을 목격했다. 미국에서 파란 주와 빨간 주라는 수사는 미국 선거에서 지역의 차이가 지속적으로 재발함을 일깨워준다(Fiorina 2005). 하지만 미국의 지역적 차이는 캐나다, 이탈리아, 스페인과 비교해볼 때 온건한 수준이다. 지역은 대부분의 국가에서 투표에 그리 크지 않은 영향력만을 행사한다. 이와 유사하게 도시/시골 거주와 투표 패턴에 단지 작은 차이만을 만들어낼 뿐이다. 사회적 현대화가 도시와 시골의 라이프스타일이나 지역적 차이를 좁히면서 그러한 사회적 속성이 투표에 갖는 효과가 전반적으로 약화되었다.

일부 정치분석가들은 투표에서 젠더의 차이가 지닌 중요성을 강조했다. 가용한 경험적 증거는 젠더가 대개 투표패턴을 설명하는 주된 요인이 아님을 암시한다. 보통 여성과 남성 사이의 투표 차는 평균적으로 10퍼센트 미만이다. 더욱이 미국에서 젠더 차이는 전통적으로, 우리가 요즘 보는 것과 반대 방향으로 치닫는다. 요컨대 미국 여성은 역사적으로 우파 정당을 선호했다. 그러나 페미니즘이 일부 젊은 여성들의 정치적 지향을 변화시키면서 남성/여성 투표 차이는 좁혀졌다—그리고 뒤집혔다. 현재는 좀 더 많은 여성이 좌파 정당들을 지지하고 있다(Studlar, McAllister & Hayes 1998; Jelen, Thomas & Wilcox 1994). 심지어 2004년 미국 선거의 투표선택에서 젠더 차이는 다른 영향력들과 비교했을 때 온건한 수준이었다. 그러나 흑자가 젠더나 고용의 지위와 같은 생활지위 척도를 결합시키면 유의미한 투표 차이가 나타나기 시작한다(Norris 1999a).

인종과 종족성은 아마도 사회적 분열양상의 영향력 쇠퇴현상에 대한 예외일 것이다. 미국 유권자 사이의 당파적 지지에 있어 뚜렷한 종족적 차이가 존재하며 이러한 차이들은 시간 경과에 따라 더욱 벌어졌다(Abramson, Aldrich & Rohde 2005). 2004년 미국 대선에서 아프리카계 미국 유권자의 92퍼센트가 민주당 후보를 선택했는데, 이 수치는 멕시코계 유권자의 71퍼센트, 백인의 44퍼센트와 비교된다. 유럽의 소수자 집단 인구도 종종 그들의 정당 선호에서 유의미한 차이를 노정한다. 종족성은 종종 사회적 조건과 강한 집단 정체성에서의 커다란 차이와 연루되기 때문에 그것이 고도로 극단화된 분열양상으로 변화될 잠재적 요인이다. 그러나 대부분의 사회는 종족성의 용어상 비교적 동질적인 사회로 남아 있다. 이 점은 하나의 총체적 투표선택의 예측요인으로서 인종이나 종족성의 영향력을 한정시킨다. 예컨대 인종과 투표에 관한 크레이머 V 상관관계는 미국에서 유의미한 수치(.25)지만, 적은 수의 소수자 인구를 가지고 있는 영국에서는 상당히 온건(2005년의 경우 .12)하다(Saggar & Heath 1999; Saggar 2007).

이러한 분석결과 전체가 현대 선거연구에서 가장 넓게 반복적으로 발견된 사항들 중 하나로 인도된다. 그것은 사회학적 요인들이 투표행태에 미치는 영향력이 쇠퇴하고 있다는 사실이다. 프랭클린, 맥키이, 발렌(Franklin, Mackie & Valen, 1992)은 시간의 경과에 따라 사회적 특성들—사회계급, 교육, 소득, 종교성, 지역, 젠더 특성—이 투표에 미치는 영향력을 추적함으로써 이 결론을 지지하는 가장 포괄적인 증거를 취합하였다. 14개 민주주의 국가들을 통틀어 그들은 사회적 특성이 투표선택에 미치는 영향력이 현저히 부식하였음을 발견하였다. 이 쇠퇴의 비율과 시간대는 국가에 따라 다르지만 그 결과는 동일했다. 사회적 집단-기반의 투표가 초기부터 약했던 미국과 캐나다와 같은 정당시스템에서는 쇠퇴가 천천히 진행되었다. 뚜렷한 사회 분할 상태가 투표를 구조화했던 다른 선거시스템—독일, 네덜란드, 몇 개의 스칸디나비아 국가들—에서 쇠퇴는 줄기차게 극적인 수준으로 진행되었다. 프랭클린, 맥키이, 발렌(1992, 385)은 비교선거연구에 관하여 다음과 같은 새로운 '진부한 지혜'로 끝을 맺고 있다.

> 우리가 연구한 거의 모든 나라에서 사회적 분열양상들이 개인의 투표 선택을 구조화하는 능력이 … 감소하고 있다는 것은 이제 매우 분명해졌다.

## 신정치와 투표

전통적 사회집단 영향력의 중요성이 줄어듦에 따라 신정치적 (또는 탈물질주의적) 분열양상이 새로운 당파적 제휴를 일으킬지도 모른다. 구정치적 분열양상의 부식은 적어도 부분적으로 신정치 이슈가 점진적으로 두각을 나타내게 된 결과다(Knutsen 1995b). 환경보호, 젠더 평등, 기타 사회적 이슈들은 전통적 계급이나 종교적 연대방식과 쉽사리 연관을 맺지 못한다. 게다가 신정치 이슈들은 구정치적 분열양상에 약한 형태로 편입되어 있는 사회집단들—젊은층, 신중산층, 교육을 잘 받은 사람들, 비종교적인 사람들—의 관심을 끈다.

새로운 당파적 분열양상의 토대를 발전시키는 일은 길고 어려운 과정일 것이다. 집단들이 신정치적 이익을 대표하기 위해 조직되어야 하고 유권자의 지지를 동원해야 한다. 그러나 이러한 이슈들의 집단적 토대들은 아직 제대로 규정되지 못한 상태에 있다. 환경운동과 여성운동을 예로 들면, 그것들을 대표하기 위한 집단들은 다수 존재하지만 그들이 한목소리를 내는 경우는 드물며, 유권자들이 그러한 구체적인 집단들과 맺고 있는 유대관계는 계급과 종교집단보다 약한 형태다. 많은 기성정당이 신정치적 이슈들과 일체화하는 일을 주저한다. 아직 그렇게 하는 것에 대한 이득이 불분명하고, 종종 그러한 이슈들에 대한 당원들의 입장이 나뉘어져 있기 때문이다.

이러한 제한적 요인들에도 불구하고 신정치적 가치들이 투표에 대해 가지는 잠재적 영향력은 증가했다. 작은 녹색당 또는 신좌파 정당들이 이제 여러 유럽 국가에서 경쟁하고 있다. 이에 대한 반작용으로 기성정당들이 점차 신정치 집단들의 정치적 요구에 적극적으로 반응하는 자세를 보이고 있다. 프랑스(1997)와 독일(1998)에서 녹색당이 정부를 구성하는 연정에 포함된 사실과 미국의 2000년 대선에서 알 고어의 출마는 기정정당들이 어떻게 녹색 이슈들을 수용하고 있는지를 보여주는 신호탄이었다.

많은 유권자가 신정치적 관심사와 관련하여 기꺼이 선택할 준비가 되어 있는 듯하다. 일례로 팔머(Palmer 1995)는 [영국의 경우] 탈물질주의적 가치들이 점차로 소득수준이나 직업보다 영국 정당에 대한 선호를 좀 더 잘 예측하는 요인이 되어가고 있음을 발견했다. 또한 독일의 경우에 탈물질주의는 적어도 통일이 새로운 정책적 관심사를 쏟아내기 전까지 독일의 투표 선호에 유의미한 영향력을 행사했다(Fuchs & Rohrschneider 1998). 눗센(Knutsen 1995a; Knutsen & Kumlin 2005)의 연구 또한 유럽 국가 대부분에서 탈물질적 가치와 정당선택 사이의 관계가 커지고 있음을 지적한다. 이에 덧붙여, 많은 유럽인이 환경정당에 기꺼이 투표하겠다는 의사를 표현한다—녹색당에 투표하겠다는 잠재적 숫자는 사회당과 기민당에 투표하겠다는 숫자와 맞먹는다(Inglehart 1990, 266)!

우리는 이러한 지향들이 투표에 실제적인 영향을 미치는지를 알아보기 위해 물질주의/탈물질주의 가치 지표를 사용한바 있다(제5장). 물질주의자들은 안보, 안정, 경제적 복리, 기타 구정치의 목표를 강조한 반면, 탈물질주의자들은 참여, 사회적 평등, 환경보호와 같은 신정치적 목표들에 훨씬 더 큰 중요성을 둔다.

〈표 8.4〉는 탈물질적 가치들과 정당선호 사이의 관계를 제시하고 있다. 모든 국가에서 탈물질주의자들은 좌파 정당을 선호한 반면, 물질주의자들은 우파 정당으로 기울어져 있다. 변화하고 있는 가치들의 영향력은 프랑

스와 독일의 신좌파 환경정당의 경우에 특히 분명하게 나타났다. 예를 들어 프랑스 탈물질주의자들의 30퍼센트가 녹색당을 지지했는데, 이 수치는 물질주의자의 경우 단지 10퍼센트로 나타났다.

이러한 투표 차이의 총체적 크기는 상당한 것인데, 계급투표나 종교적 투표를 위한 알포드 지표 점수를 자주 능가하고 있다. 4-항목 탈물질주의 지표는 (12-항목 지표와 비교했을 때) 이러한 가치들의 영향력을 축소하여 진술하는 경향을 보인다. 그러나 독일과 프랑스의 경우에 좌파/우파 지지의 차이는 22퍼센트로 나타난다. 영국의 경우도 유의미한 퍼센티지 차이가 나타나는 반면(15%), 미국에서 가치 차이는 덜 두드러진다(5%).

〈그림 8.5〉는 선진 산업민주주의 국가를 아우르는 탈물질주의적 가치에 근거한 투표의 범위를 설명하고 있다. 탈물질주의는 덴마크와 네덜란드에서 이례적으로 강한 영향력을 끼치는데, 그 이유는 기성정당들이 새로운 이슈 관심사에 대응하였기 때문이다. 탈물질주의적 가치에 근거한 투표는 독일과 프랑스에서도 유의미한 수준이며 계급 투표의 차이가 갖는 영향력을 능가하고 있다(〈그림 8.1〉과 비교해보시오). 미국에서는 다른 분열양상들에서 살펴본 패턴을 반복해서 보여주는데, 신정치적 가치들은 미국 선거행태에 약한 수준의 영향력을 미치고 있다.

이전의 연구는 가치의 극단화 정도는 부분적으로 정당시스템에서 선택의 다양성 기능 때문이라고 결론을 내렸다. 바꿔 말해서 더 많은 정당이 존재하면 그들 가운데 하나가 이러한 신정치적 관심사를 대표할 가능성이 더 크다는 것이다. 이에 덧붙여 [경제적] 풍요가 탈물질적 가치들을 자극한다. 이것은 동/서 독일의 비교에서 입증되었다. 탈물질주의적 가치들은 서쪽의 많은 독일인의 투표선택에 유의미한 영향력을 갖는다(크레이머 V=.21). 하지만 동쪽의 독일인들이 탈물질주의적 가치를 가질 확률은 훨씬 낮고 독일통일에 수반된 경제적 문제들에 열중할 확률이 더 높다. 비록 모든 독일인들이 동일한 정당선택 사양을 가지고 투표에 임하고는 있지만 탈물질주의적

표 8.4 가치 우선순위와 정당지지 (단위: %)

| | 물질주의자 | 혼합 | 탈물질주의자 |
|---|---|---|---|
| **미국 (2004)** | | | |
| • 민주당 | 57 | 62 | 62 |
| • 공화당 | 43 | 38 | 38 |
| 합계 | 100 | 100 | 100 |
| **영국 (2005)** | | | |
| • 노동당 | 43 | 48 | 58 |
| • 자유민주당(자민당) | 19 | 20 | 29 |
| • 보수당 | 38 | 32 | 12 |
| 합계 | 100 | 100 | 99 |
| **프랑스 (2002)** | | | |
| • 공산당/극좌파 | 4 | 4 | 6 |
| • 사회당 | 43 | 34 | 37 |
| • 기타 좌파 | 2 | 2 | 8 |
| • 녹색당 | 10 | 23 | 30 |
| • UDF당 | 11 | 8 | 5 |
| • RPR/UPM | 23 | 24 | 11 |
| • 국민전선당(FN) | 7 | 5 | 2 |
| 합계 | 100 | 100 | 99 |
| **독일 (2005)** | | | |
| • PDS | 3 | 5 | 7 |
| • 녹색당 | 2 | 6 | 12 |
| • 사회당(SPD) | 36 | 33 | 44 |
| • 자유민주당(FDP) | 1 | 4 | 3 |
| • 기민련/기사련(CDU/CSU) | 59 | 51 | 35 |
| 합계 | 101 | 99 | 101 |

출처: 1999~2002 세계가치서베이/유럽가치서베이: 1997 영국선거연구.
유의사항: 가치 우선순위는 4-항목 지표로 측정한 것이다(제5장 참조).

가치들은 동쪽 사람들의 투표행태에 훨씬 적은 영향력을 미친다(크레이머 V=.14). 〈그림 8.5〉는 선진 산업민주주의 국가들의 탈물질주의적 가치 우선순위의 평균 비중(크레이머 V=.17)이 현재 정당선택을 하는 데 있어 사회계급의 비중을 앞지르고 있다는 사실(〈그림 8.1〉 참조)도 함께 제시하고 있다.

시간의 경과에 따라 약화되고 있는 사회적 특성의 영향력과 대조적으

**그림 8.5** 탈물질주의적 가치와 정당선호 관계

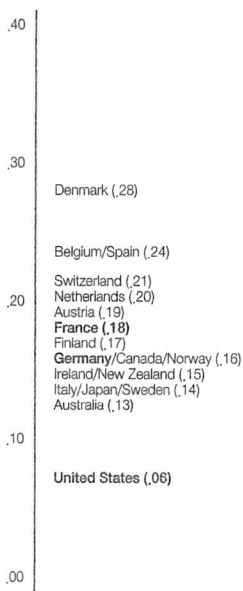

출처: 미국, 1952~2004, 미국전국선거연구; 영국, 1964~2005, 영국선거연구; 독일, 1953~2005, 독일선거연구; 서독 지역만 실시, 1990~2005).

유의사항: 괄호 안의 수치들은 탈물질주의적 가치 지표와 정당선호 사이의 Cramer's V 상관계수다

로, 탈물질주의적 가치들은 그것들이 정치적 어젠다 속에 진입하게 되고 정당들이 탈물질주의적 관심사에 관한 정책적 선택사양을 제공하는 방식으로 대응하게 되면 더 큰 영향력을 갖게 될 것이다. 탈물질주의적 가치 지표는 대개 국가선거 여론조사 연구에 포함되지 않는다. 하지만 유로바로미터 시계열 시리즈를 사용하여 유럽 국가들에서 그것의 영향력을 추적할 수가 있다. 〈그림 8.6〉은 광범위한 경향을 부각시키기 위해 영국, 프랑스, 서독에서 5년 주기로 수집된 데이터를 가지고 살펴본 탈물질주의적 가치와 정당선호 사이의 상관관계를 제시하고 있다. 시간이 지나면서 쇠퇴한 계급투표와 대조적으로 탈물질주의적 가치의 영향력은 비록 경향 내에서 일부 차이

성이 나타날지라도 증가하고 있다. 예를 들어, 서독에서 물질주의자와 탈물질주의자 사이의 투표성향 차이는 1970년대 초반에는 온건했지만 1990년대 말까지 지속적으로 증가했다(녹색당이 처음 의회선거에 후보자를 냈던 1980년대 초에 획기적 전기가 있었다). 당파적 분열양상의 원천은 선진 민주주의 국가들 내에서 변화하고 있다. 오래 계속돼온 구정치적 분열양상들에 새로운 가치 분열양상이 합류하고 있다.

신정치 이슈들이 선거적 맥락에서 점차 부각되는 것을 두고 좌파정당에 대한 지지가 증가하는 엄연한 증거라고 예단하는 것은 실수일 것이다. 그 이유는 구정치적 분열양상들이 정당 경쟁을 구조화하는 주요한 세력들로서 한동안 남아 있을 것이기 때문이다. 게다가 신정치의 당파적 결과들은 정당들이 이러한 이슈들에 어떻게 대응하는지에 달려 있다. 통상적으로 미국의 환경주의자들이 민주당에 더 가깝게 느낀다 할지라도 현대 환경운동을 육성한 사람은 공화당 대통령이었던 테어도어 루즈벨트였고, 환경보호청을 만든 사람도 공화당 대통령이었던 리처드 닉슨이었다. 독일 수상인 앙겔라 메르켈은 지구온난화의 중요성을 역설한 반면, 사회민주당은 여러 환경이슈에 대해 모호한 태도를 보이는 듯하다. 환경주의는 구정치가 말하는 전통적인 좌파나 우파의 이슈가 아니다. 오히려 이러한 이슈들에 대한 당파적 효과는 정당들이 어떻게 대응하는가에 달려 있다(Dalton 2008을 보시오). 주된 교훈은 공익과 정당의 제휴관계가 변화하고 있고, 선진 산업민주주의 국가 내 정당시스템들이 이러한 경향들에 의해 영향을 받고 있다는 것이다.

### 사회적 분열양상의 변모

헤럴드 클락과 그의 동료들(Clarke et al. 2004)은 이 장의 정신을 포착하고 있는 어떤 작은 사건에서 영감을 받고 난 다음 2001년 영국 선거에서 투표

선택에 관한 연구를 시작했다.

짐 힐은 1955년 총선에서 노동당에 투표했다. 짐은 용접공으로 일했으며 … 자동차 회사에 주물을 납품하였다. 그는 교통과 일반노동자 노조에 속해 있었다. 그는 지방자치단체로부터 … 집을 빌렸다 … 짐은 정치에 관해서 별로 생각하지 않는다. 비록 그가 노조에 회비를 내고 이따금 그의 동료들과 선술집에서 정치에 대해 한담을 나누기는 할지라도 말이다. 다른 대부분의 사람처럼 그도 자신이 항상 '노동당원'이라고 스스로 생각한다는 사실을 알고 있다.

짐의 손녀 멜라니는 아직 자기 할아버지가 일생을 보낸 미들랜드 지방의 읍 소재지에 살고 있다. 할아버지가 일했던 공장이 1980년대 초에 문을 닫았지만 말이다. 멜라니는 테라스가 달린 집에서 살고 있는데, 그 집은 주민 40퍼센트가 아시아계인 구역에 있으며 그녀의 파트너와 함께 구입할 예정이다. 멜라니는 1990년대 초 대학 졸업 후 교사가 되었다. 그녀는 1996년 공공영역의 업무에 환멸을 느꼈고 근처 공항의 고객서비스 매니저가 되기 위해 교직을 떠났다. … 1997년 총선에서 멜라니는 노동당에 투표했다. 2001년 그녀는 투표하지 않겠다고 생각했지만 결국 자유민주당에 투표했다.

짐 힐과 멜라니 힐이 겪은 사회적 조건의 변화—그리고 힐 가족의 3대에 걸친 정치적 선택들—는 모든 선진 산업민주주의 국가에 영향을 끼친 사회적 변모를 잘 설명해준다.

20세기의 상당 기간 민주주의 국가들 대부분에서 지배적인 사회적 분열양상은 노동계급과 중산층 정당들을 나누었다. 그러나 이들 사회에서 일어난 사회경제적 변화상이 계급 제휴관계를 변화시켰다. 이와 유사하게, 종교적 입장을 밝힌 정당들이 동원할 수 있는 교회출석자의 숫자도 줄어들었다. 따라서 종교가 투표행태에 미치는 영향력도 함께 쇠퇴했다. 이러한 계급

**그림 8.6** 탈물질주의적 가치 투표 경향

출처: Eurobarometer 축적 파일, 1970~1999.
유의사항: 그림의 수치들은 4-항목 탈물질주의적 가치 지표와 정당 선호 사이의 크래이머 V 상관계수로 5년 간격을 두고 축적된 자료다. 비당파자들은 상관계수 산정에 포함시키지 않았다.

과 종교의 경향들은 종종 출신지, 주거지역, 그리고 다른 사회적 분열양상들에서의 하락을 동반했다.

정당시스템들이 사회집단의 차이를 대변한다고 보는 경향 때문에 [기성] 집단 분열의 부식에 대한 한 가지 반응은 새로운 제휴가 가능한 사회적 기반을 탐색하는 것이다. 정치학자들은 **당파적 재제휴** 현상을 정당 연합의 집단적 토대에 있어 어떤 유의미한 전환으로 규정한다. 이것은 대개 정당의 득표 지분의 상대적 크기상의 전환으로 귀결된다.

서구 정당시스템들은 그러한 여러 형태의 재제휴 현상을 겪었다. 하나의 집단 분열양상 시스템이 다른 것으로 교체된다. 재제휴는 1800년경 첫 번째 대중정당 연정이 등장한 이후 미국 선거정치에서 일상적인 특질이 되었다. 1930년대 미국의 뉴딜 재연합은 많은 수의 블루칼라 노동자, 가톨릭

8장 정당지지의 사회적 기반 271

교도, 흑인들이 민주당 연정에 통합된 사례다. 비슷한 재제휴들은 1900년대 영국 노동당의 등장과 프랑스 제5공화국의 초기 드골주의자들의 재제휴처럼 유럽의 정당시스템에서도 발생했다.

몇몇 분석가들은 신정치 이슈들이 새로운 당파적 제휴의 토대를 제공할 수 있을 것으로 생각한다. 이러한 이슈들은 전통적인 집단 제휴관계와 느슨하게 편입되어 있는 유권자들에게 매력적이다. 결국 이러한 이해관계들이 유권자들과 정당시스템의 재제휴를 초래할 정치운동과 합쳐질지도 모른다. 신정치적 가치 분열양상에 따른 당파적 극단화의 증가는 분명히 이 재제휴 이론을 지원한다. 투표선택에서 가치 우선순위들이 훨씬 중요한 영향력이 되었으며 새 정당들이 이제 이러한 관점들을 대변하고 있다.

나는 현재의 당파적 정치를 과거의 당파적 재제휴와 같은 용어로 생각하는 것이 옳은지에 대해서는 자신이 없다. 당파적 재제휴는 보통 분명하게 규정되고 고도의 응집력이 있는 사회집단들—노조 조합원들이나 교회 교인들과 같은 집단들—에 기반을 두고 있다. 이러한 집단들은 정당들과 제도적 유대관계를 발전시키며 구성원들에게 명확한 투표의 단서를 제공할 수가 있기 때문이다.

현재, 우리는 노조나 교회에 비견될 만하다는 이유로 신정치적 재제휴의 토대를 수립할 수 있을 법한 규모의 사회 집합체들이 많지 않음을 알고 있다. 신정치적인 정당들에 대한 지지에서 나타나는 세대차는 신정치적 분열양상이 출현하고 있음을 암시하는 것일 수 있다. 그러나 연령집단들은 유권자들을 동원하기 위한 일시적인 토대를 제공한다. 또한 교육이나 대안적인 계급 범주화들처럼 투표의 단서를 제공하는 다른 잠재적인 집단적 토대들은 현재까지 관망으로 남아 있으며 재제휴 효과의 견고한 증거를 가지고 있지 못하다.

탈물질주의적 가치들은 당파적 선호와 연결되어 있다. 하지만 가치들 자체는 새로운 집단-정당 제휴의 토대를 제공하기 어려울 것이다. 가치들은 같은 생각을 하는 사람들의 무리를 규정하지만, 누군가가 계급, 종교, 지역이 개인적인 정체성과 집단 동원의 토대를 제공하는 것과 같은 방식으로 탈물질주의자를 정의할 수는 없을 것이다. 실제로 탈물질주의적 가치들은 전통적으로 구조화된 노조와 교회 같은 조직과는 이질적이다. 대신에 무수히 많은 단일-이슈 집단들과 명분들이 신정치적 관심사들을 대변하고 있다―예컨대, 여성운동에서부터 평화운동 단체, 환경 주창자들에 이르기까지 그렇게 한다. 이러한 집단들은 일반적으로 부침을 거듭하는 느슨하게 정의된 멤버십을 가지고 있다. 그러한 집단들은 전통적인 사회집단들의 특징인 정당과 밀착된 유대관계를 형성하는 일도 주저한다.

신정치적 분열양상에 있어 집단적 토대의 결여는 새로운 시민정치 스타일의 또 다른 측면을 부각시킨다. 현대 유권자들을 분할하는 분열양상의 유형과 그들이 대표하는 집단의 유형이 변하고 있다. 선거정치는 고정된 사회집단들의 정체성에 의해 정의된 분열양상에서 같은 생각을 하는 개인들로 이루어진 공동체와 연계된 이슈/가치 분열양상으로 이동하고 있다. 사회집단들은 여전히 현재 유권자들의 정치적 이해관계 중 일부를 대변할 것이지만, 우리는 사회집단 분열양상에서 이슈집단 분열양상으로의 변모를 목도하고 있는 것이다.

결과적으로 정치적 동원의 토대들은 보다 개별화되고 있으며 따로따로인 이슈공중들에 초점이 모아지고 있다. 어떤 정치 차원―구정치 혹은 신정치―에 따른 이익의 동원은 훨씬 더 복잡하고 중첩적이며 교차적인 결사체적 네트워크에 의해 그 성격이 규정될 것이다. 그리고 더욱 유동적인 제도적 충성심에 의해 규정될 것이며, 더욱 느슨하고 보다 평등주의적인 조직구조에 의해 규정될 것이다. 훨씬 적은 수의 시민들이 노조나 교회와 같은 외부적 정체성 집단이 제공하는 투표 단서를 이용할 것이다. 하지만 경제적·도덕적 이슈들은 정치적 어젠다의 중요한 요소로 남아 있을 것이다. 노조 지도자들은 여전히 좌파 정당을 지지할 것이고 노조원들은 여전히 이러한 단서들을 인식하게 될 것이다. 하지만 이제 일반 노동자들은 그들의 지도자를 덜 추종할 것이고 좌파 정당도 덜 지지할 것이다. 여기서 주목할 점은 훨씬 적은 수의 개인들이 그러한 외부 단서들을 따를 것이라는 사실이며, 이러한 독립성이 장차 있을 당파적 제휴의 폭, 효과성, 안정성에 영향을 미칠 것이라는 사실이다.

그러므로 새로운 시민정치 스타일은 좀 더 유동적인 투표 패턴을 포함하게 될 것이다. 정치적 연합과 투표 패턴은 과거 계급과 종교적 분열양상들의 영속성을 결여할 것이다. 명확한 사회적 단서가 부재한 가운데 투표를 위한 결정은 유권자 각자에게 훨씬 더 힘이 드는 임무가 될 것이며 훨씬 더 시민 개개인의 신념과 가치에 좌우될 것이다.

**독서 목록**

Anderson, Christopher J.&Carsten Zelle, eds. 1998. *Stability and Change in German Elections: How Electorates Merge, Converge, or Collide*. Westport, Conn.: Praeger.
Clarke, Terry Nichols&Seymour Martin Lipset, eds. 2001. *The Breakdown of Class Politics: A Debate on Post–industrial Stratification*. Baltimore: Johns Hopkins University Press.
Clarke, Harold, et al. 2004. *Political Choice in Britain*. Oxford: Oxford University Press.
Evans, Geoffrey, ed. 1999. *The End of Class Politics? Class Voting in Comparative Context*. New York: Oxford University Press.
Franklin, Mark, Tom Mackie&Henry Valen, eds. 1992. *Electoral Change*. New York: Cambridge University Press.
Judis, John&Ruy Teixeira. 2002. *The Emerging Democratic Majority*. New York: Scribner.
Knutsen Oddborn. 2006. *Class Voting in Western Europe: A Comparative Longitudinal Study*. Lanham, Md.: Lexington Books.
Manza, Jeff&Clem Brooks. 1999. *Social Cleavages and Political Change*. New York; Oxford: Oxford University Press.
Norris, Pippa. 1997. *Electoral Change in Britain since 1945*. Cambridge, Mass.: Blackwell.

9장
# 당파심과 투표

현대 정당시스템은 우리가 제7장과 8장에서 살펴본 것처럼 사회집단 분열 양상으로부터 출현했다. 그러나 그 기원은 단지 선거정치의 출발점을 표상할 뿐이다. 각 선거는 유권자들에게 정책 제안과 관련된 선택사양과 공직 후보자를 제시한다. 사회적 특성과 집단적 단서는 많은 유권자의 선택에 영향을 미치는 요인이지만 유권자 자신의 정치적 의견도 그들의 선거 관련 계산법에 영향을 미친다. 이러한 의견들은 종종 집단적 단서에서 나온 것들과 구별된다.

따라서 요즘의 연구는 투표자의 의견과 태도를 투표 시의 선택방식을 이해하는 중요한 요인으로서 강조한다. 유권자들 대부분은 선거를 역사가 깊은 분열계층의 제휴와 관련된 갈등으로 간주하지 않으며, (장기적인 갈등을 반영할 수도 있는) 보다 최근 문제들을 다루는 기회로 여긴다. 사람들은 어떤 정당이 자신의 이익을 가장 잘 대표할지에 관해 판단하며 이러한 인식들이 투표행태를 인도한다. 선거에서 이슈와 후보에 대한 태도는 어떤 현실적인 투표모델에 있어서 필수요소다. 태도도 가변적이기는 하지만 그것을 투표모델로 편입시키는 것은 정당이 여러 선거에 걸쳐 얻은 결과상의 차이들을 설명하는 데 도움이 된다.

## 사회-심리학적 투표모델

투표에서 순수한 사회적 접근의 한계점에 봉착한 초기 선거연구자들은 투표의 결정과 다른 정치행태에 영향을 미치는 요인들로서 이슈나 태도 같은 심리적 요인을 포함한 투표모델들을 개발했다. 미시간대학의 연구팀이 처음으로 투표에서 사회학적 요인과 심리적 요인을 통합시킨 모델을 정식화하였다(Campbell et al. 1960, 2장). 이 사회심리학적 모델은 투표과정을 인과성 깔때기(a funnel of causality)(〈그림 9.1〉 참조)라는 용어로 설명한다. 〈그림 9.1〉에는 여러 가지 요소들이 나타나지만 그것의 기본 논리는 간명하다. 그림의 원편에 보이는 깔때기의 넓은 입구에는 사회에서 폭넓은 정치적 분열을 일으키는 사회경제적 조건이 나타난다. 경제구조, 종교나 인종 같은 사회적 분열, 그리고 미국 내 북/남 분열과 같은 역사적 제휴 등이 그것이다. 이러한 요인들이 그림의 화살표가 표상하듯이 정당시스템을 구조화하지만(제7장을 보시오), 개별 시민들의 실제 투표결정과는 거리가 있다.

인과성 깔때기에서 오른쪽으로 옮겨감에 따라 사회경제적 조건들이 집단의 충성심과 기본 가치 지향들에 영향을 미친다(화살표가 지시하는 것처럼 말이다). 예컨대 경제적 조건들은 한 개인과 한 사회계급의 유대를 맺어줄 수도 있으며, 혹은 지역적 정체성이 사회적 불평등과 정치적 불평등에 대한 반응을 형성할 수도 있을 것이다. 사회적 조건들은 개인의 정치행태에 직접적으로 영향을 미치는 태도들로 옮겨진다.

인과성 깔때기는 집단 정체성과 가치들이 더욱 공공연하게 정치적 태도에 영향을 미치게 되면 폭이 더욱더 좁아진다. 캠벨과 그의 동료들(Campbell et al. 1960; 1966)은 개인의 투표결정을 우선 다음 세 가지 태도의 용어로 설명했다. 그것은 (1) 정당에 대한 애착심, (2) 이슈에 대한 의견, (3) 후보자에 대한 이미지 등이다. 이러한 태도들은 투표결정과 가장 가까운 것들이므로 투표 자체에 직접적이며 매우 강력한 영향력을 미친다. 이에 덧

Español

## Welcome to The Political Compass™

There's abundant evidence for the need of it. The old one-dimensional categories of 'right' and 'left', established for the seating arrangement of the French National Assembly of 1789, are overly simplistic for today's co political landscape. For example, who are the 'conservatives' in today's Russia? Are they the unreconstructed Stalinists, or the reformers who have adopted the right-wing views of conservatives like Margaret Thatcher?

On the standard left-right scale, how do you distinguish leftists like Stalin and Gandhi? It's not sufficient to say that Stalin was simply more left than Gandhi. There are fundamental political differences between them that t categories on their own can't explain. Similarly, we generally describe social reactionaries as 'right-wingers', yet that leaves left-wing reactionaries like Robert Mugabe and Pol Pot off the hook.

That's about as much as we should tell you for now. After you've responded to the following propositions during the next 3-5 minutes, all will be explained. In each instance, you're asked to choose the response tha describes your feeling: Strongly Disagree, Disagree, Agree or Strongly Agree. At the end of the test, you'll be given the compass, with your own special position on it.

The test presented on this website is entirely anonymous. None of your personal details are required, and nothing about your result is recorded or logged in any way. The answers are only used to cal your reading, and cannot be accessed by anyone, ever.

Our sister application on Facebook does log scores, but the information is used only for social networking purposes, and is visible only within the user's personal network. We do not give anyone's score to o organisations. If you don't want your score logged, don't use the Facebook app.

The idea was developed by a political journalist with a university counselling background, assisted by a professor of social history. They're indebted to people like Wilhelm Reich and Theodor Adorno for their ground-br work in this field. We believe that, in an age of diminishing ideology, a new generation in particular will get a better idea of where they stand politically - and the sort of political company they keep.

So are you ready to take the test? Remember that there's no right, wrong or ideal response. It's simply a measure of attitudes and inevitable human contradictions to provide a more integrated definition of where peop parties are really at. Click here to start.

If you wish to contact us, email info@politicalcompass.org, but please read our FAQs first.

---

### 인터넷 자료 소개

정치나침반(Political Compass) 웹사이트를 방문하여 간단한 정치 퀴즈를 풀고 영국이나 미국의 2-D 정치공간에서 자신의 위치를 확인해 보시오. http://www.politicalcompass.org

붙여, 캠페인 행사들—미디어 영향력, 캠페인 활동, 경제적·정치적 조건—은 유권자의 이슈의견과 후보 이미지에 영향을 미친다.

 비록 현대 사회과학적 기준으로 볼 때 인과성 깔때기의 논리가 단순하다고 해도 그것은 투표연구를 위한 주요한 개념적 돌파구를 표상했다. 모델은 투표선택에 영향을 끼치는 요인들을 구조화하는 유용한 장치를 제공한다. 투표를 이해하려면 관련된 여러 가지 요인들 사이의 인과관계를 인식해야만 한다.

- 깔때기의 넓은 끝은 폭넓은 정치적 갈등을 구조화하는 사회적 조건들을 표상한다; 우리가 깔때기를 따라 우측으로 움직이게 되면 훨씬 정치적인 요인들로 관심이 확실히 이동한다.

**그림 9.1** 투표선택을 예측하는 인과성 깔때기

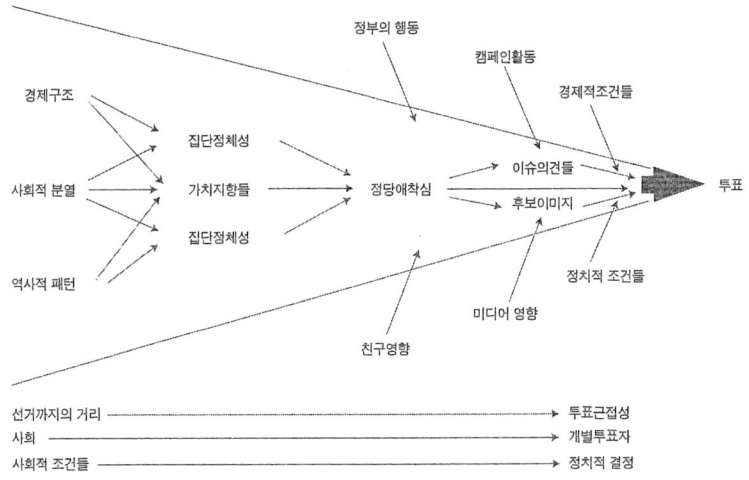

- 왼편에 있는 요인들은 시간상 실제 투표결정 시점과 **거리가** 있다. 오른편에 있는 요인들이 좀 더 투표선택에 **근접한다**.
- 왼편에 있는 요인들은 **사회의 조건들**이며, 곧 집단의 조건들이다. 오른편에 있는 요인들은 **개별 유권자들**이 유념할 사항들이다.

요약하면, 인과성 깔때기는 투표선택에 영향을 미치는 다양한 요소들—거리가 있는 혹은 근접한—을 함께 묶는 이론틀이다. 사회적 특성은 투표과정의 중요한 측면이지만 그것의 우선적인 영향력은 폭넓은 정치적 지향과 집단 정체성을 형성하는 일에 개입된다. 투표에 미치는 사회적 특성의 영향력은 실제 투표결정과 보다 밀착되어 있는 태도에 의해 매개되는 것이 대부분이다. 태도는 순서상 친구, 미디어, 정부행동, 캠페인 활동과 같은 외부 자극은 물론 개인의 집단 정체성과 가치에 좌우된다. 투표과정에서 각각의 요소는 인과성 갈때기에서 특정한 자리를 차지하고 있으며, 우리는 각각의 요소를 다른 것들과의 관계 속에서 이해한다.

이 모델의 설명적 가치에 추가하여 사회심리학적 접근은 투표선택[방식]을 성공적으로 예측한다. 연구자들이 그 기본 모델을 여러 나라의 사례에 적용시켜 보았다. 정당, 이슈, 선거 후보에 대한 태도는 심리적으로 실제 투표결정과 밀착되어 있고 결과적으로 그 결정과 강한 연결 관계에 있다. 사실 모델은 개인들이 선거 전 수개월 동안 자기 자신의 행동을 예측할 수 있는 것보다 더 정확한 예측을 할 수가 있다(Campbell et al. 1960, 74)!

사회심리학적 모델은 우리가 선거에 대해 어떤 방식으로 생각하는지와 연구자들이 선거과정을 어떤 방법으로 분석하는지에 대해 지침을 준다. 이 장에서는 사회심리학적 투표모델의 중심 개념으로서 당파적 애착심에 대해 검토할 것이다. 정당에 대한 애착심이 시간 경과에 따라 어떻게 변화했는지에 대해서도 논의할 것이다.

## 당파적 태도들

사회심리학적 모델은 우리가 투표선택을 규정하는 구체적인 이슈의견과 후보평가에 집중하도록 이끈다. 그러나 당파적 정체성이 시민들의 여러 가지 구체적인 정치신념과 행태에 강한 영향력을 미친다는 것이 이내 분명한 사실로 드러난다. 한 번은 탈라하시에서 투표 순서를 기다리고 있었는데 연배가 높은 유권자 한 분이 내게 다음과 같은 말을 한 적이 있다: "나는 당을 보고 찍는 게 아니라 후보를 보고 찍소. 민주당은 항상 가장 좋은 후보감을 선택한단 말이오." 많은 유권자는 당파적 성향과 더불어 매 선거의 계절을 시작한다. 이러한 당파적 충성심이 여타의 태도와 행동을 설명하는 정치적 단서의 원천으로 복무하며, 개인의 신념체계에서 중심적인 요소가 된다.

미시간 [대학의] 연구자들은 이러한 당파적 애착심을 정당에 대한 일체감(a sense of party identification)으로 묘사했다. 이는 사회계급, 종교 교파, 다른 사회집단에 대한 동일시와 유사한 감정이다. 정당 일체화는 자신이 선호하는 정당에 대한 장기적이고, 감성적이며, 심리적인 동일시 현상이다(Campbell et al. 1960, 6장).[1] 이러한 애착심들은 종종 투표할 나이가 되기 한참 전에 부모로부터 학습하게 된다. 정당 애착심은 투표 선호와 구별된다. 그것은 일부 미국인들이 왜 한 정당에 대한 충성심을 표현하면서도 다른 당의 대통령 후보에게 투표하는지를 설명해준다. 사실상 투표와 정당 일체화 간의 개념적 독립성은 처음에 후자에게 유의미성을 부여한다.[2]

정당 일체화의 발견은 여론 연구의 성과 중 가장 유의미한 것 중 하나다. 앞의 제2장에서 논의한 것처럼 당파심은 종종 개인의 신념체계의 핵심 가치로서 복무한다. 당파심은 궁극적인 발견학습법이다. 왜냐하면 여러 가지 새로운 정치적 자극들을 평가하는 전거(典據)—'내' 정당이 이 이슈에 대해 어떤 입장을 취하는지—구조를 제공하기 때문이다. 제4장에서 살펴본 것처럼 당파심은 캠페인과 선거에서 참여를 자극하는 요소다. 이 개념의 개발자는 정치행태의 여러 측면에서 당파심의 기능적 중요성을 다음과 같이 강조하였다.

> 수천만의 미국인들이 정당들 가운데 하나에 대해 지속적인 애착심을 갖는 것보다 우리 전국 선거에서 더 중요한 요인은 거의 없다. 이러한 충성심들이 특수한 캠페인 경쟁이 일어나는 선거 판세의 기본 분할 구도를 구축한다. 그것들은 정당시스템 자체의 안정성을 보증하는 중요한 요인이기도 하다 … 정당 일체화의 강도와 방향은 태도와 행태를 설명하는 데 중추적 중요성을 갖는다(Campbell et al. 1960, 121).

와이즈버그와 그린(Weisberg & Greene 2003, 115)은 "정당 일체화는

우리 현대 선거민주주의 이해(理解)의 핵심축이며, 계속해서 그러한 중요한 이론적 위치를 지니게 될 것 같다"고 썼다.

미국에서 정당 일체화에 대한 설명이 나온 뒤 그 개념이 다른 민주주의 국가들로 수출되었다. 당파심(partisanship)이라는 용어가 다른 의미를 내포하고 있는 나라나 다당제 시스템을 운영하는 몇몇 나라의 경우에 연구자들은 동일 의미를 가진 대칭어를 찾아내야 하는 문제에 봉착했다(Gudge, Crewe & Farlie 1976). 당파적 '무소속(independent)' 개념은 미국 내에서 일반적으로 쓰이는 것과 대조적으로 다른 나라에서는 그렇지 못했다. 따라서 연구자들은 미국의 정당 일체화 설문 문항을 간단히 불어나 독어로 옮기지 않고 당파적 애착심을 측정하기 위한 기능적 대체물을 찾아보아야 했다.[3] 그러나 여론 전문가 대부분은 유권자들의 정당에 대한 충절은 시간이 경과해도 지속되며 다른 의견 및 정치행태에 강력한 영향력을 행사한다는 데 동의한다. 정당 일체화를 측정하는 대체적 측정수단은 현재 모든 민주주의 국가의 선거연구에 포함되어 있다.

## 당파심의 학습

정당 일체화가 정치행태에 지니는 유의미성은 이러한 애착심의 초창기적 기원에서 부분적으로 결과한다. 사회화 관련 연구들은 어린이들이 초등학교 시절처럼 매우 이른 시기에 기본적인 당파적 지향을 발전시키는 사실을 발견했다(Hess & Torney 1967, 90). 아이들은 정당의 이름표가 무슨 의미인지를 이해하기 전부터 정당에 대한 충성심을 학습한다. 이 과정은 여러 다른 집단에 대한 유대관계의 발전과정과 유사하다. 이러한 초기적 정당 애착심은 미래의 정치학습을 위한 전거구조를 제공한다(정치학습은 종종 초기의 당파적 편견들을 강화시킨다).

이른 시기 정당 정체성에 대한 삶의 형성은 부모가 이러한 가치들의 사회화에 중심적인 역할을 한다는 의미다. 가족 내 당파심의 전이는 부모와 자식 간의 정당 일체화 상태를 비교해보면 알 수 있다. 어떤 교차-국가적 사회화 연구가 면접을 통해 부모와 자식들의 의견을 직접적으로 비교하도록 했다.[4] 미국에서는 민주당 지지자 부모 밑에서 자란 자녀 중 70퍼센트가 역시 민주당 지지자였으며, 공화당 지지자의 54퍼센트가 공화당을 지지하는 자녀를 두었다. 실제로 겨우 1/6 미만의 자녀만이 자신의 부모와 다른 당을 선호하고 있었다. 이러한 당파적 동의 수준은 미국 청소년들에 대해 시행된 훨씬 큰 규모의 표본연구에서도 유사하게 나타났다(Jennings & Niemi 1973). 영국과 독일의 연구들 역시 부모의 정당 애착심이 종종 자녀의 가치 속에서 재생산되고 있음을 보여준다(Zuchkerman & Kroh 2006). 부모들은 아이들이 정치과정에 활동적으로 되기 이전부터 자기 아이들이 당파적 가치를 형성하는 데 강한 영향을 끼친다.

부모들은 자신의 당파심을 아이들에게 성공적으로 대물림한다. 당파적 충성심은 부모들이 자식의 삶에 지배적인 영향력을 행사하고, [자식이] 부모로부터 파생된 당파적 단서에 노출되는 일이 일반적일 경우에 형성된다. 정당들은 정치과정에서 눈에 잘 띄고 중요한 기관들이며 실제로 모든 정치토론이 당파적 내용을 담고 있다. 우리는 후보들을 그들의 정당 소속에 의해 인식하고 판단하며 정책도 그것을 후견하는 정당에 의해 평가한다. 아이가 자기 부모의 편향성을 알아채는 데는 그리 오래 걸리지 않는다. 텔레비전 뉴스에 대한 부모의 반응과 가족 토론에서 하는 말을 보면 금방 알 수 있기 때문이다. 이에 덧붙여, 부모들 대부분은 여러 선거에 걸쳐 지속되는 정당 애착심을 가지고 있으며 자녀들은 자기 부모가 선호하는 정당에 관해 비교적 일관되고 연속적인 단서들에 노출되고 있다. 내 대학 동료 중 한 명은 그가 전 대통령 가운데 한 사람이 텔레비전에 등장할 때마다 신음 소리를 내는 방식으로 예비학교에 다니는 자기 아이를 조건화시켰다고 자랑스럽게 말

**표 9.1** 부모의 당파심 대물림

(단위: %)

| | 미국 | | |
|---|---|---|---|
| | 부모의 정당 선호 | | |
| | 민주당 | 공화당 | 무소속 |
| 민주당(Dem) | 70 | 25 | 40 |
| 공화당(Rep) | 10 | 54 | 20 |
| 무소속(Ind) | 20 | 21 | 40 |
| 합계 | 100 | 100 | 100 |

| | 영국 | | | |
|---|---|---|---|---|
| | 부모의 정당 선호 | | | |
| | 노동당 | 자유당 | 보수당 | 무당파 |
| 노동당(Lab) | 51 | 17 | 6 | 29 |
| 자유당(Lib) | 8 | 39 | 11 | 6 |
| 보수당(Con) | 1 | 11 | 50 | 6 |
| 무당파(None) | 40 | 33 | 33 | 59 |
| 합계 | 100 | 100 | 100 | 100 |

| | 서독 | | | |
|---|---|---|---|---|
| | 부모의 정당 선호 | | | |
| | 사회당 | 자유민주당 | 기민/기사련 | 무당파 |
| 사회당(SPD) | 53 | 8 | 14 | 19 |
| 자유민주당(FDP) | 4 | 59 | 1 | 3 |
| 기민련/기사련(CDU/CSU) | 9 | – | 32 | 12 |
| 무당파(None) | 34 | 33 | 53 | 66 |
| 합계 | 100 | 100 | 100 | 100 |

출처: 정치행동여론조사(Political Action Survey)

했다. 부모의 가치를 명시적으로 강화하거나 잠재의식을 통해 내면화하거나 간에 아이들은 부모의 당파적 선호를 받아들인다.

일단 개인들이 정당과 유대관계를 구축하면 당파적 경험들이 빈번히 이러한 초기적 성향에 따라붙는다. 민주당원은 민주당 후보에 투표하는 경향이 있으며, 공화당원은 공화당 후보에게 투표한다. 선거 경험은 대개 초기

**그림 9.2** 연령별 당파적 애착심

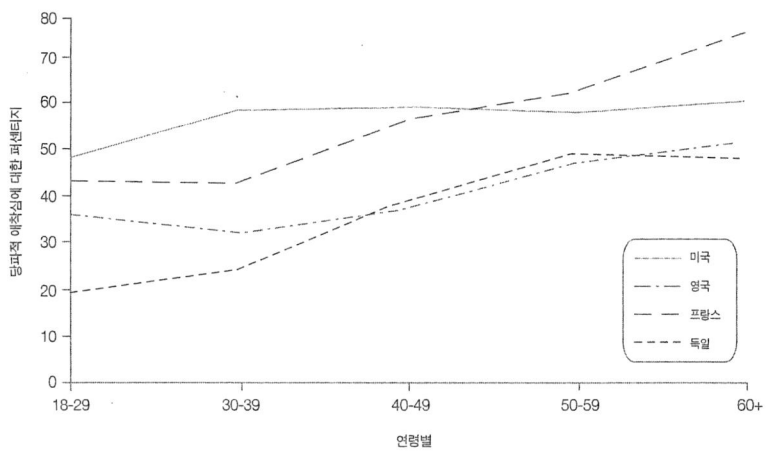

출처: 선거시스템비교연구(CSES); 미국(2004); 영국(2005); 프랑스(2002); 독일(2002)
유의사항: CSES는 당파심에 관해 비교가능한 설문 문항을 사용하기 때문에 당파적 애착심 수준에 대해 직접적인 교차적 비교에 적합하다.

의 당파적 경향을 강화시키는데 그 이유는 시민들 대부분이 자신이 선호하는 정당에 표를 던지기 때문이다.[5] 동일 정당 지지와 당파적 규칙성으로 인도되는 정치적 합의에 투표하는 경험의 축적을 통해 당파적 유대관계가 강화되는 경향이 있다. 결과적으로 당파적 충성심은 일반적으로 나이가 들어감에 따라 강화된다. 좀 더 정확히 말하자면 같은 당에 계속 지지 투표를 하는 경험과 더불어 강화된다(Converse 1969, 1976).[6]

〈그림 9.2〉는 나이에 따른 정당 일체화 비율의 증가 추이를 제시하고 있다.[7] 사람들은 대체로 중년이 되면 특정 정당과 일체화하는 감정을 강도 높게 발전시킨다. 이 감정은 남은 생애 주기 동안에 계속 강화된다. 단지 프랑스의 젊은 연령층의 43퍼센트만이 자신을 당파주의자라고 말했다. 이 수치는 가장 높은 연령집단에서 75퍼센트가 그렇게 말한 것과 대비된다. 이러

한 일반적인 연령 패턴은 영국인과 독일인의 경우에도 입증된다. 가장 약한 관계성을 보이는 곳은 미국인데, 그 이유는 아마도 이 여론조사가 보통 미국 여론조사에서 당파적 정체성에 대한 느낌을 타진하기 위한 설문 문항을 사용하고 있지 않기 때문인지도 모른다. 총체적으로 말해서 당파심의 저력은 나이와 더불어 정당과의 유대관계가 강화된다는 유사한 패턴을 보여준다. 좀 더 정확하게 말해서 연이은 선거에서 동일 정당을 지지하는 경험의 축적과 더불어 그 정당과의 유대관계가 강화됨을 보여준다.[8]

생애 초기에 학습한 당파적 유대관계는 아이의 신념체계 속에 깊이 새겨지게 되며 이후에 얻게 되는 당파적 경험을 통해 강화된다. 당파심은 나중에 얻게 되는 삶의 경험에 의해 변할 수도 있다. 하지만 이러한 애착심들은 일단 형성되고 나면 쉽사리 변경되지 않는다. 정당 일체화는 가장 안정된 정치적 태도 중 하나며, 인종관계, 경제 프로그램, 외교정책과 같은 오래 계속되는 국가적 이슈들에 관한 의견들의 안정성을 훨씬 능가한다(Converse & Markus 1979). 장기적 안목에서 당파적 안정성에 대한 추가적인 증거가 고등학교 고학년 학생들과 그들의 부모로 구성된 패널연구로부터 나왔다. 제닝스와 마르쿠스(Jennings & Markus 1984)는 1953년에서 1973년 사이에 미국 성인의 78퍼센트와 청소년의 58퍼센트가 동일한 당파적 유대관계를 가졌었음을 알아냈다. 이 기간은 20세기 미국 역사상 가장 소란스러운 정치적 시기 중 하나였다(Jennings 2007도 참고하시오).

다른 국가들에서 나온 증거도 이런 패턴을 반영한다. 영국의 정당 애착심은 다른 정치적 신념들보다 훨씬 더 안정적이다(Schickler & Greeen 1997). 평균적으로 영국 공중의 80~90퍼센트가량이 이번 선거에서 다음 선거까지 정당과의 유대관계를 그대로 유지한다. 독일의 장기적인 연구들 역시 당파심이 매우 안정적인 정치적 태도(Zuckerman & Kroh 2006)임을 밝혀냈다. 프랑스의 제한된 증거들조차 프랑스 공중의 당파적 지향에서 상당한 연속성을 보여주고 있다.

**표 9.2** 정당 애착심과 투표의 상대적 안정성

(단위: %)

|  |  | 미국, 1972-1976, N=539 | | 영국, 1970-1974, N=795 | | 서독, 1976, N=707 | |
|---|---|---|---|---|---|---|---|
|  |  | 투표 | | 투표 | | 투표 | |
|  |  | 안정적 | 가변적 | 안정적 | 가변적 | 안정적 | 가변적 |
| 정당 | 안정적 | 71 | 22 | 75 | 10 | 71 | 22 |
| 일체화 | 가변적 | 4 | 3 | 5 | 10 | 4 | 3 |

출처: LeDuc(1981, 261); Berger(1977, 504)
유의사항: 표는 각 [조사] 시점에 [특정] 정당과 일체화 한 유권자의 전체 숫자에 기초한 퍼센티지를 나타낸다. 미국과 영국의 결과는 2개 선거 사이의 변화에 기초하고 있고, 독일의 데이터는 1976년 3-웨이브 선거 패널(a three-wave 1976 election panel) 조사 기간 내 변화에 기초한 것이다.

비록 정당 지도자들의 행동이 상당히 소란스러울지라도 말이다 (Converse & Pierce 1986, 3장). 또한 당파적 애착심의 상대적인 불변성은 당파심과 투표선호도(〈표 9.2〉를 보시오)를 비교해봄으로써 알 수 있다. 동일한 미국 유권자 집단을 1972년과 1976년에 각각 한 차례씩 두 번 면접한 결과 93퍼센트가 안정적인 정당 일체화 경향을 보여준 반면에 단지 75퍼센트만이 안정된 의회선거 선호도를 보여주었다. 투표자들이 반대당을 선택했을 때조차(22%), 단지 4퍼센트만이 자신의 당적을 바꿨다. 영국과 독일에서 정당선호는 투표선호보다 훨씬 안정적이지만, 미국에서 보여주는 둘 사이의 차이보다 훨씬 작다(LeDuc 1981; Heath & Pierce 1992도 참고하시오). 유럽에서는 당파심과 투표가 함께 가는 경향이 훨씬 크다. 하나가 변하면 다른 하나도 덩달아 변한다(Holmberg 1994). 유럽인들은 투표할 기회가 제한적이기 때문에 장기적 안목의 당파심과 현재의 투표선호를 덜 구분하는 듯하다. 그러나 당파심은 전반적으로 시간이 경과함에도 불구하고 안정적이다. 정작 투표에서는 당을 저버릴지라도 말이다.[9]

요약하면, 당파심은 개인의 신념체계에서 중심적인 요소이며 정치적 정체성의 토대다. 이러한 지향들은 생애 초기에 형성되며 나중에 살면서 배우는 과정을 조건화한다. 이 대목에서 연구자들이 왜 사회심리학적 투표선택 모델에서 중심적 역할을 이 당파심에 부여하는지를 쉽게 알 수 있다.

## 당파심의 효과

스포츠 세계에서는 팀에 대한 충성심이 누구를 응원할지 어떤 선수들을 좋아해야 할지를 파악하는 데 도움이 되며, 개인들에게 그들의 팀을 적극적으로 지원하도록 동기를 부여한다. 사람들은 종종 생애 초기에 그러한 유대관계를 발전시키며 관계의 성쇠(盛衰) 과정을 견뎌낸다. 내 경우 LA 다저스팀에 대한 애착심은 팀이 질 때조차도 팀을 응원하러 반복적으로 경기장을 찾는 행위에 의해 강화된다.

이와 동일한 느낌은 당파적 애착에도 적용이 가능하다. 정당들은 정치를 '사용자-친화적'으로 만드는 데 일조한다. 정당이 명확하고 일관된 정책 입장을 가질 때 정당의 이름표는 '나와 같은 부류의 사람들은' 어떤 결정을 하는가라는 문제를 푸는 지름길 정보를 제공한다. 어떤 당이 자신의 이익을 일반적으로 대표하는지를 유권자들이 확정하면 이 단 한 개의 정보가 인지적 여과 수단으로 작동한다. 요컨대 그들이 사건, 이슈, 후보를 보는 방법을 안내한다는 것이다. 자신의 정당이 주창한 정책은 다른 정당이 주창한 것보다 호의적으로 수용될 가능성이 크다.

사회계급 및 종교와 같은 사회-집단적 단서와 비교했을 때 정당에 대한 애착은 훨씬 더 가치 있는 발견학습법이다. 정당들은 민주주의 정치의 중심을 차지하기 때문에 정당과 관련된 단서는 좀 더 폭넓은 정치현상의 범위에 걸쳐 적실성을 갖는다. 이슈와 사건은 종종 당파적 용어로 공중에게 제시되는데, 이는 정당들이 당시의 정치문제들에 대한 입장을 제시하며 다른 정치적 행위자들의 언행에 대응하기 때문이다. 사람들은 선거 때 정당이나 정당 후보자에게 투표한다. 정부는 당파적 성격의 팀에 의해 운영된다. 그러므로 당파심에 대한 의존은 '충족적' 정치모델의 궁극적인 사례일 수 있다.

워싱턴 포스트는 정치적 단서로서 당파심의 힘을 설명해주는 흥미로운 실험을 수행한바 있다(Morris 1995). 신문은 여러 여론조사 가운데 하나에 어떤 정부가 행한 가상적인 처신에 대한 질문을 포함했다. 한 형태의 질문은 그 정부 처신 이슈에 대한 빌 클린턴 대통령의 입장이나 공화당의 입장을 전거하였고, 다른 형태의 질문은 그러한 당파적 단서 없이 그 가상적인 처신을 논하였다. 그들은 당파적 단서를 제시했을 때 그에 대해 의견을 제시한 사람들의 숫자가 늘어난다는 사실을 알아냈다. 더욱이 당파적 효과는 분명했다. 민주당원들은 클린턴이 철회를 원했다는 것을 알았을 때 훨씬 더 반대할 가능성이 컸다. 공화당원들은 의회 내 공화당원들이 철회를 원한다는 것을 알았을 때 비록 불균등한 형태지만 반대하였다.

또 다른 예는 당파심의 힘이 무당파적 의견들을 형성하는 데서도 발휘된다는 것을 증명하고 있다. 2000년도 미국 선거 전에 미국전국선거연구(ANES) 여론조사는 공중에게 다음 12개월 사이에 국가경제가 좋아지거나 나빠질 것이라고 판단하는지를 물었다. 백악관을 민주당이 차지하고 있는 상황에서 민주당원들은 공화당원들에 비해 국가경제의 미래에 대해 8퍼센트가량이 더 낙관적이었다. 선거 후 부시의 승리가 확정되자(비록 선거 결과가 아직 의문시되고 있었다 할지라도), 공화당원들은 작은 차이지만 경제에 관해 긍정적인 입장을 보여주었다.

선거 전과 후 여론조사 사이의 관계 역전은 당파심이 정치세계에 대한 시민의 인식을 형성하는 힘을 가지고 있다는 사실을 설명한다. 당파심은 정부의 국정수행과 후보이미지 평가처럼 당과 밀착적으로 연계된 의견들에 더욱 강한 영향력을 지닌다(Abramson, Aldrich & Rohde 2005, 8장; Miller & Shanks 1996). 당파적인 사람들은 자기 팀 선수(후보)들을 응원하며 야유는 상대편 선수들을 위해 아낀다.

정당과의 유대관계로 인해 개인들은 정치에 적극적으로 동원되기도 한다(4장). 스포츠팀에 대한 충성심처럼 정당에 대한 애착 때문에 개인은 자기편을 지지하는 정치과정에 적극적으로 참여한다(2장). 2004년 ANES는 당파적인 유권자의 투표참가가 무소속보다 32퍼센트 높았음을 보여준다. 이에 덧붙여 당파심이 강한 사람들은 다른 사람들에게 영향을 미치려고 시도하며, 캠페인 자료를 전시하거나, 집회에 참석하고, 캠페인 기간에 한 후보에게 후원금을 낼 가능성도 더 크다. 당파심은 다른 기성의 민주주의 국가에서도 흡사한 방식으로 기능을 한다. 2002년 독일 하원 선거에서 당파심이 강한 사람들의 투표율이 훨씬 높은 수준이었으며, 그들이 캠페인 행사에 참여할 확률은 몇 배 높았고, 다른 사람에게 투표결정과 관련하여 설득을 시도할 확률이 두 배 높았다. 당파심이 강한 사람들의 88퍼센트는 누가 독일 정부를 지배하느냐가 차이를 만들어낸다고 믿었지만, 약한 당파심을 지닌 사람의 49퍼센트와 당파심을 갖지 않은 사람의 44퍼센트 정도가 이 생각을 공유했다.

당파심의 단서-제공 기능은 분명히 투표선택에 영향을 미친다. 당파심은 투표자들이 자신이 선호하는 정당을 지지하려는 성향을 가지고 있음을 뜻한다. 콘벌스(Converse 1966)는 당파심을 '정상적인 투표'—선거에서 다른 요인들이 고른 균형을 보일 때 예상되는 투표—를 위한 토대라고 설명했다. 만약 이슈에 대한 입장이나 후보 이미지 같은 다른 요인들이 작동할 때 그것들의 영향력은 그것들이 애초의 당파적 편향성을 바꿀 수 있는 능력에 의해 측정될 수 있다. 세련되지 못한 유권자는 오랜 당파적 충성심과 자신이 선호하는 정당과의 계속적인 관계유지 경험이 투표를 위해 분명하고 낮은 비용의 단서를 제공한다. 세련된 시민도 후보의 정당 소속은 대체로 합당한 선거선택을 위한 하나의 토대로 복무하는 특정한 정책프로그램을 의미한다.

일반적으로 의회선거에서 당파심과 투표 사이에는 긴밀한 관계가 존재한다(Holmberg 1994). 영국 선거의 경우 당파심을 가진 사람들 중 단 14

퍼센트만이 다른 정당에 표를 던졌다. 독일 2002년 하원선거의 경우에 여러 개의 당이 있다고 해도 이탈표의 비율은 낮았다. 당파심을 가진 독일인들의 81퍼센트가 자신이 동일시하는 지역구 후보에게 투표했으며 78퍼센트가 두 번째 투표에서 당파적 투표를 하였다. 비록 전략적인 유권자들이 자기 당과 연정의 기회를 지닌 작은 당을 지지했을지라도 말이다. 대부분의 유럽 국가들에서 제한된 투표기회는 당파심과 투표 사이의 분리를 줄이는 경향이 있다.

　이와 대조적으로 미국 시민들은 "연방, 주, 지역 수준에서 다양한 공직을 노리는 다수의 당파적 후보 군(群)을 동시에 처리해야 한다; 따라서 시민들이 자신이 어떤 당과 유대관계가 있다는 일반화된 신념을 의식하게 된다는 것 자체가 작은 놀라움이다"(Butler & Stokes 1969, 43). 미국 선거에서, 특히 유권자들이 지역, 주, 연방 차원의 공직을 채우기 위해 일련의 선택을 하도록 요청을 받는 경우에 그들의 태도와 행태의 분리는 가장 두드러진다(Beck et al, 1992). 가장 눈에 띄고 정치화된 대통령선거의 경우 후보 이미지와 이슈에 대한 호소가 당파적 선호를 상쇄할 잠재력을 보유하며 이 경우에 정당 이탈은 일반적이다. 레이건에서 조지 W. 부시에 이르기까지 공화당 대선후보의 성공은 그들이 민주당원의 이탈을 유인했기 때문에 생긴 일이다. 고도로 분열적이었던 2004년 양당의 경합과정에서 미국의 당원 7퍼센트가 정당 일체화와 모순되는 대선 투표를 하였다.

　이와 유사한 상황은 프랑스에도 존재한다. 프랑스 대선에서 두 후보 간 2차 결선투표는 후보들이 자기 당 이외의 정당들로부터 유인할 수 있는 표의 크기에 의해 당락이 결정된다(Boy & Mayer 1993). 프랑스 의회선거의 경우에 투표선택은 현존하는 당파적 선호에 훨씬 더 가깝게 순응하고 있다.

　당파심은 궁극적인 발견학습법인데 그 이유는 다음과 같다:

- 정치적 정체성의 토대를 창출하기 때문이다.

- 정치적 사건, 후보, 이슈를 평가하는 단서를 제공하기 때문이다.
- 선거 캠페인과 선거 투표에 사람들을 동원하기 때문이다.
- 투표선호에 관한 단서를 제공하기 때문이다.
- 개인과 정당시스템의 투표패턴을 안정화시키기 때문이다.

그러므로 당파적 애착심은 시민들이 정치의 복잡성을 처리하고 선거시기에 당면하는 문제들에 관한 합당한 결정을 내리는 방식에 대한 이해의 기초가 되었다.

## 당파적 탈제휴

당파심은 시민정치적 행태 측면에서 매우 중요하기 때문에 연구자들이 처음으로 많은 선진 산업민주주의 국가 내 정당과의 유대관계가 부식하고 있다는 사실을 발견했을 때 하나의 놀라움으로 다가왔다. 당파심의 쇠퇴를 알린 초기적 신호들은 1970년대와 1980년 초반의 정당선거 결과에 변동사항이 증가하고 있음이 나타났을 때였다. 정당지지의 사회-집단적 토대가 부식함으로 말미암아 정당의 역할이 축소되는 경향에 속도가 붙었다. 립세트와 록칸(1967)이 설명한 바 있는 고정된 집단제휴가 이완되기 시작했다(Dalton, Flanagan & Beck 1984).

처음에는 이러한 경향이 선거와 선거 사이에 일어나는 정상적인 당파적 변화 패턴과 혼합되어 있었기 때문에 정당의 유대관계가 부식하고 있는 것인지를 확신하기가 어려웠다. 당파적 변화는 선거과정에서 볼 수 있는 일상적 요소며, 대부분의 민주주의 국가의 선거역사가 강도 높은 당파적 휘발성과 파편화 시기들을 보여준다. 앞에서 주장했던 것처럼 유권자들은 서로 근접한 선거에서는 자신의 당파적 선호를 비교적 변경하지 않는 편이다.

당파적 유대관계의 약화는 미국에서 처음으로 분명하게 나타났다(〈그림 9.3〉을 보시오). 1950년대부터 1960년대 초까지 미국의 당파심은 안정적이었다; 정당과 일체화하는 사람의 비율이 70에서 75퍼센트 범위에 남아 있었고, 1/4이 못 되는 공중만이 확고한 당파적 유대관계를 갖지 않은 '무당파'라고 주장했다. 하지만 1980년대에 이르자 유권자의 1/3 이상이 무당파라고 주장했다. 1990년대 로스 페롯(Ross Perot)의 대통령 입후보는 당파심이 강한 사람의 비율을 한층 더 끌어내렸다(Wattenberg 1998). 2000년 선거 여론조사에서 당파심이 강한 사람들의 비율은 다시 하락하였고(59%), 고도로 정치화되고 당파심을 띤 선거 캠페인이 벌어졌던 2004년 선거에서도 이 수준이 유지되었다.

몇몇 미국 정치 전문가는 이러한 경향의 존재와 유의미성에 의구심을 가지고 있다. 키이스와 그의 동료(Keith et al. 1992)는 정당을 일체화하는 사람들의 비율이 감소하는 것이 과연 의미 있는 변화인지에 대해 의문을 제기했다. 그린, 팜키스트, 시클러(Green, Palmquist & Schickler 2002, 31)는 미국전국선거연구(ANES)의 시계열 시리즈를 검토한 후 다음과 같은 결론을 내린 바 있다. "우리가 아는 한 당파심은 살아있고 건재하며 우리에게 영향력이 있다. 마치 우리 부모와 조부모에게 그러했듯이 말이다." 다른 연구자들은 당파적 정체성의 대선 투표선호에 대한 예측은 50년 ANES 시리즈에서 보듯이 감소되었다고 주장한다(Miller & Shanks 1996; Bartels 2000). 당파심의 유의미성이 매우 크기 때문에 많은 사람이 이러한 유대관계가 정말로 약화되고 있는지에 의문을 가지고 있는 것이다.

당파심이라는 주제는 누적연구, 특히 비교 분석이 지닌 가치를 보여주는 좋은 사례. 더 많은 국가와 선거들을 추가시키면서 증거의 부피가 커지자 일반적인 당파심의 쇠퇴 패턴이 폭넓게 선진 산업민주주의 국가들에 영향을 주고 있다는 사실이 이제 분명해졌다(Dalton & Wattenberg 2000; Fiorina 2002; Webb 2002; Clarke & Stewart 1998). 유권자들은 그들이 한

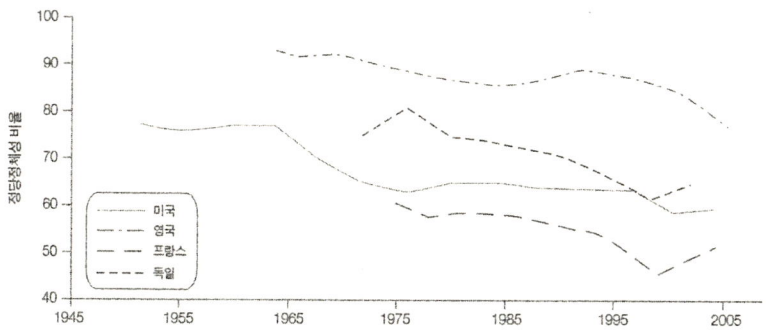

**그림 9.3** 정당을 동일시하는 사람의 비율

출처: 미국, 1952~2004, 미국전국선거연구; 영국, 1964~2005, 영국선거연구; 프랑스, Eurobarometer (1981, 1986, 1988), 유럽선거연구(1994, 1999, 2004); 독일, 1972~2002, 독일선거연구(서독 지역만 실시, 1990~2002).

차례 선거 혹은 두 차례 선거에서 선호했던 정당에서 간단히 이탈하지 않는다. 적어도 미국에서는 그러하다. 대신에 여러 나라가 포함된 국가세트 전체를 통틀어 당파적 충성심—시민정치의 행태를 설명하는 핵심요소로서 선거연구가 강조하였던 것과 동일한 충성심—이 부식하고 있다는 증거가 나타나고 있다.

예를 들면, 미국에서와 마찬가지로 영국에서도 거의 동일한 정당 유대관계의 쇠퇴 패턴이 발생했다(《그림 9.3》 참조). 영국적인 정당시스템 전통과 영국 당파심 조사 설문의 포맷 때문에 훨씬 적은 수의 영국인들이 무당파라고 주장하고 있다. 1964년 영국선거연구의 경우 93퍼센트가 현존하는 당파적 선호를 고백하였다; 2005년 선거에서 그 수치는 77퍼센트로 떨어졌다. 당파심이 강한 사람들을 상대로 애착 강도를 묻는 질문에 대한 응답들은 훨씬 더 분명한 패턴을 보여주고 있다: 1960년대 후반에는 영국 공중 가운데 40퍼센트 이상이 강한 당파심을 보유하였지만, 최근의 선거 대부분에서는 20퍼센트 미만이 강한 당파심을 가지고 있다고 말했다.

독일은 처음에는 다른 선진 산업민주주의 국가들에서 발견된 당파심 패턴에서 벗어나 있었다. 당파심은 1961년에서 1976년 사이에 증가하였는데, 이는 서독인들이 전후 정당시스템에 대한 신념을 발전시켰기 때문이었다(Baker, Dalton & Hildebrandt 1981, 8장). 1970년대 후반 이 경향이 반대방향으로 움직이기 시작했다. 2002년이 되자 서쪽에 사는 사람들 가운데 65퍼센트가 당파심을 지닌 것으로 보고되었다. 당파심은 이전에 당파적 경험을 결여하고 이제 비로소 정당에 대한 애착심을 발전시키기 시작한 동쪽 사람들에게는 훨씬 더 낮은 수준이다. 2002년 선거에서는 동쪽에 사는 독일인들 중 45퍼센트가 어떤 정당과도 유대관계가 없다고 주장했다(Dalton & Burklin 2003).

비교가 가능한 프랑스의 여론조사 데이터 시리즈는 훨씬 짧은 기간에 걸쳐 수행되었고 유로바로미터와 유럽선거여론조사로부터 나온 것이다. 1970년대를 기점으로 당파심을 가진 사람들의 비율이 천천히 감소하였으며 1990년대 말에 현저히 하락했다(Haegel 1993도 보시오).

우리의 핵심 4개국에서 발견된 정당과의 유대관계 약화는 거의 모든 선진 산업민주주의 국가들에서 발생하고 있는 패턴을 대표한다. 오랜 기간에 걸쳐 수집한 데이터를 가지고 있는 19개 선진 산업민주주의 국가들 가운데 17개국에서 당파심이 강한 사람들의 비율이 하락하고 있음을 보여준다(Dalton 2000; 2004, 2장). 더욱이 당파심의 **설명력**은 19개국에서 전체적으로 감소했다. 오스트리아, 캐나다, 일본, 뉴질랜드, 스웨덴과 같이 다채로운 국가들에서도 이 패턴은 동일하다. 요컨대 공중의 당파적 애착심이 20세기 하반기에 약화된 것이다.

공중이 정치적 기관으로서 정당들에 대해 의구심을 가지고 있다는 증거도 있다. 몇몇 국제적 여론조사는 정당에 대한 공중의 신뢰가 다양한 사회적 기관과 정치적 기관 목록에서 맨 밑바닥을 차지하고 있음을 발견했다.

영국, 캐나다, 독일, 스웨덴과 그 밖의 나라들에서 나온 데이터는 현재 공중들이 이전보다 정당을 상당히 덜 신뢰하고 있음을 증명해준다(Dalton & Weldon 2004; Bromley & Curtice 2003; Carty 2002).

선진 산업민주주의 국가들은 **당파적 탈제휴의** 시대를 경험하고 있다. 이 말의 의미는 공중의 상당 부분이 정당에 대한 애착심을 발전시키고 있지 못하며 공개적으로 그리고 빈번하게 정당을 비판하고 있다는 것이다. 선거 분석가들은 처음에 당파적 탈제휴가 정당과 정치인들이 새로운 문제들과 씨름하면서 (연패하고 있는 스포츠팀에 대해 그러하듯이) 공중의 지지가 잠정적으로 약화되어서 발생하게 된 일시적 현상이겠거니 했다. 그러나 이제 그 현상은 분명히 작금의 정치의 지속적인 특질이다. 오늘 이 시각에도 미국의 당파심은 1950년대와 1960년대 초에 다다랐던 최고점 아래에 존재한다. 만약 정당 일체화가 선거행태 연구에서 가장 중요한 태도라면 탈제휴는 당연히 모든 국가들에 중요한 함의를 가질 것이다.

## 탈제휴의 결과

훨씬 적은 숫자의 사람들이 정당과 일체화하는 것이 문제가 되는가? 만약 당파심의 가치에 관해 설명하는 이론이 정확하다면 문제가 되는 게 맞다. 당파적 유대관계들은 시민정치 행태의 중심에 놓이므로 이러한 유대관계가 부식하는 것은 시민정치에 관해 명확하고 예측 가능한 효과를 지니게 될 것이다. 실제로 당파적 탈제휴의 증거는 선거행태의 상이한 측면들에서 눈에 들어온다.

당파심은 개별 유권자와 그가 선호하는 정당을 묶어준다. 이러한 유대관계들이 약화됨에 따라 당파-중심적 투표선택 패턴도 약화될 것이다. 미국과 독일의 유권자들은 직접적으로 정당에 표를 던진다. 그러나 최근의 선거에서 분할-티켓(split-ticket) 투표의 비율이 증가하였다(〈그림 9.4〉참조). 1960년대에는 미국 유권자의 1/6 미만이 그들의 표를 한 정당의 대선후보와 다른 정당의 의회후보에게 분할하는 방식으로 투표했다. 1980년대가 되자 이 비율은 1/4로 올라갔다. 1992년 제3당 후보였던 페롯의 입후보는 미국 유권자 가운데 36퍼센트의 표를 분할시켰다. 페롯이 입후보하지 않은 2000년 선거에서도 분할-티켓 투표는 비교적 높은 비율이었다. 그러나 양극화되었던 2004년 선거에서는 비율이 뚝 떨어졌다. (현직에 있지 않은 두 명의 후보가 대결하는 2008년에는 다시 오를 가능성이 있다). 상원과 하원 사이의 분할-티켓 투표도 시간이 지나면서 증가하고 있다(Stanley & Niemi 2000). 우리는 독일의 첫 번째 투표와 두 번째 투표 사이에서도 이와 유사한 분할투표의 증거를 발견한다. 분할-티켓 투표는 다른 나라에서도 일반적인 탈제휴 경향의 결과로서 나타난다(Dalton & Wattenberg 2000, 3장).

약화된 당파심은 투표패턴의 유동성을 더욱 증가시킬 것이다. 우리가 연구하는 4개국을 포함한 선진 민주주의 국가에서 정당의 숫자와 선거의 투표결과에서의 지분 변동은 일반적으로 증가한다(Dalton & Wattenberg 2000, 3장). 유권자들 대부분이 시간이 지나도 동일 정당을 지속적으로 지지한다손 쳐도 그들의 정당시스템하에서 부동층의 숫자가 증가하고 있다. 당파심은 한때 시민의 정치행태의 안정적인 안내판 역할을 하였지만 이제는 훨씬 적은 수의 개인들만이 이것의 안내에 따르고 있다.

당파심이 개인들로 하여금 정치참여를 하도록 동원하기 때문에 탈제휴 현상이 유권자의 선거참여 쇠퇴에 수반되었다는 사실은 전혀 놀라운 것이 아니다(3장). 선진 산업민주주의 국가 대부분에서 유권자의 투표율이 하락했다. 캠페인 활동에의 참여—집회에 참석하는 행위, 후보를 위해 일하는 행위, 정당 지지를 표현하는 행위—또한 위축되었다(Dalton & Wattenberg 2000, 3장). 만약 정치가 스포츠와 같은 것이라면 열혈 팬의 수가 줄어드는 것은 곧 개별의 시합을 참관하는 사람의 수가 줄고 그 스포츠 종목에 참여

**그림 9.4** 분할-티켓(Split-Ticket) 투표의 성장

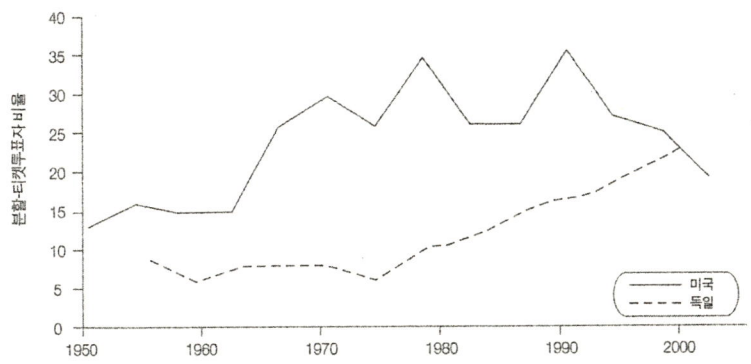

출처: 미국, 1952~2004, 미국전국선거연구(제3당 대선후보에 투표한 경우를 분할 투표로 계산함); 독일, Dalton & Burklin(2003, 68); 1990~2002년 데이터는 서쪽의 독일 지역에서 수집한 것임.

하는 사람의 수가 주는 것을 의미한다.

끝으로 투표과정은 당파심의 쇠퇴 결과로 인해 변했다. 장기적인 성격의 정당과 사회-집단적 단서들이 중요성을 잃어가고 있으므로 결정수립 과정도 특정 선거 캠페인의 이슈와 후보에게로 이동한다. 이러한 이동의 한 가지 지표를 제시하자면 경향데이터는 유권자들이 캠페인 기간의 후반에 자신의 결정을 내리는 경향을 체계적으로 보여준다는 것이다(Dalton & Wattenberg 2000, 3장). 훨씬 적은 수의 유권자들이 현존하는 당파적 성향에 기초하여 선택하고 있기 때문에 이제 캠페인이 훨씬 더 중요해지는 것 같다—유권자들이 [참여방식을] 선택하기 시작했다.

## 탈제휴의 원인

탈제휴 경향을 설명하는 방식이 몇 가지 존재한다. 첫 번째 설명은 정당의 성적에 초점을 맞추고 있다. 처음에는 연구자들이 쇠퇴하는 당파심과 정치적

사건 및 위기를 함께 연계시켰다. 미국의 경우에는 1970년대의 극적인 사건들이 많은 젊은이로 하여금 정당을 이탈하게 하였다. 베트남 전쟁, 워터게이트 사건에 의해 촉발된 반당파적 정서와 시민권 운동이 새로운 유권자들로 하여금 시간이 경과하면서 한층 공고해지는 생애–초기 당파적 애착심을 발전시키지 못하게 막았다. 유럽의 학생 시위자들과 분명히 증가하는 정당 스캔들의 숫자도 이들 유럽 국가에서 유사한 효과를 가졌다.

좀 더 일반적으로 말해서, 빈약한 성적이 탈제휴를 영속화시킨다고 추정되고 있는 것이다(Zelle 1995; Thomassen 2005). 한편, 현대 정당들은 치솟는 정부 적자에도 불구하고 사회적 서비스를 유지하는 데 따르는 문제들과 씨름을 하였다. 전통적으로 계급 분열양상과 결합되어 있는 경제적·복지 관련 이슈들 일부는 온전히 해결되지 못했다. 다른 한편, 새로운 선진 산업사회 이슈들은 종종 대중 정당과 어울리지 않았다. 핵에너지, 소수자 권리, 지역 환경문제 등과 같은 이슈들 중 대부분은 협소한 것이어서 그것 자체로서 대중의 당파적 제휴에 영향을 미치지는 못한다. 단일 이슈에 대한 이익집단의 등장이 당파적 애착심으로 잘 전환되지 못하는데, 그 이유는 그러한 이슈들에 대한 선거적 효과는 불확실하고 그것들이 좀 더 큰 정치적 연합 내부로 수용되기 어렵기 때문이다. 미국의 경우 이슈와 정당 사이의 연결점 부족으로 인해 시민들은 이익집단들을 만들게 되었고 직접-행동에 나서게 되었다. 유럽의 경우는 좌파와 우파 노선에서 다양한 군소 정당들은 물론 유사한 집단들을 만들어냈다. 그러므로 정당들은 정치적 이익의 집성과 명료해지는 중요한 프로그램 기획 기능이 자신들의 손아귀에서 빠져나가는 것을 바라보아야 했다고 분석가들은 주장한다. 창조적인 새 연구를 통해 베르글룬드와 그의 동료들(Berglund et al. 2005)은 6개 유럽 민주주의 국가 내 정당들 사이에서 뚜렷한 정책선택을 하는 범위는 당파심의 강도와 관계가 있음을 보여주고 있다. [정당 간의] 구별이 불분명해짐에 따라 당파심도 약화되었다.

## 1) 기능적 설명

교차-국가적 탈제휴 경향의 폭은 이러한 경향의 이면에 일련의 동시다발적이며 저조한 [정당의] 성적표가 놓여 있다는 사실 그 이상을 암시한다. 당파적 제휴도 선진 산업민주주의 국가에 보편화된 사회적 현대화의 폭넓은 패턴을 반영한다. 기능주의적 설명은 정치적 제도로서 정당의 역할 쇠퇴현상이 이 과정의 중요한 부분인 듯하다고 주장한다. 다른 제도들이 정당의 전통적인 정치기능을 [대신] 떠맡았다. 무수한 특별-이익 집단과 단일-이슈 로비집단들이 공중의 이슈적 이익을 표출하고 있으며 정당이 그런 것들을 모두 대변할 가망성은 거의 없다. 심지어 정당의 지도자들은 정당 내 선출직 대표들의 선택에 관한 통제력을 상실하고 있다. 가장 진전된 예는 미국인데, 미국에서는 공개적인 예비선거와 무당파적 선거의 신장 덕분에 후보 모집에 있어서 정당의 지배력이 약화되었다. 영국 노동당도 후보임명권을 원내 정당에서 전당대회와 지역구 집단으로 이관했다. 이러한 발전상과 다른 [부수적] 발전상들이 정치과정에서 정당의 중요성을 줄이고 정치적 전거점으로서 정당의 유의미성을 약화시킨다.

매스미디어에 있어서의 변화들도 탈제휴 경향에 가세한다. 매스미디어는 이제 과거 정당이 좌지우지했던 여러 정보활동을 수행한다. 관심 있는 유권자들은 과거 캠페인 집회나 정당 선거원들로부터 얻던 선거 정보를 이제 주요 캠페인 정보원인 텔레비전과 신문에서 얻는다(제2장을 보시오). 더욱이 매스미디어의 내용은 정당의 중요성을 경시하는 방식으로 변했다. 미국의 미디어는 캠페인의 초점을 정당에서 후보자로 전환하였으며 몇 개 의회민주주의 국가에서도 이와 유사한 경향이 입증된다(Dalton & Wattenberg 2000, 3장).

그러나 이러한 체계적인 변화요인들이 중요하다 할지라도 탈제휴 경향에 대한 설명력은 제한적이다. 정당의 업무수행과 관련하여 일부 패착이 초기의 탈제휴 경향을 촉진할 수는 있었을 것이다. 하지만 새로운 정당이 정부의 관리권한을 획득하거나 정책 실패가 정책 성공에 의해 대체되었을 경우에도 경향은 역전되지 않았다. 각국에 대한 연구물은 전형적으로 독특한 정책 실패의 사례세트를 가리키지만, 탈제휴 경향은 그들의 다양한 경험사례들을 통틀어 발견되는 어떤 일반적인 특질이다. 따라서 우리는 선진 산업민주주의 사회에 영향을 미치는 일반적인 변화들을 탐색하게 된다. 변화하고 있는 미디어의 역할을 강조하는 주장은 상이한 공영/민영 소유형태와 상이한 언론 규범으로 인해 미디어가 이들 국가 전체에서 갖는 중요성을 간과하고 있다. 우리는 현대 공중들 내부에 일어난 보다 근본적인 변화들이 당파적 탈제휴에 기여했다고 생각한다.

## 2) 인지적 동원과 무당파(Apartisans)

인지적 동원 설명은 당파심을 하나의 발견학습법으로 수용하는 것을 출발점으로 삼는다. 발견학습법은 시민들이 정치적 지향을 형성하는 일에 도움을 준다(Shively 1979; Borre & Katz 1973). 그러나 유권자의 정치적 각성과 세련화 수준이 커지고 있기 때문에 더 많은 사람이 외부적 단서나 발견학습법에 수동적으로 의존하는 일 없이 정치의 복잡성들을 스스로 처리하고 있다(제2장을 보시오). 이에 덧붙여 미디어가 제공하는 정치정보의 가용성이 정보에 근거한 결정을 수립하는 비용을 줄여주고 있다.

인지적 동원은 일부 시민들이 어렵고 자주 혼동을 일으키는 정치적 결정을 내리는 데 도움이 되는 지름길로서 정당 일체화를 발전시킬 필요를 줄여준다. 실제로 인지적으로 동원된 자기-규정적인 정치이익들이 개인의 선택을 위한 여지를 별로 남기지 않는 정당의 상습적인 단서들을 퇴출시킬 수도 있다.

인지적 동원이론은 증가일로에 있는 무소속파의 구성원들이 독특한 시민집단 군(群)에 집중될 것임을 시사한다. 요컨대 교육을 훨씬 잘 받고 정보를 더 많이 가지고 있는 사람들이 그들이다. 이와 대조적으로 당파심에 관한 초기 문헌은 무당파들이 선거과정의 주변부에 모여 있으며 그들은 정치에 대해 세련되지 못하고 선거에도 관여하지 않는다고 주장했다(Cambell et al, 1960).

우리는 정당의 동원과 인지적 동원은 시민들이 정치과정과 자신을 연결하는 두 개의 대안적인 방식이라고 생각한다(Dalton 1984; 2007c). 일부 유권자들은 정치적 단서의 한 가지 유력한 원천인 자신의 당파적 애착심에 기초하여 정치로 향한다. 인지적 동원은 자기 스스로 알아서 정치로 눈을 돌리는 정치적으로 관심이 있고 교육을 잘 받은 또 다른 유권자 집단도 만들어낸다. 이러한 성질들의 결합을 통해 우리는 4가지 시민유형으로 이루어진 유형학을 입안하였다(〈그림 9.5〉 참조). (1) 무정치파(Apoliticals)는 정당에 대한 애착심도 가지고 있지 않고 인지적으로도 동원되지 않는다. 이 집단은 원래 캠벨과 그의 동료들이 무소속파(independents)로 기술했던 사람들이다(Campbell et al. 1960, 143~45). (2) 관례적 당파(Ritual partisans)는 주로 강한 정당 애착심 때문에 정치에 동원되며 인지적으로 동원되지는 않는다. (3) 인지적 당파(Cognitive partisans)는 두 가지 동원 차원에서 높은 위치를 점하고 있다. 그들은 강한 당파적 애착심을 지니고 있으며 정당적 단서가 부족할 때에조차도 심리적으로 개입되어 있다.

(4) 무당파(Apartisans)는 '새로운 무소속파'다. 그들을 전통적인 무정치파(apoliticals)와 구별하는 것은 필수적이다. 무당파는 인지적으로 동원되며, 이는 높은 수준의 정치적 관여와 세련화를 의미한다. 비록 이러한 시민들이 어떤 정당에도 소속하지 않은 채로 남아 있을지라도 말이다. 무당파는 젊은층, 잘 교육받은 계층, 탈물질주의자들 사이에 집중되어 있다(Dalton 1984). 다른 연구는 선진 산업사회의 발달이 현대 공중 내부에 무당파의 비율을 증가시키고 있음을 증명한다. 미국전국선거연구에서 나온 데이터는

**그림 9.5** 정치적 동원 패턴

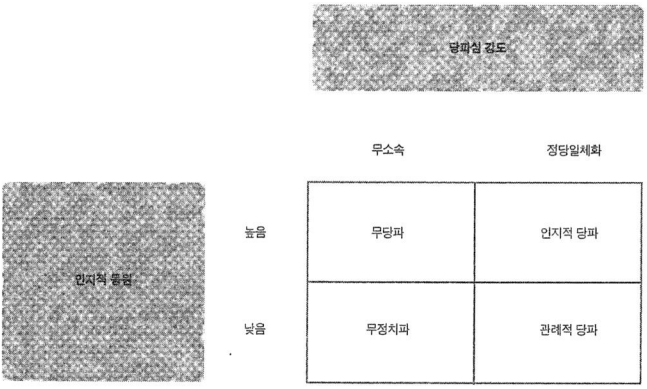

1964년 이래 무당파의 숫자가 두 배—유권자의 1/5—로 늘었음을 알려준다.[10] 이에 덧붙여, 인지적 당파의 숫자도 약간 증가했다. 반면에 관례적 당파의 비율은 거의 반절로 줄었다. 잉글하트는 유럽에서 무당파의 비율이 1976년에서 1987년까지 단 10년 남짓 사이에 유의미하게 증가했음을 발견했다(Inglehart 1990, 366). 잉글하트는 유럽의 세대 간에 무당파의 비율이 매우 뚜렷한 차이를 보인다는 사실도 발견했다. 이는 무당파의 숫자가 계속 증가할 것임을 암시한다.

무당파의 증가는 현재의 정치행태에 함의를 갖는다(Dalton 1007c). 무당파는 정치의 복잡성을 이해할 수 있는 정치적 자원들을 가지고 있으며 정당과의 정서적 유대관계에서 자유로울 수 있다. 이 새로운 무소속파는 투표 패턴에 있어 훨씬 덜 일관적이다. 그들의 투표행태가 오랫동안 지녀온 정당성향에 좌우되지 않기 때문이다. 이 집단은 이슈투표 행태를 선거에 더 많이 투입할 것이며 후보들이 여론에 좀 더 민감한 반응을 보이도록 요구할 것이다(이 책의 〈그림 10.6〉을 참조하시오). 무당파는 선거와 다른 정당-관련 활동의 좁은 참여통로를 넘어선 시민 투입로의 확장을 요구할 것이다. 무당파의 정치적 기술은 효과적인 시민행동 집단, 시민 로비집단, 항의 시위, 다른 비관례적 정치활동들을 조직할 수 있게 한다. 당파에 구애받지 않으며 이슈 지향적인 특성을 띠는 이러한 활동들은 무당파에 어울리는 이상적 참여 방식이 된다.

끝으로 현재 진행 중인 사회경제적 변화과정은 무당파의 숫자를 점진적으로 증가시킨다. 단기적인 관점에서 특정 선거에서 정당이 택하는 행보가 이 과정을 가속화시키거나 지체시킬 것이지만, 장기적 관점에서 제시된 경험적 증거는 당파적 탈제휴 경향을 암시한다.

## 탈제휴 시대의 정치

대부분의 선거는 정당의 선택이나 그들이 내세우는 후보자들 중에 선택을 하는 일과 연루되므로, 정당들은 선거의 중심 행위자로 존재한다. 이 장은 시민들 대부분이 자신이 선호하는 정당에 대한 심리적 동일시 상태를 발전시키며, 이러한 애착관계가 정치행태에 대한 효과적인 안내자라고 주장한다. 가령 누군가가 어떤 개인의 정치행태에 관해 이해할 목적으로 질문한다면 그 질문은 당연히 당파적인 성격일 것이다. 이러한 애착 관계가 여러 가지 시민의 행태 측면에 영향을 미치기 때문이다.

그러나 실제로 정당과의 유대관계는 선진 산업민주주의 국가 전체에서 부식하고 있으며 그 결과로 새로운 당파적 탈제휴 패턴이 나타나고 있다. 이에 덧붙여 교육을 잘 받고 정치적으로 개입된 사람들 사이에서 새로운 무당파층이 형성되고 있다. 이는 마치 정치라는 스포츠의 가장 세련된 팬들이 경기장에서 만나는 당파적인 선수들에게서 떨어져 나가는 것과 흡사하다.

게다가 사회집단에 기초한 투표의 약화에서 보는 것처럼 탈제휴 경향의 유사성은 다양한 국가들 전체를 통틀어 현저하다. 장기적인 당파적 선호의 원천들—사회적 특성들과 당파심—이 선진 산업민주주의 국가들 대부분에서 약화되고 있다. 단 한 개의 국가일 경우에는 그러한 발전상들을 특정 정당들의 시련과 고난으로 설명할 수 있을지도 모른다. 그러나 이 패턴이 여러 국가 전체에서 나타난 것이라면 그 원인들이 선진 산업사회들에 공통된 것으로 보아야 한다. 사실상 인지적 동원과정과 당파적 탈제휴의 연계는 또 다른 새로운 시민정치 스타일의 측면을 표상하는 듯하다. 인지적으로 동원된 시민들은 발견학습법이나 외부적 단서에 의존하지 않은 상태에서 자신의 정치적 결정을 더 잘 할 수 있다. 그리고 그렇게 하는 것을 즐긴다. 바로 이 새로운 무당파들이 탈제휴 경향을 창출하고 있는 것이다.

당파적 탈제휴는 유권자와 정당의 관계를 변모시키는 포괄적인 정치변화 과정의 일부로서 정치과정의 작동에 실질적인 효과를 갖는다. 정당과 유권자 사이의 개인적인 연고는, 미디어에 의존하는 전문적인 단체와 유권자에게 직접 우편물을 보내 연결을 시도하는 일에 의해 대체되고 있다. 선거 캠페인은 이제 정당원들이 실무를 맡는 일에 의존하는 대신에 고용된 전문가들에 의존하는 활동이 되었다. 정당의 활동경비를 충당하기 위해 정당원들의 당비에 기대는 대신에 많은 정당시스템들이 공적 재원에 눈을 돌린다. 그러한 조직스타일의 변화는 정당과 유권자 사이의 거리를 더 벌려놓음으로써 탈제휴 경향을 더욱 가속화시킬 것이다.

또한 약화된 정당-노선 투표는 미국 내 연방정부와 주정부에 대한 분할된 정당 지배구조에 기여할 수 있다(Brody et al. 1994). 1981년과 1986년 사이에 1916년 이래 처음으로 상원과 하원이 각기 다른 정당의 지배하에 놓였으며, 이 패턴은 1994년에서 2000년까지 다시 발생했고, 2001~2002년에 또다시 나타났다. 가장 눈에 띄는 현상은 대통령직과 의회의 당파적 지배가 분할된 것이다. 1952년에서 2008년까지 같은 당이 대통령직과 하원을 지배한 것은 전체 56년 중 단 22년에 불과했다.

　독일연방공화국(서독) 역시 연방제 시스템을 가지고 있으며 거기서도 동일한 패턴이 발견되었다. 서독 역사상 처음 20년은 같은 당의 연정체제가 분데스탁(Bundestag, 시민이 직접 선출하는 하원)과 분데스라트(Bundesrat, 주정부의 다수를 대표하는 상원)를 지배했다. 1976년과 2005년 사이에는 전체 기간의 1/3 이상 동안 연방과 주의 지배가 나뉘었다. 영국의 경우는 투표패턴에서 지역화가 증가했으며 지방선거 결과가 전국 선거 패턴과 훨씬 덜 긴밀히 맞물리고 있음을 알 수 있다.

　탈제휴화된 정치의 가장 강력한 신호 중 하나는 자신들의 최소 지지자를 무소속파에서 찾으려고 하는 새로운 정당들의 부상이다. 대부분의 의회민주주의 국가들 내에서 정당의 수가 늘어났다. 지난 20세기 하반기 동안 1992년과 1996년 미국 대선에서 페롯의 입후보와 2000년과 2004년 대선 캠페인에서 내이더(Ralph Nader)의 출마는 무당파에 대한 호소의 잠재력을 설명해준다. 이전에 쌓은 정치적 경험도 없고 정당조직의 지원도 없는 후보였던 페롯은 1992년 대선 투표의 19퍼센트를 득표했다.[11] 유럽에서 '반짝 정당'—네덜란드에서는 핌 포르타운당(LPF), 이탈리아에서는 실비오 베를루스코니의 **포르자 이탈리아당**(Forza Italia), 그리고 오스트리아에서는 요르크 하이더의 자유당과 같은 정당—의 성공과 신좌파와 신우파 정당들의 등장은 현 정당시스템의 휘발성을 인식하는 추가적인 지표다.

　끝으로 당파심의 장기적 원천들의 영향력 부식현상은 인과성 깔때기를 따라 [우측으로] 움직이는 요인들이 유권자의 선택에 훨씬 확대된 역할을 할 수 있음을 암시한다. 비록 시민들이 정당의 단서나 생애 초기에 학습된 당파심에 과거 그들이 의존했던 것만큼 현재에도 의존하지 않는다 할지라도 그들은 여전히 투표를 하고 있다. 이 새로운 독립심이 공중으로 하여금 후보자와 정당을 정책 및 정부의 성적과 관련지어 판단하도록 한다—이 사실은 고전적 민주주의 이상과 한층 근접하는 심의적인 공중을 만들어낸다. 그러나 오래 존속하는 당파적 충성심의 결여가 어쩌면 유권자들을 조종과 선동적 호소에 더욱 취약하게 할 수도 있을 것이다(Holmberg 1994, 113~114). 탈제휴는 정당시스템과 유권자가 이러한 새로운 맥락에 어떻게 대응하는가에 따라 선거정치에 긍정적인 결과와 부정적인 결과 양자를 초래할 잠재력을 지니고 있다. 다음에 이어지는 장들을 통해서 우리는 변화하는 이슈와 후보 이미지의 역할이 투표 계산법에 어떻게 영향을 미치는지를 살펴볼 것이다.

#### 독서 목록

Dalton, Russell&Martin Wattenberg, eds. 2000. *Parties without Partisans: Political Change in Advanced Industrial Democracies.* New York: Oxford University Press.
Green, Donald, Bradley Palmquist&Eric Schickler. 2002. *Partisan Hearts and Minds: Political Parties and the Social Identities of Voters.* New Haven: Yale University Press.
Jennings, M. Kent&Thomas Mann, eds. 1994. *Elections at Home and Abroad.* Ann Arbor: University of Michigan Press.
Lewis-Beck, Michael, et al. 2008. *The American Voter Revisited.* Ann Arbor: University of Michigan Press.
Rose, Richard&Ian McAllister. 1990. *The Loyalties of Voters: A Lifetime Learning Model.* Newbury Park, Calif.: Sage.
Thomassen, Jacques, ed. 2005. *The European Voter.* Oxford: Oxford University Press.
Wattenberg, Martin. 1998. *The Decline of American Political Parties, 1952~1996.* Cambridge: Harvard University Press.

10 장
# 태도와 선거행태

선거 날이 다가오면 당신은 어떻게 투표할지를 결정해야 할 것이다. 좋은 시민으로서 당신은 이 결정을 어떻게 할 것인가? 〈미국 유권자 되돌아보기〉(Lewis-Beck et al. 2008)는 어떤 미국 유권자가 2000년 대선에서 투표결정과 관련하여 어떤 생각을 했었는지에 대해 다음과 같이 보고하고 있다.

(알 고어의 어떤 점이 좋다고 생각하십니까?): 나는 그의 사회보장정책에 관한 입장을 확실히 좋아합니다. 그는 강력한 환경보호 입장을 가지고 있고 알래스카의 유전개발에 반대하고 있지요. 그는 건강프로그램 실행을 위해서도 노력하고 있어요. 현재 이 프로그램은 진전이 잘 안 되고 있어요. 나는 그의 [낙태문제의] 친-선택 입장과 학교 관련 프로그램을 무척 좋아합니다.
(알 고어의 어떤 점이 싫다고 생각하십니까?): 그의 개성이 상당히 불편하게 느껴집니다. 그의 공적인 발언도 잘 와 닿지 않습니다.
(조지 부시의 어떤 점이 좋다고 생각하십니까?): 아무것도 좋다고 생각지 않습니다.
(부시의 어떤 점이 싫다고 생각하십니까?): 그의 정강정책 전체요. 총기통제, 환경, 사회보장, 건강 보살핌 등등. 그는 [사회보장]프로그램을 없

애려고 하고 사람들이 스스로 알아서 자신의 건강문제를 책임지도록 하고 있지요.

이 사람은 투표에 관한 한 이성적인 토대를 가지고 있는 좋은 시민처럼 보인다. 유권자 대부분이 후보자들에 관해 자신의 호불호를 구체적인 용어로 명료하게 표현하지 않지만, 우리는 그들이 자신에게 중요한 이슈들에 관해서는 의견을 가지고 있으며 정당과 후보들이 그러한 이슈들에 대해 어떤 차이를 보이는지 알고 있다고 생각한다. 이에 덧붙여 인성과 정당에 대한 유대관계가 이러한 계산법에 투입된다.

선거정치는 앞의 장들에서 논의한 것처럼 경쟁적인 사회집단들이나 정당 캠프들 간의 경합과 더불어 시작될 테지만 선거는 캠페인의 이슈와 후보를 두고 벌어지는 경쟁이 되어야 한다.[1] 어떻게 투표할 것인가의 문제는 복잡하다. 시민들이 정당을 정책입장과 관련지어 판단하는 것은 당연하다. 예컨대 그들이 어떤 특정 정당에 좀 더 [적극적으로] 동의를 표할 것인지, 그들이 각 정당의 통치능력을 어떻게 보는지 등을 정당의 입장에 준해서 판단하는 것이다. 이슈와 후보는 우리가 앞의 장들에서 논의했던 당파적 애착심과 사회적 분열구도에 정치적 의미를 부여한다.

이슈에 대한 의견과 후보 이미지 역시 선거정치의 역동적인 측면을 표상하기 때문에 중요하다. 당파심 분포는 선거경쟁의 폭넓은 매개변수들을 규정하지만 각각의 캠페인은 경합자들이 주창하는 정책, 후보의 이미지, 현 정부의 정책성과를 배경으로 싸우게 된다. 이러한 요인들의 혼합은 선거마다 달라지며, 이슈에 대한 신념과 후보 이미지는 선거결과의 성패를 설명하는 요인이 된다. 이슈에 대한 신념과 후보 이미지의 중요성은 인과성 깔때기에서 그것들의 위치가 투표선택 시점에 가깝게 규정되는 이유를 설명해준다(〈그림 9.1〉을 보라). 당파심은 이러한 태도에 영향을 미칠 수 있으며, 캠페인의 내용 역시 이러한 태도와 궁극적인 투표 결정에 이바지한다.

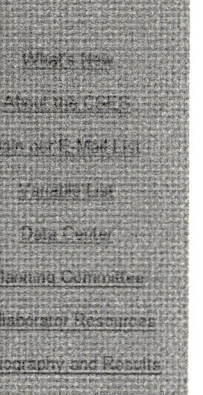

The Comparative Study of Electoral Systems (CSES) is a collaborative program of research among election study teams from around the world. Participating countries include a common module of survey questions in their post-election studies. The resulting data are deposited along with voting, demographic, district and macro variables. The studies are then merged into a single, free, public dataset for use in comparative study and cross-level analysis.

The research agenda, questionnaires, and study design are developed by an international committee of leading scholars of electoral politics and political science. The design is implemented in each country by their foremost social scientists.

English | 漢語 | Deutsch | Esp

Book release:
The Comparative Study o
Electoral Systems, edited
Hans-Dieter Klingemann

CSES Plenary in Washington, DC, USA

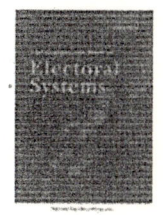

ES Secretariat is in cooperation between the Center for Political Studies and GESIS - Leibniz Institute Social Sciences, with support from the American National Science Foundation, German Federal y of Education and Research, University of Michigan, and governments of several German Länder.

인터넷 자료 소개

CSES웹사이트 http://www.cses.org

    끝으로 장기적인 당파적 애착심과 사회적 단서의 선거적 효과가 줄어들고 있기 때문에 많은 정치학자가 이슈에 대한 의견과 후보 이미지가 투표에 미치는 상대적 영향력 증가현상에 관심을 둔다. 워텐버그(Wattenberg 1991)는 미국 유권자의 후보-중심적 선택의 부상과 유럽 정당시스템 내에서 현재 광범위하게 논쟁이 되고 있는 후보 이미지의 역할에 대하여 도발적으로 기술한 바 있다(Aarts, Blais & Schmitt 2005).

    이 장에서는 투표선택에 있어 이슈와 후보 이미지의 역할을 검토할 것이다. 또한 유권자의 태도가 현대 선거에서 갖게 되는 실제적 영향력과 그것이 투표에 어떤 영향을 미칠지를 숙고할 것이다. 이것에 관한 증거는 우리의 투표선택 모델의 완성을 가능하게 해주며, 또한 민주주의 [정치]과정에 갖는 함의를 논의할 수 있게 해줄 것이다.

## 이슈투표의 원칙

이슈투표 연구는 공중의 정치적 세련화에 관한 논쟁과 긴밀하게 맞물리고 있다. 학자들은 이슈투표를 세련된 합리적 유권자의 성격적 요소로 생각한다. 유권자는 정부와 야당을 평가하고 난 다음, 심사숙고하여 자신이 선호하는 정당에 표를 던진다. 대중 민주주의에 대한 회의론자들은 이러한 이론적 이상이 현실에는 별로 존재하지 않는다고 생각한다. 그들은 유권자들이 정당의 입장에 대한 견해를 결여할 뿐만 아니라 종종 잘못 형성된 또는 부정확한 신념에 근거하여 투표를 한다고 보고 있다(제2장을 보시오).

초기 투표 연구는 유권자가 정보에 근거하여 선택하는 능력과 관련하여 비판을 가했다. 『미국의 투표자』는 의미 있는 이슈투표는 세 가지 요구사항에 기초하고 있다는 주장을 담고 있다.

- 시민들이 이슈에 관심이 있어야만 한다.
- 시민들이 이슈에 관해 의견을 지녀야 한다.
- 시민들이 정당이나 후보가 이슈에 관해 취하는 입장을 알고 있어야 한다 (Campbell et al. 1960, 8장).

『미국의 투표자』는 대부분의 정책이슈에 대해서 대부분의 유권자들이 이러한 기준에 부합하지 못한다고 주장했다. 책은 공중의 1/3 또는 그 이하만을 긴 정책 토픽 목록의 각 항에 대한 이슈투표자로 분류해냈다. 아브람슨 알드리치, 로데(Abramson, Adrich, Rohde 2005)는 이러한 잠재적 이슈투표자들에 대한 평가를 최신자료를 통해 검증하면서 유사한 결론에 도달했다. 더욱이 연구자들은 이러한 낮은 [이슈투표의] 비율은 유권자의 개념적·동기적 한계를 반영한다고 분석한다. 이슈투표의 결여는 아마 대중정치의 내재적 측면일 것이다(Converse 1990). 이들 정치학자는 선거결과가 공중의 정책선택을 표상하는지에 대해 의구심을 표명한다.

투표연구가 시작된 이래로 비평가들은 이슈투표의 부정적 이미지에 대해 반론을 제기했다. 키이(Key 1966)는 시민들의 마음이 "공공정책, 정부의 성과, 관리자의 인격과 관련된 핵심적이고 적실한 문제들에 대한 관심에 의해 좌우되었음"을 보여주었다. 간략히 말해서, 키이의 비정통적인 주장은, "투표자들은 바보가 아니다'라는 것이다(1966, 7-8). 우리가 시민의 투표형태에 대해 더 많이 이해하게 됨으로써 키이의 입장이 덜 비정통적인 것으로 읽히게 되었다.

단지 소수 공중만이 구체적인 이슈 각각에 대해 이슈투표의 기준을 충족시킨다는 사실이 곧 전체 공중 가운데 오직 1/3만이 전체 이슈 혹은 특정 이슈를 다룰 수 있다는 의미는 아니다. 현재의 유권자는 중첩적인 **이슈공중**들, 즉 특정 이슈에 관심이 있는 집단들로 이루어져 있다(제2장을 보시오). 이들 이슈공중은 크기와 구성에서 편차를 보인다. 큰 규모의 이질적인 시민집단들은 세금, 통화팽창률, 예산적자, 전쟁의 위협 등과 같은 기본적인 정치이슈에 관심을 가질 지도 모른다. 이보다 약간 더 구체적인 이슈들—농업정책, 핵에너지, 대중교통정책, 또는 외국원조—에 관심을 보이는 이슈공중들은 대체로 작은 규모이고 정치적으로 뚜렷한 입장을 가지고 있다.

유권자 대부분이 최소한 한 개의 이슈에 주의를 기울이며, 다수의 유권자는 몇 개의 이슈공중에 속하고 있다. 절쉬코프(Gershkoff 2005)는 정당과 후보에 대한 호·불호에 관해 열린 설문방식을 사용하여 미국인들을 다양한 이슈에 관한 관심 정도에 따라 분류했다. 이 연구에서 공중의 약 1/4가량이 어떤 이슈공중에도 속하지 않았으며 또 다른 1/4가량은 단 한 개의 구체적인 이슈에 대해서만 관심을 표시하였음이 밝혀졌다. 또한 유권자의 반이 두 개 또는 그 이상의 이슈공중에 속했으며 1/7은 4개 또는 그 이상에 속하였다. 절쉬코프는 유권자들이 정보 전문가라는 결론을 내렸다. 그들은 여러 개의 주요 이슈들에 관심을 집중했으며 이러한 이슈들에 관한 뉴스를 따라 잡고 있었고 그것들을 선거 시 선택의 기초자료로 사용하고 있었다.

시민들은 자기 관심사를 규정할 때 이슈투표의 기준들을 충족시킬 가능성이 더 크다. 르파스(RePass 1971)는 미국인의 5퍼센트만이 노년층을 위한 의료 프로그램에 관심이 있었고, 이 작은 집단의 80퍼센트 이상이 잠재적 이슈투표자로 분류될 수 있음을 알아냈다. 대학생들은 메디케어 논쟁에 별 관심을 보이지 않기 때문에 이 이슈공중이 대체로 연배가 높은 미국인들일 것으로 추정해볼 수 있을 것이다. 만약 환경의 지속가능성과 지구온난화에 관해 묻는다면 세대적 패턴이 뒤집힐 것이다. 미국인의 투표행태에 관한 여타 연구들이 이러한 이슈 특성과 관련된 연구를 확장시켰다(Krosnick 1990; Anand & Krosnick 2003; Gershkoff 2005). 유럽에서 수행된 연구에서도 경험적 자료들이 쌓이고 있다(Clarke et al. 2004; Mayer & Tiberj 2004). 유권자층―모든 시민이 다 모든 이슈에 반드시 관심이 있어야 하는 것은 아니다―에 대한 다각적인 견해를 수용해보면 결과적으로 이슈투표의 증거가 강화된다.

연구자들이 이슈투표를 다른 용어로 생각하거나 자신들의 주장을 지원하는 정반대의 증거를 사용한 결과로서 이슈투표에 관한 모순적인 주장들이 생겨날 수도 있을 것이다. 사실상 이러한 문헌들은 다양한 이슈 유형이 선거과정에서 어떻게 기능하는지, 왜 우리가 이러한 이슈 유형들을 구별해야 하는지, 이슈가 투표자에게 부과하는 요구들, 그것들이 투표선택에 갖게 될 효과 등에 대한 것들로 가득하다.[2] 이슈투표는 다른 이슈들보다 특정 이슈들에 대해서 더 가능할 것이며 이슈투표에 관한 함축들도 이슈 유형에 따

그림 10.1 이슈 분류

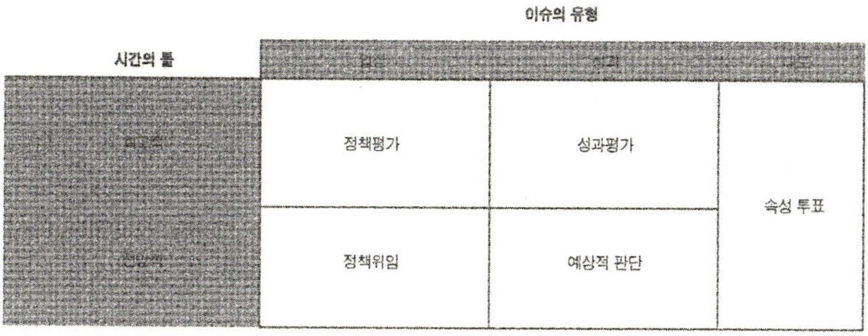

|  | 이슈의 유형 | | |
|---|---|---|---|
| 시간의 틀 | | | |
| | 정책평가 | 성과평가 | 속성 투표 |
| | 정책위임 | 예상적 판단 | |

라 달라질 것이다.

〈그림 10.1〉은 이슈투표에 관한 숙고를 위한 이론적 틀을 소개하고 있다. 한 가지 중요한 특징은 이슈 유형이다. 입장이슈(position issues)는 정책목표를 둘러싼 갈등들과 연루된다(Stokes 1963). 전형적인 입장이슈로는 미국 정부가 줄기세포 연구를 지원해야 하는지 아닌지, 또는 프랑스가 터키의 유럽연합(EU) 가입을 지지해야 하는지 아닌지와 같은 것이 될 듯하다. 이슈투표에 대한 토론은 종종 입장이슈에 논점이 맞추어진다.

성과이슈(performance issues)는 후보 혹은 정당이 광범위하게 수용된 정치목표를 얼마나 효과적으로 추구했는지에 대한 판단과 연관된다.[3] 대부분의 투표자는 강한 경제를 선호하지만, 그들이 이 목표를 달성하는 데 있어 정부가 성공적이었는지를 평가하는 방법에는 차이가 있을 수 있다. 성과 판단과 관련하여 충돌하는 주장들이 종종 선거 캠페인의 중심에 놓여 있다.

투표자들은 아마도 정당이나 후보자의 속성(attributes)에 대해 판단을 할 것이다. 그들이 바람직한 성품이나 특성을 지니고 있는가? 투표자는 선거 캠페인의 공약이 믿을 수 있는 것으로 드러날 경우 그 정당을 신뢰할만한 가치가 있다고 생각할 것으로 짐작된다. 〈그림 10.1〉의 틀 내에 기술한 것처럼 이러한 이슈 특성들은 상이한 선거결정 유형들을 반영하며, 각 범주는 투표자의 판단과 투표결과를 평가하는 데 있어 다른 함의를 갖는다.

이슈투표의 성격도 투표자의 판단시점에 따라 달라진다(Fiorina 1981; Abramson, Aldrich & Rohde 2005, 7장). 회고적(retrospective) 판단은 정치행위자들을 그들의 과거 성과에 비춰 평가한다. 2005년 슈뢰더(Gerhard Schrder) 총리를 경제성과에 근거하여 평가하는 것—이것은 그가 1998년 처음 수상으로 선출되었을 때 독일 유권자들에게 그렇게 하도록 조장한 일—이 회고적 투표의 예다. 전망적(prospective) 판단은 미래에 나타날 성과에 대한 기대치에 근거하고 있다. 예컨대 슈뢰더를 그의 행정부가 장차 [이전 행정부와 비교적 관점에서] 무엇을 어떻게 다르게 할 수 있는지에 근거하여 평가하는 것이 전망적 투표의 예일 것이다.

회고적 판단과 전망적 판단은 투표선택의 성격에서 상이한 함의를 내포한다. 회고적 판단은 경험에 기초하고 있기 때문에 사실에 확고하게 근거하고 있어야 한다. 그러한 평가들은 비교적 단순한 결정수립 전략이 될 수 있다: 그간의 세월이 호시절이었다면 현직자를 칭찬하는 것이며, 호시절이 아니었다면 그들을 비판하는 것이다. 그러나 순전히 회고적 판단에 의존하는 것은 시민의 평가 범위를 한정시킨다. 선거에서 유권자들은 장차 통치하게 될 정부를 선택하는 것이고, 그들의 결정에는 정당의 약속과 정당의 성공 여부에 대한 평가도 당연히 포함해야 한다. 그러므로 투표결정은 정부가 미래에 취할 것 같은 행동에 대한 전망적 판단도 마땅히 포함되어야 한다. 개인들은 기대되는 정치행위자들의 수행성과에 관하여 스스로 예상해보는 어려운 임무를 지고 있다. 시민들이 회고적 판단과 전망적 판단 사이에서 어떻게 균형을 잡는가는 투표선택의 성격에 직접적으로 반영된다.

이러한 특성들은 투표자들이 선거에서 사용할 수 있는 이슈에 대한 상이한 계산법의 유형학을 규정한다. 일부 이슈투표는 특정 정책 논쟁에서 정당(또는 후보)의 과거 입장을 평가하는 **정책평가**(policy appraisal)와 관련이 있다. 테러주의자들에 대한 그의 강력한 응징조치를 승인했기 때문에 2004년 조지 W. 부시를 지지했던 유권자들은 그의 행정부의 과거 정책에 대해 판단을 하였던 것이다. 그런가 하면 다른 유권자들은 한 정당이나 후보자가 미래를 위해 내놓는 공약에 근거하여 자신의 투표결정을 내릴지도 모른다. 2000년에 부시가 유권자들이 자신의 감세 계획을 지지하기를 원했을 때 그는 유권자들에게 **정책에 대한 위임**(policy mandate)을 요구했던 것이다.

정책평가와 정책에 대한 위임은 시민들이 자신의 정부가 가질 수 있는 대안적인 정책목표들 사이에서 선택하는 이슈투표의 세련된 형태를 표상한다. 이 과정은 투표자들에게 고도의 요구조건들을 부과한다. 그들은 해당 정책이슈에 관한 정보를 확보해야 하며 자신이 끌린 정책에 마음을 정하고 다른 경쟁자들 사이에서 의미 있는 선택사항을 찾아야 한다. 투표자들은 아마도 직접적인 정보원으로부터 정보를 얻거나 대리 정보원을 통해 얻을 수 있을 것이다(Popkin 1991; Lupia 1994).

**성과평가**(performance evaluations)는 정치행위자(정당, 후보, 정부)가 어떻게 업무를 해왔는가에 대한 종합적 판단과 연관된다. 만약 정치행위자가 성공적이었다면 투표자들은 그가 다시 직무에 복귀하도록 지지표를 던질 것이며, 그가 고전을 면치 못했다면 현직자에 대한 적절한 대안을 찾을 것이다. 1980년 로널드 레이건은 미국인들에게 지미 카터의 대통령직 수행과 관련하여 성과평가를 요구했다: "당신은 지금 4년 전보다 형편이 나아졌습니까?" 다른 경우에, 투표자들은 미래 정부의 성과에 관한 예상적 판단(anticipatory judgments)을 할 수도 있다. 몇몇 분석가들은 1992년 [영국] 노동당의 집권실패는 충분히 많은 숫자의 유권자들이 노동당의 정책 제안 내용의 많은 부분을 좋아했음에도 불구하고 그 정당이 효과적으로 통치할 수 있을지에 의구심을 가졌기 때문이었다고 주장한다.

끝으로 이슈투표의 몇몇 측면들은 선택의 토대로서 후보자나 정당의 속성에 관한 판단에 근거하고 있다. 이 투표 유형은 구체적인 시간의 틀을 가지고 있지 못한 경우가 빈번하다. 유권자들은 개인의 특성에 비추어 후보를 판단한다. 비록 그것이 내용상 직접적인 정치적 성격은 아닐지라도 후보를 선택하는 데 고려할 수 있는 정당한 요인들이다(Kinder et al. 1980). 카터의 도덕적 고결성이 1976년에 도움이 되었던 반면, 빌 클린턴의 '교활한 빌'(Slick Willie) 이미지는 1992년 그에게 해가 되었다. 비록 양쪽 이미지들이 명시적인 정책이나 성과 계산과 연관성이 없다 할지라도 양쪽 모두 정치적인 적실성이 있었다. 비슷한 스타일적 고려들은 투표자가 정당을 선택하는 데 영향을 미칠 수 있다. 토니 블레어가 1997년 영국에서 승리한 것과 1998년 독일에서 슈뢰더의 승리는 부분적으로 그들이 자신의 적수들보다 좀 더 역동적이고 전향적인 이미지를 제시하는 능력을 보여주었기 때문이었다.

선거연구자들은 속성투표(attribute voting)는 명시적인 정책 범주와 연루되지 않기 때문에 제한적인 정치적 세련화의 예라고 생각한다. 나중에 우리가 논의하려고 하는 것처럼, 여러 속성이 통치 임무나 국가적 지도력을 제공하는 일에 직접적으로 적실성을 갖는 자질들과 관련되고 있다. 우리는 속성투표를 선거선택의 잠재적으로 유의미한 토대로 생각한다.

〈그림 10.1〉의 유형학은 다양한 유형의 이슈투표에 관해 생각해볼 수 있는 유용한 이론틀을 제공하고 있다. 예컨대 워텐버그의 레이건 지지 분석은 정책입장들과 성과평가가 어떻게 이론적으로 그리고 경험적으로 이슈투표의 독특한 측면들을 반영하는지에 대한 통찰력 있는 사례를 제공한다(Wattenberg 1991, 6장). 몇몇 후보들은 정책 공약 덕분에 선거에서 승리한다. 그러나 다른 후보들은 그들의 [호소력 없는] 프로그램에도 불구하고 승리한다. 많은 선거에서 [다양한] 요인들이 이와 유사한 상호작용을 일으킨다.

## 입장이슈와 투표

몇몇 정치학자들은 선진 산업민주주의 국가들이 오랫동안 그들의 국민을 분열시켜 왔던 정치적 논쟁들—구정치의 논쟁거리들—을 해결하고 있다고 주장했다. 이러한 논쟁들은 「엔터프라이즈」라는 행성호(the Starship Enterprise)*에서의 삶의 일종처럼, 새로운 풍요와 조화의 정치로 인도될 수도 있을 것이다(예를 들어, Franklin, Mackie & Valen 1992). 그러나 그런 일은 아직 일어나지 않았다.

대신에 대부분의 민주주의 국가 내에서 정책에 근거한 투표가 점점 더 널리 행해지고 있으며 더 많은 숫자의 이슈들과 연루되고 있다. 유권자(그리고 정치 자체)의 성격적 변화가 이슈투표를 용이하게 한다. 인지적 동원과정은 이슈투표 기준을 충족시키기 위해 필요한 개념적 능력과 정치적 기술을 지닌 투표자 수를 증가시킨다. 시민행동집단의 성장과 좌파와 우파 양쪽에서 등장한 새로운 이슈-지향의 정당들도 이슈에 대한 높은 수준의 자각을 자극하고 또 반영한다. 이에 대한 대응방식으로서 정치엘리트는 점점 더 공중의 선호사항들을 의식하며 공중의 여론조사 결과에 더욱 민감하게 반응한다.

현재의 이슈투표는 아직도 오래 계속돼온 여러 구정치적 논쟁들과 관련을 맺고 있다. 경제주기들은 정부가 경제영역에서 맡은 역할과 그것이 공중의 경제적 안전에 어떻게 영향을 미치는지에 관한 염려들을 불가피하게 자극하는 측면이 있다. 실제로 경제적 논쟁은 빈번하게 일어나는 듯하며, 레

---

\* 몇 개의 허구적인 우주선의 이름이다. 원래 명칭은 "USS Enterprise"이며 1966년 9월 8일 '스타트랙(Star Trek)' 텔레비전 시리즈에서 처음 선보인 후 수차례에 걸쳐 동일 이름의 진화된 우주선이 등장했다. 우주선 〈엔터프라이즈〉는 정치, 경제, 사회, 문화적으로 자기충족적이고 조화로운 삶, 새로운 삶과 문명의 추구, 모험을 즐기는 삶의 유형을 상징한다(출처: http://en.wikipedia.org/wiki/Starship_Enterprise; 검색일 2010. 2. 28).

이건, 대처, 콜, 그리고 그들의 후계자들의 '자유 시장' 프로그램에 의해서 그리고 국가경제의 부침에 의해서 촉발되었다. 미국 내 적극적 차별 시정조치에 관한 연방대법원의 판결 혹은 여러 민주주의 사회에서 다시 불거진 지역 갈등과 같은 정치적 사건들도 잠복한 갈등들을 소생시킨다.

이슈 논쟁은 변화하는 정치적 맥락에서 불거지기도 한다. 외교정책은 이러한 패턴을 명확히 설명한다. 미국과 여타 서구 국가들은 탈냉전적 국제 시스템과 씨름을 하고 있다. 9.11 공격은 세계 전역의 평화와 안정에 도전을 가하는 이슬람 지하드 테러리즘과 다른 국제적 갈등의 지구적 위협의 신호탄이었다. 오늘날 정치적 논쟁들은 핵에너지, 젠더 평등, 환경보호와 같은 신정치적 관심사들을 포함하고 있다. 얼마 전까지만 해도 정치인들과 유권자들은 지구온난화와 오존층 파괴와 같은 문제들이 존재하는지조차 몰랐다. 그러나 이러한 새로운 이슈들이 풋내기 신생 정당들에게 하나의 정치적 토대를 제공하며 젊은이들의 투표패턴을 재조정하고 있다.

여러 선거와 선거시스템에서 나타나는 이슈의 다양성은 시점이나 나라를 망라하여 이슈의 영향력을 비교하는 작업을 어렵게 만든다. 사실상 특정 이슈들의 효과가 시점에 따라 변하는 것은 지당한데, 그것은 이슈들이 선거의 역동적인 부분을 표상하기 때문이다. 이슈투표에 대한 풍부한 자료세트는 각국에 분리된 형태로 존재한다(Abramson, Adrich, Rohde 2005; Anderson & Zelle 1998). 비록 특정 이슈들의 역할과 그것이 시간 경과에 따라 어떻게 변하는지를 두고 논쟁이 계속되고는 있을지라도 연구들은 입장이슈들이 빈번히 투표자의 선택에 영향을 미친다는 사실을 알아냈다(Aardal & van Wijnen 2005).

우리는 좌파/우파 태도와 투표 사이의 관계를 검토함으로써 정책선호가 투표행태에 갖는 일반적인 영향력을 평가할 수 있다. 제6장은 좌/우 태도를 일종의 '초(超)이슈'라고 설명하였다. 이것은 투표자 각각에게 가장 중요한 이슈들에 관한 입장을 최종적으로 요약하여 제시하는 이슈라는 의미다.

프랑스의 노조원에게 있어 좌/우 태도는 전통적인 경제갈등에 관한 입장을 반영할 수 있다. 독일대학의 학생에게 좌/우 태도는 신정치적 논쟁에 관한 입장을 반영하는 것일 수 있다. 몇몇 경우에 있어 좌/우 태도는 상이한 이슈 유형들의 혼합을 의미한다. 특정 이슈 관심은 개인들 혹은 국가들에 따라 차이를 보이지만, 좌/우 태도는 시민 각각의 총체적인 정책 견해를 요약해준다.[4]

    시민들 대부분은 좌/우 척도에 따라 자신의 위치를 규정할 수 있고 그들의 태도는, 처음 두 개의 정책투표 범주를 충족시키는 특정한 정책 견해와 연계되어 있다(6장을 보시오; Inglehart 1990, 9장). 〈그림 10.2〉는 각국에서 사람들이 제3의 요구사항도 충족시킬 수 있음을 보여준다. 요컨대 주요 정당들을 좌/우 척도상에 위치지정할 수 있다는 것이다. 우리의 4개국 각각의 경우에 그림은 투표자의 평균 자가-위치지정 점수와 그들이 자기 나라의 주요 정당에 매긴 평균 점수를 제시하고 있다.

    미국의 유권자들이 가장 보수적인데, 그들은 자신의 위치를 영국, 독일, 프랑스 공중보다 우측에 지정하였다. 미국인들은 민주당과 공화당 사이에 온건한 수준의 정치적 차이를 인식하고 있는데, 이 양극화는 공화당 투표자와 민주당 투표자 자신들 사이의 차이보다 더 크다.[5] 이 모순은 엘리트 수준에서 미국 정당들의 분열양상이 커지고 있으며 이것이 유권자 내부의 차이들을 능가한다는 것을 암시한다(Fiorina 2005). 비록 특정 대선후보가 비교적 이념적으로 보일 수 있다고 하더라도 선거와 선거 사이 정당의 입장은 상대적으로 적게 변한다.

    인식된 정당의 차이는 전형적으로 유럽의 정당시스템에서 훨씬 크다. 프랑스의 경우 정치적 스펙트럼은 왼쪽 극단의 공산당(PCF)에서부터 오른쪽 극단의 국민전선당(FN)까지 펼쳐져 있다. 거칠게 평가해보자면 프랑스의 유권자는 주요 미국 정당 사이의 폭보다 두 배 이상 큰 정치지형을 가로지르는 정당선택의 범위를 보이고 있는 것이다. 독일의 당파적 지형은 왼쪽 극단에 공산당이 개혁을 통해 재탄생시킨 민사당·연합(PDS·Linke)에서

**그림 10.2** 정당의 좌파/우파 위치지정과 유권자의 자가-위치지정

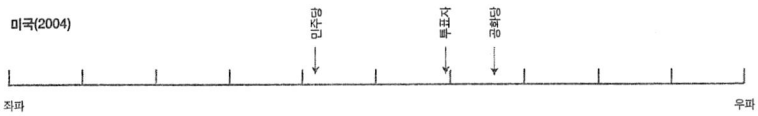

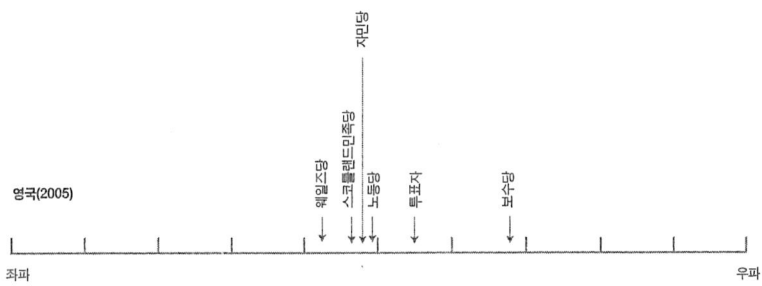

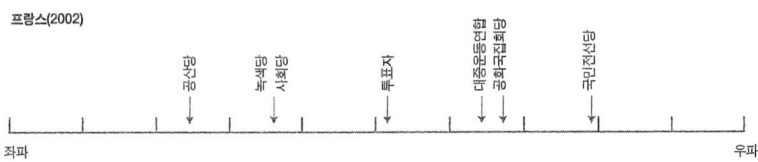

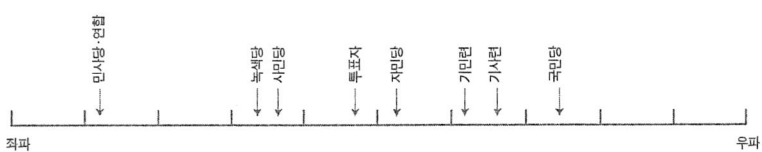

출처: 선거시스템비교연구, 미국(2004), 영국(2005), 프랑스(2002), 독일(2005).
유의사항: 표의 수치들은 공중이 좌파/우파 척도상에 정당들의 위치를 지정한 수치임(0-10 척도상에 표시한 중앙값).

**그림 10.3** 좌파/우파 자가-위치지정과 정당지지

(단위: %)

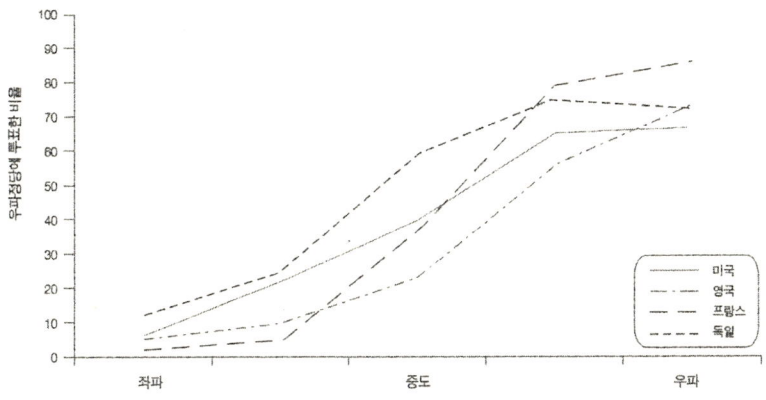

출처: 선거시스템비교연구, 미국(2004), 영국(2005), 프랑스(2002), 독일(2005).
유의사항: 표의 수치들은 투표자가 좌/우 척도상에 자가-위치 지정한 것에 근거하여 우파 정당에 투표한 비율임.

오른쪽 극단에 위치한 극단주의자 국민민주당(NPD)까지 펼쳐져 있다. 영국의 경우 노동당과 보수당은 좌파/우파 척도상에서 독특한 위치를 점하고 있다. 비록 노동당이 블레어의 지도력하에서 중앙으로 이동했을지라도 말이다.[6] 대부분의 정치논객들은 이러한 정당의 위치지정이 실제 정당 입장들을 비교적 정확하게 보여주는 그림이라는 데 동의할 것이다.[7] 그러므로 총론적으로 표현하자면 시민들은 세 번째 이슈투표의 기준을 충족시킨다. 이 기준은 정당의 입장에 대해 알고 있는 것을 말한다.

〈그림 10.3〉은 여론조사 응답자의 좌파/우파 태도에 따라 각국의 우파 정당에 투표한 비율을 보여주고 있다. 좌/우 태도 효과는 많은 정당이 명확한 정책사양을 제시한 경우에 가장 크게 나타났다. 프랑스의 경우 2002년 의회선거에서 자가-규명한 좌파 가운데 단지 4퍼센트만이 우파 정당(UDF, RPR, FN)을 선호하였다. 이 수치는 스스로 우파라고 생각하는 사람들의

86퍼센트와 비교된다. 심지어는 단지 두 개의 주요 정당만 가지고 있는 미국에서도 공화당이 확보한 투표 몫에는 좌/우 태도의 기능으로서 61퍼센트 차이가 존재했다. 이러한 투표상의 차이는 제8장에서 주목했던 사회적 특성의 효과보다 훨씬 크다. 좌/우 태도가 지닌 상당한 영향력은 정책평가가 인과성 깔때기(〈그림 9.1〉 참조)의 끝 부분에 가깝게 놓여 있기 때문에 눈에 잘 띈다.

정당지지 패턴을 자세히 들여다보면 그것 역시 좌/우 연속선을 따라 지정된 정당들의 상대적인 위치를 확인해준다. 프랑스에서 가장 극단적인 좌파인 공산당(PC)은 가장 좌파적인 사람들로부터 가장 많은 표를 끌어내고 있다. 반면에 사회주의자들은 좀 더 온건한 좌파들로부터 표를 가장 많이 끌어내고 있다. 그리고 이 패턴은 오른쪽에 위치한 UDF와 RPR의 지지 성향에서도 그대로 반영되고 있다. 또 다른 유의미한 대조점은 독일과 프랑스의 녹색당이다. 독일 녹색당은 좌파로부터 강력한 지지를 받고 있는데 이 점은 연속선상에 나타난 녹색당의 위치에도 반영되고 있다. 반면에 프랑스의 녹색당은 대체로 중도파의 지지를 더 많이 끌어내고 있다.

우리는 이슈입장들이 어떻게 투표에 영향을 미치는지와 관련하여 특정 정책태도와 정당선호 간의 관계를 연구함으로써 보다 자세한 세부내용을 추가할 수 있을 것이다. 국제사회서베이 프로그램에서 실시한 몇몇 여론조사는 몇 개의 정책영역을 망라하는 상이한 이슈입장들을 포함하고 있다(이러한 항목에 관한 추가 논의는 제6장을 보시오). 〈표 10.1〉은 우리의 연구 대상인 4개국에서 이슈 입장과 정당선택 사이의 관계를 설명하고 있다(상관관계의 해석에 관해서는 부록 A를 참조하시오).[8] 이러한 데이터에 대해서는 과대해석을 경계해야 하는데, 그 이유는 각 관계의 강도는 적실한 이슈 공중의 크기에서의 차이와 정당입장의 명확성 양자를 반영하기 때문이다. 역동적이고 단기적인 성격의 이슈 신념들은 이 두 가지 요인 중 어느 하나가 변할 수 있음을, 그리고 그로 인해 한 가지 이슈가 지닌 효과가 선거와 선거

표 10.1 이슈의견과 정당선호의 상관관계

| 이슈 | 미국 | 영국 | 프랑스 | 독일 |
|---|---|---|---|---|
| 좌파/우파 태도 | 0.39 | 0.34 | 0.40 | 0.27 |
| **사회경제적 이슈들** | | | | |
| • 세금보다 사회서비스 우선 | 0.35 | 0.22 | 0.37 | 0.21 |
| • 정부의 불평등 축소 | 0.19 | 0.17 | – | 0.13 |
| • 정부의 임금 관리 | 0.16 | 0.17 | 0.20 | 0.14 |
| • 정부의 물가 관리 | 0.15 | 0.14 | 0.17 | 0.14 |
| **환경 이슈들** | | | | |
| • 환경을 위해 더 지출 | 0.19 | 0.19 | – | 0.15 |
| • 환경법을 책임지는 정부 | 0.14 | 0.12 | 0.16 | 0.12 |
| • 경제성장은 환경에 피해 입힘 | 0.07 | 0.13 | – | 0.07 |
| • 유전자변이 식품은 위험함 | – | 0.13 | – | 0.10 |
| • 핵발전은 위험함 | 0.11 | 0.12 | – | 0.13 |
| **젠더 이슈들** | | 0.12 | 0.14 | 0.14 |
| • 남편은 바깥 일/아내는 가정 | 0.08 | 0.09 | 0.12 | 0.14 |
| • 아내가 일하면 가족이 고통 받음 | 0.08 | 0.10 | 0.14 | 0.16 |
| • 엄마가 일하면 아이가 고통 받음 | 0.08 | | | |
| **외교정책** | | | | |
| • 방위에 더 많이 지출 | 0.14 | 0.15 | 0.26 | 0.15 |

출처: 1996, 1998, 2000, 2002 국제사회서베이 프로그램; 좌/우 태도 상관관계, 선거시스템비교연구, 2001 영국선거연구.

유의사항: 표의 수치들은 이슈입장과 정당투표선호 사이의 Cramer's V 상관계수. 이 계수의 해석방법은 각주 8과 부록 A를 참조하시오.

사이에 변할 수 있음을 의미한다. 이들 데이터는 이슈의견과 정당선호 사이의 관계에 대한 한 단면을 보여주고 있을 뿐이다. 그럼에도 그러한 단면들이 모이면 가치 있는 현실적인 그림 한 장을 제공할 수 있는 법이다.

구정치의 경제이슈—사회서비스 지원과 정부의 소득 불평등 축소조치 및 경제관리와 같은 이슈—들은 4개국 모두에서 정당선호와 강한 관련성을 보였다. 각 국가에서 가장 강력한 상관관계는 경제이슈와 연관되어 있었다. 이 패턴은 경제적 토픽이 커다란 이슈공중들을 가지고 있기 때문에 발생하는 것이며, 대부분의 정당이 경제와 경제관련 정책에 관한 한 정부의 역할과 관련된 분명한 정책들을 가지고 있었다(《그림 7.2》를 보시오). 미국의 경우를 예로 들어보면, 공화당은 정당의 핵심 프로그램의 일환으로서 사회적 지출 프로그램에 도전했으며, 영국, 프랑스, 독일의 보수주의자들도 전형적으로 보수주의 경제적 입장을 취했다. 경제이슈, 사회프로그램, 정부의 역할에 대한 갈등은 현대 선거의 중심 주제로 남아 있다. 더욱이 이러한 상관관계들은 전체 공중에 바탕을 두고 있다. 만일 우리가 분석대상을 이러한 이슈들을 따라잡고 있는 적실한 이슈공중의 멤버에게만 한정시킨다면 상관관계는 한층 더 강할 것이다.

환경을 다루는 신정치 이슈들은 정당의 선택에 적당 수준의 영향력을 지니고 있다. 영국의 경우 사회경제적 이슈의 상관계수 평균은 .18이며, 환경이슈에 대한 상관계수 평균은 .14다. 비록 많은 사람이 환경보호에 관심을 둔다고 할지라도 이러한 정책태도가 정당선호로 전환되는 것은 경제적 관심 다음으로 남아 있다. 물질적·경제적 이슈들은 아직도 훨씬 큰 관심을 끌고 있으며, 기성 정당들은 자주 환경과 여타 신정치 이슈에 관해 훨씬 덜 선명한 정책선택사양들을 제시한다. 독일과 프랑스의 녹색당들은 환경이슈에 관해 뚜렷한 입장을 가지고 있지만, 나머지 기성 정당들의 입장은 훨씬 더 중도적이다(《그림 7.2》를 보시오).

젠더-관련 이슈들도 종종 확립된 정당노선을 가로지른다. 미국의 경우 정당의 입장은 분명하게 진술되어 있지만, 정당들은 가족과 일터 내 여성의 역할과 같은 이슈들에 관해 내부적으로 분열되어 있다. 따라서 이러한 이슈들은 정당선호와 친밀한 관계를 맺고 있지 못하다. 유럽의 경우 젠더 이슈의 영향력은 비교적 강력하다. 특히 프랑스와 독일에서는 커다란 가톨릭 유권자 블록과 기독교 정당이 이러한 이슈들에 관해 의견을 극단화하는 경향이 있기 때문이다. 요컨대 환경과 젠더 이슈는 전통적인 정당노선을 초월하는 경향을 보인다는 것이다.

외교정책도 당파적 선택에 영향을 미친다(Anand & Krosnick 2003). 그러나 그것의 효과는 대개 국내 이슈에 부차적이다. 프랑스는 계속 북대서양조약기구와의 관계에서 유럽통합 정책에 이르기까지 국제정치시스템 내 자국의 역할에 대한 갈등을 안고 있다. 때문에 외교정책 이슈가 자주 당파심에 영향을 미친다. 외교정책 이슈는 국제적 위기 때가 아니면 공중의 일부에게만 주의를 끄는 이슈다. 외교정책 대부분에 있어 정당의 차이는 다른 여러 토픽과 관련한 정당의 극단화 수준보다 훨씬 작다.

이러한 이슈들 각각이 지닌 적당한 영향력을 이슈의 한정적인 역할로 해석하면 안 된다. 모든 이슈가 모든 투표자들에게 다 중요하게 생각되는 것은 아니다. 사실상 이슈적 관심들은 아마도 시간이 경과하면서 다양성을 증대하게 되었던 것이며, 이슈와 정당 사이의 연계는 더욱 복잡해졌다. 특정 이슈공중에 대한 훨씬 세련된 분석연구가 개인의 투표 결정이 각 투표자의 구체적인 이슈 관심의 영향을 강하게 받는다는 사실과 이러한 관심들이 사람에 따라 다르다는 사실을 알아냈다(Krosnick 1990; Gershkoff 2005). 전체 공중에 근거하고 있는 상관관계들은 이슈공중 각각의 내부와 외부에 있는 사람들을 결합시키는데, 이는 이슈투표의 총체적 증거를 축소한다.

이에 덧붙여, 인지적으로 세련된 유권자들은 그들의 선거선택을 위한 토대로서 이슈들에 의존할 가능성이 더 크다. 이는 이슈투표의 중요성을 추가적으로 확대시킨다. 간단한 사례가 이 효과를 설명할 수 있다. 가령 우리가 2004년 미국전국선거연구에 나타난 좌파/우파 태도를 이슈입장의 요약으로 사용한다면 유권자 전체의 좌/우 태도와 의회선거의 상관관계 계수는 .26이었다(〈그림 10.3〉을 보시오). 이 관계는 투표자의 정치지식의 수준에 의해 강하게 조건화된 결과다:

- 정치지식이 가장 낮은 수준: .03.
- 한 개 지식항목을 아는 수준: .17.
- 두 개 지식항목을 아는 수준: .26.
- 세 개 지식항목 전부를 아는 수준: .39.

이슈공중 각각의 멤버들에게 이슈가 갖는 중요성을 보여주는 유사한 패턴들이 존재한다. 그러므로 공중의 이슈투표에 대한 키이(Key)의 긍정적인 평가는 더 이상 비정통적인 것으로 보이지 않는다.

## 성과이슈와 투표

또 다른 형태의 이슈투표는 성과평가와 연루된다. 많은 유권자가 자신에게 4년 전보다 경제적 형편이 더 나아졌는지를 물어보라는 레이건(Reagan)의 충고를 따르고 그 토대 위에서 현 정부에 지지표를 던지거나 반대표를 던진다(Anderson et al. 2005). 피오리나(Fiorina 1981, 5)는 이러한 현상에 대해 매우 잘 설명해준다. 시민들은 "전형적으로 한 가지 견고한 비교데이터를 가지고 있다: 그들은 현 행정부의 통치기간 동안에 자기 삶이 어떠했는지에 대해 잘 알고 있다. 따라서 현 집행부의 경제정책 혹은 외교정책을 정확히 알려고 할 필요조차 없다." 바꿔 말해서 성과에 근거한 투표방식은 사람들에게 성공적이지 못한 정책은 폐기하고 성공적인 정책이 계속 유지되도록 보증하는 합당한 지름길을 제공한다.

이 연구는 이 과정이 투표자들로 하여금 오직 과거 성과에 근거한 선거적 보상과 처벌을 시행하도록 요구한다고 주장한다—정책과 결과가 연결되고 있는지 여부와 무관하게 말이다. 예컨대 페이지(Page 1978, 222)는 다음과 같이 기술했다. "비록 대공황과 경제회복의 기미 부족이 후버(Hoover) 대통령의 잘못이 아니라 하더라도 … 미래의 번영을 유지하기 위한 인센티브를 강화시키려면 그를 벌하는 것은 의미가 있을 수 있을 것이다." 페이지는 비록 비난이 공정하지 못한 것일 수는 있으나, "용서의 측면에서 치우치는 것은 유권자들을 교묘한 설명이나 합리화에 취약해질 수 있는 상태로 남겨두는 것일 수 있다; 그러나 엄벌 측면에서 치우치는 것은 정치인들로 하여금 문제해결에 더 많은 에너지와 상상력을 투입하도록 자극을 가하는 것일 뿐이다." 그러므로 성과투표는 그것이 경기둔화든 혹은 외교정책 실패든 정부가 어떤 면에서 비틀거릴 경우에 투표자들이 비난의 대상을 갖도록 요구한다.

성과에 근거한 투표에 관한 연구는 종종 경제가 투표에 지니는 중요성에 초점을 맞춘다(MacKuen, Erikson & Stimson 1992; Lewis-Beck 1988; Lewis-Beck & Paldam 2000; Anderson 1995; Norpoth 1992). 간단한 성과 평가―지난해 국가경제의 성과에 대한 판단과 같은 것―의 정도는 투표선택과 유의미한 관계에 있다. 〈그림 10.4〉는 경제가 좋아지고 있다/나빠지고 있다는 인식과 집권여당에 대한 지지 사이의 관계를 제시하고 있다. 각각의 경우에 부정적인 경제 인식은 집권여당에 해가 되었으며 긍정적인 경제 인식은 득이 되었다. 2005년 영국 선거에서 블레어의 노동당은 경제가 훨씬 좋아졌다고 생각하는 사람들 중 75퍼센트의 지지를 얻었지만, 훨씬 나빠졌다고 생각하는 사람들 가운데는 겨우 14퍼센트를 득표했다.

우리는 이러한 관계가 인과성의 증거인지 아닌지를 물어볼 수 있을 것이다(Wlezein, Franklin & wiggs 1997). 제9장에서 살펴본 것처럼 일부 사람들은 정부에 대한 자신의 종합적인 이미지를 반영시킬 목적으로 경제적 기대치를 조정한다. 현 정부를 좋아하는 유권자들은 경제적 조건에 우호적인 해석을 가미할 가능성이 더 크다. 그러나 어떤 정책 측면이 맘에 안 들어서 정부에 대해 비판적인 사람들은 이 불만을 일반화시키기 위해 자신의 경제적 판단을 끌어들일지도 모른다. 그러한 투사방식들은 현 정부의 정상적인 이미지의 일부에 지나지 않지만, 경제적 인식과 정당선호 사이의 관계를 과장할 가능성이 있다. 그럼에도 불구하고 밑바탕에 놓인 관계는 여전히 중요하다. 상승세를 타고 있는 경제적 흐름이 집권당에 유리한 반면, 경제실패는 흔히 차기 선거 패배의 전조다.

또 다른 요인이 경제평가의 규모와 연관되어 있다. 연구자들은 유권

**그림 10.4** 경제적 인식과 집권 여당 지지

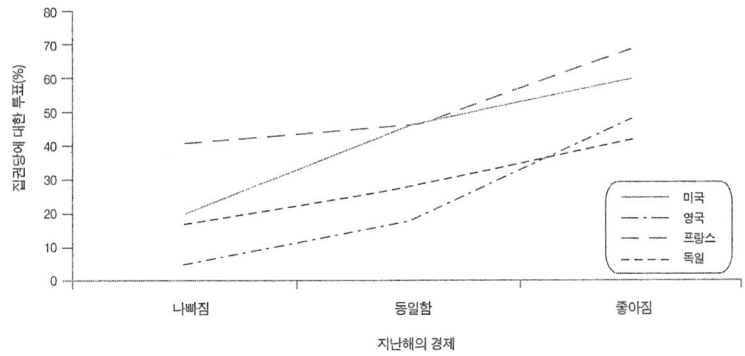

출처: 선거시스템비교연구(CSES). module I, 미국(1996); 영국(1997); 독일(1998); 프랑스(1995) 대선 연구.
유의사항: 그림의 수치는 집권 여당에게 주어진 표 지분의 퍼센티지임

자들이 정치적 평가를 자신의 개인적 경제상황에 근거하여 내리는지(지갑(pocketbook) 투표), 아니면 좀 더 광범위한 국가경제에 근거하여 내리는지(사회유발적(sociotropic) 투표) 여부를 검토했다. 대부분의 연구가 유권자들이 사회유발적 투표형태를 보이고 있음을 발견했다. 이는 협소한 자기이익보다 정책성과가 성과 투표 이면의 추동력이라는 사실을 의미한다(Nadeau, Niemi & Yoshinaka 2002; Listaug 2005; Lewis-Beck 1988).

경제학은 성과에 근거한 투표로 이끌릴 수 있는 여러 정책영역의 한 가지 사례일 뿐이다. 그러나 경제상황은 때로 매우 중요하여 그것이 다른 정책적 고려들을 제압한다. 많은 선거 분석가들은 강력한 경제적 상승기에 집권 여당을 이기기는 사실상 어려우며 경제적 후퇴기의 집권여당은 극히 취약하다고 주장한다. 연구자들은 미국인들과 영국인들이 1979년과 1980년에 보수주의 정부를 선택한 것은 이념적 이유가 아니라, 투표를 통해 경제적 재화를 가져다주는 데 실패한 현직 정부를 내쫓은 것이라고 주장한다(Crewe

& Searing 1988; Wattenberg 1991). 집권 후 4년이 지난 뒤 마가렛 대처와 로널드 레이건 모두 향상된 경제성과를 바탕으로 (그리고 대처의 경우는 포클랜드 전쟁(the Falklands War)의 승리 덕분에) 재선되었다. 두 나라의 유권자들의 차이와 계속되는 정책적 차이에도 불구하고 말이다(Norpoth 1992). 다른 연구들은 여타 유럽국가 내 경제적 성과의 역할을 증명하였다 (Anderson 1995).

비록 협소한 성과 투표가 민주주의 이론이 강조하는 정책평가와 합치하는 것은 아닐지라도 연구자들은 성과 투표가 전적으로 합리적이라고 방어한다. 또한 자신의 공약과 프로그램을 잘 수행하지 못하는 듯이 보이는 비효율적인 행정부의 정책입장에 주의를 기울이는 것이 무슨 의미가 있겠느냐고 묻는다. 투표 이론가들은 민주주의 체제에서 정말로 효과적인 단 한 개의 인민의 통제 무기는 유권자가 한 정당을 권좌에서 내쫓는 능력이라고 강조한다.

### 후보 이미지와 투표

이 장(章) 모두에서 인용한 인터뷰는 그 미국 유권자의 이슈입장을 부각시켰다. 그러나 응답에는 투표선택에 영향을 미치는 요인들로서 알 고어의 인격과 의사소통 기술에 관한 촌평도 포함되어 있었다. 다른 인터뷰들은 조지 부시에 관해 좋아하는 특질과 싫어하는 특질들을 논의했다. 후보 이미지는 투표 계산법의 일부일 수밖에 없다.

민주주의 이론가들도 이슈투표를 긍정적으로 기술한다. 하지만 후보에 근거한 투표결정에 대해서는 종종 덜 긍정적으로 기술한다. 몇몇 연구자들은 인격적 특성들을 투표선택에 미치는 비합리적이거나 어쨌든 비정치적인 영향력으로 본다(Converse 1964; Page 1978). 후보 이미지는 유권자들에게 특별히 호소력이 있는 성질들을 강조함으로써 공중을 움직이려는 이미지 메이커들의 포장 상품쯤으로 볼 수 있다. 이 견해에 따르면 대안 후보에 대한 사람들의 판단은 후보의 스타일이나 겉모습과 같은 피상적인 범주에 근거하고 있다. 사실상 많은 경험연구가 후보의 개인적 외모가 유권자의 선택에 영향을 미치도록 조작하는 것이 가능하다는 점을 입증했다.

좀 더 최근의 투표 관련 문헌은 후보자 평가에 대한 상이한 접근법을 강조한다. 이 견해는 후보에 대한 평가가 굳이 피상적이거나 감성적이거나 순수하게 단기적일 필요가 없다고 주장한다. 유권자들은 후보자가 공직을 어떻게 수행할지를 평가하는 데 적실한 특성 정보를 얻기 위해 후보자의 인성적 자질에 집중할 것이다. 이 접근은 사람들이 후보에 대한 그들의 생각을 넓은 범주 혹은 '본보기'들로 조직화한다고 제안한다. 그들은 다른 정보가 제한적일 경우에 판단을 내리는 데 이 범주나 '원형'을 사용한다. 예를 들어 킨더와 그의 동료(Kinder et al. 1980)는 시민들이 이상적인 대통령을 정의하는 데 사용하는 특질들을 탐구하였다. 그들은 사람들이 이상적인 대통령을 만들 것이라고 보는 속성들을 선택하며, 이것들을 현직 대통령의 순위 매김에 적용한다는 사실을 보여주었다.

밀러, 워텐버그, 말란숙(Miller, Wattenberg & Malanchuk 1986, 536)은 후보에 근거한 투표의 합리적 해석론을 주장하였다. "후보자 평가는 실제로 후보자가 정무를 어떻게 처리하는지에 관한 도구주의적인 관심사에 집중한다." 그들은 미국인들에게 가장 중요한 후보자 이미지 세 가지를 찾아냈다. 그것은 고결성(integrity), 신뢰성(reliability), 능력(competence)이다. 그러한 범주들을 비합리적이라고 보기는 어렵다. 한 후보가 너무 무능하여 공약을 수행하기 어렵다거나 너무 부정직하여 그의 약속을 신뢰하기가 어렵다면 투표자가 후보의 정책은 물론 인격에 주의를 기울이는 것이 확실히 의미가 있다. 글라스(1985)와 밀러, 워텐버그, 말란숙(1986)은 대학교육을 받은 투표자들이 개인적 속성에 의해 후보자를 가장 많이 판단할 것이라는 사실을 발견했다.

    미국은 후보-중심적 선거정치 패턴을 발전시키는 선봉에 서 있다 (Wattenberg 2000; Funk 1999). 대통령들은 4년마다 치러지는 선거의 중심이며 자주 후보 이미지의 효과들을 반영한다. 대통령들(그리고 주와 지방정부의 수장들)은 직접 선거로 선출되며 그들은 대개 어떤 고정된 정당의 입장보다는 개별적인 정강정책을 토대로 삼아 입후보한다. 후보 이미지는 주요한 선거자원 가운데 하나다. 프랑스에서 이와 유사한 정치의 개인화 현상이 발생하는데, 대통령은 입법부의 다수당과 별개로 기능을 수행하며 심지어는 입법부 내 자신의 정당과도 별개로 기능을 수행한다.

    초창기 의회시스템에 관한 선거연구는 시민들이 행정기관의 장을 직접 선출하지 않았기 때문에 사람들에게 인식된 정당 지도자들의 이미지가 투표선택에 그다지 큰 영향을 주지는 않는다고 주장했다. 하지만 후속연구는 더욱 차별화된 증거를 발견했다. 빈과 머건(Bean & Mughan 1989)은 1980년대 영국과 오스트레일리아 선거에서 사람들에게 인식된 정당 지도자들의 이미지 효과가 다소 중요했음을 밝혔다. 독일의 의회선거에서도 유권자들은 후보 이미지에 큰 관심을 보였다(Ohr 2000). 프랑스 정치는 오랫동안 직접 선거로 선출된 대통령직을 제도화함으로써 강력한 정치 지도자의 중요성에 가치를 부여했다. 선거와 정당정치의 내부를 들여다보면 대체로, 심지어 의회시스템에서조차 후보 이미지가 점차 중요지고 있음을 알 수 있다(Aarts, Blais & Schmitt 2005; Curtice & Holmberg 2005; Poguntke & Webb 2005; McAllister 1996). 후보들이 텔레비전 보도를 위해 현장을 누비고 (카메라 앞에서) 유권자와의 토론 프로그램을 주재하는 현대 의회선거 캠페인을 들여다본 사람이라면 실제 모든 선진 산업민주주의 국가 내에서 후보자 이미지가 현재 선거캠페인의 중요한 일부분이라는 점을 틀림없이 인식할 것이다.

## 인과성 깔때기의 끝 지점

인과성 깔때기의 끝 지점, 다시 말해 사람들이 투표할 준비가 된 시점에는 당파심, 이슈, 후보 이미지가 투표선택에 미치는 영향력에 대해 정확한 평가를 내리기가 어렵다. 후보 이미지는 깔때기의 맨 끝에 놓여 있는데, 이것은 투표자들이 특정 후보를 위해 표를 던지는 선거시스템하에서는 적어도 후보 이미지가 투표선호와 강력하게 맞물려 있음을 의미한다. 장기적 당파심은 어떤 정치인을 좋아하고 좋아하지 않는지와 관련하여 유권자를 줄 세우는 데 유력한 효과를 지닐 수 있다. 마치 투표자들의 이슈선호가 그들을 특정 후보에게 인도하듯이 말이다.

정당과 후보에 대한 호불호의 중첩상황—그리고 심지어는 이슈 입장에 대한 호불호—이 많은 유권자에게서 발견되는 대표적인 형태다. 2005년 독일 선거에서 기민당(CDU/CSU)에 투표했던 사람들 가운데 78퍼센트는 자신들이 앙겔라 메르켈(Angela Merkel)을 좋아한다고 말했으며 20퍼센트는 슈뢰더를 좋아한다고 말했다. 사민당(SPD) 투표자들의 패턴은 뒤바뀌었다—84퍼센트가 슈뢰더를 25퍼센트가 메르켈을 좋아했다. 더욱이 의회시스템에서 당파적 선호와 후보 선호는 종종 서로 뒤얽혀 있는데 그 이유는 의회 후보들은 정상적으로 정당 대표들로서 보다 명확한 선택을 받기 때문이다. 몇몇 국가에서 시민들은 직접 정당에 투표한다. 영국의 유권자들은 블레어를 [직접] 선출하지 않았고 독일의 투표자들도 메르켈을 [직접] 선택하지 않았다—양자는 그들이 속한 의회 내 의원들에 의해 선택되었다. 우리는 후보를 직접 선출하는 시스템—미국에서 예비선거 시스템 같은 것—에서만 정당선호와 후보선호가 제법 분리되어 있음을 보게 될 가능성이 크다.

결국 겹쳐지는 후보자, 정당, 이슈에 대한 선호로 인해 각각의 독립적인 영향력을 평가하기는 어렵다. 몇 개의 이슈와 후보 변수의 비중을 비교하는 일은 작동 중인 요인들의 혼합을 설명해줄 수 있다. 〈그림 10.5〉는 좌/우 태도, 정부의 성과에 대한 만족도, 투표선택을 설명하는 후보 이미지를 결합시키고 있다. (당연히 정당 일체화와 사회계급 단서와 같은 변수들을 고려할 수도 있지만 그림은 인과성 깔때기의 맨 끝에 있는 변수들만을 요약해주고 있다). 그림의 왼편은 이러한 요인들이 입법부를 위한 투표선택을 예측하는 데 미치는 영향력을 제시한다. 그림의 오른편은 미국과 프랑스의 대선투표를 위한 관계를 제시한다.

세 가지 요인들 각각은 각국의 입법부 의원 투표에 유의미한 영향력을 행사한다. 그러나 가장 흥미로운 특질은 국가들 전체와 선거유형 전체를 아우르는 상대적인 패턴이다. 후보 이미지가 4개국 의회 투표에 강력한 영향력을 행사하고 있다. 그 중 세 개 나라에서는 가장 강력한 예측요인이다.[9] 예컨대 미국의 경우 조지 W. 부시와 존 케리에 대한 감정들이 2004년 의회선거에 강력한 영향을 끼쳤다. 게다가 후보 이미지는 대선에서 더욱더 중요한데, 이는 사람들이 당보다 후보에게 투표하기 때문이다. 그러므로 미국 대선후보들의 이미지는 의회선거에 중요한 효과를 갖지만 대통령 투표선택에 대해 훨씬 더 강력한 영향력을 가지고 있다. 이와 유사하게 프랑스 정당 지도자들은 총선보다는 대선에서의 투표선택과 더 강한 유대관계를 가지고 있다. 비록 정확한 후보 이미지가 투표자 선택에 가지는 효과를 규정하기가 어렵다손 쳐도 관련 증거자료는 현대 선거에서 후보 이미지가 투표선택의 중요한 토대임을 재확인시킨다.

이슈―〈그림 10.5〉의 좌/우 태도와 정부의 성과에 대한 인식으로 대변된―는 일반적으로 유럽 의회선거에서 더 큰 비중을 차지하고 있다. 그림은 좌/우 태도가 미국보다는 세 개 유럽 민주주의 국가 전체에서 훨씬 강력한 효과를 지님을 보여준다. 유럽의 정당들은 미국의 정당보다 분명한 정당 선택사양을 제시하며 유럽인들은 후보 이상으로 정당에 대해 투표하기 때문에 정당의 정책 이미지가 유럽선거에 있어 투표의 토대로서 조금 더 강력한 토대라는 점은 전혀 놀라운 사실이 아니다. 이슈와 후보가 투표에 있어 단기적 요소라는 사실 때문에 그 두 요소의 구체적인 혼합이 갖는 효과는 선거마다 상당한 차이가 있지만 이들의 대서양 양안에서의 차이는 시간 경과에도 내구력을 보여준 [선거 및 정당의] 제도적 구조의 차이를 반영한다.[10] 이와 대조적으로 미국 의회선거나 대통령선거 어느 것에서도 자유주의/보수주의 정향들과 후보 이미지와 독립적인 투표방식 사이에는 강한 관계가 존재하지 않는다는 것이 눈에 띈다.

### 하나의 유권자 아니면 여러 유권자?

새로운 시민정치 스타일의 또 다른 특성은 사람들이 투표결정을 하는 데 사용하는 요인들의 다양성이 증가하고, 공중이 선거 및 투표결정을 상이한 용어로 정의하는 별개의 유권자 군으로 파편화되는 정도가 커진다는 사실이다. 일부 개인은 정당 꼬리표의 존재만 있으면 자신의 투표결정을 하는 데 충분할 것이다. 옛 말에 있듯이 일부 미국인은 민주당에 속했다는 것만 확인되면 누렁이에게라도 표를 줄 것이다. 다른 투표자들은 후보자, 그들의 통치적 자질, 그들의 가능성에 초점을 맞출 것이다. 상이한 이슈공중에 따라 이슈의 비중이 어떻게 다르게 나타나는지를 고려한다면 파편화의 정도는 훨씬 더 크게 나타날 것이다.

유권자 전체를 단 한 개의 상관관계―사회계급과 투표 혹은 좌/우 태도와 투표 사이의 상관관계―로 결합시킬 경우, 우리가 상이한 유권자들에게 매우 다른 결정수립 과정을 결합시키게 될지도 모른다. 〈그림 10.5〉에서 보듯이 투표를 예측하는 데 있어 후보 이미지와 좌/우 태도 효과의 의미는 모든 투표자가 예측요인들에게 동일한 비중을 부과하지 않는다는 것이다. 일부는 실제로 후보 이미지에 기초하여 투표하며, 다른 사람들은 선거를 좌파/우파의 용어로 판단한다. 이 그림의 통계치와 여타 유사한 분석들은 독

**그림 10.5** 이슈와 후보 이미지가 투표에 미치는 영향력

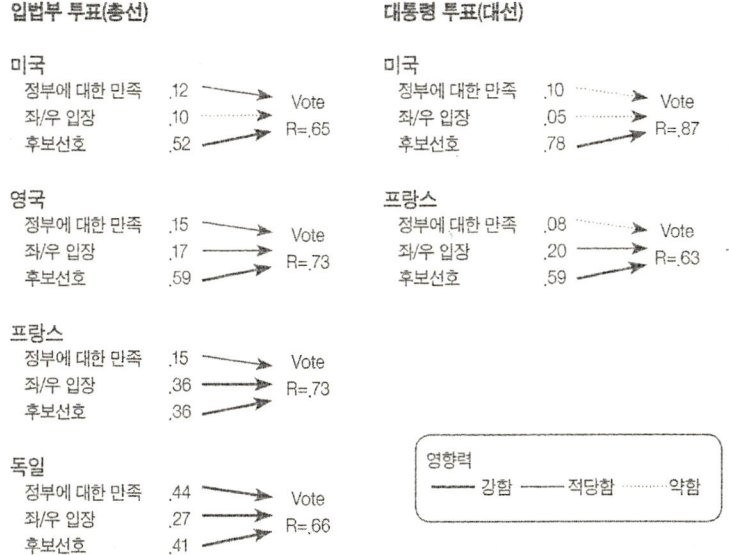

출처: 미국, 2004 미국전국선거연구(CSES); 영국, 2001 영국선거연구; 프랑스, 2002 프랑스선거연구(CSES); 독일, 2002 독일선거연구(CSES).

특한 하위-유권자 군(群) 내부의 개별 과정들을 다 같이 평균화시킨다.

이론상, 어떤 선거에나 존재하는 독특한 하위-유권자들의 수는 무제한적이다. 그러므로 연구자들이 당면한 도전 중 하나는 어떤 하위-유권자가 비교에 가장 중요한가를 결정하는 것이다. 이슈공중이라는 개념에 관심을 둔다면 유의미한 이슈공중을 구별하고 싶을 것이다. 이슈공중의 존재는 일부 사람들이 [선거] 캠페인을 세금에 대해 [찬반을 묻는] 국민투표로 보는 반면에 다른 사람들은 외교정책이나 사회복지정책에 집중한다는 점을 의미한다. 단일 이슈투표는 일부 개인들이 제한된 이슈세트(혹은 단 한 개의 이슈)에 초점을 맞춰 투표결정을 할 경우를 말한다.

하위-유권자 개념을 설명하기 위해서 〈그림 9.5〉에 제시한 바 있는 정

치적 동원 유형학으로 돌아가기로 하자. 우리는 일부 사람들이 하나의 정치적 단서로서 자신의 당파적 정체성에 어떤 식으로 의존하는지를 설명하는 한편으로, 다른 사람들이 자신의 정치적 판단에 도달하는 데 요구되는 인지적 기술과 자원을 가지고 있음도 함께 설명하였다. 일부 사람들은 양자를 모두 가지고 있기도 하고, 또 양자 중 한 가지도 없는 사람도 있다. 이러한 상이한 정치적 동원의 토대들이 투표선택의 원천들에 영향을 미친다. 이전 연구는 교육을 더 잘 받고 정치적으로 세련된 투표자들이 선거결정수립 시에 이슈에 더 큰 비중을 둔다는 사실을 발견했다. 덜 세련된 유권자들은 좀 더 당파심이나 사회적 단서들에 의존한다(Sniderman, Brody & Tetlock 1991; Stimson 1975). 그리고 당파적 관심이 강한 사람들이 무당파들보다 정당의 단서에 더 비중 있게 의존할 것으로 기대된다.

〈그림 10.6〉은 2000년 미국 대선의 유권자 선택에서 나타난 정당 단서의 영향력, 후보자 이미지, 정책선호도를 평가하고 있다.[11] 각 요인의 비중은 〈그림 9.5〉의 네 가지 동원 유형에 따라 개별적으로 계산하였다. 그림은 관례적 당파(자신의 강한 정당 정체성에 의존하지만 정치적 세련화 정도는 제한적인 사람들)가 무당파(정치적으로 세련되어 있지만 정당 정체성이 결여된 사람들)보다 정당 단서를 토대로 투표할 확률이 두 배나 높다는 사실을 보여준다. 역으로 후보 이미지와 정책선호는 무당파들 사이에서 상당히 큰 영향력을 가지고 있다. 그림은 무당파와, 정당 단서 및 인지적 세련화가 부족한 비세련된 무정치파 사이의 날카로운 차이를 증명하고 있다. 이 세 가지 예측요인 중 어떤 것도 무정치파의 후보선호에 영향력을 행사하지 못한다. 인지적 당파는 혼합된 패턴을 보인다; 정당 단서의 힘은 거의 관례적 당파와 맞먹지만, 이슈의 힘과 후보자 이미지는 거의 무당파와 비등한 수준이다. 요컨대 이들 집단 각각은 투표 결정 시에 상이한 의사결정수립의 계산법을 사용한다. 또한 이들 집단은 선거 캠페인을 상이한 용어로 인식하는데, 일부는 후보자에게 다른 일부는 이슈에 초점을 맞춘다.

만약 이슈공중 전체에서 특정 이슈의 효과를 비교하려고 한다면 유권자 내에 이와 유사한 파편화 양상을 증명할 수 있을 것이다. 우리는 한 이슈공중에 속한 사람들이 그 이슈에 관하여 그들의 견해와 동의하는 후보에게 투표할 것으로 기대할 수 있을 것이다. 그 이슈공중에 속하지 않은 시민들의 입장에서는 이슈에 대한 후보자의 입장이 선거 계산법에 훨씬 덜 적실한 요소일 것이다. 캠페인들은 이런 방식으로도 파편화되어 있다. 인지적 동원과 이슈공중의 차이들을 결합시키면서 우리는 선거 캠페인이 하나가 아니라 여럿이라는 결론을 내릴 수 있을 것이다. 물론 유권자 군도 [통합된] 하나가 아니라 여럿이 존재한다.

## 시민정치와 투표행태

앞에 기술한 몇 개 장에서는 선진 산업민주주의 국가들의 투표행태 패턴에서의 변화상들을 설명했다. 세 가지 주된 변화들이 뒤얽혀 있다. 첫째 변화는 **투표선택의 장기적 결정요소들의 일반적인 쇠퇴 현상**이다. 사회계급은 종교, 주거지역, 기타 사회적 특성들의 영향력이 줄어든 것과 유사하게 실제 거의 모든 확립된 민주주의 국가들 내에서 투표선택에 미치는 영향력이 줄어들었다(제8장). 이와 유사하게, 탈제휴는 투표결정에 관한 정당의 애착심 효과를 감소시켰다; 이제 훨씬 적은 수의 유권자들이 사회적 특성이나 초년에 학습한 정당적 유대관계에 근거한 정당 성향을 지닌 상태로 선거에 접근한다(제9장).

두 번째 변화는 이슈의견 및 후보자 이미지와 같은 단기적 태도의 중요성의 증가 현상이다. 가장 설득력이 있는 교차–국가적 증거가 17개 서구 민주주의 국가들 내 투표행태 연구에서 나왔다. 얻은 결과를 검토하는 과정에서 프랭클린, 맥키이, 발렌(1992, 400)은 다음과 같이 결론을 내렸다. "만약 유

**그림 10.6** 2000년 미국 대선 투표선호의 토대들

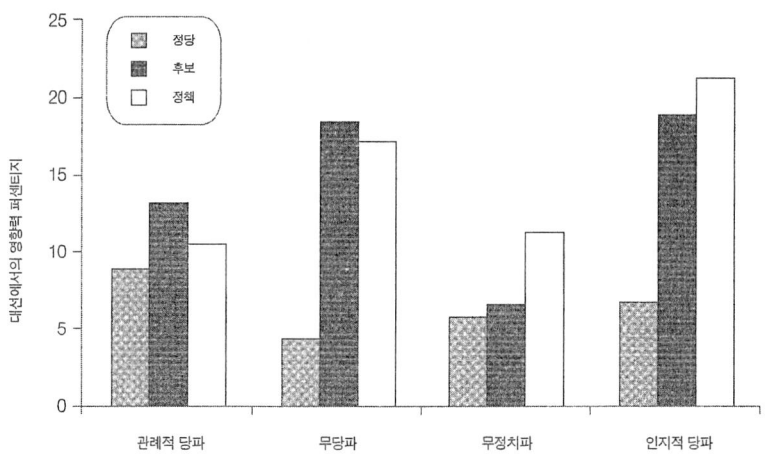

출처: 미국전국선거연구, 2000; 이 효과의 계산방식에 대해서는 각주 11 참조.

권자에게 중요한 모든 이슈들이 측정되고 각각에게 주어져야 마땅할 정도의 비중을 부여한다면 이슈투표의 등장은 분열양상에 근거한 정치의 쇠퇴를 거의 비등한 수준으로 보상할 수 있었을 것으로 짐작된다."

이슈투표와 후보투표가 더 늘어나는 경향은 자기-강화 과정이다. 이슈투표는 당파심에 근거한 투표의 쇠퇴에 기여하는 한편, 그 쇠퇴현상에서 이득을 보는 투표행태다. 정당적 유대관계가 약화됨에 따라 이슈가 투표선택에 영향을 미칠 수 있는 잠재력은 강화된다. 이에 덧붙여, 투표자들에게는 이슈들이 점점 더 정당보다 중요해짐에 따라 이 태도는 일부 정당 이탈현상을 조장하고 투표자의 정당 애착심을 더욱더 부식시킨다.[12] 그러므로 이슈투표의 상승과 당파심의 쇠퇴는 서로 연결된 경향들이다.

장기적 투표 영향력과 단기적 투표 영향력 사이의 균형점 이동은 새로운 시민정치 스타일의 또 다른 측면이다. 현대의 유권자들이 더욱 세련화되

고 정치적으로 많은 관심이 있음에 따라, 그리고 정치적 정보가 더욱더 가용해짐에 따라, 많은 시민이 이제 사회계급이나 가족적 당파심과 같은 광범위한 외부적 단서들에 의존하지 않고 각자의 투표결정에 도달할 수 있다. 간단히 말해서, 더 많은 시민이 이제 정치의 복잡성을 따라잡을 수 있는 정치적 자원을 보유하고 있다. 그들은 고전적 민주주의 이론 속에서 기술된 바는 있으나 현실에서는 좀처럼 보기 어려운 독립적인 이슈투표자로서 행동할 수 있는 잠재력이 있다. 이에 덧붙여, 공중의 정치적 세련화 수준의 향상은 이러한 이슈투표의 증가패턴에 기여한다.

세 번째 변화는 **투표선택이 개별적인 투표과정들로 파편화되는 현상**이다. 우리가 주목했던 개선사항에도 불구하고 일부 개인들은 정치적으로 관여하지 않는다. 그들은 투표한다고 해도 극히 개인적인 범주에 기초하여 선택할 것이다. 그 숫자가 점점 더 줄어드는 추세이긴 하지만 일부 투표자들은 계급이나 종교와 같은 사회집단적 정체성에 근거하여 투표한다. 우리가 관례적 당파라고 이름붙인 투표자들은 정치를 자신의 당파적 정체성의 용어로 생각하며 선거 캠페인과 후보자를 이런 방식으로 바라본다. 약간 더 세련된 투표자라면 아마도 강한 이슈적 신념을 지니고 있을 것이며, 선거결정을 할 때 어떤 정당이나 후보가 자신의 견해를 가장 잘 대변할 것인지를 고려할 것이다. 이러한 이슈투표의 패턴은 유권자를 추가로 파편화시키며 사람들을 분리된 이슈공중으로 나누게 될 것이다. 또 다른 유권자 집단들은 후보자의 성질이나 다른 요인들에 집중할지도 모른다. 가장 세련된 투표자들은 이슈에서 후보자의 특성에 이르는 요인들의 범위 전체를 다 고려할 것이다. 이러한 결정수립의 다양성이 의미하는 바는, 투표자들이 상이한 요인들에 초점을 맞춤에 따라 하나의 선거 캠페인이 아니라 여러 개의 선거 캠페인이 존재한다는 것이다.

경제학이 투표에 갖는 효과는 이러한 변화들을 잘 설명해준다. 전통적으로 사회적 분열은 경제적 갈등양상으로 규정되었다. 노동계급 대(對) 중산층, 기업이익 대(對) 농민이익 등이 그러한 예다. 이 상황에서 혹자의 사회적 지위가 종종 투표결정의 의미 있는 안내지침이었다. 사회적 분열양상이 협소해지면서 정치이익의 집단적 토대의 경계가 흐려졌으며 다른 이슈들이 유권자의 주의를 끌게 되고 사회계급은 투표 단서의 원천으로서 효력이 줄었다. 일부 사람들은 아직도 계급이나 노조라는 단서에 준해서 투표하지만 그들의 숫자는 점점 줄어들고 있다. 이러한 쇠퇴 현상은 경제이슈가 중요하지 않다는 것을 의미하는 것이 아니라, 오히려 정반대의 의미다: 현재에도 경제적 투표의 증거는 광범위하게 퍼져 있다. 그러나 오늘날 이슈 입장이라는 것은 집단-파생적이라기보다는 개인적인 토대를 가지고 있다. 노조나 기업연맹 지도자의 정치적 단서는 반드시 경제정책 및 정당프로그램에 관한 유권자들의 의견들과 경쟁을 해야만 한다. 그러나 경제적 성장과 안전에 대한 지속적인 관심이 전통적 계급 분열양상을 소생시키지 않았다는 사실 자체는 새로운 시민정치 스타일이 이제 투표패턴을 좌우한다는 부정할 수 없는 증거로 제시된다고 하겠다.

이 새롭고 개인적인 토대를 가지고 있는 투표결정들은 현재 민주주의에 행운을 의미하는가 아니면 저주를 의미하는가? 긍정적인 측면에서 세련된 투표자들은 선거에 더 많은 이슈투표 행태를 주입함으로써 그것이 선거결과에 갖는 정책적 함의 수준을 높여야 한다. 장기적 안목에서 더 많은 이슈투표의 주입은 후보자와 정당이 여론에 더욱더 민감하게 반응하도록 만들며 민주주의 [정치]과정을 민주주의[정치] 이상에 더 가까이 다가서게 하는 방향으로 움직이게 할 것이다.

부정적인 측면에서 많은 정치학자가 이슈투표와 단일 이슈 집단들의 성장이 현대 민주주의에 과도한 요구를 부과할 수 있다는 점을 염려한다(제12장을 보시오). 정당 지도자와 선거용 연합집단들이 수행하는 이슈-집성의 기능들이 아니라면 정부는 충돌하는 이슈 요구들과 부딪힐 것이다. 정부가 이러한 요구들을 다 만족시키기는 어렵다.

또 다른 염려는 세련된 이슈투표의 요구사항들을 충족하기 위한 정치적 기술이 부족한 시민들과 관련된다. 전통적인 정치적 단서들(정당과 사회집단들이 제공하는 것들)의 유용성이 쇠퇴할 경우에 그러한 사람들은 원자화할지도 모른다. 확고한 정치적 성향이나 정치에 대한 명확한 이해가 부족하기 때문에 그들은 투표를 포기하기로 하거나, 아니면 선동적인 엘리트 혹은 속임수를 부리는 정당 프로그램에 의해 동원될지도 모른다. 많은 정치분석가가 유럽의 신우파 정당들의 등장을, 특히 카리스마를 지닌 지도자들이 대표를 맡은 정당들의 등장을 탈제휴한 유권자의 부정적인 결과로 보고 있다. 사실상 텔레비전은 정치엘리트와 유권자 간의 매개 장치가 없는 일 대 (對) 일 접촉 기회를 제공한다. 더욱 세련된 시민적 관여를 고무시키는 잠재력에도 불구하고 이 매체는 캠페인 홍보의 내용보다 비디오 스타일을 중요시하는 방식으로 선거정치를 하찮은 것으로 만들 가능성도 함께 제공한다.

여기서 논의한 경향들이 민주주의 정당시스템의 미래를 예측하는 단 하나의 예측요인은 아니다. 그러나 미래는 정치시스템이 이러한 도전에 어떻게 반응하는지에 따라 우리의 통제 범위 안에 놓이게 될 것이다. 새로운 시민정치 스타일은 투표패턴에 있어서의 더 큰 다양성 구현으로 특징지을 수 있다. 유권자들이 [정치적으로] 세련화된 선진 산업사회 내에서 고정된 사회적 분열양상에 기초한 선거시스템과 안정된 정당 제휴관계는 [예전에 비해] 가망성이 적어 보이며, 권력은 탈중앙집중화되고, 개인의 선택은 더 큰 선택의 폭을 발견하게 된다. 새로운 시민정치 스타일의 다양성과 개인주의가 과거 구조화된 당파정치와 결별을 고하는 중요한 출발점인 것이다.

## 독서 목록

Aarts, Kees, Andre Blais&Hermann Schmitt, eds. 2005. *Political Leaders and Democratic Elections*. Oxford: Oxford University Press.

Anderson, Christopher&Carsten Zelle, eds. 1998. *Stability and Change in German Elections: How Electorate Merge, Converge, or Collide*. Westport, Conn.: Praeger.

Klingemann, Hans-dieter, ed. 2008. *The Comparative Study of Electoral Systems*. Oxford: Oxford University Press.

Lau, Richard&David Redlawsk. 2006. *How Voters Decide: Information Processing during Election Campaigns*. New York: Cambridge University Press.

LeDuc, Lawrence, Richard Niemi&Pippa Norris, eds. 2002. *Comparing Democracies: New Challenges in the Study of Elections and Voting*. 2nd ed. Thousand Oaks, Calif.: Sage.

Niemi, Richard&Herbert Weisberg, eds. 2001. *Controversies in Voting Behavior*. 4th ed. Washington, D.C.: CQ Press.

Poguntke, Thomas&Paul Webb, eds. 2005. *The Presidentialization of Politics: A Comparative Study of Modern Democracies*. New York: Oxford University Press.

Wattenberg, Martin. 1991. *The Rise of Candidate-centered Voting*. Cambridge: Harvard University Press.

## 11장
## 정치적 대의

혹시 〈스미스 씨 워싱턴에 가다 *Mr. Smith Goes to Washington*〉라는 고전 영화를 본 일이 있다면 당신은 대의민주주의의 최선과 최악의 모델을 본 것이나 다름없다. 이상주의자인 지미 스튜어트 씨가 미국 상원의 빈자리를 채우도록 임명되었다. 그는 순진하게 경제적 공황 한 가운데서 청년을 돕기 위한 전국소년캠프의 설치를 제안하지만 그의 생각은 워싱턴의 철통같은 이해 관계 및 부패 관행과 갈등을 촉발시켰다. 결국 영화는 민주주의, 자유, 이상주의가 어떻게 부패와 억압을 제압하는지에 관한 내용이다.[1]

현재의 민주주의 국가들은 선출된 공직자들이 자신의 지역구(혹은 지지자들)를 대신하여 행동하는 대의민주주의를 발명한 덕분에 존재하게 된 것이다. 고대 그리스에서부터 18세기에 이르기까지 민주주의는 시민들이 통치 업무에 직접 참여하는 것을 의미했다. 정치 이론가들은 민주주의 국가들이 시민권의 정의 혹은 정치공동체의 크기를 제한해서 전체 공중이 하나의 집합 기구에서 함께 정치적 결정을 할 수 있어야 한다고 생각했다. 그리스의 도시국가, 스위스의 자치 단위인 칸톤(canton), 미국 뉴잉글랜드 지방의 타운미팅(town meeting)이 그러한 민주주의의 이상을 보여주는 사례다.

대의제 통치의 발명은 민주주의 국가들을 그러한 한계로부터 해방시켰다. 공중은 정치적 결정 수립에 직접적으로 참여하는 대신, 통치를 위한 심의과정에서 자신을 대변해줄 국회의원들을 선택한다. 그러므로 민주주의 [정치]과정은 대표자와 피대표자의 관계에 의해 좌우된다.

대의 통치는 대개 필요의 산물 중 하나다. 그러나 덩치가 큰 국가들에서 타운미팅 모델은 더 이상 실효성이 없다.[2] 대의 통치의 찬성론자들도 보통 시민의 한정된 정치적 기술과 전문적인 정치인들의 필요성을 강조한다. 시민들의 통제는 경합하는 선거에서 이러한 엘리트를 주기적으로 뽑는 과정을 통해 이루어진다. 선거는 정부 공직자들이 공중에 반응하고 책무감을 갖도록 보증해야 한다. 이러한 선거과정을 수용함으로써 공중은 자신들이 선택한 엘리트에 의해 통치되는 것을 승낙한다.

초창기의 많은 정치 철학자는 대의제 통치가 정치권력을 인민으로부터 작은 규모의 선출직 공직자 집단으로 이전시킴으로써 민주주의의 기조를 손상했다는 이유에서 대의제 통치 개념을 비판했다. 유권자들은 표를 던진 날에만 정치권력을 가졌으며, 그 다음 날부터 다시 권력을 행사할 기회를 얻기 위해 차기선거까지—4년 혹은 5년 정도—는 정치적 노예상태로 기다려야만 했다. 대의정부하에서 시민들은 통제하지만 엘리트는 지배한다. 루소는 "국민이 대의되는 것을 허용하는 순간 자유를 상실한다"고 경고한 바 있다.

현재 직접민주주의의 주창자들 역시 대의제 통치에 대한 비판에는 대동소이하다. 유럽의 녹색당들은 국민투표, 시민-행동집단, 다른 '기본적' 민주주의 형식을 통한 시민의 영향력 확대를 주창하면서 대의제 통치과정에 비판적이다. 미국 내 인민주의 집단들도 직접적인 시민참여의 편에서 선거정치에 대해 비슷한 회의감을 표시한다. 같은 맥락에서 바버(Barber 1984, 145)는 다음과 같이 우려를 표명한 바 있다.

대의제 통치 원칙은 개인들에게서 가치, 신념, 행동에 대한 궁극적인 책

인터넷 자료 소개

최근 시민과 엘리트 여론조사에 관한 정보를 얻으려면 유럽연합의 유로바로미터 웹사이트를 방문해 보시오. http://ec.europa.eu/public_opinion/index_en.htm

임의식을 훔쳐간다. … 대의는 진정한 의미의 자기 통치 및 자율성을 회생시키면서 정치적 의지를 위임하고 양도하기 때문에 [개인의] 자유와 양립이 불가능하다.

그러한 비판가들은 인민의 지배라는 민주주의 원칙이 일상화된 선거절차에의 참여로 대체되어, 이제 민주주의가 그 목적이 아닌 수단에 의해 정의되고 있다고 우려한다. 더욱이 비판가들은 선거가 용인된 시민의 영향력 기준을 제공하는 덕분에 우리가 공적 영향력과 통제력을 증대시킬 수 있는 다른 기회들을 발전시키지 못했다고 주장한다. 이러한 비판가들은 대의제 통치에 반대하지 않는 한편, 대의기능에 머물며 다른(그리고 더욱 효과적인) 시민의 영향력 행사방법을 한정하는 정치시스템에는 비판적이다.

공중과 정치적 결정 수립자의 연계 문제는 민주주의 정치시스템 연구의 필수적인 질문 가운데 하나다. 인민의 지배에 대한 신념은 민주주의와 다른 정치시스템을 구별하는 잣대가 된다. 우리가 비록 대의제 통치의 미덕에 관한 토론의 결말을 내지는 못할지라도 우리는 오늘날 서구 민주주의에서 대의과정이 얼마나 기능을 잘하는지에 대해서만큼은 이야기할 수 있다.

## 집합적 상응

가장 폭넓은 의미에서 대표성(representativeness)이라는 엘리트의 태도는 공중의 총체적 태도와의 유사성에 의해 측정된다. 로버트 와이스버그(1978)는 이 비유를 집합적 상응(collective correspondence)—공중의 정책선호가 엘리트의 선호도와 부합될 때 하나의 집합체로서 시민들이 하나의 집합체로서 엘리트에 의해 잘 대표되고 있다고 간주된다—으로 지칭한다.

    대의과정의 복잡성은 시민-엘리트 간의 협약에 기초한 정의를 간단히 넘어선다. 일부 선출직 관료들은 단지 현재 공중의 선호사항들을 반영하는 것 대신에 자신들의 공중에 대한 교육 역할을 강조할지도 모른다. 투표자들이 상충하는 의견을 가지고 있을 때 엘리트의 정책수립 역할은 훨씬 일관성을 갖지만 대표성을 덜 띠는 입장들을 수용하도록 이끌릴 것이다. 정책선호 역시 정책 결과와 반드시 상응하지 않을 수도 있다. 우리는 자격이 있다는 것을 이 목록에 추가할 수도 있다. 그럼에도 시민-엘리트 간의 협약은 민주주의 시스템의 대표성을 판단하는 기본적인 기준이다. 협약은 그것이 결정수립자들이 동일한 정책선호를 가지고 정책 수립에 접근하는지 여부를 결정하기 때문에 모종의 유의미한 검증 테스트다. 그렇기 때문에 그것은 대의민주주의의 중요한 목표이기도 하다.

    최고-수준의 정치엘리트와 공중의 의견을 비교하는 교차-국가 데이터는 흔치 않다. 보다 일반적인 것은 한 국가 내 공중-엘리트 간의 비교 결과다.[3] 이 장은 국내 및 여러 국가의 엘리트와 여론을 비교하는 다양한 증거의 혼합물을 집약하고 있다.

우선 미국의 데이터와 더불어 시작한다. 〈표 11.1〉의 상단 패널은 미국의 공중과 1987년과 1998년 미국 의회 의원들을 비교하고 있다. 예를 들어 1987년 미국의 공중은 소수자 지원(-.83)에 관해 엘리트보다 약간 더 보수적이었지만, 정부가 필요한 서비스를 제공하는 것에 대해서는 그들보다 훨씬 자유주의적(+.57)이었다(Herrera, Herrera & Smith 1992). 총체적인 자유주의/보수주의 입장에 관해서 공중과 엘리트는 조금 더 일치하고 있었는데, 이는 이것이 많은 정책 사안들의 정치적 입장들을 요약해주는 척도이기 때문에 나온 바람직한 결과다.

1998년 퓨센터(Pew Center 1998b)는 의회 의원을 대상으로 여론조사를 했는데 이 연구는 단지 공중에 대한 여론조사에서 사용한 설문과 비교 가능한 것 몇 개만을 포함하고 있었다. 의회 의원 중 45퍼센트만이 중요한 문제들을 다루기 위해 연방정부 프로그램이 존속되어야 한다고 말했다. 그러나 미국 공중은 57퍼센트나 이 입장을 지지했다. 자유주의/보수주의의 표준척도에 관해서도 의회는 공중 전체보다 자가-규명한 보수주의자를 더 많이 가지고 있었고, 훨씬 적은 자유주의자를 가지고 있었다. 그러나 각각의 응답에서 나타난 차이는 온건한 수준이었다. 이러한 발견 사항들은 엘리트 의견의 균형점들이 1996~1998년 의회의 공화당 다수파와 더불어 1986~1988년 민주당 의회의 자유주의적 경향에서 벗어났음을 암시한다.

공중과 엘리트가 정책 견해에서 약간 다르다손 쳐도 여론조사는 이러한 차이들에서 크고 체계적인 편견들을 발견하지는 못했다. 이에 덧붙여 1978년과 1982년에 조사한 여론과 의원들의 의견 사이의 비교결과도 양 집단이 단지 몇 퍼센트 정도 차이를 보일 뿐이었다(Bishop & Frankovic 1981; Erikson & Tedin 2001, 267). 따라서 미국 공중과 의회 엘리트 간의 순응성은 일반적으로 높은 집합적 상응 수준을 보여준다고 하겠다.

유럽에서 실시된 대중과 엘리트 의견에 관한 교차-국가연구는 희소하

표 11.1 미국의 공중과 엘리트에 대한 의견의 분포

|  | 시민 | 의회 의원 | 차이 |
|---|---|---|---|
| 1986~1987 |  |  |  |
| • 자유주의/보수주의 입장 | 4.26 | 4.05 | -.21 |
| • 정부의 서비스 제공 | 3.57 | 4.14 | .57* |
| • 정부의 생활기준 보장 | 4.47 | 4.01 | -.46* |
| • 정부의 소수자 지원 | 4.17 | 3.34 | -.83* |
| • 국방에 더 많은 지출 | 3.82 | 3.58 | -.24 |
| • 러시아와 협조 확대 | 4.35 | 3.58 | -.77* |
| • 중앙아메리카 개입 | 3.31 | 2.98 | .33 |
| • 낙태에 대한 태도 | 2.13 | 1.69 | -.44* |
| 1998(%) |  |  |  |
| • 정부 프로그램 유지 | 57 | 45 |  |
| 자유주의/보수주의 입장 |  |  |  |
| • 보수주의 | 37 | 47 |  |
| • 온건파 | 40 | 31 |  |
| • 자유주의 | 19 | 7 |  |

출처: 상단은 1987년 하원의원 여론조사(Herrera, Herrera, Smith 1992), 1986 ANES; 맨 하단은 1998 의회 의원에 관한 Pew Center Survey(PEW Center 1998b).
유의사항: 상단의 수치들은 7점 척도의 중앙값인데, 1=자유주의 입장; 낙태 항목은 4점 척도로 측정 되었다; *친 차이는 .01 수준에서 유의미하다. 하단 패널의 수치들은 정책진술과 당파 척도 상에 자가-규명한 비율이다.

다. 연구자들은 유럽 공중의 의견과 유럽 엘리트 의견을 조사 하지만, 대개 양 집단에 동일 질문들을 정기적으로 묻지는 않는다.[4] 따라서 우리는 폭넓은 정치지향 척도로서 좌/우파 지향에 관한 시민과 엘리트의 의견을 비교하고자 한다(〈그림 11.1〉 참조).

좌측에서 우측으로 읽어 가게 되면, 각 집단의 처음 두 개의 막대는 1994년과 1999년 유럽의회선거 동안 영국, 프랑스, 독일의 시민들 가운데 좌파의 비율을 보여준다는 것을 알 수 있다.[5] 시간이 지남에 따라 보통 시민이 자신을 어디에 위치시키는지와 관련해서는 약간의 변동성이 존재한다. 이것은 시간 경과에 따라 이슈와 조건들이 변하면서 생기는 정치의 정상적인 부침 현상의 일부다. 그러나 좌파의 비율은 양 선거 사이 대략 10퍼센트 이내에 머물렀다. 우리가 제6장에서 살펴본 대로 프랑스 공중은 영국이나 독일 공중보다 약간 왼쪽에 위치하고 있다.

〈그림 11.1〉에 있는 다른 막대들은 두 개의 여론조사의 좌/우 입장들에서 나온 것이다. 다음 막대는 1994년 선출된 유럽 의회 의원들 가운데 좌파의 비율을 제시하고 있다.[6] 영국의 유럽 의회 의원과 영국 공중 사이의 커다란 간격은 이 엘리트 표본에 존재하는 편견의 결합을 반영한다. 이 표본은 유럽 의회 의원 수의 과소함과 영국의 소선거구제의 왜곡 효과 때문에 편견이 개입되었을 것이다. 가장 많은 득표자인 노동당이 유럽의원 표본에 상당한 수준으로 과대 대표되었다. 프랑스의 유럽 의회 의원들은 대체적으로 공중을 대의하였는데, 이는 부분적으로 유럽 의회선거가 비례대표제를 사용하고 있기 때문으로 보인다.

독일에서 시민-엘리트의 일관성은 영국보다 긴밀한데, 이것도 역시 독일이 비례대표제 선거시스템을 사용하기 때문일 것으로 추정된다.

프랑스와 독일의 가장 끝의 막대는 1996년에 조사한 각 국가의회 의원들(MNPs) 중의 좌파 비율을 나타낸다(당시 영국의 의원들은 인터뷰하지 않았다). 역시, 비례대표제를 하고 있는 독일에서 투표자들과의 순응성이 더 컸다. 프랑스는 선거 결과를 왜곡시킬 수 있는 수정된 형태의 소선거구제를 사용하므로 의원들과의 간격이 약간 더 크다. 간단히 말해서, 집합적 상응은 선거과정의 출발점에서 매우 크지만 그것은 선거제도의 성격에 의해 변형될 수 있다는 것이다.

국가별 연구들은 구체적인 이슈 의견과 관련하여 시민과 엘리트를 비교해보았다. 1997년 영국의 선거연구는 보통의 영국 시민들과 영국 의회 의원들이 자신의 위치를 좌/우 척도 상에서 실제로 같은 곳에 지정했음을 알아냈다(Norris 1994d). 전통적인 경제 이슈—세금 대(對) 서비스, 민영화, 직업 대(對) 물가—에 관해서 의원들은 영국 공중보다 약간 우측에 위치했다. 두 개의 비경제 이슈—유럽 통합과 여성의 역할—에 관해서 영국 의원들은 공중의 왼쪽에 위치했다. 베셜즈(Wessels 1993)가 독일 하원의원들과 독일

**그림 11.1** 유럽의 시민과 엘리트의 좌/우파 자가-위치지정

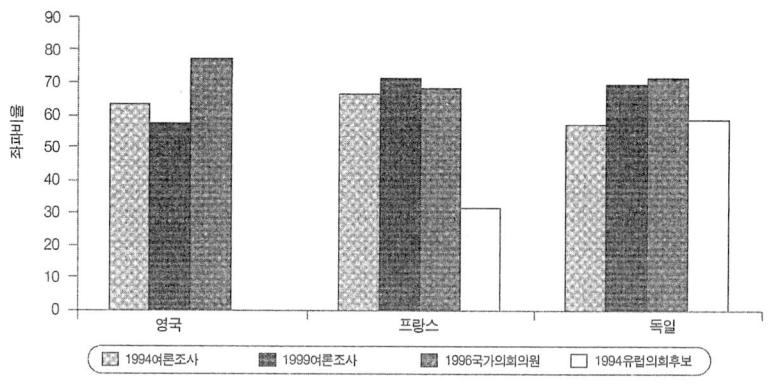

출처: 시민 데이터는 1994년과 1999년 유럽선거연구에서 확보하였다; 1994년 유럽의회 후보들 (MEPs)과 1996년 국가의회 의원들(MNPs)은 Schmitt & Thomassen(1999)과 Katz & Wessels(1999)에서 확보하였다.
유의사항: 그림은 좌파/우파 척도 상에서 좌측에 자신의 위치를 지정한 비율을 제시하고 있다

공중의 이슈 의견들을 비교해보았더니 경제 성장과 공공질서와 같은 구정치 이슈들에 관해서는 근접한 일치가 나타났으나 신정치 이슈들에 관해서는 다소 낮은 수준의 일치가 나타났다.

요점을 말하면, 기성 민주주의 국가에서 폭넓은 정치적 지향과 대부분의 이슈 의견에 관한 집합적 상응은 대단히 일반적이라는 것이다. 그러한 결과는 선거적 과정의 논리가 공중의 선호와 폭넓게 일치하는 국회의원을 선택하는 것이기 때문에 기대에 마땅한 것이다. 그러나 이 패턴들은 이슈에 따라서 달라질 수 있으며 선거시스템에 의해서도 영향을 받을 수 있다. 우리는 다음 절에서 대의의 과정으로 눈을 돌릴 것이다.

## 양자적 상응

공중의 의견과 정치엘리트의 의견 사이의 집합적 상응은 우연히 일어나는 것이 아니다. 인민 통제의 일정 정도는 필히 엘리트의 반응성을 요구한다. 인민 통제가 없는 시민-엘리트 협약은 민주주의가 아니라 운에 의한 대의(代議)다. 인민 통제의 한 가지 방법은 정치엘리트들이 선거 승리를 위해 특정한 지리적 선거구에 의존하게 하는 것이다. 와이스버그(Wiessberg 1978)는 지역구 의견과 엘리트의 의견의 짝을 **양자적 상응**(dyadic correspondence)—간단히 말하자면, 자유주의적 지역구는 자유주의적 대표들을 선택하고 보수주의 지역구는 보수주의 대표를 선택하는 것—이라고 규정했다.

시민과 엘리트의 관계를 연구할 때 연구자들은 처음에 개별 국회의원을 양자적 연계의 토대로 취급하였다. 이 접근법은 대의와 관련된 정치 이론의 역사적 발전상에서 파생되었다. 전통적으로 대표자(delegate) 모델은 국회의원의 역할을 결정론적 방식으로 규정한다. 대의제 통치는 대표자들이 의회로 들어가기에 앞서 투표자들이 지역구의 선호 사항들에 대해 공식적으로 지침을 줄 것이고 국회의원은 지역구의 명령을 따를 의무가 있다는 것을 의미한다. 에드먼드 버크(Burke)의 "브리스톨 유권자에게 고함"이라는 고전적인 1774년 연설은 아직도 현대 정치학에 영향을 미치는 신선한 대의의 모델을 제시하였다. 버크는 국회의원들에게 좀 더 독립적인 수탁자(trustee) 역할을 제안했다. 일단 선출된 국회의원들은 자기 자신의 신념에 따라 지역구와 국가에 최선이라고 생각하는 것을 해야 한다고 주장했다.

정치적 대의에 관한 현대적 연구, 특히 국회의원을 정치적 연계의 토대로 취급하는 미국의 연구는 개별 국회의원에게 역점을 두는 방식을 강화시켰다(Miller & Stokes 1963). 이 방식은 부분적으로 미국 정당의 약점과 미국 정치과정의 개방적 구조를 반영하고 있었다. 미국정치에서는 많은 국회의원이 개별적인 사업가처럼 행동하는 듯이 보인다. 이는 또한 한 선거구에서 한 명의 국회의원을 선출하는 영국과 미국의 소선거구제 선거시스템의 사용방식을 부분적으로 반영하고 있다.

밀러와 스토크스(Miller & Stokes 1963)는 대표자와 수탁자 모델에 기초하여 미국 내 정치적 대의와 관련하여 중요한 연구를 수행하였다. 그들은 1958년 선거 후에 일부 의회 선거구에서 그 지역구 출신 하원의원들은 물론 작은 규모의 공중 표본을 추출하여 면접했다. 그들은 또한 다음 회기에 참여하는 의회 의원들의 투표기록을 모았는데, 덕분에 시민의 의견과 이들 대표들의 의견 및 투표행태를 비교할 수 있게 되었다.

밀러와 스토크스는 이 정부를 이용하여 대의과정 모델(〈그림 11.2〉 참조)을 구축했다. 광의로 말해서, 이 연구자들은 한 선거구가 지역구 대표의 입법부 투표에 영향을 행사할 수 있는 두 개의 통로를 가시화시켰다. 한 가지 통로는 수탁자 대의모델을 규정하였다: 선거구는 지역구의 의견을 공유하는 국회의원을 뽑음으로써(통로a) 국회의원이 자신의 신념을 쫓는 과정에서 지역구의 의지를 대의하게 된다(통로b). 이 경우 지역구의 의견과 국회의원의 행위는 국회의원의 정책 태도를 통해 연결된다. 두 번째 통로는 대표자 모델을 추적한다. 국회의원은 자기 지역구의 정책 선호(통로c)에 대한 단서를 얻기 위해 지역구 주민들에게 관심을 돌리며, 자신의 의회투표를 위한 선택과정에서 이러한 단서들을 따른다(통로d).

밀러와 스토크스는 모델을 세 개의 정책 영역—시민적 권리, 사회보장, 외교정책—에 적용시켜 보았다. 그들은 지역구 의견과 국회의원의 시민적 권리와 사회보장 이슈에 대한 투표기록 사이에는 강한 관계가 발견되었고 외교정책과는 약한 관계가 있었다고 분석했다. 이에 덧붙여 지역구의 영향력 통로는 정책 영역 사이에 차이가 있었다. 시민적 권리 이슈들은 기본적으로 대표자 모델에 따른 기능이 수행되었다. 의회 의원들은 자신의 지역구 의견들을 정확하게 인식하였으며 그 의견에 따라 투표했다. 사회보장 이슈에 관해서는 국회의원 자신의 태도가 가장 중요한 지역구 영향력의 수단이 되는 수탁자 통로가 작동하였다.

이 연구는 작동 중인 대의과정에 대한 경험적 증거를 제공했다. 게다가 그 과정은 대단히 잘 작동하는 듯했다. 대부분의 자유주의 성향의 선거구들은 자유주의적 국회의원들에 의해 대표되었으며 대부분의 보수적인 지역구들은 보수주의적인 대표를 선택했다. 많은 사람이 이 연구의 방법론을 비판했지만 정치학자들 대부분이 아직도 그것의 중요한 결론들을 지지하고 있다(추가적인 논의를 살펴보려면 Erikson & Tedin 2001, 10장; Miller et al. 1999를 참조하시오).

헤레라와 그의 동료들(Herrera, Herrera & Smith 1992)은 밀러와 스토크스의 1986~1988년 의회 분석을 부분적으로 반복했다. 그들은 33개 지역구 출신 의회 멤버의 의견과 지역구민들의 의견을 비교했다. 그들은 모든 이슈들, 특히 낙태, 소수자 지원 정부 서비스처럼 상당한 크기의 이슈공중과 극단화된 여론을 가지고 있는 이슈들에 대해서는 지역구와 지역구 대표자들 사이의 순응성이 비교적 높은 수준임을 발견했다. 그들은 "양자적 대의가 30년 전보다 더 낫다"(201쪽)는 결론을 내렸다. 이 말은 미국 내 민주주의 [정치]과정은 1950년대 말 밀러와 스토크스의 시절보다 훨씬 더 잘 작동하고 있다는 것을 시사한다.

양자 사이의 일치를 보여주는 또 다른 예는 안솔라베히어와 그의 동료들(Ansolabehere, Snyder & Stewart 2001a; 2001b)의 연구에서 나온 것이다. 그들은 1990년대 중반 '똑똑한 투표'(Vote Smart) 프로젝트가 수행한 여론조사가 밝힌 의회 후보의 입장을 측정하고, 그 후보들의 입장과 선출된 이후 차기 의회 회기 동안 그들의 호명 투표 결과를 비교했다. 〈그림 11.3〉은 수평축에 나타난 각 지역구의 자유주의/보수주의 의견과 수직축에 나타난 지역구 대표의 의견을 묘사하고 있다.[7] 누군가가 민주주의 [정치]과정이 기능할 것으로 예상하는 바대로 지역구와 대표 의견 사이의 일치는 매우 강력하다. 더욱이 이러한 연구자들이 대의과정에서 다음 단계—〈그림 11.2〉

**그림 11.2** 의회 내 지역구의 영향력

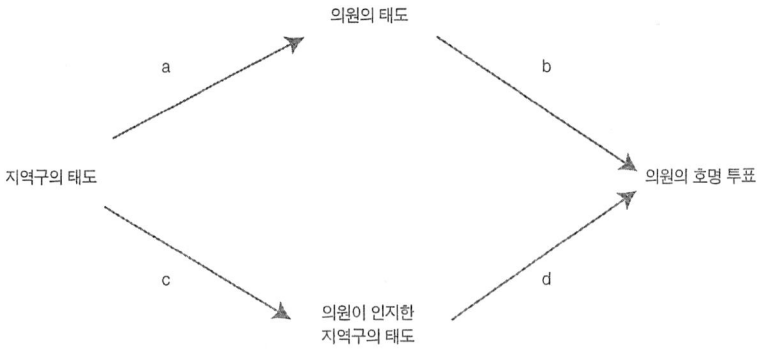

의 통로b—를 검토한 경우에도 그들은 대표의 태도와 그들의 총체적 투표 패턴 사이에 강한 연계성—공화당원의 경우 r=.88, 민주당원의 경우에 r=.85—이 존재함을 발견했다.[8] 선거는 투표자들이 자신의 정치적 가치를 대체로 공유하며 나중에 이러한 지향을 워싱턴으로 가지고 갈 후보를 뽑는 수단으로 제공한다.

밀러와 스토크스 모델은 거의 12개 다른 서구 민주주의 국가들 내 대의연구로 확장되었다(Miller et al. 1999). 그러나 이러한 연구들은 전형적으로 지역구와 그들의 국회의원 사이에 제한적인 정책적 합의가 있음을 발견했다. 반즈(Barnes 1977)는 실제로 이탈리아 의원들의 이슈 의견과 그들의 선거구 내 여론 사이에 어떠한 상응성도 존재하지 않는다는 사실을 발견했다. 파라(Farah 1980)도 지역구 의견과 지역출신의 독일 하원의원들의 정책 견해 사이에 이와 유사한 상응성의 부족상태를 발견했다. 프랑스의 대의연구는 특정 이슈에 관해 지역구와 국회의원 의견 사이에 약한 연계성이 존재함을 발견하였다(Converse & Pierce 1986, 22장).[9] 이러한 유럽의 민주주의 국가들 내에서 정치적 대의는 아예 이루어지지 않거나 아니면 다른 수단을 통해 작동하는 듯하다.

## 정당정부 모델

비미국적인 정치시스템 내 정치적 대의에 관한 연구는 점차로 개별 국회의원들에 기초한 모델을 덜 강조하는 대신에 집합체로서 정당의 행위에 초점을 맞추었다. 이 정당을 통한 대의모델—책임 있는 정당정부—은 몇 가지 원칙 위에 서 있다.

- 선거는 정치권력을 쟁취하려는 두 개 또는 그 이상의 정당들 간의 경쟁의 장을 제공해야 한다.
- 정당들은 필히 뚜렷한 정책적 선택 사양을 제공함으로써 투표자들이 유의미한 선거적 선택을 할 수 있게 해야 한다.
- 투표자들은 이러한 정당들 사이의 정책적 차이들을 인식해야 한다.
- 적어도 투표자들은 집권여당을 성과에 기초하여 보상하거나 처벌할 수 있도록 정보를 충분히 가지고 있어야 한다.

전국 선거는 정당과 그들의 활동에 대한 평가수단으로 복무하며, 대의는 개별 후보보다는 정당을 통해 이루어진다. 이러한 원칙들은 여러 측면에서 우리가 제10장에서 논의했던 이슈투표의 원칙들과 유사하다. 여기서는 원칙들이 하나의 집합체로서 정당들에 적용되었을 뿐이다.

정당정부 모델은 강력한 정당들이 있는 의원내각제 시스템에 더 적합한 듯하다. 유럽 정당시스템 대부분의 경우 후보자들은 공개적인 예비선거를 통하지 않고 정당엘리트에 의해 선택되기 때문에 이 엘리트들은 해당 정당의 으뜸가는 주요 대표자들이다. 책임 있는 정당정부 모델은 정당의 원내

**그림 11.3** 지역구 보수주의와 미국 의회 내 대표의 이슈 입장

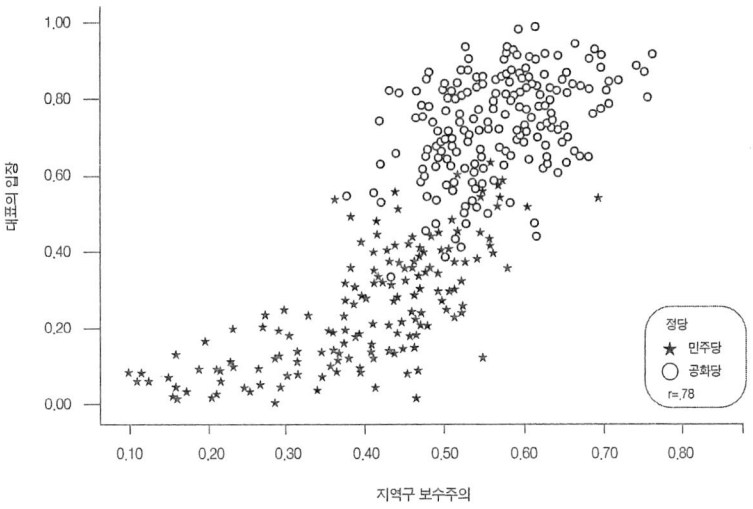

출처: 스티븐 안솔라베히어와의 개인적인 대화, 104차 의회 회기 데이터에 기초함. 안솔라베히어(Ansolabehere 2001a, 2001b)도 참조하시오.

대표단의 구성원들이 한 목소리를 내줄 것으로 가정한다. 비록 당의 입장이 정해지기 전까지 내부 토론을 벌일 수 있을지라도 정당들은 의회 내에서 블록 투표를 한다. 정당은 국가의 입법부를 통제함으로써 정부와 정책수립 과정에 대해 통제력을 행사한다. 요컨대 지역구에 기초한 대의방식보다는 정당의 선택이 유권자에게 국회의원의 행위들과 국정업무에 대한 통제의 수단을 제공한다.

유럽에서 정치적 대의는 대개 정당정부 모델을 따르고 있다. 미국과 비교해보았을 때 대부분 유럽 국가의 다당제 시스템은 투표자들에게 정당 프로그램의 다양성을 더 많이 제공하며, 이 다양성이 정당의 이름표에 더 많은 의미를 부여한다(제7장을 보시오). 민주주의 국가들 대부분은 입법권이

있는 통합된 정당들을 가진 의회제다. 유럽의 입법부에서 정당의 결속력은 미국 의회보다 상당히 높은 수준이다(Bowler 2000). 정당이 하나의 단합된 블록으로 투표할 때 개별 의원의 투표패턴을 논의하는 것은 의미가 거의 없다. 사르토리는 "서구 민주주의 국가에서 시민들이 정당을 **통해서** 또 정당에 의해서 대의되는 것은 불가피한 일"(Sartori 1968, 471. 강조는 원문대로 옮김)이라고 주장한 바 있다.

정당정부 모델은 투표자들의 관심을 개별 의원보다 정치적 대표들의 집합체로서 정당에 옮겨놓는다. 사실상 많은 유럽인들(독일인을 포함하여)은 정당 명부에 직접 투표한다. 양자적 상응은 선거구-의원 모델보다 투표자-정당 모델에 좀 더 확실히 토대를 두고 있다. 한 국가 내 양자적 상응 쌍의 반쪽인 유권자는 모든 정당의 지지자들로 구성되어 있다. 비록 그 나라가 지리적 선거구에 의해 조직화되고, 대표하는 반쪽이 하나의 집합체로서 정당 관계자들로 구성되어 있을지라도 말이다. 만약 정당정부 모델이 타당한 것이라면 우리가 집합체로서 정당 투표자들의 정책적 견해와, 역시 집합체로서 정당 엘리트의 견해 사이의 조화를 기대하는 것은 당연하다.

양자적 상응과 관련하여 강조할 것이 한 가지 더 있다. 우리는 때때로 인과성—투표자의 의견들이 정당 입장에 영향을 미치는 것으로 추정된다는 식—의 용어로 말하지만, 인과적 흐름은 양방향으로 작동한다. 정당들이 유권자를 설득하려고 하는 것과 마찬가지로 유권자들도 정당의 입장에 영향을 미친다. 그래서 연구자들이 인과적으로 중립적인 용어인 **상응**(相應, correspondence)을 채택한 것이다. 민주주의 시장의 핵심은 비슷한 생각을 하는 투표자들과 정당이 각기 상대를 찾아내서 힘을 일치시키는 것이다. 인과적 흐름의 방향을 결정하지 못한다손 쳐도 정당 투표자와 정당 엘리트 사이의 의견의 유사성은 정당의 대표성을 재는 유의미한 척도다.

투표자와 그들이 지지하는 정당 사이의 상응 현상에 대한 교차-국가적 증거가 1994년 유럽의회선거연구에서 나왔다(Schmitt & Thomassen

1999). 앞에서 우리는 국가별로 엘리트와 공중의 좌/우파 선호도에 대해서 비교해보았다(〈그림 11.1〉 참조). 〈그림 11.4〉는 각 정당 내 투표자와 엘리트의 좌/우 입장을 비교하고 있다. 그림의 수평축은 정당 지지자의 평균적인 입장을 제시하며, 수직축은 정당 엘리트의 평균적인 의견을 제시한다. 그림에서 이 두 축이 정당의 위치를 함께 규정해주고 있다. 45도 대각선은 정당 내 완벽한 내부적 합의―정당 엘리트의 의견이 정확히 그들의 지지자와 일치하는 경우―를 표상한다.

〈그림 11.4〉는 두 개의 중요한 패턴을 보여주고 있다. 첫 번째 패턴은 정당별로 투표자와 엘리트 의견 사이의 긴밀한 관계다. 좌파 선호도를 지닌 투표자들과 이러한 견해를 공유하는 엘리트는 독일의 사민당(SPD), 영국의 노동당, 프랑스의 사회당과 같은 전통적인 좌파 정당에서 함께 나타난다. 두 번째는 정당 엘리트가 의도적으로 자신들의 투표자보다 자신들이 더 좌파적이라고 말하는 경향이다(그림의 정당들 대부분은 대각선 밑에 위치한다).

아쉽게도 1994년 유럽의회선거연구는 몇 가지 이슈만을 포함하고 있기 때문에 우리가 이슈의 합의 패턴을 검토하기 위해서는 다른 자료들로 눈을 돌려야 했다. 제7장에서 우리는 구정치와 신정치 정책들의 정당 입장을 좌표에 표시하기 위해 전문가의 판단결과를 활용했다. 그리고 투표자의 의견을 측정하기 위해 국제사회서베이 프로그램에서 비교 가능한 질문들을 찾아냈다. 제7장에서는 여론 연구에서 사용된 상이한 국가 표본에 나타난 정당 투표자의 의견을 전문가들이 판단하는 정당의 입장과 비교해보았다.

〈그림 11.5〉는 감세 대(對) 사회 서비스 지지라는 구정치 이슈에 관한 정당 패턴을 제시한다(〈그림 7.2〉를 보시오). 우리가 13개 선진 산업민주주의 국가의 59개 정당을 상대로 투표자와 정당 입장을 살펴보았는데, 이 이슈와 관련하여 강한 상응 현상이 입증되었다. 사회주의 정당과 공산주의 정당들은 하단 좌측 사분면으로 기우는 경향이 있었으며 그들의 투표자들 역시 세금/서비스 이슈에 관해 자유주의적인 견해를 가지고 있었다. 예컨대 독

일 민사당(PDS) 투표자들과 정당 자체는 그림의 맨 밑 좌측에 위치하고 있다. 그와 정반대로 경제적으로 보수적인 독일의 자민당(FDP)은 연속선상의 반대편 코너에 위치하고 있다.[10] 투표자와 정당 사이의 상관관계는 매우 높다. 또한 경제적 이슈와 종교적 이슈는 정치적 갈등을 구조화하는 데 매우 중요하기 때문에 연구는 일반적으로 이러한 이슈들에 대한 일치가 매우 높은 수준임을 보여준다(Dalton 1985; Miller et al. 1999).

정부가 환경 보호에 더 많이 지출해야 하는지를 묻는 것은 신정치 프로그램에 대한 공중의 지지를 가늠하는 좋은 척도다. 그래서 환경관련 지출에 관한 투표자 의견을 이 차원에 대한 정당입장을 제시한 전문가적 판단과 비교했다(〈그림 7.2〉를 보시오). 〈그림 11.6〉은 이 이슈와 관련하여 정당 투표자와 정당 엘리트 사이의 기본적인 상응 현상도 함께 보여주고 있다. 환경에 더 많은 지출을 원하는 투표자 블록은 환경에 대한 투표자의 관심을 대체로 공유하는 정당 엘리트에 의해 대의되고 있었다.

환경 이슈와 관련한 정당 제휴는 몇 가지 이유에서 중요하다. 첫째, 이 책의 이전 판본에서 나온 결과와 비교해볼 때 우리는 환경 차원에서 정당의 극단화가 시간이 경과함에 따라 강화되는 것을 알 수 있다. 이는 투표자들과 정당 엘리트들이 점점 더 일치를 보이기 때문으로 보인다. 이에 덧붙여 좌/우 구정치적 제휴는 환경이슈와 관련하여 완전히 되풀이되지 않는다. 영국 노동당(Lab), 프랑스 공산당(PCF), 독일 사민당(SPD)은 모두 다 독일의 기민/기사련(CDU/CSU)과 근접한 위치에 있다. 뚜렷하게 친환경적인 정당들은 독일의 녹색당(GRN)과 프랑스의 녹색당(Verts)이다. 환경과 다른 신정치 이슈들과 관련한 정당 제휴는 구정치 이슈들이 정의한 바의 전통적 좌/우파 정당 노선을 가로지르는 듯하다.

양자적 상응의 총체적 수준이 중요한 것 이상으로 투표자-정당 합의에 영향을 미치는 요소들도 중요하다. 일부 정당들은 일관되게 투표자와 정당 엘리트 의견 사이에 긴밀한 일치를 보여주는 반면, 다른 정당들은 낮은

**그림 11.4** 좌/우 척도 상에서 본 투표자와 정당 엘리트의 의견 비교

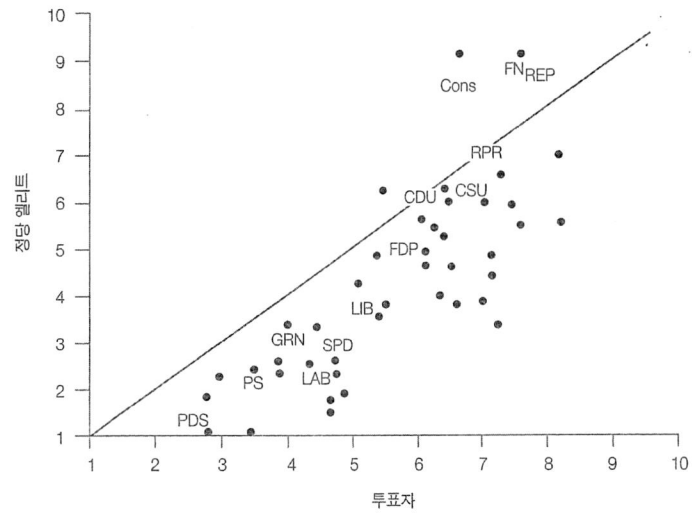

출처: 유럽의회선거연구, 1994(Thomassen & Schmitt 1997, 177)
유의사항: 45도 대각선은 정당 내 완벽한 내부적 합의를 표상함.

상응도를 보여준다. 정당의 대의에 나타나는 차이들이 정당-연계 과정의 효율성을 규정하게 된다.

    초기에 수행된 한 연구는 정당의 입장을 명료하게 하는 특성들이 투표자가 자신에게 적합한 정당을 선택하는 일을 용이하게 만든다는 사실을 알아냈다(Dalton 1985). 중앙집권적으로 조직된 정당들이 그들의 지지자들과 보다 긴밀한 합의 상태에 놓여있는 경향을 보여준다. 이에 덧붙여 투표자-정당 간 합의 수준은 (좌파 혹은 우파) 이념 정당들 사이에서 훨씬 높게 나타난다. 이러한 특성들은 분명히 투표자들이 자신의 이슈 의견과 일치하는 정당을 찾아내는 일을 쉽게 만든다. 중앙집권화된 정당이 좀 더 분명한 정당 단서를 투사할 듯하며 이념적 이미지는 투표자들이 정당의 일반적 정치

**그림 11.5** 세금 대 사회서비스 차원에 대한 정당 위치와 투표자 의견의 관계

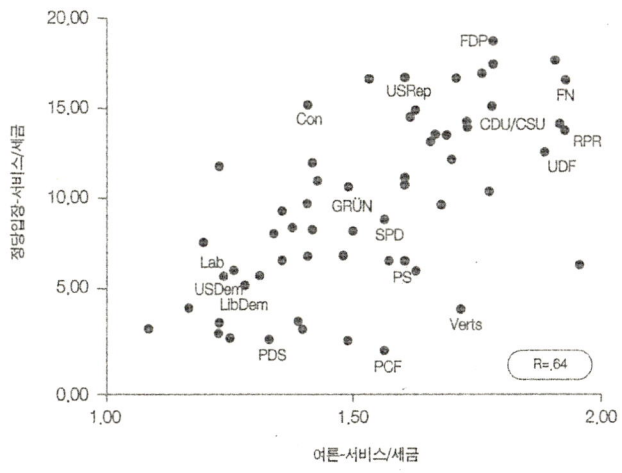

출처: 59개 지역구-대표 쌍(dyads)은 1996년 국제사회서베이의 서비스/세금 설문에 대답한 정당 지지자들의 입장을 표상하며, Benoit&Laver (2006)에 나오는 세금/서비스 차원에 대한 정당 입장을 표상한다. 정당 집단들은 13개 민주주의 국가에서 나왔으며, 미국, 영국, 프랑스, 독일의 주요 정당들의 입장이 그림에 나타나 있다.

지향을 규명하는 데 도움이 된다.

 국가적 수준에서 베설즈(Wessels 1999)는 미국이나 영국과 같은 다수결주의 시스템이 사회 내 전형적인 투표자를 대의하는 엘리트에게 훨씬 더 역점을 두는데, 이러한 시스템은 대개 엘리트들을 정치적 스펙트럼의 중심으로 끌어모으고 있다. 이와 대조적으로 비례대표제 시스템의 엘리트는 정당의 투표자들과 훨씬 긴밀히 묶여있다. 그러한 대부분의 선거시스템에서 정당 선택의 폭이 클 때는 당파적 집중이 용이하다. 이러한 시스템에 의한 구별은 우리의 이전 증거에서 도출한 결론을 재확인시킨다. 요컨대 대의의 스타일이 국가 제도적 구조에 의해 영향을 받는다는 결론이 바로 그것이다.

## 정치적 대의 패턴

이 장은 서구 민주주의 국가 내 두 가지 독특한 대의제 통치 패턴을 설명하고 있다. 미국에서 정치적 대의는 보통 개별 국회의원과 그들의 지역구 사이의 관계에 의존하고 있다. 다른 민주주의 국가들 대부분에서 시민들은 우선적으로 선거 때 그들이 선택한 정당을 통해 대의되고 있다. 일부 연구는 미국/유럽 사이의 현저한 차이가 줄어들고 있다고 귀띔해 준다. 밀러(Miller 1987, 4장)는 미국의 대의에서 정당이 수행하는 중요한 역할에 대해 논의한다(Erikson & Tedin 2001, 11장도 참조하시오). 그러나 우리의 분석은 정당정부 모델이 유럽에서 약화되고 있다는 사실을 보여준다(이 책의 9장; Dalton & Wattenberg 2000). 그럼에도 미국과 유럽의 대의 패턴의 차이는 아마도 사실적일 것이다.

양 모델은 시민-엘리트 연계를 위한 효과적인 수단을 제공하는 한편으로 상이한 대의의 측면들을 강조할 것이다. 미국의 개별 국회의원에 의존하는 대표에 의한 통치시스템은 각 국회의원 선거구의 이익에 대한 반응을 훨씬 더 민감하게 할 것이다. 정치적 과정 역시 새로운 정치적 관심과 소수자 집단들의 대의 활동에 좀 더 개방적일 것이다. 그 이유는 지역구 수준에서 선거적인 통제를 하는 것이 정당 전체를 통제하는 것보다 훨씬 쉽게 성취될 수 있기 때문이다.

미국적 대의 스타일의 융통성도 약간의 비용이 필요하다. 기업적 스타일의 대의방식은 공중이 선거와 선거 사이에 자신의 대표들의 행동을 모니터하고 통제하는 일을 더욱 어렵게 만든다. 이 점 때문에 선거 캠페인은 정책과 이념 지향보다는 후보의 인격적 특성과 지역구 서비스에 초점을 맞추도록 장려된다. 실제로 의회선거연구들은 인격성과 지역구 서비스가 투표 패턴에 중요한 영향력을 행사한다는 점을 제시하고 있다.

그럼에도 불구하고 경험적 연구들은 미국에서 정책 수행의 결과가 일

**그림 11.6** 환경 대 경제 차원에 대한 정당 위치와 투표자 의견의 관계

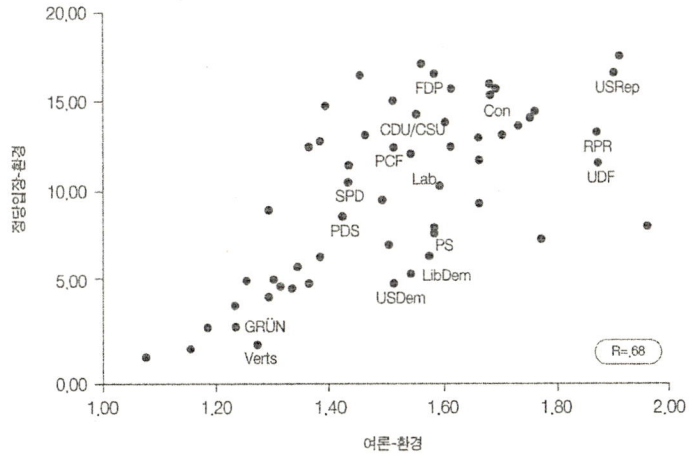

출처: 59개 지역구-대표 쌍(dyads)은 1996년 국제사회서베이의 "환경에 더 많은 지출이 필요함"이라는 설문에 대답한 정당지지자들의 입장을 표상하며, Benoit & Laver(2006)에 나오는 환경/경제 차원에 대한 정당입장을 표상한다. 정당 집단들은 13개 민주주의 국가에서 나왔으며, 미국, 영국, 프랑스, 독일의 주요 정당들의 입장이 그림에 나타나 있다.

반적으로 공중의 선호에 반영된다는 점을 입증하고 있다—비록 이 결과가 명백히 하나의 불완전한 연결 고리이고, 어쩌면 그리고 그게 당연할지라도 말이다. 먼로(Monroe 1998)는 자신이 검토한 몇백 개의 구체적인 사례를 통해 미국의 정책 선호와 정책 결과 사이에 대체적인 합의가 존재한다는 사실을 발견했다. 페이지와 샤피로(Page & Schapiro 1983; 1992)도 정책 변화와 공공 정책의 실제적인 변화 사이에 존재하는 유의미한 상응관계를 설명하였다.[11] 세련된 최신의 경험 분석들이 정책과정에 관한 여론의 총체적 영향력과 이것이 미국 정치의 제도적 구조와 어떻게 상호작용하는지와 관련하여 신선한 통찰력을 제공하고 있다(Stimson, Mccune & Erikson 1995; Bernstein 2003; Wlezien 2004).

정당정부의 틀 내에서 작동하는 연구 프로젝트도 정당 선택이 분

명한 정책 효과를 지니고 있음을 알아낸다. 클린지만, 호퍼베르트, 버지(Klingemann, Hofferbert & Budge 1994)는 정당들이 투표자들에게 제의한 프로그램들이 선거 후에 정책으로 전환되는지를 분석해보았다. 그 결과 정당들이 대부분의 민주주의 국가에서 정책을 통제하는 유의미한 수단임을 발견했다. 좀 더 최근의 연구는 여러 나라에서 상이한 정책 영역을 통틀어 공공 정책 선호와 통치 결과 사이에 일반적인 일치가 존재함을 입증하고 있다(Brettschneider 1996; Franklin & Wlezien 1997). 시민의 지출 선호와 관련된 변화는 미국, 영국, 캐나다에서 일반적으로 상이한 정책 영역에 걸쳐 정부 지출에서의 선호도 변화로 전환된다는 점을 입증한 후 소로카와 울레지언(Soroka & Wlezien 2003)은 "민주주의가 작동한다"는 간단한 결론에 도달하고 있다.

그러나 하나의 민주주의 시스템 내에서조차 여러 가지 장애물과 함정들이 대의의 길목에 아직도 남아 있다. 이러한 변화와 정치적 소란의 시기에 정부 실패와 정당 실패의 증거는 아주 분명하다. 더욱이 현대 민주주의 국가에서 시민-엘리트 사이의 긴밀한 정책적 합의는 여론이 효율적이고 효과적인 방식으로 대의된다는 증거물이 아니다. 관찰된 상응현상의 많은 부분은 틀림없이 상호과정에서 기인한다고 보아야 한다. 투표자들은 자신의 견해를 가장 잘 대의한다고 생각하는 정당(후보)으로 옮겨 다니며 정당은 지지자들에게 그러한 정책을 채택하도록 확신을 주어야 한다. 그러므로 [시민-엘리트 사이의] 일치가 공중이 정부를 통제할 수 있다는 사실을 증명하는 것은 아니다. 누군가는, 여기서 설명한 일반적인 패턴을 넘어서서 공중의 선호가 갖는 영향력이 불확실한 일련의 구체적인 정책들을 생각해 볼 수도 있을 것이다. 그러나 일치 현상은 공중의 선호와 민주주의 시스템하에서 기대되는 공공정책 사이의 일치를 가리키고 있다. 더욱이 일치 현상은 엘리트주의 민주주의 이론이 그 존재 여부를 미심쩍어하는 공적 행동의 합리성이 존재한다는 우리의 믿음을 뒷받침한다고 하겠다.

## 독서 목록

Aarts, Kees, Andre Blais&Hermann Schmitt, eds. 2005. *Political Leaders and Democratic Elections*. Oxford: Oxford University Press.

Anderson, Christopher&Carsten Zelle, eds. 1998. *Stability and Change in German Elections: How Electorate Merge, Converge, or Collide*. Westport, Conn.: Praeger.

Klingemann, Hans-dieter, ed. 2008. *The Comparative Study of Electoral Systems*. Oxford: Oxford University Press.

Lau, Richard&David Redlawsk. 2006. *How Voters Decide: Information Processing during Election Campaigns*. New York: Cambridge University Press.

LeDuc, Lawrence, Richard Niemi&Pippa Norris, eds. 2002. *Comparing Democracies: New Challenges in the Study of Elections and Voting*. 2nd ed. Thousand Oaks, Calif.: Sage.

Niemi, Richard&Herbert Weisberg, eds. 2001. *Controversies in Voting Behavior*. 4th ed. Washington, D.C.: CQ Press.

Poguntke, Thomas&Paul Webb, eds. 2005. *The Presidentialization of Politics: A Comparative Study of Modern Democracies*. New York: Oxford University Press.

Wattenberg, Martin. 1991. *The Rise of Candidate-centered Voting*. Cambridge: Harvard University Press.

제 IV 부
# 민주주의와 그 미래

12장
# 시민과 민주주의 [정치]과정

현재 정치는 디킨스 소설의 첫머리 문장과 같다: 우리는 민주주의 [정치]과정을 위한 최고의 시간을 사는 듯하다—동시에 최악의 시간을 사는 것이기도 하다. 지난 20세기의 마지막 10년 동안 민주화 물결이 전 지구를 휩쓸었다. 동구, 남아프리카, 그리고 몇몇 동아시아 국가의 시민들이 권위주의 정부에 맞서 봉기했다. 소비에트 제국이 무너졌고 수많은 사람들이 민주주의가 주는 새로운 자유를 향유하게 되었다. 이러한 사건들을 구실로 후쿠야마는 우리가 '역사의 종언'을 목도하고 있다고 주장했다(Fukuyama 1992). 인류의 역사적 진화는 인간 발전의 최고점으로서 단 한 개의 통치형태—민주주의—로 수렴하고 있었다. 심지어 이전에 민주주의의 국제적 팽창의 종언을 고했던 사람조차 이제 제3의 민주화 물결을 떠벌리고 다닌다.[1]

1990년대는 전혀 예상치 못했던 풍요와 경제적 행복을 미국에 가져다 주었으며, 미국인들은 평화 시에 가장 장기화된 경제 성장기를 경험했다. 범죄율이 떨어졌고 진보는 여러 정책의 전선에서 이루어졌다. 그보다는 못하더라도 서구 유럽의 동맹국들도 경제 안정과 새로운 국제안보 시기가 보장하는 평화를 나누어 가졌다. 이것은 서구 민주주의에 긍정적인 시기처럼 보였다. 냉전은 끝났고 우리가 이겼다. 이에 덧붙여 이전에 소비에트 제국의 권위주의 국가에 살았던 시민들이 [국가를 상대로] 승리했다.

이러한 발전에도 불구하고 여러 여론조사를 살펴보면 사람들이 정치인, 정당, 정치제도에 대해 비판적이라는 사실을 눈치 챌 수 있다(Dalton 2004; Norris 1999b; Listhaug, Aardal & Ellis 2008; Nye, Zelikow & King 1997). 불안감은 먼저 미국에서 나타났다. 1960년대와 1970년대의 위기와 정치스캔들—베트남전쟁, 도시의 불안, 워터게이트—과 더불어 정치인에 대한 미국인들의 신뢰가 꾸준히 낮아졌다. 1979년 지미 카터는 공중의 신뢰가 쇠퇴하는 것을 '미국 민주주의에 대한 근본적인 위협'이라고 경고했다. 레이건 행정부는 새로운 정치적 목표의식을 주입하려고 했고, '미국의 아침'이나 미국에 '언덕 위에 반짝이는 도시'와 같은 고양된 이미지를 불러일으키는 정치적 정신을 새롭게 되살리고자 했다. 레이건-부시 행정부의 임기가 끝나게 되자 새로운 위기와 새로운 스캔들 때문에 공중의 회의주의가 폭넓게 부활했다. 이에 따라 미국의 민주주의가 위기에 직면했다고 너도나도 주장하게 되었다(Macedo et al. 2005; Wolfe 2006).

정치에 대한 불만은 다른 선진 산업사회에서도 일반적이다. 1990년대 중반 정치적 스캔들로 말미암아 민주주의 제도에 대한 영국인들의 믿음이 뒤틀리자 의회는 공적 삶 위원회 기준지침을 마련하였고, 크르위(Crewe 1995)가 놀란위원회(the Nolan Committee)에 출두하여 증언하였다: "다른 어느 때보다 불신과 소외의 수위가 높아졌다는 것은 의심의 여지가 없습니다. 늘 그럭저럭 견딜 만은 했었지요. 하지만 지금은 그것이 여러 측면에서 거의 보편화된 상황입니다." 영국사회태도조사는 시간 경과에 따른 정치적 신뢰의 쇠퇴현상을 추적했다(Curtice & Jowell 1997; Curtice, Fisher & Lessard-Phillips 2007). 독일은 1990년대에 자유민주주의 국가로의 통일이라는 역사적 야망을 달성했다. 그러나 정치에 대한 신뢰는 독일 공중 내에서 추락하였다. 리하르트 폰 바이체커 대통령(1992, 164)은 정치인과 정당이 "선거 승리를 위한 권력욕으로 가득 차 있으며 정치 지도력에 요구되는 내용과 사상을 이해하는 데는 무능력하다"는 주장을 펼치면서 독일의 정치엘리트를 질책했다. 이와 유사하게, 만약 혹자가 파리의 서점을 거닐 수 있는 행운을 얻는다면 『자유낙하 중인 프랑스』, 『프랑스인의 환상』, 『프랑스의 불운』과 같은 제목들을 볼 수 있을 것이다. '쇠퇴주의'는 프랑스 지성인들 사이에서 하나의 사상학파가 되었다.

인정하건대 민주주의의 건강상태에 관한 걱정은 정치학과 정치학자들의 일상적 특질이다. 아이젠하워 행정부 시절에 국가의 전후 목표에 관한 중요한 토론이 벌어졌는데 차기 대통령인 존 케네디가 미국인들에게 국가와 민족에 대한 신념을 새롭게 하라고 요청하였다(Mueller 1999, 7장을 보시오). 1970년대의 저명한 학문연구는 민주주의의 붕괴를 대략 예측한 바 있다(Crozier, Huntington & Watanuki 1975). 그러나 이들 초창기 연구처럼 민주주의의 미래에 관해 비관적인 설명은 과장된 것으로 드러났다.

현재 정부에 대한 태도는 근본적인 방식으로 변화하고 있으며 서구 민주주의 국가 시민들 대부분은 더 이상 정치엘리트를 공경하거나 지지하지 않는다. 이러한 발전상 때문에 우리는 그러한 정치문화적 변화들이 민주주의를 위기에 빠뜨리는지, 그것들이 어떻게 민주주의 [정치]과정에 영향을 미치는지를 질문하게 된다.

이 장에서 우리는 시민들이 민주주의 [정치]과정에 대해 어떻게 판단을 내리는지를 검토할 것이다. 민주주의가 새로운 천 년의 시작과 더불어 성공을 자축하기 시작한 마당에 민주주의 국가의 시민들이 어떻게 자신의 정치시스템에 대해 공공연히 깊은 의구심을 표명하게 된 것일까? 이에 덧붙여 우리는 새로운 시민정치의 스타일이 이러한 염려와 관련하여 어떤 역할을 할 것이며 장차 민주주의 [정치]과정의 작동방식에는 어떠한 함의를 갖는지 숙고할 것이다.

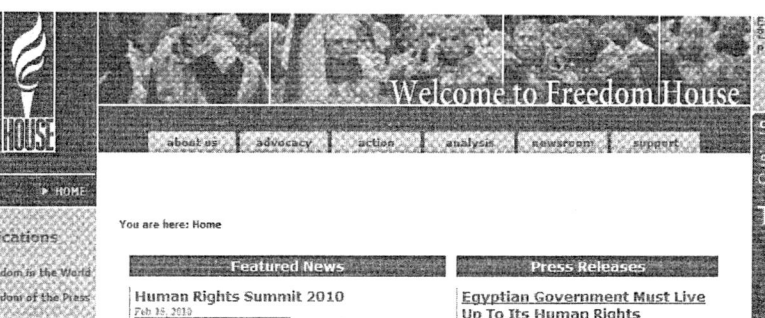

인터넷 자료 소개

지구 전체의 민주주의의 범위에 관한 정보를 얻으려면 프리덤하우스의 웹사이트를 방문해보시오. http://www.freedomhouse.org

## 정치적 지지의 측면들

정치적 지지라는 용어에는 여러 가지 의미가 내포되어 있다. 가브리엘 아몬드와 시드니 버바(Almond & Verba 1963)는 정치와 정치시스템에 대한 태도를 한 나라의 정치문화(political culture)로 지칭했다. 정치문화는 정치시스템 자체에 대한 정당성에 관한 신념에서부터 정치적 투입, 정부의 정책, 정치과정에서 개인의 역할을 위한 구조들의 적합성과 적절성에 관한 신념에 이르기까지를 모두 담고 있다. 이러한 태도에서 가장 중요한 것은 정치시스템 혹은 **시스템 성향**에 대한 일반화된 정서다. 추정컨대 그러한 정서는 생애 초반에 사회화되며(Easton & Dennis 1969), 현 정부의 행동들과 상대적으로 독립적인 정치시스템에 대해 긍정적인 태도를 표상한다. 아몬드와 버바는 정치시스템에 대한 애정 어린 느낌들이 민주정부의 정당성을 보증하며 정치시스템과 불화하는 표현들을 제한한다고 생각했다.

데이비드 이스턴(Easton 1965; 1975)은 정치적 지지와 관련된 다양한 목표대상들을 설명하는 이론틀을 발전시켰다. 요컨대 정치 당국, 체제, 정치공동체가 그것이다.

- 정치 당국에 대한 지지는 현 정부 관료들에 대한 여론이나, 보다 폭넓은 의미에서, 통치 지도자들이 배출되는 정치엘리트의 풀(pool)을 끌어안는다. 정치 당국에 대한 지지는 특수한 개인들 혹은 개인들로 이루어진 집단들에 초점을 맞추게 된다.
- 체제에 대한 지지는 현재 공직을 가진 사람들보다는 기관과 정부부처에 대한 태도다. 이를테면 특정 대통령보다 대통령직에 대한 존경심을 이른다. 체제 지지는 다원주의적 민주주의 원칙과 의회정부에 대한 지지처럼 정부와 정치기관의 절차에 대한 태도와 관련이 있다.
- 정치공동체에 대한 지지는 현 정부 기관을 넘어 국가와 정치시스템에 대한 기본적인 애정을 암시한다. '영국인'이나 '스코틀랜드인'으로 느끼는 감정이 이러한 애정을 보여주는 사례다.

이러한 지지 수준들 사이의 차이는 매우 중요하다. 정치 당국에 대한 불만은 대개 총체적인 정치과정에 대해 제한적인 함축만을 갖는다. 사람들은 정치적 공직을 가진 사람들에 대해 자주 불만을 갖게 되며, 그러한 감정에 따라 다음 선거 때 불량한 사람들을 공직에서 내쫓고 대신 새로운 공직자를 선출하는 방식으로 행동한다. 민주주의 시스템 내에서 당국에 대한 불만은 보통은 기본적인 정치적 변화의 신호가 아니다. 정치공직자에 대한 부정적인 태도는 공직 자체나 공직을 에워싸고 있는 제도적 구조에 대해 약간의 지지를 상실한 채로 존재할 수 있고 또 존재한다.

만족의 목표대상이 좀 더 일반화되면—즉 체제나 정치공동체로 이동하게 되면—정치적 의미가 커지게 된다. 정권에 대한 지지 쇠퇴는 정치기관들에 대해 기본적으로 도전을 가하거나 통치절차에 개혁을 요구할 수도 있다. 정치공동체와의 유대관계 약화는 궁극적인 혁명, 시민전쟁, 민주주의의 상실을 예고할지도 모른다. 이스턴은 다음과 같이 말했다: "비호의적인 지향들을 담은 표현 전체가 다 정치시스템에 똑같은 정도의 중량을 갖는 것은 아니다. 일부는 [현상]유지와 부합할 수 있지만, 일부 다른 것은 근본적인 변화로 인도될 수도 있다"(Easton 1975, 437).

정치적 지지 대상들에 덧붙여 이스턴은 확산된(diffuse) 지지와 특수한(specific) 지지라는 두 가지 지지 유형을 규명했다. 이스턴에 따르면 **확산된 지지**는 마음상태 변화에 비교적 둔감한 정치와 정치시스템에 대한 일련의 심층적 태도 군(群)이다. 예컨대 '미국의 옳고 그름'과 같은 정서는 실제 정부의 행태와 구별되는 국가의 정치시스템에 대한 신념을 반영한다. 반면에 **특수한 지지**는 정부나 정치엘리트의 행동이나 성과와 긴밀하게 관련되어 있다. 이것은 두 가지 점에서 대상에 특수한 지지 유형이다. 첫째, 그것은 대개 정치 당국에 대한 평가에 적용되며 정권과 정치공동체에 대한 지지에는 적실성을 덜 갖는다. 둘째, 특수한 지지는 전형적으로 실제 정책과 정치 당국의 통치 스타일에 기초하고 있다.

확산된 지지와 특수한 지지의 구분은 정치과정에 대한 태도의 중요성을 이해하는 데 중요하다. 민주주의적 정치시스템이 생명력을 유지하려면 시민들의 지지를 반드시 확보해야 한다. 그러나 모든 정부들이 때때로 공중의 기대치에 부응하지 못하기 때문에 단기 정치적 실패가 정권이나 정치공동체에 대한 확산된 지지를 즉각적으로 잠식하지는 않는다. 바꿔 말해서 민주주의적 정치시스템은 즉각적인 정책 결과(특수한 지지)에 관계없이 존재하는 확산된 지지의 저장고를 보유하고 있어야만 공중의 비호감과 불만의 시기를 견뎌낼 수 있을 것이다.

20세기 독일 역사는 확산된 지지의 중요성을 설명해준다. 바이마르 공화국(1918~1933)은 불안정한 토대 위에 세워졌다. 많은 독일인이 제1차 세계대전 종전 후 이 정부의 출범으로 인해 독일이 전쟁에서 패배했다고 생각했다. 정권은 출발점에서부터 국가의 반역자라는 오명을 가지고 있었던 것이다. 정치적 기득권의 중요한 부문들—군대, 공무원, 사법부—과 많은 시민이 새로운 정권의 정당성을 의심했고 이전 독일제국의 정치시스템을 선호했다. 결국 이 연약한 민주주의 국가는 전후에 맞게 된 경제적 곤경, 좌파와 우파의 쿠데타 시도, 1920년대 초반의 폭발적인 통화팽창, 프랑스의 루르(Ruhr) 지방 점령 등과 같은 일련의 주요 위기에 봉착했다. 정치시스템은 결코 공화국에 대한 확산된 지지의 풀을 구축할 수 없기 때문에 정치 당국과 민주주의 정권에 대한 지지는 1930년대 대공황이 야기한 불만에 쉽게 잠식당했다. 공산주의자들과 나치당원들은 민주주의 정치시스템이 잘못된 것이라고 주장했으며 바이마르 공화국은 [결국] 이들의 공격에 굴복했다.[2]

1989년과 1990년 사이 독일 민주주의 공화국(GDR)이 민주주의 체제로 전환한 일 역시 문화적·제도적 일치의 중요성을 설명해준다. 동독 젊은이들에 대한 여론조사는 1980년대에 독일민주공화국의 공산주의 원칙들에 대한 지지가 현저히 줄어들고 있음을 발견했다(Friedrich & Griese 1990). 이들 젊은이는 동독지역에서 1989년의 베를린 장벽 붕괴 시에 정권을 약화시켰던 인민봉기를 주도했다. 1990년대 초 공산당의 권력 남용에 대한 증거가 속출하자 정권의 인민적 기반이 더욱 부식되었고 서독과의 통일을 향한

경주를 촉발시켰다.

초기 교차-국가적 여론연구에 따르면 정치적 지지는 안정적인 민주주의를 필요로 한다. 아몬드와 버바(Almond & Verba 1963)는 1950년대 후반 시스템에 대한 애정 어린 태도가 미국과 영국처럼 오랜 역사를 가진 민주주의 국가에서 가장 폭넓게 퍼져 있음을 발견했다. 예컨대 미국인의 85퍼센트와 영국인의 46퍼센트가 자발적으로 자국 정치시스템을 국민적 자부심의 원천으로 꼽았다. 이러한 정서는 이 두 나라의 유구한 민주주의 역사를 통해 확산된 지지가 진전되었음을 암시했다. 정부의 정책 결과에 대한 만족도 양국 모두에서 공통적이었다. 이와 대조적으로 서독과 이탈리아에서 정치시스템에 대한 지지는 보다 제한적이었는데, 서독인은 단지 7퍼센트, 이탈리아인은 단지 3퍼센트만이 자신의 정치시스템을 국민적 자부심의 원천이라고 언급했다. 이러한 제한적인 확산된 지지는 민주주의가 이 두 전신 군국주의 국가 내에서 여전히 허약하다는 사실에 대한 공포를 가중시켰다. 서독의 초창기는 본(Bonn) 공화국이 바이마르 공화국과 동일한 과정을 밟을 가능성에 대해 우려했던 사람들에 의해 밀착 관찰되었다(Baker, Dalton & Hildebrandt 1981).

캔트릴의 교차-국가연구(Cantril 1965)는 여론 속에서 유사한 패턴을 발견했다. 긍정적인 국가 이미지는 풋내기 민주국가보다는 좀 더 안정적이고 잘 운영되는 민주주의 국가에서 더 일반적으로 나타났다. 좀 더 최근의 비교연구세트도 이와 유사하게 민주주의적 정치문화는 민주주의 시스템의 안정성과 강한 상관관계를 갖는다는 사실을 입증했다(Inglehart 1990; 1997, 6장; Putnam 1993). 비록 안정적인 정부가 인민의 지지를 창출하는지 혹은 인민의 지지가 안정적인 정부를 창출하는지에 대해서는 결코 확신할 수 없을지라도 이 두 요소는 서로 연결되어 있다.

권위주의 국가는 공중의 지지 여부와 관계없이 지탱할 수 있을 것이나, 민주주의가 생존하려면 인민의 지지는 필수불가결하다. 이 장에서는 민주주의의 미래를 진단하기 위한 결정적인 요소로서 민주주의적 거버넌스에 대한 인민 지지의 폭과 깊이를 평가할 것이다.

## 정치 당국에 대한 신뢰의 쇠퇴

몇 년 전 나는 총선이 실시되던 시점에 독일을 방문했다. 투표일 바로 전 주말에 정당 대표들과 선거에 관해 대화를 나누기 위해 친구 한 명과 시내 광장에 갔다. 그리고 한 선거 부스에서 지방 후보 사진이 새겨진 멋진 펜을 하나 선사받았다. 친구가 내게 몸을 살짝 기울이며 귓속말로 속삭였다. "자, 그 펜을 빨리 사용하게. 투표가 끝나면 작동이 안 될 거거든. 마치 정치인이 그렇듯이 말이야."

그와 같은 선출직 공직자와 여타 정치 당국에 대한 공중의 회의주의는 선진 산업민주주의 국가 대부분에서 현대 정치의 공통된 요소가 되었다. 우리는 개별 공직자에 초점을 맞추는 대신에 시민들이 정치 지도자에 대해 가지고 있는 이미지 일반에 대해 검토할 것이다. 정치 지도자들에 대한 미국인들의 회의주의가 증가하고 있는 사실을 적시하는 다양한 증거가 존재한다. 미국전국선거연구(ANES)는 정치 공직자와 정부에 대한 느낌을 시계열(時系列) 조사방식으로 측정했다(〈그림 12.1〉 참조). 초기 수치들은 대체로 지지적인 공중의 그림을 그려냈다. 1958년에 미국인들 대부분은 정부가 옳은 일을 한다(71%)고 신뢰할 수 있다고 생각했으며, 정부가 정직하다(68%)와 공직자들은 사람들이 생각하는 바에 관심을 쏟는다(71%)고 생각했다. 이러한 긍정적인 느낌들은 1960년대 중반까지 비교적 불변의 상태로 남아 있었고 그 이후부터 가파르게 하락하였다.

정부 공직자에 대한 불신은 1980년에 최저점을 쳤고, 그 이후 인기가 있었던 로널드 레이건 대통령 시절에 정치에 대한 이미지가 미국인들 사이

**그림 12.1** 정부에 대한 미국인의 신뢰

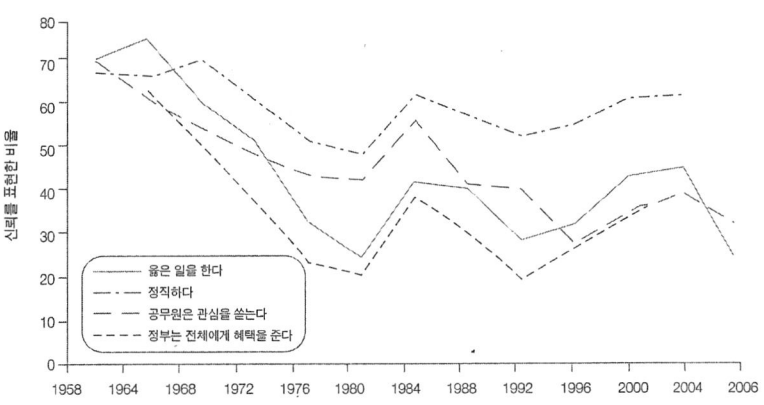

출처: 미국전국선거연구, 1958~2006.

에서 일시적으로 개선되었다. 그러나 레이건-부시 시절의 끝에 이르면 정부에 대한 신뢰수준이 1980년의 경우처럼 [다시] 낮아졌다. 클린턴 행정부는 뒤섞인 기록을 가지고 있다. 1994년 이러한 지표들은 역사상 최저점에 있었다. 하지만 꾸준한 경제성장과 국제관계가 상대적으로 안정성을 보임에 따라 정부에 대한 신뢰가 부분적으로 소생하였다. 미국전국선거연구의 여론조사에 따르면 신뢰수준은 1994년에서부터 1990년대 말까지 계속 상승했다. 그러나 1990년대의 예상치 못했던 경제성장, 그리고 전 지구적으로 민주주의가 공고화되었을지라도 미국 정부에 대한 미국인들의 신뢰는 레이건 행정부의 첫 번째 임기 수준으로밖에 회복되지 않았다(그런 한편 클린턴은 의회의 탄핵과정에 있었다). 현직에 있는 사람들과 현 정부에 대한 지지는 2001년 9월 미국에 대한 테러 공격 이후 잠시 급상승하였다. 2006년 선거에서 신뢰수준은 다시 1990년대 초반 수준으로 떨어졌다.

실제로 모든 장기적 여론조사 시리즈가 이와 비슷한 하향 경향을 보여준다(Nye, Zelikow & King 1997; Hibbing & Theiss-Morse 2002). 예컨대 1966년 이래 해리스(Harris) 여론조사는 정치적 소외의 두 가지 측정자에 대한 정서를 밝혀냈다. 첫째로 "국가를 운영하는 자들은 당신에게 무슨 일이 실제로 일어나는지에 대해 관심이 없다"는 것, 그리고, 둘째로 "권력 있는 사람들 대부분이 당신과 같은 사람에게서 이득을 취하려고 한다"는 것이다. 이 두 가지 항목에 대한 동의 수준이 상승한 것은 1960년대에서 1990년대까지 공중의 냉소주의가 커졌다는 사실을 반영한다. 퓨미디어언론센터(Pew Center for Media and the Press 1998a)는 연방정부 공직자들의 윤리적이고 도덕적인 처신과 관련하여 이전의 평가 경향을 확대 발표했다: 1964년 미국인 34퍼센트가 비판적이었는데 비해, 1997년의 수치는 두 배가 되었다.

    미국 역사상에서 이 기간을 돌이켜 보건대 공중이 자신들의 지도자에 대해 의구심을 키우게 된 이유를 대기는 식은 죽 먹기다. 우리는 어떤 4년 선거주기 동안에라도 의회와 행정부의 평판을 깎아내리는 사건들을 다수 찾아낼 수가 있다. 예컨대 워터게이트, 의회 금융 스캔들, 이란 콘트라게이트, 잭 아브라모프(Jack Abramoff) 로비 스캔들 등등이 그러한 것들이다. 후보들은 선거 기간에 선거공약을 내걸지만 약속을 지키지 않는 것이 다반사요, 공직 임기를 시작한 다음에는 심지어 위반을 할지도 모른다(조지 H. 부시가 내건 "내 입술을 보십시오.. 새로운 세금은 없습니다"라는 약속이 그러한 사례에 속한다). 이에 덧붙여 의회에서 가장 특출한 의원들 몇몇이 직책을 사직했으며 의회에 대해 신랄하게 비판했다. 전 의원 한 명은 미국 의회를 떠나면서 다음과 같은 말을 남겼다: "당신 어머니가 당신이 어디서 일하는지를 결코 알아내지 못하게 조심하시오"라고.

    그러한 신뢰 감소에 대한 설명은 미국정치사의 특수성에 초점을 맞추고 있지만 비슷한 경향들은 영국, 프랑스, 독일과 다른 서구 민주주의 국가들에서도 나타나고 있다. 〈그림 12.2〉는 우리의 4개 연구대상국에서 정치인들이 사람들이 생각하는 바에 대해 관심을 갖는다는 믿음에 대한 신뢰 감

**그림 12.2** 정치인들은 사람들이 생각하는 것에 관심을 갖는가?

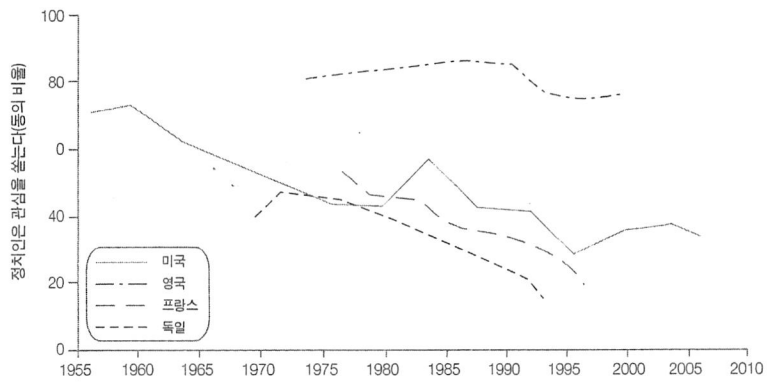

출처: 미국, 미국전국선거연구, 1956~2006; 영국, 1974 정치행동여론조사와 영국사회태도여론조사, 1987~2000; 프랑스, SOFRES Polls, 1977~1997; 독일, 독일선거연구, 1969~1994.

소현상을 추적하고 있다.[3] 1977년에는 프랑스 공중의 53퍼센트가 사람들이 생각하는 것에 대해 정치인들이 관심을 갖는다고 믿었지만 1997년에는 단지 19퍼센트만이 이 의견을 공유했다. 이들 4개국에서 발견된 다른 경향들도 선출직 공직자들에 대한 신뢰가 감소하는 패턴을 대체로 제시하고 있다(Bromley, Curtice & Seyd 2002; Kepplinger 1996; Mayer 2000).

이보다 더 의미가 있는 것은 정치인과 정부에 대한 공중의 회의주의가 거의 모든 선진 산업민주주의 국가들로 확산되고 있다는 사실이다. 최근의 연구 하나는 16개 서구 민주주의 국가에서 시행된 전국 여론조사로부터 정치인과 정부에 대한 지지를 측정하기 위한 교차-국가적 설문의 목록을 종합해서 작성하였다(Dalton 2004; Norris 1999b; Pharr & Putnam 2000). 대략 1960년대 후반과 1970년대 초반에 시작된 경향들은 **16개국 중 장기간에 걸쳐 체계적인 방식으로 수집된 데이터가 존재하는 14개국에서 하향추세를** 보여주었다. 정부와 선출직 공직자에 대한 신뢰의 감소가 현대 민주주의의 보편적 특질이 되었다.

역설적이게도 이 경향은 대부분의 선진 산업민주주의 국가의 정치시스템들이 자국의 정책적 도전에 대응하는 차원에서 실질적인 개선책들을 내놓은 시점에 발생했다(Bok 1996). 그에 덧붙여 이러한 경향들은 정치적 부패의 명백한 쇠퇴와 정치에 대한 시민의 접근성이 증가하는 경향과 함께 맞물려 진행되었다. 이 시기는 최선의 시기인 동시에 최악의 시기이기도 하다.

## 정치제도에 관한 견해들

정치엘리트에 관한 회의주의는 현재 일반적이지만 정치학자들은 이러한 의견들이 정치당국에 대한 의구심 혹은 정권 및 정부구조와 관련된 훨씬 근본적인 질문들에 관한 의구심을 반영하는지 여부를 두고 이견을 보인다.

논쟁은 아서 밀러(Miller 1974a; 1974b)와 잭 시트린(Citrin 1974)이 처음으로 촉발시켰다. 밀러는 미국인들이 반복된 정책실패와 정부 공직자의 정치적 스캔들에 대한 불만을 정치과정 전체에 대한 보다 포괄적인 비판으로 일반화시키고 있다고 주장했다. 그는 정권 지지의 상실이 미국의 정치과정에 가져올 수 있는 잠재적으로 심원한 결과에 대해 언급했다.

시트린은 밀러가 문제를 과장하고 있다고 생각했다. 그는 정치적 지지의 감소를 미국 정부 시스템에 대한 불신이 아니라, 특정한 정부 당국이나 정치인들 일반에 대한 각성의 신호로 해석했다. 시트린은 "야구팀과 마찬가지로 정치적 시스템도 슬럼프 시즌과 승리 시즌을 갖는다. 최근 연속되는 패배의 시즌을 참아낸 미국인들은 홈팀이 운동장에 나오면 야유를 퍼붓는다"고 역설했다. 새로운 스타 몇 명이 떠오르거나 연승행진이 이어진다면 공중의 신뢰 감소경향은 역전될 것이다.

1974년 시점에는 시트린의 신중함이 보증되는 듯이 보였을지 모르지만 30년 이상이 흐르고 공중의 각성이 계속되고 있는 현 시점에는 그렇지 못하

**표 12.1** 미국 기관의 지도력에 대한 신뢰

(단위: %)

| | 1966 | 1971 | 1973 | 1976 | 1980 | 1984 | 1988 | 1993 | 1998 | 2000 | 2004 | 2006 |
|---|---|---|---|---|---|---|---|---|---|---|---|---|
| 의약 | 72 | 61 | 54 | 54 | 52 | 52 | 51 | 39 | 45 | 44 | 36 | 39 |
| 고등교육 | 61 | 37 | 37 | 38 | 30 | 29 | 30 | 22 | 27 | 27 | 28 | 28 |
| 군대 | 62 | 27 | 32 | 39 | 28 | 37 | 34 | 42 | 37 | 40 | 57 | 47 |
| 조직화된 종교계 | 41 | 27 | 35 | 31 | 35 | 32 | 20 | 23 | 28 | 29 | 24 | 25 |
| 대법원 | 50 | 23 | 32 | 35 | 25 | 35 | 35 | 30 | 33 | 34 | 30 | 32 |
| 주요 기업 | 55 | 27 | 29 | 22 | 27 | 32 | 25 | 21 | 28 | 29 | 17 | 17 |
| 언론 | 29 | 18 | 23 | 28 | 22 | 17 | 18 | 11 | 10 | 10 | 9 | 11 |
| 행정부 | 41 | 23 | 29 | 14 | 12 | 19 | 16 | 12 | 14 | 14 | 21 | 14 |
| 의회 | 42 | 19 | 24 | 14 | 9 | 13 | 15 | 7 | 11 | 13 | 13 | 11 |
| 조직화된 노동계 | 22 | 14 | 16 | 12 | 15 | 9 | 10 | 8 | 12 | 14 | 11 | 11 |
| 평균 | 48 | 28 | 31 | 29 | 26 | 28 | 25 | 22 | 25 | 25 | 25 | 24 |

출처: 1966, 1971, Harris Poll; 1973~2006, NORC(국가여론연구센터) 종합사회서베이.
유의사항: 표의 수치들은 각 기관을 운영하는 사람들에 대한 신뢰수준이 '상당하다'로 표기한 사람들의 비율임.

다. 이에 덧붙여, 불신이 미주 정부의 기관들에 대해서도 만연되고 있다. 어떤 표준 여론조사 설문세트는 주요 사회, 경제, 정치기관을 운영하는 사람들에 대한 공중의 신뢰를 타진해보았다. 이 항목들은 거의 모든 미국 기관의 리더십에 대한 신뢰가 아래로 추락했음을 입증했다. 〈표 12.1〉의 데이터는 많은 미국인이 1966년에 행정부(41%)와 입법부(42%)에 대해 상당한 신뢰 수준을 보여주었지만 시간이 흐름에 따라 이러한 긍정적인 평가가 상당히 떨어졌음을 보여준다. 2006년 미국인 가운데 단 14퍼센트만이 행정부를 신뢰하였고 의회에 대해서는 이보다 더 낮은 수준(11%)의 신뢰도를 보였다. 기업, 노동계, 고등교육기관, 조직된 종교, 언론, 의료직종에 대한 신뢰수준도 지난 40년 동안 비슷한 쇠퇴현상을 겪었다.

미국전국선거연구는 정부와 정치기관의 대응성에 대한 인식수준을 검토하였다. 응답자들의 대답은 일반적으로 정당, 선거, 정부에 대해 신뢰가 줄어들고 있음을 보여준다. 다른 여론조사 시리즈는 정치기관으로서 의회에 대한 공중의 의구심이 증가하고 있음을 증명해준다. 1996년 해리스 여론조사는 미국인의 42퍼센트가 의회에 대해 큰 신뢰를 하고 있음을 발견했다. 반면에 2007년에는 단지 10퍼센트만이 그 같은 신뢰를 하고 있었다.

게다가 공중의 대의민주주의 제도에 대한 신뢰가 부식되는 것은 미국적인 현상만은 아니다. 다른 선진 산업민주주의 국가들의 경향지표들은 우리의 4개 핵심 연구대상국을 포함한 16개국 중 현재 장기적으로 축적된 데이터가 존재하는 12개국에서 국가의 입법부에 대한 신뢰가 추락했음을 보여준다(Dalton 2004, 37~39). 갤럽 여론조사는 1981년 영국 공중의 48퍼센트가 하원에 대해 '상당히 많이' 신뢰한다고 표명한 데 비해 1996년에는 단지 24퍼센트만이 그러하다고 표현했음을 알아냈다. 독일과 프랑스에서도 이와 비슷한 증거자료가 존재한다.

2005~2008 세계가치서베이는 연구대상인 4개 국가(〈표 12.2〉를 보시오)의 기관에 대한 신뢰 수준을 비교했다.[4] 설문의 워딩과 기관의 세트는 〈표 12.1〉에 나오는 것과 다르다. 따라서 결과도 직접적인 비교가 가능하지 않다. 그러나 〈표 12.2〉의 데이터는 친숙한 패턴을 제시하고 있다. 요컨대 공중이 대의민주주의 기관들에 대해 거의 신뢰를 보이지 않는다는 것이다. 각국에서 대충 1/3만이 '상당히 많이' 혹은 '제법 많이' 자국 정부나 자국 입법부를 신뢰하고 있었다. 정당에 대한 인식은 훨씬 더 비판적이었다. 2004년 유로바로미터 연구는 유럽연합 내 정당에 대한 신뢰수준이 평균 18퍼센트 정도였음을 발견했다. 이 결과는 12개 혹은 그 이상의 다른 사회기관과 정치기관에 대한 평균 신뢰 수준을 훨씬 밑돈다. 이에 덧붙여 4개국 모두에서 정치적 지지가 하향세임에도 불구하고 미국인들이 정치기관에 대해 약간 더 신뢰를 유지하고 있다.

사람들은 대의민주주의 기관들보다는 사법시스템이나 공무원시스템

**표 12.2** 사회기관에 대한 교차-국가적 신뢰

(단위: %)

|  | 미국 | 영국 | 프랑스 | 독일 |
|---|---|---|---|---|
| 국가 정부 | 41 | 34 | 29 | 27 |
| 국가 입법부 | 36 | 36 | 35 | 26 |
| 사법부 | 66 | 60 | 40 | 60 |
| 공무원 | 61 | 46 | 54 | 34 |
| 정당 | 22 | 18 | 16 | 15 |
| 언론 | 26 | 14 | 39 | 34 |
| 주요 기업 | 32 | 37 | 40 | 26 |
| 노동조합 | 36 | 30 | 39 | 34 |
| 환경집단 | 59 | 70 | 65 | 60 |

출처: 2005~2008 세계가치서베이.
유의사항: 표의 수치들은 각 기관에 대한 신뢰수준이 "상당하다"나 "제법 많다"로 표기한 사람들의 비율임. 누락된 데이터는 비율 산정에서 제외시켰음.

과 같은 정부의 비정치적인 기관들에 대해 더 많은 신뢰를 표현했다. 이 결과는 역설이 아닐 수 없다. 미국 대법원의 멤버들은 선거를 통해 뽑지 않으며 판사들은 평생직이다. 그러나 미국인들은 자신들이 선출하는 정부 공직자보다 대법원에 대해 더 긍정적인 생각을 하고 있다. 그러한 표의 수치들이 대의정부의 스타일에 대한 공중의 불만과 협소한 자익이나 집단이익에 따라 행동하는 정치인들에 대한 공중의 불만이 증가하고 있음을 암시할 수도 있다. 4개국 공중 전체가 자신이 선출한 공직자들보다 환경집단에 더 큰 신뢰를 하고 있다는 사실은 매우 시사적이다.

정치적 신뢰에서 이러한 변화는 중요한가? 쇠퇴하는 정치적 지지가 시민의 태도와 행태를 변화시키고 있다. 과거 습관적으로 정당을 지지했던 패턴 대신에 현재는 더 많은 시민이 정당에 대해 회의적이다. 이 점이 투표선택에서의 차이성을 키우는 데 이바지한다. 정치인과 정당에 대해 회의적인 시민들이 투표에 참여할 가망성은 훨씬 낮으며 이는 투표 비율을 낮추는 데 기여한다.

정치적 불신 역시 항의와 다른 비관례적 정치행위 형태들을 장려한다 (제4장). 이러한 새로운 행동주의 형태들은 시위자들이 확립된 정치엘리트와 현 정부 구조에 도전을 가하는 방식으로 종종 민주주의 [정치]과정을 압박한다. 새로운 사회운동의 등장과 시민이익집단의 등장은 변화하는 시민정치의 성격을 한층 제도화시킨다.

회의적인 공중도 과거 신뢰를 지녔던 공중과 다르게 행동할 가능성이 있다(Dalton 2004; Norris 1999c; Hetherington 2005). 여론조사들에 따르면, 자신의 정부가 세금을 낭비하고 있으며 자신의 이익에 둔감하게 반응한다고 생각하는 사람들은 자신의 납세의무를 조금 이행치 않는 것이 정당화될 수 있다고 느끼며 법을 다른 방식으로 뒤트는 것이 정당화될 수 있다고 느낄 수도 있다. 회의적인 시민은 배심원으로 복무하거나 다른 공적 서비스 활동을 수행하는 데 주저할지도 모른다. 간단히 말해서 정치적 지지는 민주주의 국가들이 강제 없이 그리고 시민들의 자발적인 순종의 일환으로 행동하는 사회계약의 일부다.

## 민주주의적 정권에 대한 지지

정부와 정치제도에 대한 신뢰의 상실은 보다 근본적인 함의를 지닐 수 있다. 시트린의 야구게임 비유로 돌아가서, 홈팀이 이번 시즌 (혹은 두 개의 시즌 혹은 세 개의 시즌)에 졌다는 사실은 전혀 문제가 되지 않는다. 문제는 사람들이 대부분의 정치인과 대부분 국가의 정부들이 어떤 장기적인 패배의 기류를 탄 것으로 보고 있다는 사실이다. 이 패배의 기류 속에서도 대통령, 총리, 수상은 교체되지만 회의주의는 계속된다.

특정 시점에 이르게 되면 팀(정부나 정치기관)에 대한 불만이 게임 자체(민주주의와 그것의 가치들)에 대한 불만으로 일반화되는 것을 걱정해야만 한다. 만약 우리 시대의 공중들이 그러한 의구심을 갖기 시작한다면 그들이 민주주의 [정치]과정에 있어 훨씬 더 근본적인 변화를 요구하게 될지도 모른다.

앞선 역사적 시기에 정치인이나 정치기관에 대한 불만이 종종 민주주의 [정치]과정 자체에 대한 각성으로 인도되거나 (혹은 그러한 각성에서 야기되거나) 한 바가 있다. 1920년대와 1930년대에 미국과 여러 유럽 민주주의 국가가 당면했던 반민주주의적 도전의 경우가 그러한 사례였다. 제2차 세계대전 이후 수년 동안 유럽에서 민주주의에 대한 불만은 흔히 좌우 진영의 반민주주의적 극단주의자들 사이에 집중되었다. 만약 사람들이 민주주의 [정치]과정에 대한 규범과 원칙에 대해 신념을 잃는다면 그들은 정부의 권위를 거부할 것이며 민주주의가 지속가능한 것인지 혹은 바람직한 것인지에 대해 의문을 제기할지도 모른다. 그러한 정서들이 민주주의를 위험에 빠뜨리게 될 것이다.

그러나 전부 나쁜 소식만 있는 것은 아니다. 가용한 데이터는 현재의 상황이 이러한 역사적 사례들과 다르다는 사실을 암시한다. 실제로 민주주의적 규범과 절차에 대한 지지는—비록 정부에 대한 신뢰가 감소했다 하더라도—지난 세대 동안 증가했다. 일례로, 장기적 경향에 따르면 사람들이 전후 시기 동안 정치적으로 더욱 관대해졌다. 지난 30년간 미국인들의 다섯 개 반체제 집단에 대한 관용수준은 상승 경향을 보였으며 그들은 시민적 자유에 대한 지지를 표명했다(Dalton 2007a 5장; Nie, Junn & Stehlik-Barry 1996).[5] 민주주의적 권리가 여성, 인종 및 종족적 소수자 집단들, 동성애자들에게 확대된 사실은 비교적 짧은 기간에 선진 산업민주주의 국가들의 정치를 심오하게 바꿔놓았다(제6장도 참조하시오). 적어도 원칙상으로 만큼은 민주주의 [정치]과정을 뒷받침하고 있는 정치적 가치와 규범들에 대한 폭넓은 공중의 승인이 존재한다.

이에 덧붙여 현재의 공중들은 참여적인 스타일과 권위에 대한 도전 의지를 훨씬 더 강조한다. 로널드 잉글하트가 실시한 탈물질주의적 가치변화에 관한 연구—탈물질주의의 측정요인으로서 참여적 가치에 대한 강조를 담고 있는 연구—는 이런 점들을 재확인시킨다(Inglehart 1990; 1997). 잉글하트는 핵심적 가치 우선순위로서 정치적 참여와 사회적 참여에 대한 강조가 증가하고 있는 사실을 알아냈다. 다른 증거들로 우리 시대 공중들, 특히 젊은이들 사이에 확산된 민주주의적 가치의 폭을 가리키고 있다(Dalton 2007a; Thomassen 2007).

정권의 가치들을 타진하기 위한 여론조사들은 주로 민주주의가 가장 좋은 통치형태인지를 묻는다. 비록 우리가 교차-국가적 시계열 시리즈 결과를 더 이상 가지고 있지 못하다고 해도 최근의 높은 지지 수준은 이 정서에는 주요한 잠식현상이 존재하지 않는다는 점을 암시한다(〈표 12.3〉 참조).[6] 선진 산업민주주의 국가의 공중들은 평균 90퍼센트가 민주주의가 다른 형태의 통치보다 더 낫다는 데 동의한다(Klingemann 1999; Dalton 2004, 2장). 약간 덜 평가적인 세계가치서베이의 다른 설문은 민주주의 이념에 대한 공중의 지지를 묻고 있다. "민주주의 시스템이 좋다"는 진술에 대한 동의수준은 서구 민주주의 국가들 내에서 거의 보편적인 지지를 획득했다. 더욱이 1980년대 후반에 나온 유로바로미터 여론조사 결과와 비교해볼 경우 민주적 정부에 대한 지지는 대부분의 서구 유럽 국가들 내에서 오히려 강화되었다.

요점을 말하면, 여론조사의 경험적 증거는 정치적 불만이 과거에 그랬던 것처럼 민주주의에 대한 비판의 의미는 아니지만, 민주주의적 이상에 깊은 신념을 지닌 시민들 사이에 아직도 존재하고 있다는 점을 암시한다는 것이다.

## 공동체에 대한 지지

정치적 지지의 마지막 측면은 정치공동체와 사회에 대한 지향들과 관련된

**표 12.3** 민주주의에 대한 지지

(단위: %)

| 국가 | 민주주의 시스템이 좋다 | 민주주의는 다른 통치형태보다 낫다 |
|---|---|---|
| 오스트레일리아 | 87 | 87 |
| 오스트리아 | 96 | 97 |
| 벨기에 | 89 | 92 |
| 캐나다 | 88 | 87 |
| 덴마크 | 98 | 98 |
| 핀란드 | 87 | 91 |
| 프랑스 | 90 | 93 |
| 독일 | 95 | 97 |
| 영국 | 88 | 78 |
| 그리스 | 98 | 97 |
| 아일랜드 | 90 | 92 |
| 이탈리아 | 97 | 94 |
| 일본 | 92 | 92 |
| 네덜란드 | 96 | 96 |
| 뉴질랜드 | 91 | 87 |
| 노르웨이 | 96 | 95 |
| 포르투갈 | 90 | 93 |
| 스페인 | 95 | 93 |
| 스웨덴 | 97 | 94 |
| 스위스 | 93 | 91 |
| 미국 | 89 | 88 |

출처: 1999~2002 세계가치서베이/유럽가치서베이.
유의사항: 표의 수치들은 각 진술에 동의한 비율이다. 누락된 데이터는 비율 산정에서 제외했음.

다. 시스템 지지는 아몬드와 버바(1963)가 묘사한 시스템에 대한 애정과 관련이 있다. 나라에 대한 강한 정서적 밀착은 일시적인 정치적 긴장 시기들을 통과하여 정치시스템을 유지할 수 있는 확산된 지지의 저장고를 제공한다. 서구 민주주의 국가들 대부분은 국민이 민주주의가 문제를 해결할 것이라고 믿은 덕분에 대공황의 고통을 견뎌냈으며, 그러한 국민적 일체감의 저장고가 정치시스템으로 하여금 위기의 시기를 버텨내는 데 일조한다.

그러한 정서를 측정하는 한 가지 방법은 자기 나라에 대한 자부심이다. 〈그림 12.3〉은 1980년대 초반과 2000년대 선진 산업민주주의 국가 내에서 자기 나라에 대해 매우 자부심을 느낀 시민들의 비율을 제시하고 있다.[7]

종합해서 보았을 때, 국가를 자랑스럽게 여기는 정서는 비교적 높은 편이지만, 국가별로는 중요한 차이가 나타나고 있다(Elkins & Sides 2004).

국가적 자부심은 미국에서 예외적으로 높았다. 1981년에는 97퍼센트가 1999년에는 96퍼센트가 미국인이라는 사실에 "매우 자부심을 느낀다"거나 "자부심을 느낀다"고 생각했다. "미국! 미국! 미국!"과 같은 외침은 올림픽 경기장에서만 들을 수 있는 것이 아니다. 그것은 미국인들 사이에 존재하는 어떤 영속적인 정서를 암시한다.

유럽인들 대부분은 좀 더 온건한 어조로 국가적 자부심을 표현한다. 독일인들은 제3제국의 외상이 동쪽과 서쪽 독일인의 정신에 깊은 상처를 남겼기 때문에 국가에 대한 자부심을 표현하는 데 주저한다. 특히 젊은 독일인들은 과거의 민족주의적 과잉행동이 다시 재발해서는 안 된다고 생각한다. 독일연방주의공화국(서독)은 다른 산업국가들에서는 일반적인 여러 가지 감성적인 국가상징을 회피했다. 독일은 정치적인 공휴일이나 기념일들을 거의 기리지 않는다. 국가도 드물게 연주된다. 그리고 서독의 건국기념일조차 공중의 관심을 거의 끌지 못한다. 시민들 다수가 독일인이라는 사실에 자부심을 느낀다 하더라도 국가에 대해 무조건적인 감성적 애착을 보이는 것을 삼간다.

국가적 자부심은 이러한 교차-국가적 차이를 초월하여 지난 20년 동안에 잠식당하지 않았다. 사실상, 세계가치서베이는 국가적 자부심이 일반적으로 커지고 있음을 암시하고 있다. 이 사실은 1980년대 초 첫 번째 여론조사의 측정결과가 높은 수준이었다는 점을 고려할 때 매우 놀라운 일이다. 특정 국가의 경우에는 장기간에 걸쳐 수집된 시계열 시리즈의 결과가 존재하는데, 그것들 역시 시간이 경과함에 따라 국가적 자부심의 상대적인 안정성 혹은 성장 패턴이 나타남을 보여준다(예를 들어, Topf, Mohlet & Heath 1989). 공동체에 대한 애착심을 기대하는 것은 당연한 일이므로 이러한 정서들은 정치적 지지의 다른 측면들의 잠식현상에 상대적으로 물들지 않았다.

**그림 12.3** 국가에 대한 자부심

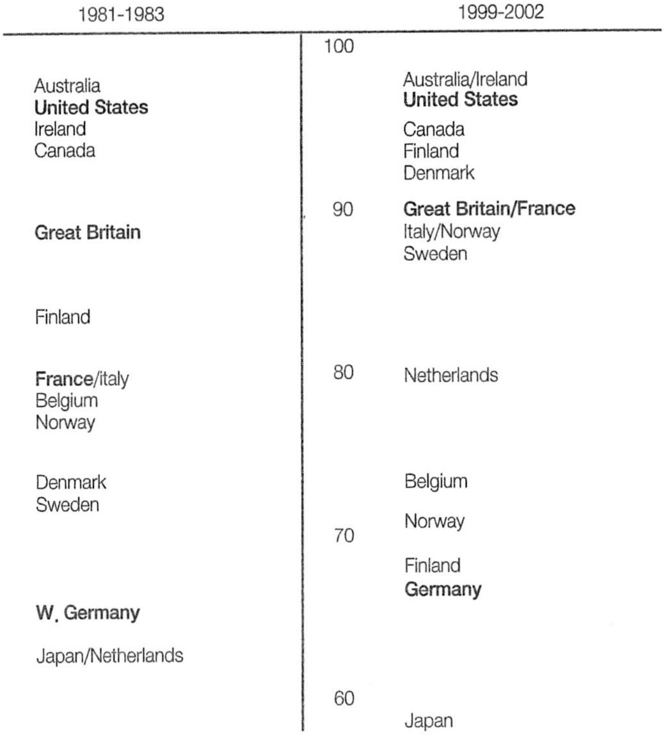

| 1981-1983 | | 1999-2002 |
|---|---|---|
| | 100 | |
| Australia<br>**United States**<br>Ireland<br>Canada | | Australia/Ireland<br>**United States**<br>Canada<br>Finland<br>Denmark |
| **Great Britain** | 90 | **Great Britain/France**<br>Italy/Norway<br>Sweden |
| Finland | | |
| France/italy<br>Belgium<br>Norway | 80 | Netherlands |
| Denmark<br>Sweden | | Belgium |
| | 70 | Norway<br>Finland<br>Germany |
| W. Germany | | |
| Japan/Netherlands | | |
| | 60 | Japan |

출처: 1981-1983 세계가치서베이; 1999~2002 세계가치서베이/유럽가치서베이.
유의사항: 그림의 수치들은 "매우 자부심을 느낀다"와 "자부심을 느낀다"를 합한 비율임. 누락된 데이터는 비율 산정에서 제외시켰음.

## 불만스런 민주주의자들

일부 측정결과들에 의하면 현재는 민주주의의 황금기로 간주될 수도 있을 것이다. 21세기의 출발점에서 볼 때 인류역사상 그 어느 때보다 지금 이 순간 더 많은 세계 내 국가들이 민주주의 국가가 되었거나 되려고 한다. 게다가 과거 민주주의의 주요 경쟁자였던 군국주의와 공산주의 같은 정치적 이념들 대부분이 정당성을 잃은 듯이 보인다. 민주주의는 선진 산업사회에 평화, 자유, 번영을 가져다주었다.

    동시에 사람들은 정치엘리트에 대해 더욱 비판적인 견해를 갖게 되었고, 정당에 대해서 부정적으로 생각하게 되었으며 정치기관을 덜 신뢰하게 되었다. 그리고 그들의 태도가 민주주의적 공중의 정치적 지향에 일어난 근본적인 변화들을 대변한다. 한 때 여러 나라에서 공통적이었던 권위에 대한 공경심은 이제 부분적으로 엘리트에 대한 회의주의로 대체되었다. 대부분의 민주주의 국가에서 공중은 정당과 다른 민주주의적 통치제도들에 대해 냉소적으로 변했다. 그러나 현직에 있는 정부와 기관들에 대해 비판하고 있는 한편으로 시민들은 민주주의적 강령에 대해서만큼은 강한 지지를 표현하고 있다.

    이러한 뒤섞인 정서들이 '불만스런 민주주의자들'이라는 신종 패턴을 만들어낸다—정치기관들에 불만을 가지고 있으면서도 민주주의적 원칙을 지지하는 공중(Klingemann 1999)이 그들이다. 불만스런 민주주의자들은 새로운 시민정치 스타일의 또 다른 특성으로 보인다. 비록 연구자들이 이 점에 대해 논쟁을 벌이고 있을지라도 말이다.

    이 경향의 중요성은 부분적으로 그러한 경향들을 창출하는 것이 무엇인지와 새로운 시민적 지향들을 형성하는 것이 무엇인지를 파악하는 일에 좌우된다. 비록 정치학자들이 이러한 여론의 경향을 인식하고 있다손 쳐도 그들은 극적으로 다른 해석방식을 제시한다. 이 절의 남은 부분에서는 변화에 대한 두 가지 대비되는 견해에 관해 논의할 것이다.

## 민주적 엘리트주의(Democratic Elitist) 관점

일군의 학자들은 신종 불만스런 민주주의자들을 민주주의 위기의 증거로 거론한다(Zakaria 2003; Macedo et al. 2005; Wolfe 2006; Huntington 1981). 일부 연구자들은 과도한 공중의 요구들은 그것들을 만족시킬 수 있는 정부의 능력을 초과한다고 주장한다. 역설적이게도 다른 이들은 그들의 정부가 시민들에게 너무 많은 것을 요구하고 있다고 주장하며, 시민들은 그냥 혼자 있고 싶고 정치와 연관을 맺고 싶지 않아 한다고 주장한다(Hibbing & Theiss-Morse 2002).

이처럼 몇몇 분석가들은 이 위기에 대한 해법을 제시하기 위해 엘리트주의 민주주의 이론(제2장을 참조하라)을 사용하고 있다. 거친 민주주의 이론의 과장방식을 채용하는 그들은 만약 협조적이고 묵종적인 공중이 정치 시스템이 순조롭게 기능을 하도록 보증한다면 우리는 이러한 기질들을 다시 발전시켜야 할 것이다. 민주주의적 정치의 원심적인 경향들(그리고 공중의 요구들)은 반드시 통제되어야 하며 정치적 권위는 재확립되어야 한다. 헌팅턴은 이 입장의 대변자로서 판단자의 자리에 앉았다:

> 오늘날 미국 내 거버넌스의 문제는 '민주주의의 과잉'에서 비롯되고 있다. … 민주주의적 정치시스템의 효과적인 작동은 보통 일부 개인들과 집단 측에서 취하는 특정한 수준의 무관심과 비개입을 요구한다. 미국 내 민주주의 정부의 취약성은 … 고도의 교육수준과 동원수준 그리고 참여수준을 갖춘 사회에서 작동하는 민주주의의 내부 동학 자체에서 유발한다(Huntington 1975, 37~38).

좀 더 최근에 자카리아(Zakaria 2003, 248)는 미국의 민주주의에 대해 약간 더 퉁명스런 비판을 하였다: "오늘 우리 정치에 필요한 것은 더 많은 민주주의가 아니라 더 적은 민주주의다." 간단히 말해서, 이러한 분석자들은 너무 많은 사람이 민주주의의 평등주의적 가치를 자신에게 적용하고 싶어 하지만 민주주의 시스템이 이러한 기대치에 부응할 수 없다는 사실에서 민주주의의 위기가 발전했다고 주장한다는 것이다. 그들은 소수자들이 더 이상 정치에 무관심하지 않고, 여성들이 평등을 요구하며, 학생들이 더 이상 고분고분하지 않고, 또 보통 시민들이 더 이상 정치인들을 공경하지 않기 때문에 민주주의에 과부하가 걸렸다고 역설한다. 이러한 집단들이 정치를 정치인들—그리고 그들의 전문적인 자문가들—에게 맡겨두기만 한다면 '민주주의'는 다시금 안전해질 것이다.[8]

엘리트주의 관점의 또 다른 요소는 정부의 규모 축소 요청이다. 이러한 이론들은 정부가 사회 내에서 너무 큰 역할을 맡고 있다고 주장한다. 이는 과부하를 낳는다. 이 논지는 대처와 레이건 그리고 다른 신보수주의자들이 정부의 크기를 줄이려는 시도의 이론적 토대 중 하나였다. 그러나 그러한 행정부들은 종종 정부가 어떤 프로그램의 지원을 중단할지를 결정하는 데 있어 편견을 보였다. 대개 감축의 목표물은 사회보장 서비스이거나 환경 프로그램이었으며 보수주의적 계층들에게 혜택이 돌아가는 프로그램은 아니었다.

사람들이 통치에 덜 연루되기를 원한다고 주장하는 사람들은 민주주의가 민주주의적 시민권의 부담을 덜 수 있도록 개혁되어야 한다고 제안한다(Hibbing & Teiss-More 2002). 이는 도발적인 주장이다. 그러나 주장은 여기 제시된 증거는 물론 그 주장이 담긴 연구가 제시하는 증거 자체와 모순을 야기한다. 히빙과 티이스-모스의 미국 여론조사는 미국인들의 86퍼센트가 더 많은 투표 발의를 선호했으며 민주주의의 확대를 선호했다고 밝혔다 (2002, 75).

종합하면, 엘리트주의 이론가들이 제출한 처방전은 그것이 제기하는 문제보다 더 나쁘다. 요컨대 민주주의의 목표들이 수세에 몰려 간과되었다는 것이다. 시민정치를 비판하는 사람들은 민주주의는 인민이 엘리트를 통제하는 것을 의미하며, 엘리트가 인민을 통제하는 것을 의미하지 않는다는 사실을 잊고 있다.

## 신정치의 관점

신정치(new politics) 관점은 현재 민주주의와 대비되는 한 가지 이미지를 제시한다. 정치적 불만은 가난한 사람들과 정치의 변두리에 위치한 경제적으로 고통을 받고 있을지도 모르는 사람들 혹은 정치가 너무 많은 요구를 한다고 생각하는 사람들 사이에서 가장 많이 증가한 것이 아니다. 오히려 불만은 젊은이들과 교육을 잘 받은 사람들 사이에서 제일 많이 증가했다. 불균등하게 신정치적 가치를 지니고 있으며 선진 산업사회의 사회적 현대화 과정에서 가장 혜택을 많이 본 사람들이 그들이다(Dalton 2004, 5장). 이러한 개인들은 정부에 대한 기대치가 훨씬 더 높다. 그들은 정치인들에게 더 많은 것을 요구하며, 과정이 어떻게 기능해야 하는지에 대해서도 훨씬 비판적이다. 그들은 정치를 따라잡고 있으며 정부가 하는 일에 대해 더 많은 관심을 기울이기 때문에 과거에 시민들이 했던 것보다 높은 기준을 정부에 요구한다.

이런 관점에서 현재 불만스런 민주주의자들은 민주주의가 그것의 이상을 향해 나아가는 과정에서 또 다른 역사적 단계를 표상하는지도 모른다. 마치 앞서 존재했던 불만의 시기가 대중의 참정권 확대, 여성에 대한 투표권 부여, 민주주의 [정치]과정을 강화했던 민중적 개혁으로 인도되었던 것처럼, 현재 우리는 하나의 새로운 민주주의 개혁의 시기에 서 있는지도 모른다.

현재 여러 지향의 혼성 상태에 대한 설명 하나는 탈물질주의적 가치들이 정치적 신뢰 및 민주주의적 이상에 대한 지지와 맺고 있는 관계에서 찾아볼 수 있다. 〈그림 12.4〉는 탈물질주의자들이 정부에 대한 신뢰를 표현할 가망성이 물질주의자들보다 확실히 더 적다는 사실을 보여준다. 동시에 탈물질주의자들이 민주주의적 이상을 지지할 가능성은 훨씬 더 크다. 우리의 4개 핵심 연구대상국의 물질주의자 응답자의 48퍼센트만이 민주주의가 좋은 통치형태라는 사실에 강한 동의를 표시했다. 이는 탈물질주의자의 65퍼센트가 그렇게 답한 것과 비교된다.[9] 그러므로 탈물질주의자들은 헌팅턴이 탄식하고 있는 민주주의 지지에 대한 신조 있는 열정을 잘 설명하고 있다. 이것은 민주주의가 그것의 이론적 이상을 향해 움직일 수 있는 잠재력을 분명히 제시한다.

간략히 정리하면, 신정치 접근은 현재의 정치적 지지 패턴에 대한 상이한 진단을 제공한다. 우리 시대의 공중들은 이전의 유권자들보다 더 많은 정보를 가지고 있고 고도의 기술능력을 갖추고 있으며 민주주의 [정치]과정이 어떻게 기능해야 하는지에 대해 다른 기대치를 가지고 있다. 오늘날 사람들은 그들의 정치적 권리에 대해 훨씬 더 많이 의식하고 있으며 개인주의를 더 많이 요구한다(Dalton 2007a). 새로운 시민정치 스타일은 정치적 관심(이슈공중)의 다양성, 도구적이고 융통성 있는 투표선택, 좀 더 직접적인 정치행동 스타일을 권장한다.

이에 덧붙여, 최근 몇십 년 사이에 시민이익집단, 사회운동, 여타 사회집단들이 폭발했다(Meyer & Tarrow 1998; Berry 1999). 이들 집단은 시민들이 자신들의 관심과 활동을 특수한 정책 관심사에 집중하게 된 결과로서—그리고 직접행동 방식을 통해 활동하는—새로운 이익대표 스타일을 표상한다. 그러한 집단들은 여론을 조직하고 동원하는 새로운 방식을 뜻한다. (누군가는 전지전능한 대중매체의 출현을 이러한 정치 패턴 변화에 보탤 수도 있을 것이다. 그러나 공익집단들 또한 정당과 확립된 대의제 통치의 과정에 도전을 가한다. 흔히 1800년대 후반에 출범한 대의민주주의의 구조들은 새로운 방식으로 규명되고 새로운 규칙에 따라 기능을 하는 새로운 이익의 과잉상태를 다루는 데 적격은 아닌 듯이 보인다.

민주주의 정부들은 변화하는 시민정치 패턴을 수용할 필요가 있다. 예컨대 대의민주주의의 구조화된 시스템은 시민참여의 잠재력을 제한한다. 특히 서유럽에서 그러하다. 대부분의 유럽인은 선거에 참여할 기회가 민망할 만큼 낮은 수준이다. 다년의 선거 주기 동안 단 몇 번 주어지는 투표기회는

**그림 12.4** 민주주의 지지와 정치적 신뢰에 관한 가치의 영향력

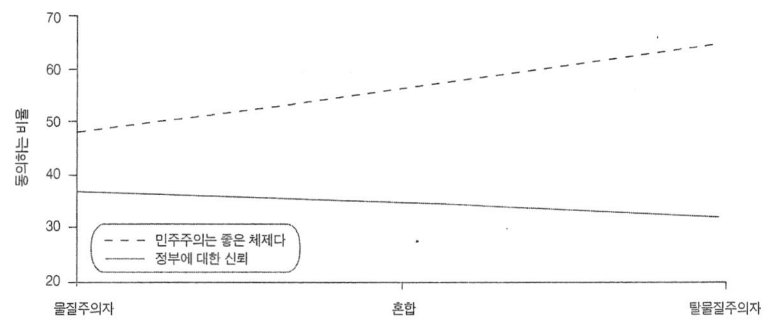

출처: 2005~2008년 세계가치서베이 중 미국, 영국, 프랑스, 독일 데이터를 결합시킨 것임.
유의사항: 그림은 민주주의가 좋은 통치시스템이라는 데 강한 동의를 보여준 사람들과 국가 정부에 대해 신뢰감을 가지고 있는 사람들의 비율을 표시하고 있음.

칭찬받아 마땅한 시민투입의 기록이 될 수 없다. 더욱이 이러한 정치시스템들은 선거를 제외하면 시민들에게 자신의 삶에 영향을 미치는 정부의 결정에 참여할 수 있는 방식들을 거의 제공하지 않았다. 사실상 정부들은 종종 공중의 검증과정에서 벗어나 있었고 고의로 시민의 직접적인 영향력을 제한하였다. 이는 미국의 개국선조들이 애초에 고안한 헌정구조(또는 여러 유럽의 의회시스템의 헌정구조)의 경우에서도 마찬가지다. 현재 민주주의 기관들의 근본적인 구조는 19세기에 발전되었다. 그리고 사회는 그때 이래로 상당한 변천을 겪었다.

시민들의 새로운 접근과 영향력의 형태를 강조하는 것은 단순히 참여를 위한 참여 요구가 아니다. 시민참여의 확대는 조합주의적 정책수립과 관료화된 행정방식으로 인해 경화된 정치시스템을 열어젖힐 수 있다. 여러 선진 산업민주주의 국가들의 노동-사용자(기업)-정부라는 삼각체제는 종종 다른 집단들의 정치적 이익을 제한한다. 정치과정에 대한 접근을 왜곡시키는 시스템은 부득이하게 사회 내 모든 필요에 부응하는 데 비효율적이다. 이

러한 문제점들을 현재 여러 민주주의 국가의 정당시스템들이 벌이는 생존투쟁에서 찾아볼 수 있다.

정치과정의 개방은 정부가 더욱더 폭넓은 정치적 요구의 스펙트럼에 반응하도록 보증하는 방법이다. 이 방법은 정치적 요구—환경, 여성, 소비자, 다른 집단들의 필요가 존재한다—의 양을 증가시키지 않는다. 그러나 그것은 요구들이 정부로부터 합당한 관심을 받게 되고 그 결과로 모든 사회적 필요를 다루는 정부의 능력을 개선하게 될 것임을 보증한다. 더 큰 정치적 관여 또한 민주주의 [정치]과정 속에서 시민들을 교육한다. 라이트 (Wright 1976, 260)는 시민참여를 비판하는 엘리트주의의 관점에서 한 가지 기본적인 역설을 지적했다. 민주주의적 엘리트주의자들은 정부가 시민들에게 참여하고 자신의 영향력을 한정시키는 방법을 필수적으로 배우도록 장려하기보다, 시민들로 하여금 거짓말—허구적인 정치적 효능감—을 믿게 함으로써 더 많은 지지를 창출할 수 있다고 믿는다. '커다란 거짓말'이 잠시 효력을 발휘할지 모르나 누군가가 신화와 현실의 간극을 지적하는 순간 시스템의 정치적 신빙성은 무너진다. 이러한 경우가 1989~1991년 동구 정부들에서 발생했다. 그것을 홉스, 실용주의, 혹은 제퍼슨식 이상주의라고 부르든 아니든, 민주주의 [정치]과정에 연루된 시민들은 그 과정과 자신들을 동일시하는 것을 늘이는 방법 하나밖에 없었다.

끝으로 더 많은 시민투입은 궁극적으로 정부의 결정수립의 질을 보증한다. 우리가 제1장에서 살펴본 것처럼 제퍼슨은 공중을 정부 관료들의 잠재적인 과도함에 대한 주요 제약요소로 보았다. 그렇다고 시민참여가 현대 사회의 모든 병폐를 치유하는 만병통치약이라는 것은 아니다. 심지어 교육을 받고 정보를 가지고 있으며 정치적으로 개입된 시민들조차도 판단 상의 실수를 저지른다. 벤자민 바버(Barber 1984, 151)역시 다음과 같이 지적하였다:

민주주의는 개인들이 자신을 통치하는 능력에 대해 무한한 신뢰를 부여하지 않는다. 그러나 민주주의는 마키아벨리가 확인해주듯이 다중이 총체적인 의미에서 군주만큼 현명하거나 어쩌면 조금 더 현명하다는 점을 확인시킨다. 그리고 테어도어 루즈벨트가 확인해주듯이 "평범한 사람들 다수는 매일매일 자신들을 다스림에 있어, 다른 소수의 사람들이 [평범한 다수인] 그들을 다스리려고 하는 과정에서 실수를 저지르는 것보다, 훨씬 적은 실수를 한다."

내가 현대 민주주의 정치에 대한 평가를 이 책(『시민정치론』)의 첫 번째 판본에서 제시한 이래 정치개혁 요구들이 정치의 새로운 구호가 되었다. 그리고 정치인과 정부가 이에 반응을 하고 있다는 고무적인 신호들이 있다.

심지어 훨씬 더 의미 있는 것은 제도적 개혁들이 실제로 민주주의 [정치]과정을 재구조화하고 있다는 사실이다(Cain, Dalton & Scarrow 2003). 많은 나라가 행정절차를 개혁하여 시민집단들에게 이전에 폐쇄되어 있던 정책행정 과정에 접근할 수 있도록 하였다. 독일에서 지역의 시민행동집단들은 지방행정 과정에 시민들의 참여를 허용하는 행정법 개정을 성취했다. 미국에서도 이와 비슷한 개혁 노력은 개별 시민들과 시민집단들이 정치과정에 더 쉽게 접근할 기회를 제공하였다(Ingram & Smith 1993). 새로운 정보자유법과 옴부즈맨 사무실은 정부를 더 투명하고 시민들에게 다가가는 서비스를 하도록 요구한다(Cain, Fabrinni & Egan 2003).

다른 직접민주주의 형태들의 존재도 더욱 명백하다. 미국과 유럽의 시민집단들은 공중을 정책수립 과정에 직접적으로 연루되도록 하기 위한 수단으로서 국민투표를 더 많이 활용하고 있다(Gallagher & Uleri 1996; Bowler & Glazer 2008). 또 하나의 중요한 발전상은 시민들이 자신의 민주주의적 접근권과 영향력을 보장받기 위해 재판소를 찾고 있다는 사실이다(Stone Sweet 2000; Cichowski & Stone Sweet 2003). 여러 나라의 환경주의자들은 법정에 설 합법적인 권리를 확보한 덕분에 지방정부나 정부기관의

해로운 행위들을 막기 위해 소송을 걸 수가 있다.

개혁은 정당정부의 구조화된 시스템 내에서도 발견된다. 새로운 정당들의 형성은 한 가지 적응 신호다. 그러나 기성의 정당들조차 내부적으로 그들의 멤버들에게 더 많은 영향력을 부여하는 방향으로 변화하고 있다(Scarrow, Webb & Farrell 2000). 연임제한운동은 개혁주의 정서의 한 표현이다. 미국의 주들 다수는 현재 일종의 연임제한법안을 제정했는데 대개는 시민발의를 통해서였다.

이러한 제도적 변화들은 달성하기가 어렵다. 그것들은 느린 속도로 진행되며 종종 의도하지 않은 결과를 수반한다. 그러나 일단 실행이 되면 단 한 개의 이슈나 단 한 개의 정책의제를 넘어 정책수립 과정 전체를 재구조화한다. 그러한 개혁들이 동시적으로 이루어지면 그것들은 효과를 창출한다. 우리는 지난 30년 동안의 제도적 변화 정도가 1990년대 초 민중운동의 개혁파동과 비등하다는 증거를 발견했다(Cain, Dalton & Scarrow 2003). 현재 민주주의 국가의 정치과정은 새로운 시민정치 스타일을 반영시키기 위한 변혁을 겪고 있다.

사실상 이러한 적응방식들은 민주주의가 성장하고 진화하는 능력을 반영하며, 그러한 적응성의 부족이 공산주의의 붕괴를 가져온 바 있다. 독일의 사회학자 랄프 다렌도르프는 다음과 같이 주장하였다:

> 우리가 해야 할 바는 다른 무엇보다도 민주주의 제도들의 유연성을 유지하는 것이다. 유연성은 여러 측면에서 민주주의 제도들의 가장 큰 미덕이다: "민주주의 제도들이 혁명 없이 이행하고 변화를 창출하는 능력, 새로운 문제들에 새로운 방식으로 대응하는 능력, 늘 제도를 바꾸기만 하는 것이 아니라 발전시키는 능력, 지도자와 피지도자 사이의 소통 라인을 열린 상태로 유지하는 능력 그리고 무엇보다 개인들을 중요하게 만드는 능력 등등"(Dahrendorf 1975, 194).

대의민주주의 스타일에서 그러한 변화에 따르는 위험이 전혀 없는 것은 아니다. 정치과정은 좀 더 폭넓은 시민참여 수준에 순응해감에 따라 일부 성장통을 경험하게 될지도 모른다. 특히 빈틈없이 구조화된 유럽의 정치시스템에서 그러할 것이다. 한 가지 잠재적인 문제는 세련된 시민과 비세련된 시민 사이의 참여수준의 차가 점점 더 벌어질 가능성이다(제3장을 참조하시오). 정부에 직접적으로 로비를 할 때나 혹은 공익집단을 조직할 때 요구되는 자원들은 투표할 때 요구되는 것보다 훨씬 크며, 정치활동 스타일의 변화는 사회 내 직접행동 정치에 필요한 교육과 여타의 기술 그리고 자원들이 부족한 사람들을 소외시킬 수 있다.

민주주의 국가들은 폭넓은 국익을 염두에 두고 특수한 이익집단들에 더 민감하게 반응하는 균형감 확보에도 도전해야 한다(Bok 2001; Dalton 2004, 9장). 정치학의 용어상, 우리는 지난 세대 동안에 이익의 명료화 노력의 극적인 증가를 목도했고 정치체제 내에서는 이익집성의 잠식을 목도했다. 바꿔 말해서 시민이익집단, 사회운동, 개별 시민, 다양한 정치집단이 이제 자신들의 정치적 관심에 대해 더욱 큰 목소리를 내고 민주주의 [정치]과정에 더 큰 접근성을 가지고 있다. 동시에 경합하는 이익들에 균형을 찾아주는—그리고 이익집단이 사회의 집합적인 필요에 민감해지게 하는—정치제도들의 능력은 감소하였다. 집합적 이익은 개별 이익들의 총합 그 이상이며 우리 시대 민주주의 국가들의 시급한 필요는 상이한 이익들을 함께 결집하는 새로운 장치들을 찾아내는 일이다.

참여민주주의는 정치적 과잉 살상행위를 야기할 수 있다. 그러나 참여민주주의는 정치적 균형을 조장하는 평형기제도 동시에 담을 수 있다. 미국의 경우에 새로운 개념의 혜택을 보유하는 동시에 예상되는 민주주의의 과잉현상을 피하는 과정은 대체로 성공했다. 우리는 민주주의 정치가 정부의 효율을 극대화한다거나 정치엘리트의 자율성을 증대시키는 것으로 추정되지 않는다는 점을 기억해야 한다. 오히려 그 정반대다. 사실 좀 더 중요한 목표—즉 인민의 엘리트 지배—를 보증하기 위해서 효율의 부분적인 희생이 불가피하다. 참여의 확대는 문제가 아니라, 선진 산업민주주의 국가들이 민주주의 이상에 부합하는 상태에 좀 더 가깝게 다가가기 위한 기회다.

요약하자면, 현재의 민주주의 위기는 실제로 현재 진행 중인 민주주의 발전 역사의 또 다른 단계일 뿐이다. 민주주의 국가들은 현 시점의 정치에 적응해야 하고 새로운 시민정치 스타일에 적응해야 한다. 다렌도르프(2000, 311)가 관찰했던 것처럼 "대의제 통치는 더 이상 과거처럼 강제적인 명제가 아니다. 그것 대신에 이익의 갈등을 표현하는 새로운 제도적 형태의 탐색이 시작됐다." 일부에게는 이 민주주의적 실험과 개혁과정이 위협적일지 모르며, 실제로 그것은 어떤 위험을 제시할 것이다. 그러나 변화는 필연적이다. 민주주의 국가들에 주어진 도전은, 그들이 계속해서 진화하고 정치적 권리를 보장하며 시민들로 하여금 자신의 삶을 통제할 수 있는 능력을 중대시키는 일이다. 과연 우리가 민주주의를 그것의 이론적 이상에 더욱 가까이 다가서게 할 수 있을까?

### 독서 목록

Bok, Derek. 2001. *The Trouble with Government*. Cambridge: Harvard University Press.
Dalton, Russell. 2004. *Democratic Challengers, Democratic Choices: The Erosion of Political Support in Advanced Industrial Democracies*. Oxford: Oxford University Press.
Hetherington, Marc. 2005. *Why Trust Matters: Declining Political Trust and the Demise of American Liberalism*. Princeton: Princeton University Press.
Hibbing, John, and Elizabeth Theiss-Morse. 2002. *Stealth Democracy: Americans' Beliefs about How Government Should Work*. New York: Cambridge University Press.
Norris, Pippa, ed. 1999. *Critical Citizens: Global Support for Democratic Governance*. Oxford: Oxford University Press.
Nye, Joseph, Philip Zelikow, and David King. 1997. *Why People Don't Trust Government*. Cambridge, Mass.: Harvard University Press.

Pharr, Susan, and Robert Putnam, eds. 2000. *Disaffected Democracies: What's Troubling the Trilateral Countries?* Princeton: Princeton University Press.
Putnam, Robert. 1993. *Making Democracy Work*. Princeton: Princeton University Press.

부록 A
## 통계 독본

대부분의 신문은 여론조사를 보고하며 표와 그래프를 통해 결과를 설명한다. 정보에 관심이 있는 시민은 그것을 어떻게 독해하며 표와 그래프를 해석해야 하는지에 대해 알고 있을 필요가 있다.

이 책은 현대 공중들의 태도와 행태를 설명해주는 그러한 정보를 제공하고 있다. 내가 제시한 표와 그래프들은 일반적으로 두 가지 패턴 중 하나를 따르고 있다. 첫 번째 패턴은 이 책에서 연구하고 있는 네 개의 핵심 국가들에 사는 시민의 의견이나 행태들 간의 차이들을 설명한다. 예를 들어 〈표 2.1〉은 각국 시민들이 사용하는 정보의 출처들을 설명하고, 〈표 3.4〉는 정치참여의 패턴들을 요약해주고 있다. 여론조사는 여론을 예측하며, 그러한 표에 나타난 결과는 전형적으로 전체 공중이 실제로 생각하거나 행동하는 것을 몇 퍼센트 이내로 제시한다(Asher 2007).

두 번째 패턴에서 표나 그림은 여론조사에서 사용된 두 개 혹은 그 이상의 질문들 사이의 관계를 설명한다. 예컨대 어떤 요인들이 정치참여의 상이한 유형과 관련이 있는가, 무엇이 투표선택상 상관관계에 있는 요소인가, 혹은 어떤 태도가 정부에 대한 신뢰와 관련이 있는가? 나는 자주 이러한 관계들을 그래프 상으로 제시하여, 아마도 교육수준이 높아지면 투표자 수도 올라간다거나(〈그림 4.1〉 참조), 교회에 가는 빈도가 늘어나면 보수주의 정당에 돌아가는 투표의 몫이 증가한다(〈그림 8.3〉 참조)는 것을 보여주고 있다. 적어도 암묵적으로는 인과성에 대한 추정이 개입되고 있다. 예컨대 교육이 높은 투표자 수와 관계가 있다면 우리는 교육이 사람들로 하여금 좀 더 정치적으로 활동적이게 만드는 능력과 자원을 제공한다고 추론한다.

이러한 관계가 표나 그래프로 제시된 것은 전형적으로 수평축을 따라 연결되는 추정된 예측요인(predictor)을 가지고 있는데, 예보자의 범주들은 표나 그림에 표시되고 있다. 그 결과는 수직축을 따라 배열된다. 〈그림 4.1〉에서 보듯이, 가장 적게 교육을 받은 집단(고등학교 졸업장 이하)은 수평축의 왼쪽에 가장 교육을 많이 받은 집단(전문대 이상)은 이 축의 우측에 있다. 개별적인 선은 네 개 나라 각각에서 교육과 더불어 투표자 수가 증가하는 것을 표시해준다.

표와 그림은 종종 여러 교육의 수준과 교회 출석과 같은 복합적인 비교를 포함한다. 그리고 숫자상의 총체적 패턴을 판별하는 데 어려움을 준다. 그러므로 나는 관계성을 요약하는 상관관계 통계치를 자주 사용하고 있다. 통계치는 비록 당신이 숫자들을 좋아하지 않더라도 관계성을 이해하는 데 도움을 주는 도구다. 이러한 상관관계는 여론조사 문항(높은 교육 수준)에 대한 응답이 다른 문항(높은 투표자 수)에 대한 응답과 관계가 있는지를 요약해준다.

통계는 복합적인 영역이며, 데이터 분석은 복잡한 방법론이다. 통계요원은 아마도 분석결과에 대해 즉각적인 요약을 거부할 것이며, 통계 사용의 기초가 되는 가설들에 대해서도 제한적인 관심만을 쏟을지도 모른다. 그럼에도 이 독본은 당신이 이 책에 제시된 발견사항들을 이해하는 데 도움이 될 것이라는 희망을 품고 통계의 사용방법에 대한 지침을 제공하고 있다.

나는 이 책에서 세 가지 상관관계 통계를 가장 일반적으로 사용하고 있다.

- 크레이머(Cramer)의 V 상관관계. 이 상관관계는 적어도 두 개 중 하나의 변수가 '범주적' 변수일 때, 즉 범주세트가 특별한 순서를 갖지 않을 경우, 두 개 변수 간의 관계성을 측정한다. 이 범주적 변수의 예로는 종교, 인종, 종교적 교단, 혹은 다른 것을 들 수 있는데, 이것은 낮음에서 높음, 동의함에서 동의하지 않음, 혹은 다른 근원적 측정자의 자연적 순서를 따르지 않는 것들이다.

- 피어슨(Pearson)의 r 상관관계. 이 상관관계는 두 개의 변수가 예를 들어 낮음에서 높음 혹은 동의함에서 비동의함까지 순서화된 패턴을 가지고 있을 때 그 둘 사이의 상관관계를 측정한다. 이 통계치는 더욱 강력하고 요구수준이 높다. 왜냐하면 그것은 단순히 범주들이 예측된 변수에 대해 차이가 있는지를 알아내는 것이 아니라, 이러한 차이들의 순서화된 패턴을 추정하기 때문이다. 일례로 〈그림 4.1〉을 살펴보면, 교육수준이 향상함에 따라 투표자 수 역시 증가해야 마땅하다. 미국 내 커다란 교육 수준의 차이들은 다른 세 개 유럽 국가들보다 더 강력한 영향력(상관성)을 암시한다.

피어슨의 r 상관관계 지수는 더 높고 더 낮은 가치들 사이에 차이가 존재하기 때문에 관계성의 **방향**도 측정할 수 있다. 예컨대 연령이 투표자 수와 긍정적인 관계를 갖지만 항의는 연령이 높아지면 감소한다. 첫 번째 예는 긍정적 상관관계를, 두 번째는 부정적 상관관계를 갖는다.

몇 개의 표와 그림은 개별 그래프 상으로 각각의 관계를 보여주는 대신, 상이한 나라들 혹은 집단들을 가로지르는 관계성을 요약하는 상관관계를 제시한다. 〈그림 8.2〉는 17개국에서 나타난 사회계급과 투표 시 정당선택 사이의 관계를 제시한다. 〈그림 8.5〉는 몇 개 나라에서 나타난 탈물질적 가치와 투표 시 선택 간의 관계를 제시한다.

**그림 A.1** 미국 의회 내 선거구 보수주의와 지역구 의원의 이슈입장

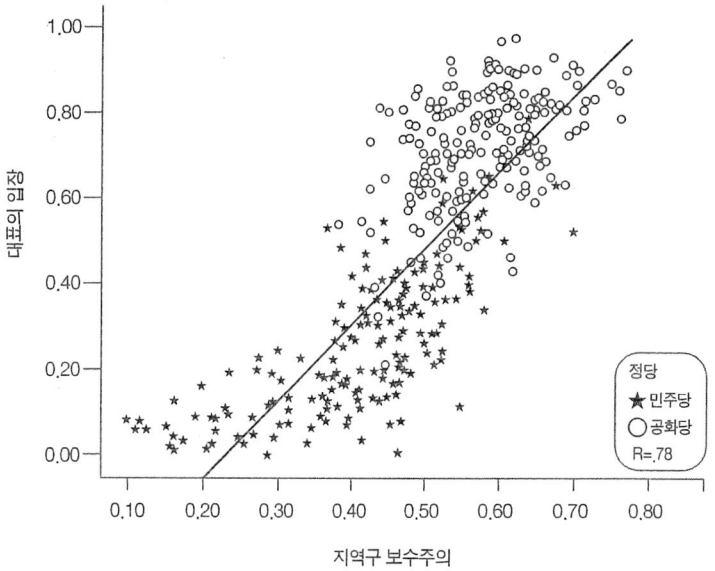

- **회귀분석 상관계수 (ß).** 이 통계치는 가장 복잡하다. 우리는 흔히 두 개 변수 간의 관계를 검토하기를 원하지만, 한 개 혹은 그 이상의 다른 변수들과 부분적으로 관계가 있을지도 모른다고 생각한다. 중복 회귀분석은 한 개의 종속변수와 여러 개의 변수 간의 관계를 동시적으로 검토하는 통계방법이다.

이것을 사용할 경우 우리는 여러 개의 변수 각각이 종속변수에 갖는 개별 효과를 평가할 수 있다. 회기분석 상관계수는 모델의 다른 변수들을 '통계적으로 통제하면서' 두 개 변수 간의 관계성을 설명한다. 예를 들면, 우리는 연령차 혹은 이념차가 투표자 수에 미치는 영향을 통제하면서 (또는 통계적으로 제거하면서) 교육이 투표자 수에 미치는 영향을 결정할 수 있다. 통제가 필요한 이유는 교육, 연령, 이념, 이 세

가지 변수가 서로 관련되어 있기 때문이다.

이 책은 여러 회귀분석 모델들(예, 〈그림 4.3〉과 〈표 4.1〉)로부터 나온 표준화된 회귀분석 상관계수를 제시하고 있다. 이들 통계치는 피어슨의 r 지수와 비교가 가능하고 다른 방식들로도 산정이 가능하다. 그것들은 특정한 관계의 방향과 강도를 표시하며, 피어슨의 r 지수와 회귀분석의 상관계수 사이의 차이들은 모델 속의 다른 변수들을 통제하였을 때 관계성이 얼마나 변화하는지를 나타낸다.

이 책에 나오는 간단한 예는 회귀분석의 논리를 설명해준다. 여기서 〈그림 11.3〉과 유사한 〈그림 A.1〉을 가지고 설명을 시작해보자. 지역선거구의 이념적 입장(수평축)이 그 지역구 출신 의원의 이념적 입장(수직축)을 예측하는 변수로 사용되고 있다. 그림은 이들 두 변수 사이의 강한 관계성을 보여준다.

그림 속의 사선이 총체적 패턴을 요약해주고 있으며, 지역구의 이념이 변화함에 따라 선출된 의원의 예측된 이념에도 현격한 변화가 있다. 이에 덧붙여 그림 속의 점들은 이 요약선에 근접되어 있다. 피어슨의 r 지수는 .78로 나타났는데, 이는 매우 강력한 관계성을 가리킨다. (부분적으로, 상관관계가 매우 높은 이유는 우리가 [관심과 이해관계로] 집성된 단위인 선거구를 다루고 있기 때문이며 개별 태도 사이의 관계성 대부분은 그다지 높지 않다).

여기서 잠시 멈추어 보면, 우리는 투표자들이 후보자의 이념적 입장을 인지할 수 있으며 대부분의 선거구에서 자신들과 견해를 공유하는 대표자를 선별한다는 결론을 내릴 것이다. 자유주의 선거구는 일반적으로 자유주의적인 후보자를 선별하고 보수주의적 선거구는 보수주의 후보를 선별한다. 약간의 변종이 존재하기 때문에 〈그림 A.1〉 속의 점들은 약간 흩어져 있다. 그러나 이 변종은 제한적이며 결과적으로 강력한 상관관계가 나타나고 있다.

혹자는 투표자들이 후보자의 이념에 대해 실제로 알고 있는지, 그들

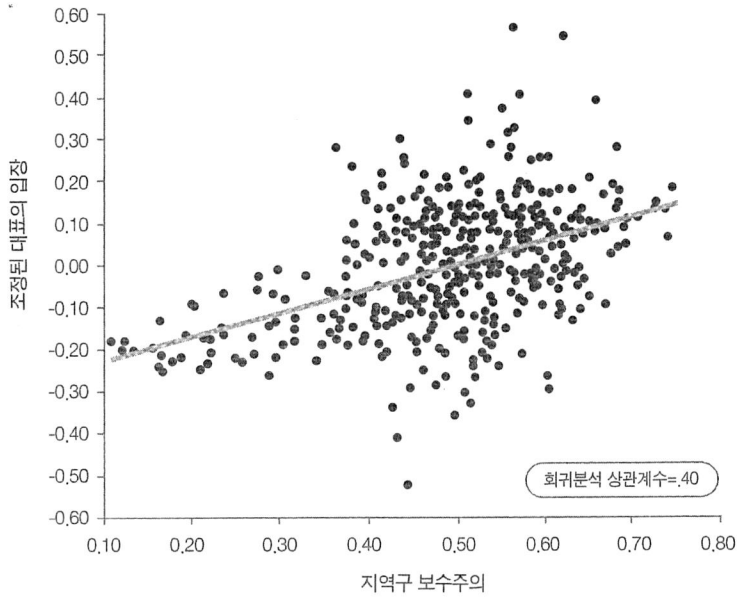

**그림 A.2** 미국 의회 내 선거구 보수주의와 지역구 의원의 이슈입장
(의원의 당파심을 통제한 경우)

이 정당을 단서로 사용하는지에 대해 질문을 할 수도 있다. 만약 당신이 원래 〈그림 11.3〉을 자세히 들여다본다면 민주당 대표들이 자유주의 차원의 말단으로 기울며, 공화당 대표들은 보수주의 차원의 말단으로 기운다는 것을 발견할 것이다. 바꿔 말해서, 양당과 선거구 이념은 선출된 대표의 이념을 예측할 것이다. 이 당과 이념의 잠재적 결합효과는 이러한 두 개 예측자를 사용한 두 개 변수 회귀 모델을 만들어낼 것이다.

〈그림 A.2〉은 그래프 상으로 이 분석의 결과를 설명한다. 그림은 선거구의 이념과 대표자의 이념을 제시한다—통계적으로 당의 효과를 일정하게 유지하면서 그렇게 한다. 혹자는 두 변수 사이의 적합성이 여전히 상당하며, 사선은 이 관계가 현재 약간 길게 누웠으며 사선 주변의 점들이 약간 더 분산되어 있음을 발견할 것이다. 이 관계를 요약하는 통계치는 앞의 그림에서 .78 상관성을 보였으나 여기서는 회귀분석의 상관계수가 ß=.40으로 떨어졌다. 선거구 이념의 효과가 당 변수를 통제함에 따라 약화된 것이다. 그러나 이것은 여전히 후보자 이념의 예측을 위한 의미 있는 수치다. 간단히 말해서 이것이 다변수 회귀분석의 논리다―다른 변수의 효과를 통제하면서 특정 변수의 독립적인 효과를 측정하는 것이다.

## 무엇이 큰가?

상관관계들은 두 개 변수 사이의 관계의 강도를 요약하기 위한 것이다. 이것은 무엇이 강한 관계이며 약한 관계인가라는 질문을 제기한다. 나는 기본적으로 이 책에서 세 가지 상관관계 통계치에 의존하고 있는데, 이유는 그것들이 비록 다른 방식으로 산정된다 하더라도 유사한 관계들에 대한 비교 값을 제공하고 있기 때문이다.

- 크레이머(Cramer)의 V 상관관계. 이 통계치는 범주들 사이에 아무런 차이가 없을 때(즉 표 속의 각각의 비교가 동일한 퍼센티지 나타날 때)의 값 0.0에서부터 범주들이 최대로 가능한 100퍼센트일 때의 값 1.00까지의 범위를 갖는다. 우리는 상관계수가 .10 또는 그 이하일 때 약한 관계로 해석하며, .10~.20을 적당한 관계, 그리고 .20 또는 그 이상일 때 강한 관계로 해석한다.

- 피어슨(Pearson)의 r 상관관계. 이 통계치의 범위는 〈그림 A.1〉에 분명하게 나타난 세 가지 요소들을 측정한다. 첫째, 한 가지 변수가 종속변수들 내의 차이를 얼마나 강력하게 예측하는지 여부다. 예컨대 〈그림 A.1〉에서 이것은 관계를 설명하는 경사선의 각도가 얼마나 가파르게 경사져 있는가를 의미한다. 둘째, 점들이 경사선 주변에 얼마나 가깝

게 군집되어 있는지 여부다. 바꿔 말해서 이는 경사선이 얼마나 총체적 패턴을 대변하고 있는지를 보여준다. 〈그림 A.1〉의 점들은 〈그림 A.2〉의 것들보다 경사선 주변에 조밀하게 모여 있다. 셋째, 관계들은 긍정적이거나 부정적이다. 예컨대 투표자 수는 연령이 높아질수록 증가하며(긍정적 관계), 항의방식의 정치참여는 감소한다(부정적 관계). 피어슨 r 값의 범위는 완전히 부정적인 관계일 때(즉 모든 점들이 경사선 위에 군집된 매우 부정적인 경사선의 경우)인 -1.0에서, 범주들의 전 영역에서 차이들이 전혀 없을 때(즉 예측변수의 점수가 종속변수와 관계가 없을 때)의 0.0, 그리고 완전히 긍정적인 상관관계가 존재할 때의 값 1.00까지다. 크레이머의 V의 통계치 경우에서처럼 우리는 상관계수가 .10 또는 그 이하일 때 약한 관계로 해석하며, .10~.20을 적당한 관계, 그리고 .20 또는 그 이상일 때 강한 관계로 해석한다.

- **회귀분석 상관계수 (ß).** 이 통계치는 피어슨 r 값과 비교가 가능하다. 다만 모델의 다른 변수들과 관련된 관계성을 통제하면서 두 변수 간의 관계를 측정할 경우를 제외할 경우에 그러하다. 피어슨 r 값과 마찬가지로 그것은 완전히 부정적인 관계일 때의 -1.0에서 완전히 긍정적인 관계일 때 1.0까지의 범위를 갖는다. 다른 두 가지 통계치의 경우에서처럼 우리는 .10 또는 그 이하일 때 약한 관계로 해석하며, .10~.20을 적당한 관계, 그리고 .20 또는 그 이상일 때 강한 관계로 해석한다.

통계치, 그래프, 표들은 때때로 복합적이지만 그것들은 한 변수가 다른 변수와 얼마나 관계가 있는지를 요약하는 지름길이다. 여기 기술한 안내 항목들과 더불어 우리는 이러한 관계들을 통계표에 나타난 퍼센티지나 그래프의 점들을 직접 이해하려고 시도하는 것보다 훨씬 더 쉽게 해석할 수가 있을 것이다.

부록 B
## 주요 데이타 원천들

1948년 미시간 대학의 연구자들은 과학적 표본추출 방식에 근거하여 최초로 전국 단위의 선거 여론조사를 했다. 네 명의 학자들—Angus Campbell, Philip Converse, Warren Miller, Donald Strokes—이 결국 초기 여론조사를 지휘했고, 『미국의 투표자』라는 미국 유권자 행태 연구의 기념비적인 명저를 저술했다. 그 이후 이 선거연구 시리즈는 2년마다 시행된 전국 선거에서 반복되었다. 미국전국선거연구(ANES)는 사회과학에서 국가적 자원이며 전 세계적으로 수백 개의 대학에 있는 연구자들에 의해 사용되고 있다.

데이비드 버틀러와 도널드 스트로크스는 1964년 선거와 더불어 이것과 비교가 가능한 영국선거연구 시리즈를 시작했다. 이들은 1966년과 1970년 선거를 통해 이 시리즈 작업을 계속했고, 에섹스 대학의 아이버 크로위가 이끄는 연구팀이 1974년과 1979년 선거를 통해 이 시리즈를 이어갔다. 1983년과 1997년 사이에는 런던 소재의 '사회와 공동체 기획 연구(SCPR)' 팀에 속한 앤서니 히스, 로저 조웰, 존 커티스가 영국선거연구를 했다. 에섹스 대학의 헤럴드 클락이 이끄는 새로운 연구팀이 2001년과 2005년 영국선거연구를 했다.

독일선거에 대한 강단연구의 뿌리는 콜롱대학의 게르하르트 바우메르트, 얼빈 슈이치, 루돌프 빌더만이 1961년에 실시한 것으로 거슬러 올라간다. 쾰른의 연구자들과 그들의 학생들은 막스 카세, 한스-디이터 클링지만, 프란츠 파피, 그리고 만하임의 포르슝즈그루페 발렌 팀(만프레드 베르거, 볼프강 기보브스키, 디이터 로트, 마티아스 융 등)의 작업을 통해 이 시리즈를 수립해왔다. 비센샤프츠젠트룸 베를린 소치알포르슝(WZB)에 속한 새로운 학자집단이 이 선거연구 시리즈를 계속해왔다.

프랑스는 공개적으로 가용한 제도화된 여론조사 시리즈가 과소하다. 일군의 개별 학자들이 특정한 프랑스 선거에 대해 여론조사를 했다. 롤랑 캐이롤과 그의 동료들, 필립 콘벌스와 로이 피어스, 마이클 루이스-벡, 노나 아이어, 다니엘 보이와 그의 동료들의 경우가 여기 해당한다. 최근 만들어진 선거연구 시리즈는 제5공화국 시기 동안 프랑스인들의 정치행태의 진화과정을 추적하고 있다.

이 책에서 분석된 데이터 대부분은 위에 언급된 데이터 원천들로부터 도출된 것이며, 특별히 아래에 기술하는 항목들로부터 나온 것이다. 우리가 사용한 데이터의 대부분은 앤 아버에 있는 미시간대학의 '정치·사회 연구를 위한 대학 간 컨소시엄'(Inter-university Consortium for Political and Social Research: ICPSR)으로부터 확보했다. 추가적인 데이터는 영국의 에섹스대학과 독일 쾰른대학의 젠트랄아키브 퓌어 엠피리쉐 소치알포르슝(ZA)에서 확보했다. 이러한 자료의 아카이브나 원 자료 수집자들은 이 책에 제시된 분석에 대한 책임이 없다는 점을 밝혀둔다.

◆ 미국전국선거연구(ANES)

    1948 American National Election Study (N=622). Angus Campbell and Robert Kahn.

1952 American National Election Study (N=1,899). Angus Campbell, Gerald Gurin, et al.
1956 American National Election Study (N=1,762). Angus Campbell, Philip Converse, et al.
1960 American National Election Study (N=1,181). Angus Campbell, Philip Converse, et al.
1964 American National Election Study (N=1,571). Political Behavior Program.
1968 American National Election Study (N=1,557). Political Behavior Program.
1972 American National Election Study (N=2,705). Warren Miller, Arthur Miller, et al.
1976 American National Election Study (N=2,248). Warren Miller, Arthur Miller, et al.
1980 American National Election Study (N=1,614). Warren Miller et al.
1984 American National Election Study (N=2,257). Warren Miller et al.
1988 American National Election Study (N=2,040). Warren Miller et al.
1992 American National Election Study (N=2,485). Warren Miller, et al
1996 American National Election Study (N=1,714). Steven Rosenstone et al.
2000 American national Election Study (N=1,807). Nancy Burns et al.
2004 American national Election Study (N=1,212). Nancy Burns et al.

◆ 영국선거연구

1964 British Election Study (N=1,769). David Butler and Donald Stokes.
1966 British Election Study (N=1,874). David Butler and Donald Stokes.
1970 British Election Study (N=1,885). David Butler and Donald Stokes.
1974 British Election Study, February (N=2,462). Ivor Crewe, Bo Saarlvik, and James Alt.

1974 British Election Study, October (N=2,365). Ivor Crewe, Bo Saarlvik, and James Alt.
1979 British Election Study (N=1,893). Ivor Crewe, Bo Saarlvik, and David Robertson.
1983 British Election Study (N=3,955). Anthony Heath, Roger Jowell, and John Curtice.
1987 British Election Study (N=3,826). Anthony Heath, Roger Jowell, John Curtice, and Sharon Witherspoon.
1992 British Election Study (N=3,534). Anthony Heath, Roger Jowell, and John Curtice.
1997 British Election Study (N=3,615). Anthony Heath, Roger Jowell, John Curtice, and Pippa Norris.
2001 British Election Study (N=3,223). Harold Clarke, David Sanders, Marianne Stewart, and Paul Whiteley.
2005 British Election Study (N=4,971). David Sanders, Paul Whitely, Harold Clarke and Marianne Stweart.

◆ 독일선거연구

1953 The Social Bases of West German Politics (N=3,246). UNESCO Institute.
1961 West German Election Study (N=1,679; 1,633; 1,715). Gerhart Baumert, Erwin Scheuch, and Rudolf Wildenmann.
1965 West German Election Study, October (N=1,305). DIVO Institut.
1965 West German Election Study, September (N=1,411). Rudolf Wildenmann and Max Kaase.
1969 West German Election Study (N=1,158). Hans-Dieter Klingemann and Franz Pappi.

1972 West German Election Study (N=2,052). Manfred Berger, Wolf-gang Gibowski, Max Kaase, Dieter Roth, Uwe Schleth, and Rudolf Wildenmann.

1976 West German Election Study (N=2,076). Forschungsgruppe Wahlen.

1980 West German Election Study (N=1,620). Forschungsgruppe Wahlen.

1983 West German Election Study (N=1,622). Forschungsgruppe Wahlen.

1987 West German Election Study (N=1,954). Forschungsgruppe Wahlen.

1990 German Election Study, November (West=984; East=1,095). Forschungsgruppe Wahlen.

1994 German Election Study, September (West=1,013; East=1,068). Forschungsgruppe Wahlen.

1998 German Post-election Study (West=978; East=1,041). Mannheimer Zentrum für Europäische Sozialforschung (MZES), the Wissenschaftszentrum Berlin für Sozialforschung (WZB), the Zentralarchiv für empirische Sozialforschung, and the Zentrum für Umfragen, Methoden und Analysen (ZUMA), Mannheim.

2002 German Election Study (N=2,000). Hermann Schmitt and Bernhard Wessels.

2005 German Election Study (N=2,018). Hermann Schmitt and Berhard Wessels.

♦ 프랑스선거연구

1958 French Election Study (N=1,650). Georges Dupeux. Available ICPSR.

1967 French Election Study (N=2,046). Philip Converse and Roy Pierce.

1968 French Election Study (N=1,905). Ronald Inglehart.

1978 French Election Study (N=4,507). Jacques Capdevielle, Elisabeth Dupoirier, Gerard Grunberg, Etienne Schweisguth, and Colette Ysmal.

1988 French Presidential Election Survey (N=1,013). Roy Pierce.

1995 French National Election Study (N=4,078). Michael Lewis-Beck, Nonna Mayer, Daniel Boy, et al.

1997 French National Election Study (N=3,010). Centre d'Etudes de la Vie Politique Française (CEVIPOF), Centre d'Informatisation des Données Socio-Politiques (CIDSP), and Centre de Recherches Administratives, Politiques et Sociales (CRAPS).

2002 French Comparative Study of Electoral Systems (N=1,000). Thomas Gschwend and Hermann Schmitt.

2002 French National Election Study (N=4017). CIDSP-IEP de Greno-ble, Centre for Studies of French Political Life(CEVIPOF), Centre for Computerized soci-political databases (CECOP).

◆ 주요 교차-국가 연구

1958 The Civic Culture Study (USA=970; Great Britain=963; West Germany=955). Gabriel Almond and Sidney Verba.

1970 European Community Surveys/Eurobarometers (an ongoing series of opinion surveys conducted by the Commission of the European Union).

1974 Political Action Study (USA=1,719; Great Britain=1,483; West Germany=2,307). Samuel Barnes, Max Kaase, et al.

1981-1983 World Values Survey (USA=1,729; Great Britain=1,231; West Germay=1,305; France=1,200).

1985 International Social Survey Program (a coordinated series fo public opinion surveys conducted by various sociological institutues in the U.S. and Europe).

1990-1991 World Values Survey (USA=1,839; Great Britain=1,484; West Germay=2,101; France=1,002; East Germany=1,336). Ronald Inglehart and the European Values Systems Study Group.

1995–1998 World Values Survey (USA=1,542; Great Britain=1,093; West Germany=1,017; East Germay=1,009). Ronald Inglehart, Hans-Dieter Klingemann, et al.

1999–2002 World Values Survey/European Values Survey (USA=1,200; Great Britain=994; France=1,615; Germany=2,036).

1996– Comparative Study of Electoral Systems, module I (USA=1,714; Great Britain=3,615; Germany=2,021).

2002 European Social Survey (Great Britain=2,052; Germany=2,919).

2000– Comparative Study of Electoral Systems, module II (USA=1,534; Great Britain=842; France 1,000; Germany=2,000).

2005– World Values Survey (USA=1,493; Great Britain=1,041; France=1,001; Germany=2,064).

부록 C
# 2004 국제사회서베이 코드 해설 목록

이 책에서 사용하고 있는 여론 데이터의 주요 원천 가운데 하나는 국제사회서베이프로그램(International Social Survey Program; ISSP)이다. 교육자와 학생들이 여론의 원인과 상관관계 이해를 돕기 위해 우리는 2004년 ISSP 데이터의 하위세트를 마련하여 교육자가 「시민정치론」과 관련하여 사용할 수 있도록 하였다. 학생들의 책 사용을 용이하게 하기 위해서 데이터를 광범위하게 재(再)코드화하였고 포맷도 다시 하였다. 한 가지 예는 도표 분석에 합당한 [표본] 크기를 확보하기 위해 범주들을 통합시킨 것이다. 학생들은 교육자가 설계한 소규모의 조사연구 실습이나 이 책 혹은 다른 선거 여론조사의 주제 탐구를 위한 장기적 연구 프로젝트에 이러한 데이터를 사용할 수 있을 것이다.

이 부록은 2004년 ISSP에 대한 간략한 설명과 이 하위세트에 포함된 변수들을 설명하는 코드 해설 목록으로 구성되어 있다. 이 책과 관련된 사회과학통계패키지(SPSS)의 휴대용 파일은 CQ출판사 웹사이트(www.cqpress.com/cs/dalton)에서 내려받을 수 있다. 그곳에는 이 책에서 다룬 4개 핵심국가(미국, 영국, 프랑스, 독일)의 데이터 파일 4개가 탑재되어 있다. 다음에 나오는 코드 해설 목록은 그 데이터들에 관한 설명이다.

## 국제사회서베이

국제사회서베이 프로그램은 연속적인 교차-국가 협업 연례 프로그램이다. 거의 매년 협업하는 몇몇 조사연구 기관들이 정부의 역할, 종교, 직업적 지향, 사회적 불평등, 환경 등과 같은 구체적인 주제에 관한 공통된 연구 단위 자료(module)를 수집한다.

2004년 단위자료는 시민권의 의미와 명분에 집중하였다. 이 단위자료의 수집물을 달톤(R. Dalton)의 「좋은 시민: 젊은이들이 어떻게 미국정치를 새로운 방향으로 변화시키는가?」(CQ Press, 2007)에서 분석되었다.

ISSP는 독일의 만하임 소재의 Zentrum für Umfragen, Methoden, und Analysen(ZUMA)의 ALLBUS 서베이와 미국 시카고 대학의 국립여론조사 센터의 일반사회서베이(GSS) 사이의 쌍방 협업에서 발전되었다. ISSP는 현재 기성의 [선진] 민주주의 국가에서 새로 등장하여 견고해지고 있는 민주주의 체제에 이르기까지 36개국 이상을 포함하고 있다. ISSP에 관한 추가적인 정보는 그 기관의 웹사이트(www.issp.org)에서 얻을 수 있을 것이다. 완전한 여론조사 자료세트는 독일 콜롱 대학의 Zentralarchiv für empirische Sozialforschung, 미국 미시간 대학의 정치사회연구 컨소시엄, 다른 국가의 사회과학 데이터 보관소에서 찾아볼 수 있을 것이다.

■변수 목록(Variable List)
    V001    나라(country)
    V002    가중치(weight)

■좋은 시민자격 규정하기(Defining Good Citizenship)
    V003    좋은 시민은 항상 투표한다
    V004    좋은 시민은 세금을 회피하지 않는다

| | |
|---|---|
| V005 | 좋은 시민은 법에 복종한다 |
| V006 | 좋은 시민은 정부를 감시한다 |
| V007 | 좋은 시민은 결사에 적극적이다 |
| V008 | 좋은 시민은 다른 사람들을 이해한다 |
| V009 | 좋은 시민은 상품을 고른다 |
| V010 | 좋은 시민은 다른 사람들을 돕는다—국가 차원 |
| V011 | 좋은 시민은 다른 사람들을 돕는다—세계 차원 |
| V012 | 좋은 시민은 군(軍) 복무를 한다 |
| V013 | 시민 의무 지표 |
| V014 | 개입된 시민 지표 |

■정치적 관용(Political Tolerance)

| | |
|---|---|
| V015 | 모임을 허용한다—종교적 극단주의자들 |
| V016 | 모임을 허용한다—정부 전복 시도자들 |
| V017 | 모임을 허용한다—인종주의자들 |
| V018 | 정치적 관용 지표 |

■정치적 관심(Political Interest)

| | |
|---|---|
| V019 | 정치에 대한 관심 |
| V020 | 정치토론—빈도 |
| V021 | 정치토론—친구에게 확신을 심어준다 |

정치토론-빈도(Political Discussion-Frequency)

| | |
|---|---|
| V022 | 선거에서 투표했다 |
| V023 | 청원서에 서명했다 |
| V024 | 특정 상품을 보이콧했다 |
| V025 | 시위에 참가했다 |
| V026 | 정치모임에 참가했다 |
| V027 | 정치인을 접촉한다 |

V028 　　돈을 기부한다
V029 　　미디어를 접촉한다
V030 　　인터넷 포럼에 참여한다
V031 　　항의 지표
V032 　　관례적 참여 지표
V033 　　총체적 참여 지표

■ 집단 멤버십(Group Membership)

V034 　　정당에 가입한다
V035 　　노동조합에 가입한다
V036 　　교회에 등록한다
V037 　　스포츠 집단에 가입한다
V038 　　다른 집단에 가입한다
V039 　　[가입] 집단의 수

■ 민주주의적 권리들(Democratic Rights)

V040 　　적절한 생활수준
V041 　　정부의 소수자 존중
V042 　　정부의 평등한 대우
V043 　　시민-지향적 결정들
V044 　　시민이 관여한 결정들
V045 　　시민불복종 행위들
V046 　　민주주의적 권리 지표

■ 정치적 효능감(Political Efficacy)

V047 　　정부 업무에 어떤 영향도 미치지 못함
V048 　　정부는 내가 생각하는 것을 도외시함
V049 　　정부의 반응 지표
V050 　　이슈에 대해 충분히 이해함

| V051 | 대다수 사람들이 정보를 더 많이 가지고 있음 |
| V052 | 개인적 효능감 지표 |
| V053 | 부당한 법에 대해 취해질 것 같은 행동 |
| V054 | 부당한 법에 대해 취해질 것 같은 관심 |

■ 정치적 신뢰(Political Trust)

| V055 | 정부에 있는 사람들을 신뢰할 수 있다 |
| V056 | 정치인들은 단지 이익을 볼 뿐이다 |

■ 사회적 신뢰(Social Trust)

| V057 | 사람들이 [나를] 이용한다 |
| V058 | 사람들을 신뢰할 수 있다 |

■ 민주주의적 성과(Democratic Performance)

| V059 | 오늘날의 민주주의 |
| V060 | 10년 전의 민주주의 |
| V061 | 10년 후의 민주주의 |
| V062 | 정부가 제약하는 권리들 |

■ 국제적 의견들(International Opinions)

| V063 | UN에 관한 의견 |
| V064 | 국제기구에 관한 의견 |
| V065 | UN의 개입에 관한 의견 |

■ 정당에 대한 태도들(Attitudes toward Political Parties)

| V066 | 정당은 활동을 고무시킨다 |
| V067 | 정당들―실제적 선택의 폭 없음 |
| V068 | 국민투표는 좋은 방안인가 |

■ 선거에 대한 이미지(Image of Elections)
    V069      지난 번 선거의 정직성
    V070      지난 번 선거의 공정성

■ 정당에 대한 선호(Party Preference)
    V071      좌파/우파 정당 선호
    V072A     정당: 미국
    V072B     정당: 영국
    V072C     정당: 프랑스
    V072D     정당: 독일

■ 공공 서비스에 대한 이미지(Image of Public Service)
    V073      공중에게 헌신적인 공공서비스
    V074      공공 서비스는 실수를 바로 잡는다
    V075      공공 서비스의 부패 정도

■ 인구학적 변수들(Demographic Variables)
    V076      젠더
    V077      세대
    V078      결혼 상태
    V079      지속적 삶의 파트너(동거)
    V080      교육 수준
    V081      고용 상태
    V082      주(週)간 근무시간
    V083      R 직업
    V084      R 중간/노동계급
    V085      공공/민간 섹터
    V086      다른 사람 감독 업무

| V087 | 노동조합원 |
| V088 | 배우자도 직업인 |
| V089 | 배우자의 직종 |
| V090 | 배우자: 중간/노동계급 |
| V091 | 배우자: 공공/민간 섹터 |
| V092 | R 수입 |
| V093 | 가족의 크기 |
| V094 | 가족의 구성 |
| V095 | 종교 |
| V096 | 종교의례 출석 |
| V097 | 사회적 지위 |
| V098A | 지역—미국 |
| V098B | 지역—영국 |
| V098C | 지역—프랑스 |
| V098D | 지역—독일 |
| V099A | 지역공동체 크기—미국 |
| V099B | 지역공동체 크기—영국 |
| V099C | 지역공동체 크기—프랑스 |
| V099D | 지역공동체 크기—독일 |
| V100 | 지역공동체 유형 |
| V101 | 종족/인종—미국 |

## 코드 해설 목록

- V001    나라(country)
    1. 미국(가중치를 안 더한 N=1472; 가중치를 더한 N=1485)
    2. 영국(가중치를 안 더한 N=853; 가중치를 더한 N=833)
    3. 프랑스(가중치를 안 더한 N=1419; 가중치를 더한 N=1421)

4. 독일(가중치를 안 더한 N=1332; 가중치를 더한 N=1342)

V002　가중치(weight)

4개국 모두 가중치 변수를 제공한다. 이 변수는 핵심 변수들의 국가별 분포를 반영하는 표본을 보정(補正)하거나 상이한 표본추출 방식 때문에 생긴 모집단들의 편차를 바로잡기 위해 사용되었다. 예를 들면, 동독의 응답자들은 과도하게 표본추출이 되었으며 그들의 응답결과가 대표성을 띤 국가 표본이 되기 위해서는 가중치를 더해야 마땅하다. SPSS는 가중치 변수를 대표성 있는 표본 구축에 사용할 수 있다; 가중치는 각 국가에 모두 적용되어야 한다.

V003　좋은 시민은 항상 투표한다

좋은 시민이 되기 위한 요건에 대해서는 상이한 의견이 존재한다. 당신이 척도 1 '전혀 중요하지 않음'에서 7 '매우 중요함'의 척도 상에서 1에서 7까지에 대해 개인적으로 관심을 둔다고 할 때 '선거에서 항상 투표한다'는 것은 얼마나 중요한가?

1. 전혀 중요하지 않다(1-3)
2. 다소 중요하다(4-5)
3. 중요하다(6)
4. 매우 중요하다(7)
5. 모르겠다

V004　좋은 시민은 세금을 회피하지 않는다

결코 세금을 회피하려고 하지 않는 것은 (얼마나 중요한가)?
[응답 범주에 대해서는 V003을 참고하시오]

V005　좋은 시민은 법에 복종한다

법과 규정에 항상 복종하는 것은 (얼마나 중요한가)?
[응답 범주에 대해서는 V003을 참고하시오]

V006    좋은 시민은 정부를 감시한다

　　　 정부의 활동들을 감시하는 것은 (얼마나 중요한가)?
　　　 [응답 범주에 대해서는 V003을 참고하시오]

V007    좋은 시민은 결사에 적극적이다

　　　 사회적·정치적 결사체에서 활동적인 것은 (얼마나 중요한가)?
　　　 [응답 범주에 대해서는 V003을 참고하시오]

V008    좋은 시민은 다른 사람들을 이해한다

　　　 다른 사람들의 사고방식에 대해 이해하려고 하는 것은 (얼마나 중요한가)?
　　　 [응답 범주에 대해서는 V003을 참고하시오]

V009    좋은 시민은 상품을 고른다

　　　 정치적·윤리적·환경적인 이유로 상품을 고르는 것은 (얼마나 중요한가)?
　　　 [응답 범주에 대해서는 V003을 참고하시오]

V010    좋은 시민은 다른 사람들을 돕는다―국가 차원

　　　 (당신 나라)에 사는 당신보다 못한 사람들을 돕는 것은 (얼마나 중요한가)?
　　　 [응답 범주에 대해서는 V003을 참고하시오]

V011    좋은 시민은 다른 사람들을 돕는다―세계 차원

　　　 (당신 나라 외부 세계)에 사는 당신보다 못한 사람들을 돕는 것은 (얼마나 중요한가)?
　　　 [응답 범주에 대해서는 V003을 참고하시오]

V012    좋은 시민은 군(軍) 복무를 한다

　　　 필요한 시점에 기꺼이 군대에서 복무하는 것은 (얼마나 중요한가)?
　　　 [응답 범주에 대해서는 V003을 참고하시오]

V013    시민 의무 지표

[이 지표는 다른 사람들에 대한 관심, 사회 내 참여, 정부 감시와 같은 시민의 개입을 강조하는 항목들을 기초로 구축하였다. 더 자세한 정보는 Dalton(2007a)를 참조하시오.]

    1. 시민 의무는 낮은 중요성을 갖는다
    2.
    3.
    4. 시민 의무는 높은 중요성을 갖는다
    9. 모르겠다

V014    개입된 시민 지표

[이 지표는 법의 준수, 세금 비회피, 군복무, 투표와 같은 시민의 의무를 강조하는 항목들을 기초로 구축하였다. 더 자세한 정보는 Dalton(2007a)를 참조하시오.]

    1. 개입된 시민성(citizenship)은 낮은 중요성을 갖는다
    2.
    3.
    4. 개입된 시민성(citizenship)은 높은 중요성을 갖는다
    9. 모르겠다

V015    모임을 허용한다 – 종교적 극단주의자들

사회 안에는 다수의 집단이 존재한다. 종교적 극단주의자들이 공개된 모임을 하는 것을 허용해야만 하는가?

    1. 확실히 허용해야 할 것이다
    2. 아마도 허용해야 할 것이다
    3. 아마도 허용하지 말아야 할 것이다
    4. 확실히 허용하지 말아야 할 것이다
    9. 모르겠다

V016    모임을 허용한다—정부 전복 시도자들

정부를 무력으로 전복시키고자 하는 사람들이 공개된 모임을 하는 것을 허용해야만 하는가?

[응답 범주에 대해서는 V015를 참고하시오]

V017    모임을 허용한다—인종주의자들

어떤 인종적이거나 종족적인 집단에 대해 편견을 가진 사람들이 공개된 모임을 하는 것을 허용해야만 하는가?

[응답 범주에 대해서는 V015를 참고하시오]

V018    정치적 관용 지표

[이 변수는 V015-V017에서 허용된 집단의 수를 센 것이다.]

0. 어떤 집단도 허용되지 않았다
1. 1개 집단
2. 2개 집단
3. 3개 집단 모두
9. 모르겠다

V019    정치에 대한 관심

당신은 개인적으로 정치에 얼마나 관심이 있다고 말하겠는가?

1. 매우 관심이 있다
2. 대체로 관심이 있다
3. 별로 관심이 없다
4. 전혀 관심이 없다
9. 자료 누락됨

V020    정치토론—빈도

친구, 친척, 동료와 함께할 기회가 있다면 얼마나 자주 정치토론을 벌이는가?

1. 자주 한다

2. 때때로 한다

3. 드물게 한다

4. 결코 하지 않는다

9. 자료 누락됨

V021    정치토론—친구에게 확신을 심어준다

당신이 정치에 대해 강한 의견을 가지고 있다면 의견을 공유하기 위해서 얼마나 자주 친구, 친척, 동료를 설득하겠는가?

1. 자주 한다

2. 때때로 한다

3. 드물게 한다

4. 결코 하지 않는다

9. 자료 누락됨

V022    선거에서 투표했다

지난번 전국 단위 선거에서 투표했는가?

1. 했다

2. 안 했다

9. 자료 누락됨

V023    청원서에 서명했다

다음에 사람들이 행하는 정치적이고 사회적인 행동의 몇 가지 상이한 형태가 있다. 각각에 대해 표시하시오: 당신이 이런 것들 중 어떤 것을 작년에 한 적이 있는지; 한참 전에 한 적이 있는지; 한 적은 없지만 할 수도 있는지; 혹은 한 적이 없으며 어떤 경우에도 하지 않을 것인지를 표시하시오. 청원서에 서명한 적이 있습니까?

1. 작년에 한 적이 있다

2. 한참 전에 한 적이 있다

3. 한 적은 없지만 장차 할 수도 있다
4. 한 적은 없지만 결코 하지 않을 것이다
9. 자료 누락됨

V024    특정 상품을 보이콧했다

(당신은) 정치적·윤리적·환경적 이유 때문에 특정 상품을 보이콧하거나, 일부로 구매하거나 한 적이 있는가?

[응답 범주는 V023을 참고하시오.]

V025    시위에 참가했다

(당신은) 시위에 참석한 적이 있는가?

[응답 범주는 V023을 참고하시오.]

V026    정치모임에 참가했다

(당신은) 정치적 모임이나 집회에 참석한 적이 있는가?

[응답 범주는 V023을 참고하시오.]

V027    정치인을 접촉한다

(당신은) 당신의 의사를 표현하기 위해 정치인 혹은 공무원을 접촉했거나 접촉하려고 시도한 적이 있는가?

[응답 범주는 V023을 참고하시오.]

V028    돈을 기부한다

(당신은) 사회적 혹은 정치적 활동을 위한 자금을 기부하였거나 모금한 적이 있는가?

[응답 범주는 V023을 참고하시오.]

V029   미디어를 접촉한다

(당신은) 당신의 의사를 표현하기 위해 미디어를 접촉했거나 출현한 적이 있는가?

[응답 범주는 V023을 참고하시오.]

V030   인터넷 포럼에 참여한다

(당신은) 인터넷 정치포럼이나 토론집단에 참여한 적이 있는가?

[응답 범주는 V023을 참고하시오.]

V031   항의 지표

[이 변수는 지난해에 응답자가 한 적이 있는 항의활동(V023, V025, V030)의 수를 센 것이다.]

   0. 어떤 항의활동도 하지 않았다

   1. 1개

   2. 2개

   3. 3개 또는 그 이상

   9. 자료 누락됨

V032   관례적 참여 지표

[이 변수는 지난해에 응답자가 한 적이 있는 비항의활동(V022, V027-V029)의 수를 센 것이다.]

   0. 어떤 정치활동도 하지 않았다

   1. 1개

   2. 2개

   3. 3개 또는 그 이상

   9. 자료 누락됨

V033　총체적 참여 지표

[이 변수는 지난해에 응답자가 한 적이 있는 정치적 활동 전체(V023-V030)의 수를 센 것이다.]

    0. 어떤 활동도 하지 않았다
    1. 1개
    2. 2개
    3. 3개
    4. 4개
    5. 5개 또는 그 이상
    9. 자료 누락됨

V034　정당에 가입한다

사람들은 때때로 상이한 종류의 집단이나 결사체에 소속한다. 각 집단 유형에 대해서 당신이 적극적으로 참여하는지; 소속하고 있지만 적극적으로 참여하지 않은지; 과거에는 속했지만 더 이상 소속하고 있지 않는지; 결코 소속했던 적이 없는지에 대해 표시하시오. 정당에 대해 표시하시오.

    1. 소속해 있으며 적극적으로 참여한다
    2. 소속해 있지만 적극적으로 참여하지 않는다
    3. 과거에 소속한 적이 있다
    4. 결코 소속한 적이 없다
    9. 모르겠다

V035　노동조합에 가입한다

(당신은) 노동조합, 기업협회, 또는 전문직 결사체에 속해 있는가?

    [응답 범주는 V034을 참고하시오.]

V036　교회에 등록한다

(당신은) 교회 또는 다른 종교단체에 속해 있는가?

[응답 범주는 V034을 참고하시오.]

V037 스포츠 집단에 가입한다

(당신은) 스포츠, 여가, 또는 문화집단에 속해 있는가?

[응답 범주는 V034을 참고하시오.]

V038 다른 집단에 가입한다

(당신은) 여타 자발결사체에 속해 있는가?

[응답 범주는 V034을 참고하시오.]

V039 [가입] 집단의 수

응답자가 소속해 있는 단체의 수(V034-V038):

0. 어떤 단체에도 속해 있지 않다

1. 1개 단체

2. 2개 단체

3. 3개 단체 또는 그 이상

9. 자료 누락됨

V040 적절한 생활수준

민주주의 국가에는 인민의 권리에 관해 상이한 의견이 존재한다. 척도 1 '전혀 중요하지 않음'에서 7 '매우 중요함'의 척도 상에서 모든 시민이 적절한 생활수준을 갖는 것이 얼마나 중요한지 표시하시오.

1. 전혀 중요하지 않다(1-3)

2. 다소 중요하다(4-5)

3. 중요하다(6)

4. 매우 중요하다(7)

5. 모르겠다

V041    정부의 소수자 존중

정부 당국이 소수자들의 권리를 존중하고 보고하는 것은 (얼마나 중요한가)?
[응답 범주는 V040을 참고하시오.]

V042    정부의 평등한 대우

정부 당국이 모든 사람을 그의 사회 내 지위와 상관없이 평등하게 대우하는 것은 (얼마나 중요한가)?
[응답 범주는 V040을 참고하시오.]

V043    시민-지향적 결정들

정부 당국이 결정을 수립하기 전에 시민들의 의견을 고려하는 것은 (얼마나 중요한가)?
[응답 범주는 V040을 참고하시오.]

V044    시민이 관여한 결정들

사람들에게 공적인 결정수립 과정에 참여할 기회가 더 많이 주어지는 것은 (얼마나 중요한가)?
[응답 범주는 V040을 참고하시오.]

V045    시민불복종 행위들

사람들이 정부의 활동에 반대할 경우 시민불복종 행위에 관여할 수 있는 것은 (얼마나 중요한가)?
[응답 범주는 V040을 참고하시오.]

V046    민주주의적 권리 지표

[이 변수는 모든 민주주의적 권리 항목들(V040-V044; V045는 포함되지 않음)에 대해 응답자가 매우 중요하다에 표시한 경우의 수를 센 것이다.]
    0. 어떤 항목도 언급되지 않았다

1. 1개 항목

2. 2개 항목

3. 3개 항목

4. 4개 항목

5. 5개 항목 또는 그 이상

9. 자료 누락됨

V047    정부 업무에 어떤 영향도 미치지 못함

다음 진술에 어느 정도로 동의 혹은 비동의하는가?: 나와 같은 사람들은 정부가 하는 일에 대해 어떠한 발언권도 없다.

1. 강한 동의

2. 동의

3. 동의/비동의 안 함

4. 비동의

5. 강한 비동의

9. 자료 누락됨

V048    정부는 내가 생각하는 것을 도외시함

나는 정부가 나와 같은 사람들이 생각하는 것에 별로 신경을 안 쓴다고는 생각지 않는다. (당신은 이 진술에 동의하는가 아니면 비동의하는가?)

[응답 범주는 V047을 참고하시오.]

V049    정부의 반응 지표

이 변수는 정부가 반응적인지에 대한 느낌을 측정한다. [변수는 효능감 항목 V047-V048에 대한 응답 중 비동의 또는 강한 비동의를 표시한 경우의 수를 센 것이다.]

0. 0 (낮음)

1. 1개

3. 2개 (높음)

9. 자료 누락됨

V050　이슈에 대해 충분히 이해함

나는 (~ 나라)가 당면한 중요한 정치적 이슈에 대해 매우 잘 이해하고 있다고 느낀다. (당신은 이 진술에 동의하는가 아니면 비동의하는가?)

　　[응답 범주는 V047을 참고하시오.]

V051　대다수 사람들이 정보를 더 많이 가지고 있음

나는 (~ 나라) 사람들 대다수가 정치와 정부에 관해 나보다 더 잘 알고 있다고 생각한다. (당신은 이 진술에 동의하는가 아니면 비동의하는가?)

　　[응답 범주는 V047을 참고하시오.]

V052　개인적 효능감 지표

이 변수는 개인적 효능에 대한 느낌을 측정한다. [변수는 효능감 항목 V050-V051에 대한 응답 중 효능감을 느낀다고 표시한 경우의 수를 센 것이다.]

　　0. 0 (낮음)
　　1. 1개
　　3. 2개 (높음)
　　9. 자료 누락됨

V053　부당한 법에 대해 취해질 것 같은 행동

의회가 당신이 부당하거나 해롭다고 생각한 법의 제정을 고려하고 있다고 가정해보라. 만일 그러한 경우가 발생했을 경우에 당신이 독자적으로 혹은 다른 사람들과 함께 그것과 관련하여 무엇인가를 하려고 할 가능성은 어떠한가?

　　1. 매우 가망성이 있다
　　2. 대체로 가망성이 있다
　　3. 대체로 가망성이 없다
　　4. 전혀 가망성이 없다

9. 자료 누락됨

V054 　 부당한 법에 대해 취해질 것 같은 관심

의회가 당신이 부당하거나 해롭다고 생각한 법의 제정을 고려하고 있다고 가정해보라. 만일 당신이 어떤 [저지] 노력을 했을 경우에 의회가 당신의 요구에 진지한 관심을 보일 가능성은 어떠한가?

　　1. 매우 가망성이 있다
　　2. 대체로 가망성이 있다
　　3. 대체로 가망성이 없다
　　4. 전혀 가망성이 없다
　　9. 자료 누락됨

V055 　 정부에 있는 사람들을 신뢰할 수 있다

다음 진술에 어느 정도로 동의 혹은 비동의하는가? 대개의 경우 우리는 정부에 있는 사람들이 옳은 일을 한다고 신뢰할 수 있다.

　　1. 강한 동의
　　2. 동의
　　3. 동의/비동의 안 함
　　4. 비동의
　　5. 강한 비동의
　　9. 자료 누락됨

V056 　 정치인들은 단지 이익을 볼 뿐이다

정치인들은 대부분 개인적인 정치판에서 이득을 얻기 위해서 정치에 입문한다. (당신은 동의 혹은 비동의하는가?):

　　1. 강한 동의
　　2. 동의
　　3. 동의/비동의 안 함
　　4. 비동의

5. 강한 비동의

9. 자료 누락됨

V057    사람들이 [나를] 이용한다

얼마나 자주 사람들이 기회가 생기면 당신을 이용하려고 할 것으로 생각하는가? 얼마나 자주 사람들이 공정하리라 생각하는가?

1. 항상 이용하려고 한다

2. 대개의 경우에 이용하려고 한다

3. 대개의 경우에 공정하다

4. 항상 공정하다

9. 자료 누락됨

V058    사람들을 신뢰할 수 있다

일반적으로 말해서 당신은 사람들을 신뢰할 수 있다거나, 혹은 사람들과의 거래에서 너무 조심스러운 경우는 없다고 말하겠는가?

1. 항상 신뢰한다

2. 보통은 신뢰한다

3. 대개 조심스럽다

4. 항상 조심스럽다

9. 자료 누락됨

V059    오늘날의 민주주의

전체적으로, 0 '매우 형편없음'에서 10 '매우 좋음'까지의 척도상에서 오늘날 (~나라)의 민주주의는 얼마나 잘 작동하고 있는가?

1. 매우 형편없음 (0-3)

2. 형편없음 (4, 5, 6)

3. 좋음 (7, 8)

4. 매우 좋음 (9, 10)

9. 자료 누락됨

V060    10년 전의 민주주의

10년 전 (~ 나라)의 민주주의는 얼마나 잘 작동했는가?

[응답 범주는 V059를 참고하시오.]

V061    10년 후의 민주주의

10년 후 (~ 나라)의 민주주의는 얼마나 잘 작동하리라 생각하는가?

[응답 범주는 V059를 참고하시오.]

V062    정부가 제약하는 권리들

여기에 (~ 나라)의 정치시스템과 관련한 몇 가지 견해가 있다. 이 진술들 가운데 당신의 견해와 좀 더 가까운 것은 어떤 것인가?

1. 어떤 경우에라도 정부가 민주주의적 권리를 제약해서는 안 된다
2. 정부가 필요하다고 생각할 때는 민주주의적 권리를 제약해야 한다
9. 자료 누락됨

V063    UN에 관한 의견

우리는 국제적 이슈들에 관해 당신의 의견을 묻고 싶다. UN에 관해 생각할 때 다음 중 어떤 것이 당신의 견해에 좀 더 근접하는가?

1. 너무 큰 권한
2. 적정 수준의 권한
3. 너무 적은 권한
9. 자료 누락됨

V064    국제기구에 관한 의견

다음 중 어떤 것이 당신의 견해에 좀 더 근접하는가?

1. 국제기구 내에서 결정은 각국 정부 대표에게 맡겨야 한다
2. 국제기구 내에서 시민단체들이 직접적으로 결정수립 과정에 관여해야만

한다
9. 자료 누락됨

V065   UN의 개입에 관한 의견

다음 2개 진술 중 어떤 것이 당신의 견해에 좀 더 근접하는가?
1. 가령 어떤 나라가 인권을 심각한 수준으로 침해한다면 UN이 개입해야 한다
2. 비록 인권이 심각한 수준으로 침해된 경우라도 국가의 주권은 존중되어야 하며, UN이 개입해서는 안 된다
9. 자료 누락됨

V066   정당은 활동을 고무시킨다

(~ 나라에서) 정치에 관해 생각할 때 당신은 다음 진술에 대해 어떤 수준으로 동의 또는 비동의하는가? 정당들은 사람들이 정치에 적극적으로 되도록 고무한다.
1. 강한 동의
2. 동의
3. 동의/비동의 안 함
4. 비동의
5. 강한 비동의
9. 자료 누락됨

V067   정당들-실제적 선택의 폭 없음

정당은 유권자들에게 실질적 정책 선책사양을 주지 않는다. (당신은 동의 혹은 비동의하는가?)
[응답 범주는 V066을 참고하시오.]

V068   국민투표는 좋은 방안인가

국민투표는 중요한 정치적 결정을 하는 좋은 수단이다. (당신은 동의 혹은 비동

의하는가?)

[응답 범주는 V066을 참고하시오.]

V069    지난번 선거의 정직성

(~ 나라의) 지난번 전국 차원의 선거를 생각해 볼 때 투표자 수 계산과 투표결과 보고에서 얼마나 정직했는가?

1. 매우 정직함
2. 다소 정직함
3. 정직하지도 비정직하지도 않음
4. 다소 비정직함
5. 매우 비정직함
9. 자료 누락됨

V070    지난번 선거의 공정성

(~ 나라의) 지난번 전국 차원의 선거를 생각해 볼 때 후보자와 정당에게 캠페인 기회는 공정하게 주어졌는가?

1. 매우 공정함
2. 다소 공정함
3. 공정하지도 불공정하지도 않음
4. 다소 불공정함
5. 매우 불공정함
9. 자료 누락됨

V071    좌파/우파 정당선호

이 항목은 응답자의 정당선호를 측정한다. 각국에서 일반적인 정당선호 또는 최근의 투표 선택을 타진하는 상이한 질문들이 사용되었다. 이 변수는 응답을 좌파 또는 우파 정당선호로 재(再)코드화한 것이다.

1. 좌파 정당
2. 우파 정당

9. 자료 누락됨(정당선호에 대한 무응답 포함)

V072A    정당: 미국

일반적으로 말해서, 당신은 통상적으로 자신을 공화당원, 민주당원, 무당파, 또는 다른 어떤 당파라고 생각하는가? (만약에 당신이 공화당원이나 민주당원이라면) 자신을 강한 혹은 그다지 강하지 않은 공화당원 혹은 민주당원이라고 말하겠는가? (만약에 무당파라면) 자신을 공화당원 혹은 민주당원 중 어느 쪽과 더 가깝다고 말하겠는가?

　　　1. 강한 민주당원
　　　2. 약한 민주당원
　　　3. 무당파—민주당 경향
　　　4. 무당파
　　　5. 무당파—공화당 경향
　　　6. 약한 공화당원
　　　7. 강한 공화당원
　　　9. 자료 누락됨(정당선호에 대한 무응답 포함)

V072B    정당: 영국

내일 총선이 있다면 당신은 어느 정당을 가장 많이 지지할 것 같습니까?

　　　1. 보수당
　　　2. 노동당
　　　3. 자민당
　　　6. 스코틀랜드국민당(SNP)
　　　7. 웨일즈당(Plaid Cymru)
　　　8. 녹색당
　　　9. 자료 누락됨(정당선호에 대한 무응답 포함)

V072C    정당: 프랑스

당신이 어느 당 혹은 정치운동에 가장 가깝게 느끼거나 적어도 가장 거리감을 느끼지 않는지 말해 주시겠습니까?

1. 공산당(PCF)
2. 극좌파
3. 사회당(PS)
4. 녹색당(Verts)
5. 프랑스민주주의연합(UDF)
6. UMP/RPR(드골주의자당)
7. 국민전선당(FN)
9. 자료 누락됨(정당선호에 대한 무응답 포함)

V072D    정당: 독일

다음 일요일에 총선이 있다면 당신의 두 번째 투표를 어느 당에 하시겠습니까?

1. 기민당(CDU기민련/CSU기사련)
2. 사민당(SPD)
3. 자민당(FDP)
4. 녹색당(Greens)
5. 공화주의자당(REP)
6. 민사당(PDS)
9. 자료 누락됨(정당선호에 대한 무응답 포함)

V073    공중에게 헌신적인 공공 서비스

(_나라)의 공공 서비스에 대해 생각해 볼 때 그것은 국민에게 복무하는 데 얼마나 신념을 지니고 있다고 생각합니까?

1. 매우 신념이 있음
2. 다소 신념이 있음
3. 별로 신념이 없음
4. 전혀 신념이 없음
9. 자료 누락됨

V074  공공 서비스는 실수를 바로잡는다

공공서비스가 (~ 나라에서) 심각한 실수를 한다면 그것이 바로잡힐 가망성은 얼마나 됩니까?

1. 매우 가망성이 있음
2. 다소 가망성이 있음
3. 별로 가망성이 없음
4. 전혀 가망성이 없음
9. 자료 누락됨

V075  공공 서비스의 부패 정도

(~ 나라의) 공공 서비스에서 부패는 어느 정도 확산되어 있다고 생각합니까?

1. 거의 아무도 연루되지 않음
2. 적은 숫자의 사람이 연루됨
3. 적당한 숫자의 사람이 연루됨
4. 많은 사람이 연루됨
5. 거의 모든 사람이 연루됨
9. 자료 누락됨

V076  젠더

응답자의 성별

1. 남성
2. 여성
9. 자료 누락됨

V077  세대

당신의 출생연도를 말해주겠습니까? 19___. 이 숫자는 당신이 ___살이라는 뜻이군요. (우리는 '세대'를 응답자가 태어난 해가 아니라 그들이 18세기 된 해를 기준으로 규정한다.)

1. 제2차 세계대전 전 (2004년 현재 77세 이상.)
2. 전후 베이비붐 세대 (62-76세)
3. 꽃다운 세대 (47-61세)
4 X 세대 (32-46세)
5. Y 세대 (31세까지)
9. 자료 누락됨

V078    결혼 상태

현재 … (읽어 주면서 한 가지만 표시함)
1. 기혼/결혼 상태로 함께 생활함
2. 사별
3. 이혼
4. 헤어졌지만 다시 결혼함
5. 미혼/결혼한 적이 없음
9. 자료 누락됨

V079    지속적 삶의 파트너(동거)

지속적인 파트너와 동거하는가?
1. 예
2. 아니오
9. 자료 누락됨

V080    교육 수준

당신이 받은 최상위 교육 수준은 무엇인가? (각국이 상이한 설문 문항을 사용하였음)
1. 초등교육 또는 그 이하
2. 초등교육 이후 약간 추가
3. 중등 기술교육 수료
4. 중등교육 이후 약간 추가

5. 대학 학위
   9. 자료 누락됨

V081   고용 상태
   응답자: 현재의 고용상태, 현재의 경제적 지위, 주요 생계수단:
   1. 전업 임금 고용직
   2. 임시고용직
   3. 은퇴/연금 수령
   5. 전업주부
   6. 학생
   7. 실업
   9. 자료 누락됨

V082   주(週)간 근무시간
   지난주에 몇 시간 일했는가, 모든 업무시간을 다 더하면 1주에 통상 몇 시간 근무하는가?
   1. 1-20 시간
   2. 21-30 시간
   3. 31-40 시간
   5. 40 시간 이상
   9. 자료 누락됨

V083   R 직업
   대개 무슨 종류의 일을 하(했)는가? 그 직종에서 실제로 무슨 일을 하(했)는가?
   (ILO/ISCO 1988 코드항목)
   1. 전문직
   2. 기술직/사무직
   3. 서비스직/판매직
   4. 육체노동자

9. 자료 누락됨

V084    R 중간/노동계급

[이 변수는 V083의 범주들을 와해시키고 있다.]

1. 중간계급 (코드 1-3)
2. 노동계급 (코드 4)
9. 다른 직업군(群); 무응답

V085    공공/민간 섹터

현재 민간섹터/공공섹터에서 일하는가? 또는 과거 직업에서 민간섹터/공공섹터에서 일했는가?

1. 정부공무원
2. 공기업
3. 사기업
4. 자영업
9. 자료 누락됨; 비고용 상태

V086    다른 사람 감독 업무

당신의 주된 업무상 당신은 누군가를 감독하거나 직접적으로 다른 사람들의 일에 대한 책임을 지는가?

1. 예
2. 아니오
9. 자료 누락됨; 비고용 상태

V087    노동조합원

당신은 현재 노동조합의 조합원인가?

1. 현재 조합원
2. 과거 조합원

3. 조합에 가입한 적 없음

9. 자료 누락됨; 비고용 상태

V088  배우자도 직업인

배우자: 현재의 고용 상태, 현재의 경제적 지위, 주요 생계 원천:

1. 전업 임금 고용직

2. 임시고용직

3. 은퇴/연금 수령

5. 전업주부

6. 학생

7. 실업

9. 자료 누락됨

V089  배우자의 직종

당신의 배우자는 대개 무슨 종류의 일을 하(했)는가? 그 직종에서 실제로 무슨 일을 하(했)는가? (ILO/ISCO 1988 코드항목)

1. 전문직

2. 기술직/사무직

3. 서비스직/판매직

4. 육체노동자

9. 자료 누락됨

V090  배우자: 중간/노동계급

[이 변수는 V083의 범주들을 와해시키고 있다.]

1. 중간계급 (코드 1-3)

2. 노동계급 (코드 4)

9. 다른 직업군(群); 무응답

V091    배우자: 공공/민간 섹터

당신의 배우자는 현재 민간섹터/공공섹터에서 일하는가? 또는 과거 직업에서 민간섹터/공공섹터에서 일했는가?

1. 정부공무원

2. 공기업

3. 사기업

4. 자영업

9. 자료 누락됨; 비고용 상태


V092    R 수입

당신은 2003년에 일했던 직장에서 얼만큼의 수입을 올렸는가?

1. 4분위 중 최하위

2. 4분위 중 밑에서 두 번째

3. 4분위 중 세 번째

4. 4분위 중 최상위

9. 자료 누락됨; 비고용 상태


V093    가족의 크기

당신의 가족 구성원의 숫자는?

1. 1명

2. 2명

3. 3명 또는 4명

4. 5명 또는 그 이상

9. 자료 누락됨


V094    가족의 구성

당신의 가족 구성원의 숫자는?

1. 성인 1명, 아이 없음

2. 성인 2명, 아이 없음

3. 성인 1명, 아이들
4. 성인 2명, 아이들
5. 다른 인적 구성방식
9. 자료 누락됨

V095    종교

(종교적이라면, 교파): 어떤 것인가?
1. 무교
2. 로마 카톨릭
3. 개신교
4. 유태교
5. 다른 종교
9. 자료 누락됨

V096    종교의례 출석

종교행사에는 얼마나 자주 출석하는가?
1. 매주 또는 그보다 자주
2. 매달 또는 그보다 자주
3. 자주 출석하지 않음
4. 전혀 출석하지 않음
9. 자료 누락됨

V097    사회적 지위

당신의 사회에 꼭대기를 향해 나아가는 사람들의 집단과 바닥을 향해가는 사람들의 집단이 있다. 아래는 꼭대기에서 바닥까지의 척도다. 당신은 이 척도에서 어디가 자신의 위치라고 생각하는가?
1. 최하위 (1-3)
2. 중간 아래 (4-5)
3. 중간 위 (6-7)

4. 상위 (8-10)

9. 자료 누락됨: 영국에서는 질문하지 않았음

V098A　지역—미국

    미국: 면접이 시행된 지역:

        0. 가용하지 않음: 여타 다른 나라들

        1. New England

        2. Middle Atlantic

        3. East North Central

        4. West North Central

        5. South Atlantic

        6. East South Central

        7. West South Central

        8. Mountain

        9. Pacific

V098B　지역—영국

    영국: 면접이 시행된 지역:

        0. 가용하지 않음: 여타 다른 나라들

        1. Scotland

        2. North, North West, Yorkshire Hbs

        3. West, East Midlands

        4. Wales

        5. East Anglia, South West, SE

        6. Greater London

V098C　지역—프랑스

    프랑스: 면접이 시행된 지역:

        0. 자료 누락됨; 다른 나라

1. Paris Basin

2. Center-East

3. East

4. Ile de France

5. Mediterranean

6. North

7. West

8. South West

V098D  지역-독일

면접이 시행된 독일의 지역(Land):

0. 가용하지 않음: 여타 다른 나라들

1. Schleswig-Holstein

2. Hamburg

3. Niedersachsen

4. Bremen

5. Nordrhein-Westfalen

6. Hessen

7. Rheinland-Pfalz

8. Baden-Wuerttemberg

9. Bayern

10. Saarland

11. Berlin-Ost

12. Mecklenburg-Vorpommern

13. Brandenburg

14. Sachsen-Anhalt

15. Thueringen

16. Sachsen

17. Berlin-West

V099A  공동체 크기—미국

　미국: 도시의 크기:

　　0. 가용하지 않음: 여타 다른 나라들
　　1. 1-9백만 거주자
　　2. 500,000-999,999 거주자
　　3. 100,000-499,999 거주자
　　4. 50,000-99,999 거주자
　　5. 10,000-49,999 거주자
　　6. 1,000-9,999 거주자
　　7. 1,000 미만의 거주자

V099B  지역공동체 크기—영국

　영국: 도시의 크기:

　　0. 가용하지 않음: 여타 다른 나라들
　　1. 헥타르 제곱 당 3명 미만
　　2. 헥타르 제곱 당 3-18.37명 미만
　　3. 헥타르 제곱 당 8.37-31.3명 미만
　　4. 헥타르 제곱 당 31.3명 이상

V099C  공동체 크기—프랑스

　프랑스: 도시의 크기:

　　0. 가용하지 않음: 여타 다른 나라들
　　1. 500,000 이상 거주자
　　2. 100,001-500,000 거주자
　　3. 50,001-100,000 거주자
　　4. 20,001-50,000 거주자
　　5. 10,001-20,000 거주자
　　6. 2,001-10,000 거주자
　　7. 거주자 2,000 명 또는 그 이하

V099D    공동체 크기—독일

　　독일: 도시의 크기:

　　　　0. 가용하지 않음: 여타 다른 나라들
　　　　1. 500,000 또는 그 이상 거주자
　　　　2. 100,000-499,999 거주자
　　　　3. 50,000-99,999 거주자
　　　　4. 20,000-49,999 거주자
　　　　5. 5,000-19,999 거주자
　　　　6. 2,000-4,999 거주자
　　　　7. 거주자 1,999명까지


V100     공동체 유형

　　　　1. 도시지역, 큰 도시
　　　　2. 큰 도시의 교외 (프랑스에서는 이 범주가 사용되지 않음)
　　　　3. 작은 도시 또는 타운
　　　　4. 시골 마을, 농장 (미국에서는 이 범주가 사용되지 않음)
　　　　7. 자료 누락됨


V101     종족/인종—미국

　　당신은 스페인인, 히스패닉, 라티노인가? 당신의 인종은 무엇인가? 자신이 속한다고 생각하는 하나 또는 그 이상의 범주에 표시하시오(세계의 지역이 코드화됨):

　　　　1. 미국인
　　　　2. 아프리카인
　　　　3. 아시아인
　　　　4. 히스패닉
　　　　5. 아메리카 원주민
　　　　9. 영국, 프랑스, 또는 독일의 여론조사에 포함되지 않았음

주

# 1장 서론

1. 이 책에 나오는 데이터 대부분은 앤 아버의 미시간대학에 있는 대학 간 정치사회연구 컨소시엄에서 얻었다. 추가적 데이터는 독일의 쾰른대학 소재 젠트랄아카이브(Zentralarchiv fr empirische Sozialforschung), 영국 에섹스대학 소재 ESRC아카이브, 프랑스의 그레노블대학 소재 Banque de Donnes Socio-Politiques로부터 확보하였다. 주요 데이터의 원천에 대한 추가정보는 부록 A를 참조하기 바란다. 그러나 이들 문서보관소나 원 데이터 수집가들은 여기 제시된 분석에 대한 어떠한 책임도 없음을 밝힌다.
2. 이들 국가에 대한 간략한 검토가 필요할 경우 Almond, Powell, Dalton 그리고 Strom (2007)을 참조하고, 좀 더 상세한 연구를 보려면 영국의 경우에 Norton(2000), 독일은 Conradt(2003), 프랑스는 Safran(2002)을 참조하기 바란다.

# 2장. 대중 신념의 본질

1. 기사: "우리는 바르트를 안다, 그러나 호머는 우리에게 그리스인이다," Los Angeles Times, 2006년 8월 15일자. A14면.
2. 물론 이견을 보이는 목소리들도 있었다. 배지헛(Walter Bagehot 1978), 슘페터(Joseph Schumpeter 1943), 리프만(Walter Lippmann 1922)은 사람들이 이론적인 이상과는 상당히 동떨어져 있다고 주장하면서 보통 시민에 대해 매우 비판적이었다.
3. 2006년 텍사스 주 선거에서 한 후보가 텍사스 의회는 한때 보스턴 살인마를 존중하는 동의안을 만장일치로 통과시킨 바 있는데, 동료들이 읽어보지도 않고 법안들을 통과시키는 비행을 입증하려고 한 의원이 바로 그 법안을 발의했었다는 점을 지적했다. 엘리트들의 다른 일관성 사례는 Arnold(1990)를 참조하라.
4. 토론의 한 부분은 세련화가 어떻게 측정되는가에 초점을 맞추고 있는 방법론적 측면이다. 이 논점에 대한 토의는 Kuklinski & Peyton(2007)을 보라. 다른 연구는 엘리트들이 일반 공중보다 정치적으로 더 관용적이라는 증거에 대해 질문을 제기했다(Jackman 1972; Sniderman et al. 1991).
5. 미국과 유럽 사이의 차이들은 부분적으로 응답자에게 주어진 상이한 질문문항과 응답 선택지의 기능이다. 유럽 국가들은 유럽연합에 관한 정보 원천에 관해 물었다. 미국에서는 현재 세계에 무슨 일이 일어나는가에 관한 뉴스의 원천에 관해 물었다.

6. 영국, 독일, 프랑스의 설문문항들은 정치에 관한 일반적인 관심을 측정한다. 미국 설문은 캠페인에 관한 관심에 대해 물었다. 설문 내용의 차이 때문에 정치적 관심의 절대적 수준은 교차-국가적으로 비교해서는 안 된다. 그러한 비교를 보려면 Jennings & van Deth(1989)를 참조하라. 추가적인 나라들의 정치적 관심 추이를 보려면 Dalton & Wattenberg(2000, 3장)을 보라.
7. 공중의 지식수준을 비판하는 사람들은 종종 엘리트 집단에서도 비슷한 것들이 발견된다는 점을 간과한다. 일례로, 짐머만(Zimmerman 1990, 1991)은 신문 편집자들과 선출직 정치인들이 역사적 사실과 과학적 사실에 대한 한정된 지식수준을 보여준다는 점을 발견했다.
8. 정치학 교수에게는 놀라운 일이겠지만 정치는 사람들의 삶에서 단지 한 부분일 뿐이다. 1999년 세계가치서베이가 미국인들에게 그들의 삶에서 가장 중요한 게 뭐냐고 질문했을 때, 정치는 목록의 맨 끝에 올라왔다. 가족이 95퍼센트, 친구가 64퍼센트, 종교가 58퍼센트, 일이 54퍼센트, 여가가 43퍼센트, 그리고 정치가 16퍼센트였다.
9. 이 문헌은 상당히 다양한 적용방식을 가지고 있다(예로, Hurwitz & Peffley 1987; Peffley & Hurwitz 1985; Sniderman, Brody & Kuklinski 1984; Miller, Wattenberg & Malanchuk 1986 을 보라).
10. 이 글은 Surowiecki(2004, p.267)에서 인용함.
11. 공중이 다양한 의사결정을 위한 지름길에 의존하는 것—요건을 충족시키려고 하는 행태—은 비즈니스와 정부의 결정수립자에게 일반적이다(Cyert & March 1963). 그럼에도 민주주의적 엘리트주의자들이 이 모델을 정치적 선택에 적용시키는 경우에 그들은 공중의 명예를 훼손한다.

## 3장. 어떻게 정치에 참여하는가?

1. Geraint Parry, George Moyser, and Neil Day(1992)는 논쟁적 참여형태가 영국인의 또 다른 참여양식을 형성하고 있음을 보여준다. Charles Patti, Patrick Seyd, and Paul Whiteley(2004)는 개인적 행위의 세 가지 차원—(1) 소비자주의, 기여(기부), 선거, (2) 접촉, (3) 항의—을 발견했다. Jan Teorell, Mariano Torcal, and Jose Ramon Montero(2007)은 최근 저서에서 유럽의 참여 연구를 통해 다섯 가지 양태를 규명했다. William Claggett & Philip Pollack(2006)도 참고하라.
2. Michael McDonald & Samuel Popkin(2001)은 무자격자 성인(비시민이나 전과 기록이 있는 자) 비율의 증가가 미국의 투표율을 인위적으로 끌어내렸음을 보여준다. 비율의 간격도 시간이 경과함에 따라 증가했다. 2004년의 투표율을 예로 들면, 이들 무자격자를 제외하면 약 5퍼센트가 올라간다.
3. 영국의 경우에 투표 기회는 지자체(local council) 선거와 주(county) 선거, 2005년 하원 선거, 2004년 유럽 의회선거를 포함하고 있다. 미국의 투표 기회는 예비선거와 본 선거를 포함하는데, 예비선거에서 연방 공직을 위한 3표와 주 공직을 위한 2표(이 5개의 공직은 본 선거에서 채워진다), 전문대(junior college) 학교구를 위한 3표, 지역 학교구를 위한 2표, 시

정부를 위한 3표, 식수(食水)구를 위한 1표, 그리고 19회의 의제와 국민투표를 포함하고 있다.
4. 미국의 최고로 극단화된 2004년 대선은 선거 캠페인 관여 수준을 증대시켰다. 그러나 심지어 2000년 미국 선거도 유럽 국가들과 비교했을 때 상대적으로 높은 수치가 나올 것이다. 이것은 미국 선거의 탈중앙집중적 선거구조, 지지자 동원을 목적으로 후보명과 캠페인이슈들을 나열한 선거용지의 긴 목록을 반영한다. 1997년의 예를 들면, 미국 인구통계국은 미국 내에 50만 개 이상의 선출직 공직자가 있으며, 이들 각자는 친구, 이웃, 기부자들에게 선거 때 자신의 입후보에 대한 지지를 요청했을 것으로 추정했다(후보에서 탈락한 사람들의 경우도 마찬가지였을 것이다). 이와 대조적으로 영국에는 단지 2만 5천 개의 선출직 공직자가 존재할 것으로 추정된다.
5. 이들 연구자는 미국의 경우에 로퍼(Roper)와 다른 상업 여론조사를 사용하는데, 이 조사들은 참여가 일반적으로 감소하고 있다는 것을 보여주고 있다.
6. 동독과 서독의 비교에 따르면 동독인들은 정당과 캠페인 관여 측면에서 다소 뒤처져 있지만 정치적 관심과 토론에는 비등한 수준을 보여준다(Dalton 2007b; van Deth 2001).
7. 2000년 사회적 자본 여론조사에 관한 정보는 http://www.cfsv.org/communitysurvey/index.html에 존재한다.
8. 조지타운대학의 The Center for Democracy and the Third Sector(민주주의와 제3섹터 센터)는 "시민권, 관여, 민주주의 여론조사"를 실시하였다. (http://www8.georgetown.edu/centers/cdacs/cid).
9. 상위 10개 집단은 젊은층의 야망, 포부, 모순성 등의 혼합상태를 반영하고 있다: (1) 음주 연령을 18세로 낮추라!, (2) 동성결혼을 합법화하라, (3) 대안 에너지를 위한 미국인들, (4) 여성의 선택권 지지, (5) 줄기세포 연구지지, (6) 금욕-일변도의 성교육 근절, (7) 정부+종교=재앙, (8) AIDS/HIV 연구, (9) 친-생명파, (10) 동성애자의 동등권 등이다. (2006년 11월 1일 웹사이트로부터 정보 다운로드함.)

## 4장. 누가 정치에 참여하는가?

1. 여론조사는 일반적으로 투표에 참여한 공중의 퍼센티지를 과장하는 경향을 보인다. 부분적인 이유는 면접에 동의하는 사람들 사이에 존재하는 자기-선택 경향 때문이고, 또한 일부 비투표자가 투표했다고 주장하는 경향 때문이다. 따라서 우리는 투표참가율에 통계적 가중치를 둠으로써 여론조사에서 집계된 전체 숫자가 선거에서 보고된 유권자 연령층의 투표참가율과 맞아떨어지도록 하였다. 〈그림 4.1, 4.2〉는 통계적 가중치에 기초한 결과다.
2. 부록 A는 이 책에서 사용된 회귀분석과 다른 통계방식의 결과를 해석하는 기본 뼈대다. 〈그림 4.1〉의 결과는 다중 회귀분석 결과로부터 도출되었다; 거기 나온 것은 표준화된 회귀분석 상관계수($\beta$)다. 상관계수($\beta$)는 모델에 나오는 다른 변수들을 통계적으로 통제한 경우 각 변수의 효과를 측정한다. 상관계수 .10 혹은 그 이하를 약한 관계, .10~.20을 적당한 관계, .20이나 그 이상을 강한 관계로 해석한다.

이에 덧붙여 우리는 각각의 국가에서 선거에 영향을 미치는 요인들을 측정하기 위해 선거시스템비교연구(CSES)를 사용하고 있다(이 장의 후반부에서 다른 참여양식들도 설명하고 있다). CSES는 2004년 미국 선거, 2005년 영국 선거, 2002년 독일 선거, 2002년 프랑스 대선을 포함하고 있다.
3. 선거시스템비교연구(CSES)는 노조의 멤버십, 비즈니스 단체, 농민 단체, 전문직종 단체의 멤버십에 관해 질문하였다. 그것은 다른 형태의 집단활동을 포함하지 않았고, 응답자가 적극적인 멤버인지 소극적인 멤버인지에 대한 평가항목을 포함하지는 않았다.
4. 캠페인 활동은 응답자가 캠페인에서 정당/후보를 위해 일했는지 여부와 그들이 다른 사람들에게 [특정 정당/후보에게] 투표하도록 설득했는지 여부를 결합해서 통·계를 냈다.
5. 여론조사에서는 응답자가 지난 5년간 그 활동에 참여한 적이 있는지를 물었다.
6. 우리는 응답자가 국가가 당면한 가장 중요한 이슈에 대한 정부의 성과에 만족하는지 여부를 질문했다. 우리는 이 질문에 대해서 우리가 민주주의 [정치]과정의 작동에 대한 만족감을 질문했던 경우와 동일한 결과를 얻었다.
7. 이 여론조사는 2005년 미국인들을 무작위로 추출하여 개별 면접을 하였다. 인터넷에 근거한 세 가지 항목은 제3장에서 상당히 자세하게 논의되었다. 〈그림 4.4〉는 미국 시민성, 관여, 민주주의 여론조사에 포함된 설문들과 유사한 항목들과 함께 조사된 다른 참여양식 분석들을 되풀이하는 시도를 하고 있다. 가장 큰 차이는 표에 나타난 집단 멤버십이 거의 20여 개가 넘는 사회집단 유형의 잠재적 멤버십을 포함하고 있다는 것인데, 선거시스템비교연구(CSES) 결과와 비교해보았을 때 바로 그 점 때문에 이 잠재적 멤버십 변수의 비중이 증가할 가능성이 있다. 그 여론조사와 기타 보고사항들은 그 프로젝트의 웹사이트(http://www.uscidsurvey.org)에서 찾아볼 수 있다.
8. 퓨리서치센터(The Pew Reserach Center, 1998b)는 의회의 멤버, 대통령이 임명하는 고위직, 선임행정서비스(Senior Executive Service)에 속하는 멤버들을 대상으로 그들이 공중을 어떻게 보고 있는지에 대해 여론조사를 실시했다. 미국 의회 멤버들 가운데 단지 31퍼센트만이 미국인들이 공공정책에 대해 현명한 결정을 할 수 있을 만큼 이슈들에 대해 충분한 지식을 가지고 있다고 보았다. 대통령이 임명한 공직자들 가운데는 훨씬 더 작은 숫자의 사람들(13%)과 선임 공무원들(14%)이 그렇게 생각하고 있었다.

## 5장. 변화하고 있는 가치

1. 잉글하트의 초기 작업은 매슬로우의 가치 위계와 긴밀히 연계되어 있었지만, 그의 최근 연구물에는 매슬로우의 계수들이 덜 두드러진다. 선진 산업사회 이외로 연구를 확장해가면서 잉글하트는 문화적인 힘의 요인들과 지역의 조건들이 특정 가치를 희소한 것으로 만들며 공중에 의해 높은 가치로 평가될 수 있는지를 검토하였다.
2. 자신의 연구를 위해 데이터 보충물(부록 C)을 사용하는 사람들의 경우, 나는 '관여된 시민권'(V014)이 탈물질적 가치들과 강한 관계에 있을 것으로 예상하는 바이다. 관여된 시민권 설문들이 탈물질적 가치 설문들과 함께 동일 여론조사에서 질문되지는 않았다.

3. 우리는 〈표 5.1〉에 포함된 6개의 물질적 목표들과 다른 6개의 탈물질적 목표들에 주어진 강조 부분을 계산에 넣지 않았다; 수치들은 각국에서 탈물질적 목표들에 높은 우선순위를 둔 사람들의 퍼센티지다. 이 표는 잉글하트의 표준 12-항목 지표와 다른 방법을 사용함으로써, 상이한 설문 포맷을 사용한 1970년대의 여론조사와 함께 경향조사를 시작할 수 있게 했다. 잉글하트의 12-항목 지표는 탈물질적 항목들을 조사한 것으로서 아름다운 도시 항목을 제외하고 있다.

이 장에 나오는 몇몇 분석들은 12항목 중 4-항목을 선정하여 물질적/탈물질적 가치 지표를 구성한 하위세트로서 단 한 개의 지표다(Inglehart 1990, 2장; 1977). 이 4-항목 지표의 단점은 그것이 인간가치를 파악하는 일에 협소한 근거를 제공한다는 것이다. 그럼에도 일부 여론조사는 그것만이 유일하게 사용 가능한 지표다.

4. 우리는 2000년에 여론조사를 실시한 성인들 다수의 가치가 형성되었던 기간에 근접하는 1980년 1인당 GDP(구매가와 평형)를 사용하고 있다. 이보다 이른 시기의 비교분석자료를 위해서는 이 책의 이전 판본을 보시오.

5. 1980년도 1인당 GDP와 2000년도 가치 사이에는 강한 관계(r=.72)가 존재하며, 이 상관관계는 2000년도의 1인당 GDP를 사용했을 경우보다 강하다(r=.66). 아브람슨과 잉글하트의 책(1995)도 참조하시오.

6. 〈그림 5.3〉은 6개국—영국, 서독, 프랑스, 이탈리아, 벨기에, 네덜란드—의 표본들을 결합시킨 결과에 기초하고 있다. 가치를 정확히 예측하기에 충분할 만큼 큰 연령집단의 표본을 만들기 위해 결과들을 결합시켰다. 세대 효과의 추가적 논의를 위해서는 Abramson & Inglehart(1995)와 Inglehart & Welzel(2005)을 보시오.

7. 잉글하트 지표의 한 가지 약점은 그것이 구체적인 정치이슈를 사용하여 기본 가치들을 측정하려고 시도한다는 점이다. 그러므로 4-항목 지표가 통화팽창 비율에 민감하게 반응하는 것은 놀라운 일이 아니다. 이는 항목 중 하나가 물가 상승에 대한 관심을 타진하고 있기 때문이다(Clarke & Dutt 1991; Clarke et al. 1999). 잉글하트의 12-항목 지표나 플러네이건(Flanagan 1982)의 사회적 우선순위 설문과 같은 보다 확장된 가치 측정척도가 이러한 측정의 문제에 덜 민감할 것이다.

8. 이러한 패턴들은 탈물질적 가치들에 있어 연령에 따른 차이들이 좀 더 최근의 여론조사에서는 줄어들게 될 것임도 암시한다. 나이 든 2차 세계대전 이전 세대들이 유권자층에서 떠나고 있으며, 그들이 물질주의자의 우선순위를 가장 두드러지게 지니고 있었기 때문이다. 현재의 공중들은 점차 선진 산업사회에서 길러진 사람들로 구성되고 있다.

9. 더치와 테일러(Duch & Taylor 1993)는 형성기의 조건들이 현재의 가치 우선순위에 영향을 미치지 않음을 주장하기 위해 다변량(multivariate) 해석법을 사용하였다. 아브람슨과 잉글하트(1995)는 이 해석법에 도전을 가했다. 그들은 더치와 테일러가 시점 선정을 잘못함으로써 결과를 왜곡하고 있으며 교육의 효과가 지닌 의미를 잘못 해석했다고 주장했다(Duch & Taylor 1994도 참조하시오). 내가 보기에 세대적 변화의 증거는 지배적이며 교육의 효과는 형성기의 삶의 조건을 측정하는 또 하나의 척도다. 특히 유럽에서는 그러하다.

10. 심지어 이 비교적 짧은 시간 주기 동안에도 세대의 재편성이 탈물질적 경향에 기여했다 (Abramson & Inglehart 1995). 1970년도 제1차 세계대전 이전 세대는 서독 공중의 약 16퍼센트를 구성하고 있었으며, 1980년대에 이 집단은 약 5퍼센트가 되었다. 1990년 전전 세대

는 사실상 유권자층에서 떠났으며, 제2차 세계대전 이후 시기의 풍요로움을 사회화한 젊은 독일인들이 그들을 대체했다.
11. 잉글하트(1981)는 유럽의 정치엘리트(유럽의회의 후보자들)는 공중 전체보다 거의 세 배 이상 탈물질주의자임을 발견했다. 또한 탈물질주의자들은 좀 더 젊은 엘리트들 사이에서 더 일반적이다.
12. 크레파즈(Crepaz 1990)는 녹색당 혹은 신좌파 정당의 존재가, 짐작건대, 탈물질주의자들을 투표장에 나오도록 고무시킴으로써 투표율을 끌어올린다는 사실을 보여주고 있다.

## 6장. 이슈와 이념 지향

1. 보수주의 정부가 공기업을 팔아치우자 공중이 바뀌고 있는 정치적 맥락에 반응을 보였다. 동시에 민영화에 대한 추가적인 지지는 감소했다(Heath & McMahon 1992, 118-119).
2. 동?서 대비에 관한 좀 더 자세한 사항은 Bauer-Kaase(1994)를 참조하시오.
3. 친환경 소비자는 유럽에서 높은 수준인데, 그 이유는 유럽에서는 쓰레기 문제들과 재활용 노력이 가장 일반화되었기 때문이다. 2000년도 국제사회서베이는 독일인 93퍼센트가 재활용을 위해 쓰레기를 분리배출한다고 말했음을 알려준다. 영국인의 51퍼센트, 미국인의 57퍼센트가 그렇게 하고 있었다. 동 여론조사는 환경 관련 청원서에 서명하였다고 주장한 사람들의 유의미한 수치를 보여주었다: 미국에서는 22퍼센트, 영국에서는 30퍼센트, 독일에서는 31퍼센트였다. 거의 동등한 수의 사람들이 환경단체에 기여했다고 말했는데, 미국은 23퍼센트, 영국은 24퍼센트, 독일은 20퍼센트였다.
4. 독일 내 의견차는 두 개의 독일 국가의 유산을 반영한다. 우리는 서독인의 60퍼센트가 자신을 종교적이라고 하였고 동독인은 단지 28퍼센트만이 그렇게 말하였음을 발견했다.
5. 대부분의 선진 산업사회들은 장기적인 세속화 경향을 경험했다. 교회 등록률은 대부분의 국가에서 하락했으며 다른 형태로 교회에 관여하는 일도 마찬가지였다(Norris & Inglehart 2004, 4장).
6. 이러한 세대차는 아마도 생애-주기적 효과 때문일 것이다. 요컨대 젊은 사람들이 나이가 들어감에 따라 좀 더 보수화될 것이라는 뜻이다. 이 생각을 평가하기 위해서는 좀 더 긴 기간에 걸쳐 수집한 데이터가 필요한데 현재 가용한 데이터 시리즈는 이 목적에 쓰기에는 너무 짧다. 비록 좀 더 긴 기간에 걸쳐 데이터가 가용하더라도 그 정보는 우리가 나중에 논의하게 될, 변화하고 있는 좌익과 우익이라는 용어의 내용에 관한 질문들을 언급하지는 않을 것이다.
7. 선거들은 매우 장기적인 시각에서 보지 않을 경우에는 이념경향에 관한 매우 일천한 지표를 제공한다. 선거는 유권자에 대한 정당과 후보의 상대적 입장을 측정하지만, 어떤 구체적인 이슈에 관한 의견의 총체적 분포를 제공하지는 않는다. 너무 왼쪽으로 이동한 정당은 표를 잃을 수 있을 것이며, 너무 오른쪽으로 간 정당도 마찬가지다. 더욱이 선거에서 이슈들의 조합은 구체적인 정책들에 관한 투표자의 의향을 간단히 추정하기 어렵게 만든다.

## 7장. 선거와 정당

1. 근래 미국 선거에 관한 몇 가지 훌륭한 분석연구가 나왔다(Abramson, Aldrich & Rohde 2005). 영국 선거에 관한 연구는 Clarke et al.(2004, 2008)과 Norris(2001)를. 독일선거에 관해서는 Langenbacher(2006)와 Rohrschneider & Dalton(2003)을, 프랑스 선거에 관해서는 Lewis-Beck(1999)을 참조하시오.
2. 우리는 가장 최근의 전국선거에 기초하고 있는 득표 몫을 산정하였다: 미국(2004), 영국(2005), 독일(2005), 그리고 프랑스(2007). 정부의 재임기간 계산은 미국과 프랑스의 권력분립 요인 때문에 복잡해진다. 우리는 가장 비교가 용이한 교차 국가 통계로서 1977년과 2007년 사이에 특정한 정당이 의회 내 다수당으로 있었던 햇수를 계산하기로 하였다.
3. 소선거구제 선거시스템으로 인해 자유민주당은 대체로 의회 의석을 얻는 데 불이익을 당한다. 2005년을 예로 들면, 당은 전국 투표수의 22퍼센트를 득표했지만 전체 하원 의석수의 10퍼센트를 얻는 데 그쳤다.
4. 독일 선거법은 하원 의석의 비례대표 몫을 확보하기 위해서는 한 정당이 두 번째 투표에서 전국 투표자 수의 5퍼센트 또는 세 개의 선거구 의석을 얻어야 한다고 규정하고 있다.
5. 바르톨리니와 메이어(Bartolini & Mair 1990)는 이전의 역사적 시기들은 높은 수준의 당파적 휘발성에 의해 특징지어진다고 강력하게 주장했다. 그러나 그들의 방법론은 최근의 당파적 변화 수준의 정도를 과소평가했다(Dalton & Wattenberg 2000, 3장).
6. 비록 이 장이 구정치와 신정치의 두 차원에서 새로운 연대방식을 제시하고 있다손 쳐도 정당시스템이 하나 혹은 두 개 차원의 단순한 구조에서 여러 차원의 파편화된 구조로 이동하고 있다는 것이 좀 더 정확한 설명일 것이다.
7. 1984년 민주당 예비선거는 구좌파와 신좌파 민주당원 사이의 대결 양상을 보여주었다. 민주당의 전통적인 뉴딜정책과 일체화되었던 월터 먼데일이 노조와 당 수뇌부의 초기적 승인을 얻었다. 게리 하트는 자신이 신정치 후보이며 새로운 이념과 새로운 세대의 대표라고 공공연히 주장했다. 하트의 핵심 투표자들은 여피족—젊고, 도시에 기반을 둔, 상류층으로 신분상승이 가능한 전문직종의 사람들—이었다. 여피족은 신정치 분열양상과 연계된 집단 중 하나다.
8. 이러한 것들이 각 대상에 대한 긍정적 감정과 부정적 느낌을 재는 이른바 온도계 유형의 질문이다. 응답자들에게는 각 집단에 대해 '따뜻함'과 '차가움'을 측정하는 온도계와 같은 척도가 주어진다.
9. 느낌의 온도계들은 다차원 척도 프로그램을 사용하여 분석하였고, 해법은 순환되었으며, 그 결과 케리-부시 차원이 척도 상에서 수평적으로 결합하였다. 유사한 사회정치적 공간의 초기적 분석에 관해서는 Barnes, Kaase, et al.(1979); Inglehart(1984); 그리고 이 책이 이전 판본을 참조하시오.
10. 이상적으로 요구되는 바는 시간 경과에 따른 사회정치적 연대관계를 추적하여 민주당원과 공화당원들의 선거연대에 있어 어떤 체계적인 변화가 있었는지를 알아보는 것이다.
11. 〈그림 7.2〉는 오스트레일리아, 오스트리아, 벨기에, 영국, 캐나다, 덴마크, 핀란드, 프랑스, 독일, 아일랜드, 이탈리아, 일본, 네덜란드, 뉴질랜드, 노르웨이, 스페인, 스웨덴, 미국을 포

합하고 있다.
12. 서비스/세금 차원은 (1) 공적 서비스를 늘리기 위해 증세를 촉진하는 것에서 (20) 세금 감액을 위해서 공적 서비스의 삭감을 촉진하는 것에 이른다. 환경차원은 (1) 경제성장을 희생하면서조차 환경보호를 지지하는 것에서부터 (20) 환경에 피해를 주면서도 경제성장을 지지하는 것에 이르는 범위다.
13. 투표자 자신의 좌파/우파 정당 규정은 제10장에 나오는 그림을 보시오(〈그림 10.2〉 참조).
14. 사회적 차원은 (1) 낙태, 동성애, 안락사와 같은 사안들에 관한 자유주의 정책 선호에서부터 (20) 낙태, 동성애, 안락사와 같은 사안에 관한 자유주의 정책 반대에 이르는 범위다.

## 8장. 정당지지의 사회적 기반

1. 미국 투표연구는 대부분 대선결과를 분석한다. 후보 이미지의 중요성 때문에 대선은 보통 유럽 의회선거에서 발견되는 것과 다른 선거세력의 세트를 반영한다. [그러나] 미국과 유럽의 결과들의 비교가능성을 보증하기 위해 이 장에서 사용된 미국의 분석은 미국 의회선거를 대상으로 삼았다.
미국의 경우에 우리는 의회선거에서 민주당에 투표한 퍼센티지를 사용한다; 영국은 노동당에 투표한 퍼센티지를; 독일의 경우에 1980년 이전은 두 개 정당시스템(SPD와 CDU/CSU) 중 사회민주당에, 그리고 이후의 선거에서는 좌파 정당(SPD, Greens, PDS)에 투표한 퍼센티지를; 프랑스의 경우는 좌파 정당(PC, 사회당, 다른 좌파 정당)에 투표한 퍼센티지를 사용한다.
2. 계급투표에서 세대적 패턴도 이 분열양상의 장기적 부식현상 주장을 재확인한다(Franklin, Mackie, Valen 1992, 19장). 일반적으로 연구는 연배가 높은 계층에서 계급과 투표 사이에 강한 관계를 젊은 세대의 경우에는 약한 관계를 발견하고 있다.
3. 우리는 1990년 선거가 시작되면서 이전의 선거와 비교가 가능하게 하기 위해 서독의 응답자들만 사용했다. 동/서 투표 차이에 관한 논의는 Dalton & Burklin(2003)을 참고하시오.
4. 우리는 가장의 직업에 따라 사회계급을 다음 6개 범주로 나누었다: (1) 화이트칼라, (2) 육체노동자, (3) 농부, (4) 자영업자, (5) 가사종사자, (6) 기타 직업/무직.
5. 이 해석에 대한 지지 증거를 제시하자면, 미국에서 신중산층 투표자들은 선거 휘발성의 주요 원천이 되어왔다(Hout et al. 1995; Abramson, Aldrich & Rohde 2005). 또한 유럽 민주주의 국가에서도 그러했다(Knutsen 2006; Oskarson 2005).
6. 종교는 미국 내 인종 및 계급 패턴과 상호작용을 한다. 아프리카계 미국인들은 매우 강렬한 민주당원인 동시에 종교적이기도 하다. 그러므로 종교적 투표에 관한 많은 연구가 백인 투표자들만을 검토하는데, 이 경우 종교적 애착이 공화당 선호로 인도될 가능성이 농후하다. 우리는 미국의 전체 유권자를 분석하려고 하며, 그 결과는 약한 종교적 패턴을 보일 것이다.
7. 베노이트와 레이버(2006)는 서구 민주주의 국가들 대부분에서 정치엘리트는 여전히 친-성직 혹은 반-성직과 사회정책의 허용 같은 중요한 정당적 차이의 차원을 인식한다고 말한다

(제7장도 참조하시오). 독일인들은 정당의 종교적 편향성에 대해 명확하게 인식하고 있으며 이러한 인식은 시간이 지나감에 따라 더욱 분명해졌다(Wessels 1994). 끝으로 제7장에서 미국의 공중은 보수주의적 종교집단이 민주당보다는 공화당에 더 가깝다고 인식하고 있음을 발견했다.
8. 교회를 간 적이 전혀 없는 사람과 매주 가는 사람들 사이의 정당지지의 차이는 2000년에 18퍼센트였고 2004년에는 단지 11퍼센트였다. 이는 1950년대와 1960년대 선거에서 보여주었던 종교적 양극화 수준의 범위에 있다. 그러나 프랑스와 독일 같은 나라의 종교적 차이의 반절 수준에 이르고 있을 뿐이다.

## 9장. 당파심과 투표

1. 미국 여론조사 설문에서 표준적인 정당 일체화 질문은 당파심의 방향과 정당에 대한 애착심의 강도를 측정하는 것이다: "일반적으로 말해서 당신은 공화당원이라고 생각하는가, 아니면 민주당원, 아니면 무소속, 아니면 다른 무엇이라고 생각하는가?" 한 정당에 대한 선호를 표명한 사람들에게는: "당신은 자신을 충성심이 강한 공화당원/민주당원 아니면 충성심이 그다지 강하지 못한 공화당원/민주당원이라고 보는가?" 무소속이라고 표명한 사람들에게는: "당신은 공화당 혹은 민주당에 좀 더 가깝다고 생각하는가?"라는 질문을 한다. 이 질문은 민주당에 강도 높게 동일시하는 사람에서부터 공화당에 강도 높게 동일시하는 사람까지를 포함한 7점 측정치 결과를 창출한다.
2. 미국 투표 문헌에서 최근 토론되는 것 중 하나는 집성된 당파심 수준들이 현재의 투표 선호를 얼마나 근접하게 추적하는지에 관한 것이다. 이 토론의 대조적인 측면들에 관해서는 MacKuen, Erikson & Stimson(1989); Abramson & Ostrom(1991, 1994)을 참조하시오.
3. 예를 들어, 정당 일체화 질문의 독일 판은 구체적으로 응답자에게 질문 성격이 장기적인 당파적 편향성에 관한 것이라고 귀띔한다. "비록 사람들이 때때로 다른 정당에 투표할지라도 서독 내 많은 사람이 특정 정당에 대해 오랜 시간 기울어져 있습니다. 당신의 경우는 어떠십니까?"
4. 이러한 데이터는 정치행동 연구에서 나온다. 연구는 그것의 국가적 성인 표본을 부모 집에 함께 사는 16세에서 20세 사이의 부모-자식 간의 추가적인 가족 인터뷰 결과로 보완하였다. 추가적인 분석에 대해서는 Jennings et al.(1979)을 참조하시오.
5. 피오리나(Fiorina 1981)는 당파심을 개인의 축적된 선거 경험을 '기록 중인 장부'로 설명한다. 만약 초기의 당파적 편향성이 이후의 투표 경험에 의해 강화된다면 정당과의 유대관계는 시간이 지날수록 강화될 것이다. 만약 투표 경험이 당파심과 거꾸로 간다면 정당에 대한 충성심은 점차 부식될 수 있다. Niemi & Jennings(1991)도 함께 참조하시오.
6. 연구자들은 미국인의 당파심에 나타난 연령적 차이가 세대적 혹은 생애주기적 효과를 대변하는지에 대해 논쟁을 벌인바 있다(Converse 1976; Abramson 1979). 우리는 생애주기적 (당파심 학습) 모델을 강조하는데 이유는 교차?국가적 연령차 패턴이 이 설명과 더 잘 부합하기 때문이다.

7. 이러한 관계성의 일부는 생애주기에 걸쳐 축적된 당파심 패턴에 따른 것이다. 이에 덧붙여 젊은이들 사이에 나타나는 낮은 당파심 수준은 젊은 세대 사이에 초기적 애착심이 부분적으로 감소하고 있는 것에서도 그 이유를 찾아볼 수 있다.
8. 이 책의 선행 판본들의 경우 서독은 이러한 일반적 패턴에서 예외적이었다. 공산주의 진영인 동독의 주민들은 분명 민주주의적 정당들에 대한 애착심을 발전시킬 기회를 얻지 못했기 때문에 연구자들은 동쪽에서 유의미하게 약한 수준의 당파적 애착심을 발견했으며, 당파적 유대관계의 강도에서 연령적 차이의 효과를 거의 발견하지 못했다. 예측건대 동쪽의 독일인들이 민주적 선거정치 경험을 쌓게 되면 생애주기적 당파심 학습 패턴이 좀 더 분명해질 것이며, 서쪽과 동쪽의 정당에 대한 애착심 수준도 좁혀질 것이다.
9. 여기서 우리가 당파심의 안정성을 강조한다손 쳐도 이 안정성이 지난 수십 년 사이에 침식당했다는 증거가 발견되었다(Dalton & Wattenberg 2000, 3장).
10. 우리는 인지적으로 동원된 시민들에 대해 이익과 기술을 결합시킨 사람들—요컨대 정치에 "매우 관심이 있는" 그리고/아니면 적어도 대학교육을 받은 사람들—로 정의한다. 아래의 표는 미국전국선거연구의 데이터를 사용하여 도출한 유형의 분포를 보여주고 있다 (Dalton 2007c도 참조하시오):

|  | 1964~1966 | 1980~1990 | 2000~2004 |
|---|---|---|---|
| 무당파(Apartisans) | 10% | 14% | 20% |
| 인지적 당파(Cognitive partisans) | 27 | 29 | 35 |
| 관례적 당파(Ritual partisans) | 47 | 36 | 26 |
| 무정치파(Apoliticals) | 16 | 21 | 19 |

11. 1992년 미국전국선거연구는 페롯이 민주당과 동일시한 사람들이 던진 표의 10 퍼센트, 공화당과 동일시한 사람들 표의 17퍼센트, 그리고 무소속파 표 가운데 36퍼센트를 득표한 것을 밝혀냈다. 이 패턴은 1996년 선거에서도 계속되었다. 2000년에는 패트릭 뷰캐넌과 랄프 네이더가 무소속파로부터 그들이 얻은 표 중 가장 큰 비중을 차지했다.

## 10장. 태도와 선거행태

1. 나는 워텐버그와 공저한 사실을 밝히고 싶다. 공저 작업(Dalton & Wattenberg 1993, 2000)은 이러한 이슈들 중 여러 가지에 대한 나의 사고를 발전시키는 데 도움이 되었다.
2. 카르민즈와 스팀슨(Carmines & Stimson 1980)은 평가하기에 복잡하고 어려운 '경성'(hard) 이슈와 분명하고 간단한 선택사항을 제시하는 '연성'(easy) 이슈에 대한 구분을 하였다. 킨더와 키위트(Kinder & Kiewiet)는 경제적 이익처럼 협소한 개인적 성격의 이슈와 미국인 대부분에게 혜택이 돌아가는 바에 기초한 투표처럼 국가의 정책적 선택을 반영하는 이슈의 구분을 강조하였다.
3. 베럴슨, 라자스펠드, 맥피(Berelson, Lazarsfeld & McPhee 1954)는 이러한 것을 스타일 이슈라고 기술했다. 스토크스(Stokes 1963)는 '유발(誘發, valence) 이슈'라는 용어를 사용했다. 나중에 수행된 연구는 우리가 여기서 제시하고 있는 성과와 태도의 구분을 추가하였다

(Miller & Wattenberg 1985; Shanks & Miller 1990).
4. 앤서니 다운즈는 좌/우 딱지를 이념적 경향에 대한 완전한 정보라기보다 정보비용을 절약하는 방법으로 인식했다. 그가 설명하고 있듯이, "이 지름길과 더불어 투표자는 광범위한 이슈범위에 관해 정보를 얻기 위한 비용을 절약할 수 있다"(Downs 1957, 98).
5. 민주당 하원 후보에게 투표한 미국인들은 자신을 좌/우 척도의 4.9점 위치에 지정하였다. 이는 민주당의 평균 점수(4.1)보다 중앙 쪽으로 옮겨간 것이다. 역으로 공화당 하원 후보에 투표한 사람들은 공중이 총체적으로 공화당을 지정한 (6.7) 점수와 똑같은 수준(6.7)으로 보수주의였다.
6. 노동당은 1997년 의식적으로 좌파 이미지를 탈피하려는 노력을 배가하였고, 2001년과 2005년에도 계속해서 노력을 기울였다(Clarke et al. 2008). 유권자들에게 좀 더 가까이 다가가려는 노력이 이 선거에서의 승리를 촉진하는 주요 요인이었다.
7. 유권자의 집합적 지혜를 보여주는 강력한 증거는 각국의 공중이 정당들을 좌/우 척도 상에서 위치지정을 한 결과와 정치학 전문가들의 위치지정 결과를 비교해보면 발견된다(Benoit & Laver 2006). 우리가 기성의 민주주의 국가 내 107개 정당을 상대로 이 좌/우 점수를 비교해본 결과, 매우 높은 상관관계(r=.92)를 발견했는데, 이는 거의 완전한 일치를 의미한다.
8. 관계는 크레이머 V 상관관계 통계에 의해 설명된다: .00은 이슈의견이 정당선호와 무관하다는 것을 나타낸다. 크레이머 V 가치의 .20은 보통 비교적 강력한 관계로 해석되고, .30은 강력한 관계로 간주된다.
9. 우리는 미국에서 조지 W. 부시와 존 케리에 대한 태도를 측정했으며, 영국에서는 토니 블레어와 윌리엄 헤이그에 대한 태도를 측정했다. 독일의 경우에는 신뢰와 자신감에 대한 두 개의 질문을 결합시켰다. 프랑스의 모델은 자크 시라크와 리오넬 조스팽을 의회선거의 주요 정당의 경쟁자로 사용하였다. 2002년 2차 결선투표의 최종후보인 시라크와 장?마리 르팡을 대선결과 예측을 위해 사용하였다. 정부성과 질문은 지난 선거 이래로 정부가 일을 얼마나 잘 했는지에 대해 물었다.
10. 연구의 새로운 생산적 영역은 어떻게 제도적 맥락이 투표의 상관요인들에 체계적으로 영향을 미치는지를 검토한다. 예컨대 후보 효과는 정당-기반의 비례대표제에서보다 후보-기반의 시스템에서 훨씬 강력할 것으로 예측된다. 유권자가 정당관계를 규명하는 능력은 이슈투표의 잠재력에도 영향을 미친다. Powell(2000); Anderson(2000); Miller & Niemi(2002); Whitten & Palmer(1999)를 참조하시오.
11. 우리는 처음에 응답자가 정당과 후보에 대해 호/불호를 말할 때 정당, 후보, 이슈를 언급한 횟수를 셌다. 다음으로 우리는 세 가지 변수들과 후보선호의 관계를 계산했다. 마지막으로 후보에게 유리한 항목들의 수로서 나타난 각 요인의 힘과 이 요인과 투표선택의 결과를 계산했다. 더 많은 정보는 Dalton(2007c)을 보시오.
12. 관습적 지혜에 따르면, 당파심은 종종 이슈의견에 강력한 영향력을 지니는 반면에 그 반대의 인과관계는 최소한이다(〈그림 9.1〉 참조). 그러나 연구자들은 이슈투표가 증가함에 따라 이슈들이 기본적인 정당 애착심을 재형성할 수 있음을 발견했다. 연구들은 이슈가 당파심 변화에 미치는 인과적 영향력이 매우 크다는 사실을 보여준다(Neimi & Jennings 1991; Fiorina 1981).

## 11장. 정치적 대의

1. 역설적이게도 제2차 세계대전의 발발과 함께 나온 이 영화의 상영을 지연시키려는 압력이 있었다. 영화가 정치적 부패를 묘사하면서 미국 정부와 그 내부 동학의 아름답지 못한 그림을 묘사하고 있기 때문이다.
2. 쌍방향 케이블 TV의 발달과 기타 통신수단의 선진화는 민주주의 국가들로 하여금 시민들의 직접적인 참여의 물리적 한계를 제고하도록 이끌 수도 있다. 사실 기술은 동시적인 전국 국민투표와 국가의 타운미팅들을 위해 존재한다(Bimber 2003).
3. 이전의 연구들은 다음을 포함하고 있다: 미국의 경우 Miller & Jennings(1986), Miller(1987); 독일의 경우는 Herzog, Rebenstorf & Wessels(1993); 프랑스의 경우는 Converse & Pierce(1986) 등.
4. 이 책의 이전 판본들은 1979년 유럽 의회선거연구에서 시민의 의견과 엘리트의 의견을 비교하고 있다. 하지만 그 데이터는 이제 거의 30년이나 묵었다(Dalton 1985).
5. 시민 데이터는 1994년과 1999년 유럽선거연구(http://www.europeanelectionstudies.net)에서 확보한 것이다. 엘리트 여론조사는 Schmitt와 Thomassen(1999)에 설명되고 있는 1996년 유럽 의회 의원과 각국 의회연구에서 나온 것이다. 엘리트 표본들은 정당들의 상이한 투표율을 바로 조정하기 위해 각 정당이 이전 선거에서 얻은 투표율에 가중치를 둔 것이다. 〈그림 11.1〉은 좌/우 10점 척도 상에서 자신을 좌측에 (1에서 5 사이에) 위치시킨 공중과 엘리트의 비율을 도표로 보여주고 있다.
6. 비교 가능성을 극대화하기 위해서 우리는 1994년 유럽 의회선거에서 각 정당의 득표 몫을 반영하는 응답에 가중치를 두었다. 1994년 유럽 의회 의원선거 결과들은 각 정당에서 뽑힌 비교적 적은 수의 대표자에 기초하고 있다. 이는 무응답 비율이 높았기 때문에 정당 내부나 정당 간의 온전한 대표 표본이 될 수 없었다. 1996년 국가의회 의원 표본은 크기가 더 컸으며 더 큰 대표성을 가지고 있다. 추가적인 분석을 보려면 Schmitt & Thomassen(1999); Katz & Wessels(1999)를 참조하시오.
7. 선거구 의견의 중앙값은 1996년 대선 시에 지역구에서 민주당과 공화당 후보에게 투표한 사람들의 숫자 차이에 기초하고 있다. 후보입장은 200개 이상의 정책 질문에 관한 평균 의견이다. Ansolabehere, Snyder & Stewart(2001a)를 보시오.
8. 이 데이터는 Steve Ansolabehere가 제공한 것이다. 그의 도움에 매우 감사한다.
9. 콘벌스와 피어스(1986, 23장) 분석의 힘은 대의과정을 강화하거나 지체시키는 조건들을 구체적으로 제시하고자 한 것이었다. 이들 연구자는 시민/엘리트 사이의 일치가 정책영역, 선거구의 경쟁력, 국회의원의 역할 개념에 따라 달라졌음을 발견했다.
10. 〈그림 11.5〉는 몇 가지 흥미로운 예외사항도 제시한다. 프랑스의 사회당과 공산당에 투표한 사람들은 마치 독일의 사회당이 그러했듯이 이 차원에서 중도적 입장으로 이동했다. 놀랍게도 프랑스의 녹색당 지지자들은 적어도 1996년 한 해 동안만큼은 보수주의 입장을 취했다.
11. 국가-수준의 비교 결과는 여론과 공공정책 사이의 일치를 연구할 수 있는 또 다른 기회를 제공한다. 에릭슨과 그의 동료들은 [여론과 공공정책 사이의] 강한 정책적 상응을 보여주고

있다(Erikson, Wright & McIver, 1994).

## 12장. 시민과 민주주의 [정치]과정

1. 1980년대 중반 헌팅턴(1984)은 왜 세계 속에 민주주의 국가들이 더 이상 존재할 수 없는지를 설명했는데, 이 주제는 그의 엘리트주의 민주주의 견해와 부합하는 것이었다. 1980년대 말이 되자 그는 민주화를 국제질서를 변형시키는 하나의 물결로서 설명하였다(Huntington 1991).
2. 1930년대에는 다른 모든 서구 민주주의 국가들 내에 체제에 대한 지지가 존재하였으며, 불만의 초점은 그러한 시스템 내 정치엘리트의 성과에 맞추어져 있었다는 주장이 제기되었다. 이러한 정서가 정치과정 내에서 유통되었고, 민주주의 통치의 기본구조는 미국, 영국, 프랑스에서 영속화되었다.
3. 설문의 워딩과 코딩의 범주는 나라마다 다소 차이가 있었으므로 〈그림 12.2〉에 나타난 국가들을 아우르는 지지의 수준을 직접적으로 비교하지는 말아야 한다.
4. 좀 더 광범위한 제도적 자신감에 대한 비교 결과를 보려면 Dalton(2004)과 클린지먼(1999)을 참조하시오.
5. 2005년 영국사회태도여론조사가 관용 및 시민적 자유에서 추락 현상을 보여주었던 영국에서는 일부 반대적인 증거가 분명하게 나타난다(Johnson & Gearty 2007). 그러나 이전 여론조사 이후 많은 시간이 흘렀다. 2005년의 결과는 여론조사 면접이 진행되던 중간 시점에 벌어졌던 런던의 7월 7일 테러 공격에 의해 영향을 받았을 수도 있다. 관용이 국제적 테러 사건에 의해 영향을 받는지를 알아보기 위해서는 더 많은 연구가 필요하다.
6. 사용된 두 개의 설문은 "당신은 그것이 이 나라를 통치하는 데 '매우 좋다', '제법 좋다', '좀 나쁘다', '매우 나쁘다'라고 말하겠습니까?"와 "당신은 민주주의가 문제는 있지만 그래도 다른 통치형태보다 좋다는 데 동의하십니까, 아니면 동의하지 않습니까?"라는 것이다.
7. 2005~2008 세계가치서베이는 4개 핵심 국가의 경우에 약간의 변화를 보여준다: 미국(93%), 영국(86%), 프랑스(86%), 독일(68%). 설문의 내용은 "당신의 국적에 대해 얼마나 자부심을 가지십니까?"였다. 이에 대한 응답은 (1) 매우 그렇다, (2) 상당히 그렇다, (3) 별로 그렇지 않다, (4) 전혀 그렇지 않다 등으로 나뉘어 있었다. 〈그림 12.3〉은 "매우 그렇다"와 "그렇다"라고 응답한 수치를 제시하고 있다.
8. 헌팅턴의 정치적 요구 제한 충고는 하버드 대학의 교수들, 기업의 영수들, 상위계급의 투입에 제약이 될 가능성을 간과하고 있다. 보통 시민의 참여에만 초점을 맞추고 있다는 사실은 그가 금권정치와 민주주의의 정의를 혼동했음을 암시한다.
9. 이러한 결과들은 미국, 영국, 프랑스, 독일의 결과를 결합시키고 있는 2005~2008 세계가치서베이에서 나온 것이다. 민주주의 항목은 민주적 통치형태에 대한 승인을 요구한다. 통치 문제에 대한 신뢰는 〈표 12.2〉에 제시된 바와 같다.

## 참고문헌

Aardal, Bernt, and Pieter van Wijnen. 2005. Issue voting. *In The European Voter*, ed. J. Thomassen. Oxford: Oxford University Press.

Aarts, Kees, AndréBlais, and Hermann Schmitt. 2005. *Political Leaders and Democratic Elections*. Oxford: Oxford University Press.

Abramson, Paul. 1979. Developing party identification. *American Journal of Political Science* 23:79–96.

Abramson, Paul, John Aldrich, and David Rohde. 2005. *Change and Continuity in the 2004 Elections*. Washington, D.C.: CQ Press.

Abramson, Paul, and Ronald Inglehart. 1995. *Value Change in Global Perspective*. Ann Arbor: University of Michigan Press.

Abramson, Paul, and Charles Ostrom. 1991. Macropartisanship: An empirical reassessment. *American Political Science Review* 85:181–192.

———. 1994. Question wording and partisanship. *Public Opinion Quarterly* 58:21–48.

Alba, Richard, Peter Schmidt, and Martina Wasmer, eds. 2003. *Germans or Foreigners? Attitudes toward Ethnic Minorities in Post–reunification Germany*. New York: Palgrave Macmillan.

Almond, Gabriel, G. Bingham Powell, Russell Dalton, and Kaare Strom, eds. 2007. *Comparative Politics Today*. 9th ed. New York: Longman.

Almond, Gabriel, and Sidney Verba. 1963. *The Civic Culture*. Princeton: Princeton University Press.

Alvarez, R. Michael, and Thad Hall. 2004. *Point, Click, and Vote: The Future of Internet Voting*. Washington, D.C.: Brookings Institution Press.

Anand, Sowmya, and Jon A. Krosnick. 2003. The impact of attitudes toward foreign policy goals on public preferences among presidential candidates. *Presidential Studies Quarterly* 33:31–71.

Anderson, Christopher. 1995. *Blaming the Government: Citizens and the Economy in Five European Democracies*. Armonk, N.Y.: M. E. Sharpe.

———. 2000. Economic voting and political context. *Electoral Studies* 19:151–170.

Anderson, Christopher, and Carsten Zelle, eds. 1998. *Stability and Change in German Elections: How Electorates Merge, Converge, or Collide*. Westport, Conn.: Praeger.

Anderson, Christopher, et al. 2005. *Losers' Consent: Elections and Democratic Legitimacy*. Oxford: Oxford University Press.

Ansolabehere, Stephen, James Snyder, and Charles Stewart. 2001a. The effects of party and preferences on congressional roll-call voting. *Legislative Studies Quarterly* 26:533–572.

———. 2001b. Candidate positioning in the U.S. House elections. *American Journal of Political Science* 45:136–159.

Armingeon, Klaus. 2007. Political participation and associational involvement. In *Citizenship and Involvement in European Democracies*, ed. J. van Deth, J. Montero, and A. Westholm. London: Routledge.

Arnold, Douglas. 1990. *The Logic of Congressional Action*. New Haven: Yale University Press.

Asher, Herbert. 2007. *Polling and the Public: What Every Citizen Should Know*. 7th ed

Washington, D.C.: CQ Press.
Bagehot, Walter. 1978. *The English Constitution*. Oxford: Oxford University Press.
Baker, Kendall, Russell Dalton, and Kai Hildebrandt. 1981. *Germany Transformed: Political Culture and the New Politics*. Cambridge: Harvard University Press.
Barber, Benjamin. 1984. *Strong Democracy*. Berkeley: University of California Press.
Barker, David, and Susan Hansen. 2005. All things considered: Systematic cognitive processing and electoral decision making. *Journal of Politics* 64:319–344.
Barnes, Samuel. 1977. *Representation in Italy*. Chicago: University of Chicago Press.
Barnes, Samuel, Max Kaase, et al. 1979. *Political Action*. Beverly Hills, Calif.: Sage.
Barnum, David, and John Sullivan. 1989. *Attitudinal tolerance and political freedom in Britain*. British Journal of Political Science 19:136–146.
Bartels, Larry. 2000. Partisanship and voting behavior. *American Journal of Political Science* 44:35–50.
———. 2003. Democracy with attitudes. In *Electoral Democracy*, ed. M. MacKuen and G. Rabinowitz. Ann Arbor: University of Michigan press.
Bartolini, Stefano, and Peter Mair. 1990. *Identity, Competition and Electoral Availability*. New York: Cambridge University Press.
Bauer-Kaase, Petra. 1994. German unification. In *German Unification*, ed. D. Hancock and H. Welsh. Boulder: Westview.
Baum, Matthew. 2003. *Soft News Goes to War: Public Opinion and American Foreign Policy in the New Media Age*. Princeton: Princeton University Press.
Baum, Matthew, and Angela Jamison. 2005. Oprah effect: How soft news helps inattentive citizens vote consistently. *Journal of Politics* 68:949–959.
Bean, Clive, and Anthony Mughan. 1989. Leadership effects in parliamentary elections in Australia and Britain. *American Political Science Review* 83:1165–79.
Beck, Paul Allen, et al. 1992. Patterns and sources of ticket-splitting in sub-presidential voting. *American Political Science Review* 86:916–928.
Beedham, Brian. 1993. What next for democracy? *The Economist*, September 11; special supplement: The Future Surveyed.
Bell, Daniel. 1973. *The Coming of Post-industrial Society*. New York: Basic Books.
Benoit, Kenneth, and Michael Laver. 2006. *Party Policy in Modern Democracies*. New York: Routledge.
Berelson, Bernard, Paul Lazarsfeld, and William McPhee. 1954. *Voting*. Chicago: University of Chicago Press.
Berger, Manfred. 1977. Stabilität und Intensität von Parteieneigung. *Politische Vierteljahresschrift* 18:501–509.
Berglund, Frode, et al. 2005. Partisanship: Causes and consequences. In *The European Voter*, ed. J. Thomassen. Oxford: Oxford University Press.
Berry, Jeffrey. 1999. *The New Liberalism: The Rising Power of Citizen Groups*. Washington, D.C.: Brookings Institution Press.
Bimber, Bruce. 2003. *Information and American Democracy: Technology in the Evolution of Political Power*. New York: Cambridge University Press.
Bimber, Bruce, and Richard Davis. 2003. *The Internet and U.S. Elections*. New York: Oxford University Press.
Bishop, George, and Kathleen Frankovic. 1981. Ideological consensus and constraint among party leaders and followers in the 1978 election. *Micro-politics* 1:87–111.

Blais, André. 2000. *To Vote or Not to Vote: The Merits and Limits of Rational Choice Theory*. Pittsburgh: University of Pittsburgh Press.
Bok, Derek. 1996. *The State of the Nation: Government and the Quest for a Better Society*. Cambridge: Harvard University Press.
———. 2001. *The Trouble with Government*. Cambridge: Harvard University Press.
Borre, Ole, and Daniel Katz. 1973. Party identification and its motivational base in a multiparty system. *Scandinavian Political Studies* 8:69–111.
Borre, Ole, and Elinor Scarbrough, eds. 1995. *The Scope of Government*. Oxford: Oxford University Press.
Bowler, Shaun. 2000. Party cohesion. In *Parties without Partisans*, ed. R. Dalton and M. Wattenberg. Oxford: Oxford University Press.
Bowler, Shaun, and Todd Donovan. 1998. *Demanding Choices: Opinion, Voting, and Direct Democracy*. Ann Arbor: University of Michigan Press.
Bowler, Shaun, David Farrell, and Richard Katz, eds. 1999. *Party Discipline and Parliamentary Government*. Columbus: Ohio State University Press.
Bowler, Shaun, and Amihai Glazer, eds. 2008. *Directing Democracy*. New York: Macmillan Palgrave.
Boy, Daniel, and Nonna Mayer, eds. 1993 *The French Voter Decides*. Ann Arbor: University of Michigan Press.
Braithwaite, Valerie, T. Makkai, and Y. Pittelkow. 1996. Inglehart's materialism-postmaterialism concept: Clarifying the dimensionality debate through Rokeach's model of social values. *Journal of Applied Social Psychology* 26:1536–55.
Brettschneider, Frank. 1996. Public opinion and parliamentary action: Responsiveness of the German Bundestag in comparative perspective. *International Journal of Public Opinion Research* 8:292–311.
Brody, Richard. 1978. The puzzle of political participation in America. In *The New Americana Political System*, ed. A. King. Washington, D.C.: American Enterprise Institute.
———, et al. 1994. Accounting for divided government. In M. Kent Jennings and T. Mann, eds., *Elections at Home and Abroad*. Ann Arbor: University of Michigan Press.
Bromley, Catherine, and John Curtice. 2003. Where have all the voters gone? In Alison Park et al., *British Social Attitudes, 19th Report*. Newbury Park, Calif.: Sage.
Bromley, Catherine, John Curtice, and Ben Seyd. 2002. Confidence in government. In Roger Jowell et al., *British Social Attitude Survey*. Brookfield, Vt.: Dartmouth Publishing.
Bryce, james. 1921. *Modern Democracies*. Vol. 1. New York: Macmillan.
Budge, Ian, Ivor Crewe, and David Farlie, eds. 1976. *Party Identification and Beyond*. New York: Wiley.
Burstein, Paul. 2003. The impact of public opinion on public policy: A review and an agenda. *Political Research Quarterly* 56(1):29–40.
Butler, David, and Donald Stokes. 1969. *Political Change in Britain*. New York: St. Martin's.
Cain, Bruce, Russell Dalton, and Susan Scarrow, eds. 2003. *Democracy Transformed? Expanding Political Access in Advanced Industrial Democracies*. Oxford: Oxford University Press.
Cain, Burce, Sergio Fabrinni, and Patrick Egan. 2003. Toward more open democracies: The expansion of freedom of information laws. In *Democracy Transformed?* eds. B. Cain, R.

Dalton, and S. Scarrow. Oxford: Oxford University Press.
Campbell, Angus, et al. 1960. *The American Voter* New York: Wiley.
———. 1966. *Elections and the Political Order*. New York: Wiley.
Campbell, David. 2006. *Why We Vote: How Schools and Communities Shape our Civic Life*. Princeton: Princeton University press.
Cantril, Hadley. 1965. *The Patterns of Human Concern*. New Brunswick, N.J.: Rutgers University Press.
Caplan, Bryan. 2007. *The Myth of the Rational Voter: Why Democracies Choose Bad Policies*. Princeton: Princeton University Press.
Carmines, Edward, and James Stimson. 1980. The two faces of issue voting. *American Political Science Review* 74:78–91.
Carth, Kenneth. 2002. Canada's nineteenth-century cadre parties at the millennium. In *Political Parties in Advanced Industrial Democracies*, ed. P. Webb, D. Farrell, and I. Holliday. Oxford: Oxford University Press.
Caul, Miki, and Mark Gray. 2000. from platform declarations to policy outcomes. In *Parties without Partisans*, ed. R. Dalton and M. Wattenberg. Oxford: Oxford University Press.
Central Intelligence Agency. 2007. *Word Fact Book*. http://www.odci.gov/cia/publications/factbook/index.htm.
Charlot, Monica. 1980. Women in politics in France. In *The French National Assembly Elections of 1978*, ed. H. Penniman. Washington, D.C.: American Enterprise Institute.
Cichowski, Rachel, and Alec Stone Sweet. 2003. Participation, representative democracy, and the courts. In *Democracy Transformed?* ed. B. Cain, R. Dalton, and S. Scarrow. Oxford: Oxford University Press.
Citrin, Jack. 1974. Comment. *American Political Science Review* 68:973–988.
Claggett, William, and Philip Pollack. 2006. Models of political participation revisited. *Political Research Quarterly* 59:593–600.
Clark, Terry Nichols, and Seymour Martin Lipset, eds. 2001. *The Breakdown of Class Politics: A Debate on Post-industrial Stratification*. Baltimore: Johns Hopkins University Press.
Clark, Terry Nichols, and Vincent Hoffmann-Martinot, eds. 1998. *The New Political Culture*. Boulder: Westview.
Clarke, Harold, and Nitish Dutt. 1991. Measuring value change in western industrialized societies. *American Political Science Review* 85:905–920.
Clarke, Harold, and Marianne Stewart. 1998. The decline of parties in the minds of citizens. *Annual Review of Political Science* 1:357–378.
Clarke, Harold, et al. 1999. The effect of economic priorities on the measurement of value change: New experimental evidence. *American Political Science Review* 93:637–647.
———. 2004. *Political Choice in Britain*. Oxford: Oxford University Press.
———. 2008. *Performance Politics: The British Voter*. New York: Cambridge University Press.
Conover, Pamela, and Stanley Feldman. 1984. How people organize the political world. *American Journal of Political Science* 28:95–126.
Conradt, David. 2004. *The German Polity*. 8th ed. New York: Longman.
Converse, Philip. 1964. The nature of belief systems in mass publics. In *Ideology and Discontent*, ed. D. Apter. New York: Free Press.

———. 1966. The normal vote. In *Elections and the Political Order*. Angus Campbell et al. New York: Wiley.
———. 1969. Of time and partisan stability. *Comparative Political Studies* 2:139–171.
———. 1970. Attitudes and nonattitudes. In *The Quantitative Analysis of Social Problems*, ed. E. Tufte. Reading, Mass.: Addison-Wesley.
———. 1972. Change in the American electorate. In *The Human Meaning of Social Change*, ed. A. Campbell and P. Converse. New York: Russell Sage Foundation.
———. 1976. *The Dynamics of Party Support*. Beverly Hills, Calif.: Sage.
———. 1990. Popular representation and the distribution of information. In *Information and Democratic Processes*, ed. J. Ferejohn and J. Kuklinski. Urbana: University of Illinois Press.
Converse, Philip, and Greg Markus. 1979. Plus ça change ... The new CPS election study panel. *American Political Science Review* 73:32–49.
Converse, Philip, and Roy Pierce. 1986. *Representation in France*. Cambridge: Harvard University Press.
Conway, Mary Margaret. 2000. *Political Participation in the United States*. 3rd ed. Washington, D.C.: CQ Press.
Crepaz, Markus. 1990. The impact of party polarization and postmaterialism on voter turnout. *European Journal of Political Research* 18: 183–205.
Crewe, Ivor. 1981. Electoral participation. In *Democracy at the Polls*, ed. D. Butler et al. Washington, D.C.: American Enterprise Institute.
———. 1995. Oral evidence in "Standards in Public Life: First Report of the Committee on Standards in Public Life." In vol. 2 of *Transcripts of Evidence*, CM 2850-II. London: HMSO.
Crewe, Ivor, and J. Denver, eds. 1985. *Electoral Change*. Oxford: Oxford University Press.
Crewe, Ivor, and Donald Searing. 1988. Mrs. Thatcher's crusade: Conservatism in Britain, 1972–1986. In *The Resurgence of Conservatism in the Anglo-American Countries*, ed. B. Cooper et al. Durham: Duke University Press.
Crozier, Michel, Samuel Huntington, and Joji Watanuki. 1975. *The Crisis of Democracy*. New York: New York University Press.
Curtice, John, and Sören Holmberg. 2005. Leadership and voting decision. In *The European Voter*, ed. J. Thomassen. Oxford: Oxford University Press.
Curtice, John, Stephen Fisher, and Laurence Lessard-Phillips. 2007. Proportional representation and the disappearing voter. In *British Social Attitudes: Perspectives on a Changing Society*, ed. A. Park et al. London: Sage Publications.
Curtice, John, and Roger Jowell. 1977. Trust in the political system. In *British Social Attitudes—the 14th Report.*, eds. R. Jowell et al. Brookfield, Vt.: Dartmouth Publishing.
Curtice, John, and Ben Seyd. 2002. Is there a crisis of political participation? In *British Social Attitudes: Public Policy, Social Ties*, ed. A. Park et al. Newbury Park, Calif.: Sage.
Cyert, Richard, and James March. 1963. *A Behavioral Theory of the Firm*. Englewood Cliffs, N.J.: Prentice-Hall.
Dahl, Robert. 1971. *Polyarchy*. New Haven: Yale University Press.
Dahrendorf, Ralf. 1975. Excerpts from remarks on the ungovernability study. In *The Crisis of Democracy*, M. Crozier et al. New York: New York University Press.

———. 2000. Afterword. In *Disaffected Democracies*, ed. S. Pharr and R. Putnam. Princeton: Princeton University Press.
Dalton, Russell. 1984. Cognitive mobilization and partisan dealignment in advanced industrial democracies. *Journal of Politics* 46:264–284.
———. 1985. Political parties and political representation. *Comparative Political Studies* 17:267–299.
———. 2000. The decline of party identification. In *Parties without Partisans*, eds. R. Dalton and M. Wattenberg. Oxford: Oxford University Press.
———. 2004. *Democratic Challenges, Democratic Choices: The Erosion of Political Support in Advanced Industrial Democracies*. Oxford: Oxford University Press.
———. 2007a. *The Good Citizen: How a Younger Generation Is Reshaping American Politics*. Washington, D.C.: CQ Press.
———. 2007b. Politics in Germany. In *Comparative Politics Today*, ed. G. Almond, G. Powell, R. Dalton, and K. Strom. New York: Addison Wesley Longman.
———. 2007c. Partisan mobilization, cognitive mobilization and the changing American electorate. *Electoral Studies* 26:274–286.
———. 2008. Environmentalism and party alignments: A research note on electoral change in advanced industrial democracies. *European Journal of Political Research*.
Dalton, Russell, and Wilhelm Bürklin. 2003. Wähler als Wandervögel: Dealignment and the German voter. *German Politics and Society* 21:57–75.
Dalton, Russell, Scott Flanagan, and Paul Beck, eds. 1984. *Electoral Change in Advanced Industrial Democracies*. Princeton: Princeton University Press.
Dalton, Russell, and Mark Gray. 2003. Expanding the electoral marketplace. In *Democracy Transformed?* ed. B. Cain, R. Dalton, and S. Scarrow. Oxford: Oxford University Press.
Dalton, Russell, and Hans-Dieter Klingemann, eds. 2007. *The Oxford Handbook of Political Behavior*. Oxford: Oxford University Press.
Dalton, Russell, and Robert Rohrschneider. 1998. The greening of Europe: Environmental values and environmental behavior. In *British—and European—Social Attitudes: The 15th Report*, ed. Jowell et al. Brookfield, Vt.: Ashgate.
Dalton, Russell, and Martin Wattenberg. 1993. The not so simple act of voting. In *The State of the Discipline,* ed. A. Finifter. Washington, D.C.: American Political Science Association.
———, eds. 2000. *Parties without Partisans: Political Change in Advanced Industrial Democracies*. Oxford: Oxford University Press.
Dalton, Russell, and Steve Weldon. 2005. Public images of political parties: A necessary evil? *West European Politics* 28:931–951.
Damon, William. 2001. To not fade away: Restoring civil identity among the young. In *Making Good Citizens: Education and Civil Society*, ed. D. Ravitch and J. Viteritti. New Haven: Yale University Press, 2001.
Delli Carpini, Michael, and Scott Keeter. 1996. *What Americans Know about Politics and Why It Matters*. New Haven: Yale University Press.
Downs, Anthony. 1957. *An Economic Theory of Democracy*. New York: Wiley.
Duch, Raymond, and Michael Taylor. 1993. Postmaterialism and the economic condition. *American Journal of Political Science* 37:747–779.
———. 1994. A reply to Abramson and Inglehart's "Education, security, and postmaterialism."

*American Journal of Political Science* 38:815–824.

Dye, Thomas, and Harmon Ziegler. 1970. *The Irony of Democracy*. Belmont, Calif.: Duxbury.

Easton, David. 1965. *A Systems Analysis of Political Life*. New York: Wiley.

———. 1975. A reassessment of the concept of political support. *British Journal of Political Science* 5:435–457.

Easton, David, and Jack Dennis. 1969. *Children in the Political System*. New York: McGraw-Hill.

Eichenberg, Richard. 2007. Citizen opinion on foreign policy and world politics. In *The Oxford Handbook of Political Behavior*, ed. R. Dalton and H. Klingemann. Oxford: Oxford University Press.

Elkins, Zachary, and John Sides. 2004. In search of the unified nation-state: National attachment among distinctive citizens. Paper presented at the annual meeting of the Midwest Political Science Association, Chicago.

Erikson, Robert, Michael MacKuen, and James Stimson. 2002. *The Macro Polity*. Cambridge: Cambridge University Press.

Erikson, Robert, and Kent Tedin. 2001. *American Public Opinion*. 6th ed. New York: Allyn and Bacon.

Erikson, Robert, Gerald Wright, and John McIver. 1994. *State House Democracy: Public Opinion and Public Policy in the American States*. New York: Cambridge University Press.

Evans, Geoffrey, ed. 1999. *The End of Class Politics? Class Voting in Comparative Context*. New York: Oxford University press.

———. 2000. The continued significance of class voting. *Annual Review of Political Science* 3:401–417.

Evans, Jocelyn. 2004. *Voters and Voting: An Introduction*. Thousand Oaks, Calif.: Sage.

Farah, Barbara. 1980. *Political representation in West Germany*. PhD diss., University of Michigan.

Feldman, Stanley. 1989. Reliability and stability of policy positions. *Political Analysis* 1:26–60.

Fiorina, Morris. 1981. *Retrospective Voting in American National Elections*. New Haven: Yale University Press.

———. 2002. Parties and partisanship: A forty year retrospective. *Political Behavior* 24:93–115.

———. 2005. *Culture War? The Myth of a polarized America*. New York: Pearson Longman.

Flanagan, Scott. 1982. Changing values in advanced industrial society. *Comparative Political Studies* 14:403–444.

———. 1987. Value change in industrial society. *American Political Science Review* 81:1303–19.

Flanagan, Scott, and Aie-Rie Lee. 2003. The new politics, culture wars, and the authoritarian-libertarian value change in advanced industrial democracies. *Comparative Political Studies* 36:235–270.

Florida, Richard, 2003. *The Rise of the Creative Class: And How It's Transforming Work, Leisure, Community, and Everyday Life*. New York: Basic Books.

Franklin, Mar. 2004. *Voter Turnout and the Dynamics of Electoral Competition in Established Democracies since 1945*. New York: Cambridge University Press.

Franklin, Mark, Tom Mackie, and Henry Valen, eds. 1992. *Electoral Change*. New York:

Cambridge University Press.
Franklin, Mark, and Christopher Wlezien. 1997. The responsive public: Issue salience, policy change, and preferences for European unification. *Journal of Theoretical Politics* 9:247–263.
———, eds. 2002. *The Future of Election Studies*. Amsterdam: Elsevier.
Friedrich, Walter, and Harmut Griese. 1990. *Jugend und Jugendforschung in der DDR*. Opladen: Westdeutscher Verlag.
Fuchs, Dieter, and Hans-Dieter Klingemann. 1989. The Left-Right schema. In *Continuities in Political Action*, ed. M. K. Jennings and J. van Deth. Berlin: deGruyter.
———. 1995. Citizens and the state. In *Citizens and the State*, ed. H. Klingemann and D. Fuchs. Oxford: Oxford University Press.
Fuchs, Dieter, and Robert Rohrschneider. 1998. Postmaterialism and electoral choice before and after German unification. West European Politics 21:95–116.
Fukuyama, Francis. 1992. *The End of History and the Last Man*. New York: Free Press.
Funk, Carolyn. 1999. Bringing the candidate into models of candidate evaluation. *Journal of Politics* 61:700–720.
Gallagher, Michael, and Pier Vincenzo Uleri, eds. 1996. *The Referendum Experience in Europe*. Basingstoke, Hants.: Macmillan.
Gallup, George. 1976a. *International Public Opinion Polls: Britain*. New York: Random House.
———. 1976b. *International Public Opinion Polls: France*. New York: Random House.
Geer, John. 2005. *Public Opinion and Polling around the World*. 2 vols. Santa Barbara, Calif.: ABC-CLIO.
German Marshall Fund. 2007. *Transatlantic Trends: Key Findings 2007*. www.transatlantictrends.org.
Gershkoff, Amy. 2005. Not "Non-attitudes" but rather "non-measurement." Paper presented at the Southern Political Science Association Meeting, New Orleans.
Glass, David. 1985. Evaluation presidential candidates: Who focuses on their personal attributes? *Public Opinion Quarterly* 49:517–534.
Goldthorpe, John. 1987. *Social Mobility and Class Structure in Modern Britain*. Oxford: Clarendon Press.
Gordon, Stacy, and Gary Segura. 1997. Cross−national variation in the political sophistication of individuals: Capability or choice? *Journal of Politics* 59:126–147.
Gray, Mark, and Miki Caul. 2000. Declining voter turnout in advanced industrial democracies 1950−1997. *Comparative Political Studies* 33:1091–1122.
Green, Donald, Bradley Palmquist, and Eric Schickler. 2002. *Partisan Hearts and Minds: Political Parties and the Social Identities of Voters*. New Haven: Yale University Press.
Gurr, T. Robert. 1970. *Why Men Rebel*. Princeton: Princeton University Press.
Haegel, Florence. 1993. Partisan ties. In *The French Voter Decides*, ed. D. Boy and N. Mayer. Ann Arbor: University of Michigan Press.
Hall, Peter. 2002. Social capital in Britain. In *Democracies in Flux*, ed. R. Putnam. Oxford: Oxford University Press.
Heath, Anthony, Roger Jowell, and John Curtice. 1991. *Understanding Political Change: The British Voter 1964–1987*. New York: Pergamon.
———. 1994. *Labour's Last Chance: The 1992 Election and Beyond*. Brookfield, Vt.: Dartmouth Publishing.

Heath, Anthony, and Dorren McMahon. 1992. Changes in values. In R. Jowell et al. *British Social Attitudes: The 9th Report*. Brookfield, Vt.: Dartmouth Publishing.
Heath, Anthony, and Roy Pierce. 1992. It was party identification all along. *Electoral Studies* 11:93–105.
Herrera, Cheryl Lyn, Richard Herrera, and Eric R. A. N. Smith. 1992. Public opinion and congressional representation. *Public Opinion Quarterly* 56:185–205.
Herzog, Dietrich, Hilke Rebenstorf, and Bernhard Wessels. 1993. *Parlament und Gesellschaft: Eine Funktionsanalyse der reprasentativen Demokratie*. Opladen: Westdeutscher Verlag.
Hess, Robert, and Judith Torney. 1967. *The Development of Political Attitudes in Children*. Chicago: Aldine.
Hetherington, Marc. 2005. *Why Trust Matters: Declining Political Trust and the Demise of American Liberalism*. Princeton: Princeton University Press.
Hibbing, John, and Elizabeth Theiss-Morse, eds. 2001. *What Is It about Government that Americans Dislike?* New York: Cambridge University Press.
——. 2002. *Stealth Democracy: American's Beliefs about How Government Should Work*. New York: Cambridge University Press.
Hollifield, James. 1993. *Immigrants, Markets, and States*. Cambridge: Harvard University Press, 1993.
Holmberg, Sören. 1994. Party identification compared across the Atlantic. In *Elections at Home and Abroad*, ed. M. K. Jennings and T. Mann. Ann Arbor: University of Michigan Press.
Hout, Michael, et al. 1995. The democratic class struggle in the United States, 1948–1992. *American Sociological Review* 60:805–828.
Huntington, Samuel. 1974. Postindustrial politics: How benign will it be? *Comparative Politics* 6:147–177.
——. 1975. The democratic distemper. *Public Interest* 41:9–38.
——. 1981. *American Politics: The Promise of Disharmony*. Cambridge: Harvard University Press.
——. 1984. Will more countries become democratic? *Political Science Quarterly* 99:193–218.
——. 1991. *The Third Wave*. Norman: University of Oklahoma Press.
——. 2004. *Who Are We? The Challenges to America's National Identity*. New York: Simon and Schuster.
Hurwitz, Jon, and Mark Peffley. 1987. How are foreign policy attitudes structured? *American Political Science Review* 81:1099–1120.
Hutchings, Vincent. 2003. *Public Opinion and Democratic Accountability*. Princeton: Princeton University Press.
Ignazi, Piero. 2003. *Extreme Right Parties in Western Europe*. Oxford: Oxford University Press.
Inglehart, Ronald. 1977. *The Silent Revolution*. Princeton: Princeton University Press.
——. 1981. Post-materialism in an environment of insecurity. *American Political Science Review* 75:880–900.
——. 1984. Changing cleavage alignments in Western democracies. In *Electoral Change in Advanced Industrial Democracies*, ed. R. Dalton, S. Flanagan, and P. Beck. Princeton: Princeton University Press.
——. 1990. *Culture Shift in Advanced Industrial Society*. Princeton: Princeton University

Press.

―――. 1995. Political support for environmental protection. PS—*Political Science and Politics* 28:57–72.

―――. 1997. *Modernization and Postmodernization: Cultural, Economic and Political Change in 43 Nations*. Princeton: Princeton University Press.

Inglehart, Ronald, and Pippa Norris. 2003. *A Rising Tide: Gender Equality and Cultural Change around the World*. New York: Cambridge University Press.

Inglehart, Ronald, and Christian Welzel. 2005. *Modernization, Cultural Change, and Democracy: The Human Development Sequence*. New York: Cambridge University Press.

Ingram, Helen, and Steven Smith, eds. 1993. *Public Policy for Democracy*. Washington, D.C.: Brookings Institution press.

Jackman, Robert. 1972. Political elites, mass publics, and support for democratic principles. *Journal of Politics* 34:753–773.

―――. 1987. Political institutions and voter turnout in the industrialized democracies. *American Political Science Review* 81:405–424.

Jacoby, William. 1991. Ideological identification and issue attitudes. *American Journal of Political Science* 35:178–205.

Jelen, Ted, Sue Thomas, and Clyde Wilcox. 1994. the gender gap in comparative perspective. *European Journal of Political Research* 25:171–186.

Jennings, M. Kent. 2007. Political socialization. In *Oxford Handbook of Political Behavior*, ed. R. Dalton and H. Klingemann. Oxford: Oxford University Press.

Jennings, M. Kent, and Thomas Mann, eds. 1994. *Elections at Home and Abroad*. Ann Arbor: University of Michigan Press.

Jennings, M. Kent, and Greg Markus. 1984. Partisan orientations over the long haul. *American Political Science Review* 78:1000–18.

Jennings, M. Kent, and Richard Niemi. 1973. *The Character of Political Adolescence*. Princeton: Princeton University Press.

―――. 1981. *Generations and Politics*. Princeton: Princeton University Press.

Jenning, M. Kent, and Jan van Deth, eds. 1989. *Continuities in Political Action*. Berlin: deGruyter.

Jennings, M. Kent, et at. 1979. Generations and families. In *Political Action*, S. Barnes, M. Kaase et al. Beverly Hills, Calif.: Sage.

Johnson, Mark, and Conor Gearty. 2007. Civil liberties and the challenges of terrorism. In *British Social Attitudes: Perspectives on a Changing Society*, ed. A. Park et al. London: Sage Publication.

Jowell, Roger, et al., eds. 1998. *British—and European—Social Attitudes: The 15th Report*. Brookfield, Vt.: Ashgate.

Judis, John, and Ruy Teixeira. 2002. *The Emerging Democratic Majority*. New York: Scribner.

Kaase, Max, and Kenneth Newton. 1998. Commitment to the welfare state. In *British—and European—Social Attitudes: The 15th Report*. ed. R. Jowell et al. Brookfield, Vt.: Ashgate.

Katz, Richard, and Bernhard Wessels, eds. 1999. *The European Parliament, National Parliaments, and European Integration*. Oxford: Oxford University Press.

Keith, Bruce, et al., 1992. *The Myth of the Independent Voter*. Berkeley: University of

California Press.
Kepplinger, Hans Mathias. 1996. Skandale und Politikverdrossenheit—ein Langzeitvergleich. In O. Jarren et al., *Medien und Politische Prozeß*. Opladen: Westdeutscher Verlag.
Key, V. O. 1966. *The Responsible Electorate*. Cambridge: Belknap Press.
Kinder, Donald, and D. R. Kiewiet. 1981. Sociotropic politics. *British Journal of Political Science* 11:129–161.
Kinder, Donald, et al. 1980. Presidential prototypes. *Political Behavior* 2:315–337.
Klein, Markus, et al., eds. 2000. *50 Jahre empirische Wahlforschung in Deutschland: Entwicklung, Befunde, Perspektiven, Daten*. Opladen: Westdeutshcer Verlag.
Klingemann, Hans-Dieter. 1999. Mapping Political support in the 1990s. In *Critical Citizens*, ed. P. Norris. Oxford: Oxford University Press.
——, ed. 2008. *The Comparative Study of Electoral Systems*. Oxford: Oxford University Press.
Klingemann, Hans-Dieter, Richard Hofferbert, and Ian Budge, eds. 1994. *Parties, Policy and Democracy*. Oxford: Oxford University Press.
Klingemann, Hans-Dieter, et al. 2006. *Mapping Policy Preferences II: Estimates for Parties, Electors, and Governments in Eastern Europe, European Union, and OECD 1990–2003*. Oxford: Oxford University Press.
Knutsen, Oddborn. 1995a. Left-Right materialist value orientations. In *The Impact of Values*, ed. J. van Deth and E. Scarbrough. New York: Oxford University Press.
——. 1995b. Party choice. In *The Impact of Values*, ed. J. van Deth and E. Scarbrough. New York: Oxford University Press.
——. 2006. *Class Voting in Western Europe: A Comparative Longitudinal Study*. Lanham, Md.: Lexington Books.
Knutsen, Oddbjorn, and Staffan Kumlin. 2005. Value orientations and party choice, In *The European Voter*, ed. J. Thomassen. Oxford: Oxford University Press.
Koch, Achim, Martina Wasmer, and Peter Schmidt, eds. 2001. *Politische Partizipation in der Bundesrepublik Deutschland: Empirische Befunde und theoretische Erklärungen*. Opladen: Leske+Budrich.
Kohut, Andrew, et al. 2000. *The Diminishing Divide: Religion's Changing Role in American Politics*. Washington, D.C.: Brooking Institution Press.
Kornhauser, William. 1959. *The Politics of Mass Society*. New York: Free Press.
Krosnick, Jon. 1990. Government Policy and citizen passion: A Study of issue publics in contemporary America. *Political Behavior* 12:59–92.
Kuklinski, James, and Buddy Peyton. 2007. Belief systems and political decision-making. In *Oxford Handbook of Political Behavior*, ed. R. Dalton and H. Kingemann. Oxford: Oxford University Press.
Kuklinski, James, and Paul Quirk. 2000. Reconsidering the rationable public. In *Elements of Reason*, ed. A. Lupia, M. McCubbins, and S. Popkin. New York: Cambridge University Press.
Lane, Robert. 1962. *Political Ideology*. New York: Free Press.
——. 1973. Patterns of Political belief. In *Handbook of Political Psychology*, ed. J. Knutson. San Francisco: Jossey-Bass.
Langenbacher, Eric, ed. 2006. The 2005 Bundestag elections. Special issue of *German Politics and Society* 24.
Lau, Richard, and David Redlawsk. 2006. *How Voters Decide: Information Processing during*

*Election Campaigns*. New York: Cambridge University Press.
Layman, Geoffrey. 2001. *The Great Divide*. New York: Columbia University Press.
Lazarsfeld, Paul, Bernard Berelson, and Hazel Gaudet. 1948. *The People's Choice*. New York: Columbia University Press.
LeDuc, Lawrence. 1981. The dynamic properties of party identification. *European Journal of Political Research* 9:257–268.
LeDuc, Lawrence, Richard Niemi, and Pippa Norris, eds. 2002. *Comparing Democracies: New Challenges in the Study of Elections and Voting*. 2nd ed. Thousand Oaks, Calif.: Sage.
Leege, David, et al. 2002. *The Politics of Cultural Differences: Social Change and Voter Mobilization Strategies in the Post-New Deal Period*. Princeton: Princeton University Press.
Lewis-Beck, Michael. 1988. *Economics and Elections*. Ann Arbor: University of Michigan Press.
———. ed. 1999. *How France Votes*. New York: Chatham House.
———. et al. 2008. The American Voter Revisited. Ann Arbor: University of Michigan press.
Lewis-Beck, Michael, and Martin Paldam, eds. 2000. *Electoral Studies* 19, special issue, Economics and Elections.
Lewis-Beck, Michael, and Andrew Skalaban. 1992. France. In *Electoral Change*. ed. M. Franklin et al. New York: Cambridge University Press.
Lijphart, Arend. 1999. *Patterns of Democracy: Government Forms and Performance in Thirty-six Countries*. New Haven: Yale University Press.
Lippmann, Walter. 1922. *Public Opinion*. New York: Harcourt, Brace.
Lipset, Seymour Martin. 1981. *Political Man: The Social Bases of Politics*. Baltimore: Johns Hopkins University Press.
Lipset, Seymour Martin, and Everett Ladd. 1980. Public Opinion and Public Policy. In *The United States in the 1980s*, ed. P. Duignan and A. Rabushka. Stanford, Calif.: Hoover Press.
Lipset, Seymour Martin, and Stein Rokkan, eds. 1967. *Party Systems and Voter Alignments*. New York: Free Press.
Listhaug, Ola. 2005. Retrospective voting. In *The European Voter*, ed. J. Thomassen. Oxford: Oxford University Press.
Listhaug, Ola, Bernt Aardal, and Ingunn Opheim Ellis. 2008. Institutional variation and political support. In *The Comparative Study of Electoral Systems*, ed. H. Klingemann. Oxford: Oxford University Press.
Lovenduski, Joni, and Pippa Norris, eds. 1996. *Women in Politics*. New York: Oxford University Press.
Lupia, Arthur. 1994. Shortcuts versus encyclopedias. *American Political Science Review* 88:63–76.
Lupia, Arthur, and Mathew McCubbins. 1998. *The Democratic Dilemma: Can Citizens Learn What They Need to Know?* Cambridge: Cambridge University Press.
Lupia, Arthur, Mathew McCubbins, and Samuel Popkin, eds. 2000. *Elements of Reason: Cognitions, Choice and the Bounds of Rationality*. New York: Cambridge University Press.
Macedo, Stephen, et al. 2005. *Democracy at Risk: How Political Choices Undermine Citizen Participation, and What We Can Do About It*. Washington, D.C.: Brookings

Institution Press.
Mackuen, Michael, Robert Erikson, and James Stimson. 1989. Macropartisanship. *American Political Science Review* 83:1125–42.
———. 1992. Peasants or Bankers? *American Political Science Review* 86:597–611.
MacRae, Duncan. 1967. *Parliament, Parties, and Society in France*, 1946–1958. New York: St. Martin's.
Manza, Jeff, and Clem Brooks. 1999. *Social Cleavages and Political Change*. New York: Oxford: Oxford University Press.
Maslow, Abraham, 1954. *Motivations and Personality*. New York: Harper and Row.
Mayer, Nonna. 2000. The decline of political trust in France. Paper presented at the meetings of the International Political Science Association, Quebec, Canada.
Mayer, Nonna, and Vincent Tiberj. 2004. Do issues matter? In *The French Voter*, ed. M. Lewis-Beck. Basingstoke: Palgrave Macmillan.
McAllister, Ian. 1996. Leadership. In *Comparing Democracies*, ed. L. LeDuc, R. Niemi, and P. Norris. Newbury Park, Calif.: Sage.
McClosky, Herbert, and Alida Brill. 1983. *Dimensions of Tolerance: What Americans Think about Civil Liberties*. New York: Russell Safe Foundation.
McCrone, David, and Paula Surridge. 1998. National identity and national pride. In *British—and European—Social Attitudes: The 15th Report*. ed. R. Jowell et al. Brookfield, Vt.: Ashgate.
McDonald, Michael, and Samuel Popkin. 2001. The myth of the vanishing voter. *American Political Science Review* 95:963–974.
Meyer, David, and Sidney Tarrow, eds. 1998. *The Social Movement Society: Contentious Politics for a New Century*. Lanham, Md.: Rowman and Littlefield.
Miller, Arthur. 1974a. Political issues and trust in government. *American Political Science Review* 68:951–972.
———. 1974b. Rejoinder. *American Political Science Review* 68:989–1001.
Miller, Arthur, and Martin Wattenberg. 1985. Throwing the rascals out. *American Political Science Review* 79:359–372.
Miller, Arthur, Martin Wattenberg, and Oksana Malanchuk. 1986. Schematic assessments of presidential candidates. *American Political Science Review* 80:521–540.
———. 1987. *Without Consent: Mass-Elite Linkages in Presidential Politics*. Lexington: University Press of Kentucky.
Miller, Warren, and M. Kent Jennings. 1986. *Parties in Transition: A Longitudinal Study of Party Elites and Party Supporters*. New York: Russell Sage Foundation.
Miller, Warren, and J. Merrill Shanks. 1996. *The New American Voter*. Cambridge: Harvard University Press.
Miller, Warren, and Donald Stokes. 1963. Constituency influence in Congress. *American Political Science Review* 57:45–56.
Miller, Warren, et al. 1999. *Policy Representation in Western Democracies*. Oxford: Oxford University Press.
Miller, William, and Richard Niemi. 2002. voting: Choice, conditioning, and constraint. In *Comparing Democracies*, et. L. LeDuc, R. Niemi, and P. Norris. 2nd ed. Newbury Park, Calif.: Sage.
Monroe, Alan. 1998. Public Opinion and public policy, 1980–1993. *Public Opinion Quarterly* 62:6–28.

Morris, Richard. 1995. What informed public? *Washington Post National Weekly Edition*, April 10–16, 36.
Mueller, John. 1999. *Capitalism, Democracy, and Ralph's Pretty Good Grocery.* Princeton: Princeton University Press.
Nadeau, R., Richard Niemi, and A. Yoshinaka. 2002. A cross-national analysis of economic voting. *Electoral Studies* 21:403–423.
National Conference on Citizenship. 2006. *America's Civic Health Index: Broken Engagement.* Washington, D.C.: National Conference on Citizenship.
Nevitte, Neil. 1996. *The Decline of Deference.* Petersborough, Canada: Broadview.
Nie, Norman, Jane Junn, and Kenneth Stehlik-Barry. 1996. *Education and Democratic Citizenship in America.* Chicago: University of Chicago Press.
Nie, Norman, Sidney Verba, and John Petrocik. 1979. *The Changing American Voter*, Cambridge: Harvard University Press.
Niedermayer, Oskar, and Richard Sinnott, eds. 1995. *Public Opinion and International Governance.* New York: Oxford University Press.
Niemi, Richard, and M. Kent Jennings. 1991. Issues and inheritance in the formation of party identification. *American Journal of Political Science* 35:970–988.
Niemi, Richard, and Herbert Weisberg, eds. 2001. *Controversies in Voting.* 4th ed. Washington, D.C.: CQ Press.
Nieuwbeerta, Paul. 1995. *The Democratic Class Struggle in Twenty Countries 1945–90.* Amsterdam: Thesis Publishers.
Nieuwbeerta, Paul, and Nan Dirk de Graaf. 1999. Traditional class voting in 20 postwar societies. In *The End of Class Politics?* ed. G. Evans. New York: Oxford University Press.
Norpoth, Helmut. 1992. *Confidence Regained: Economics, Mrs. Thatcher, and the British Voter.* Ann Arbor: University of Michigan Press.
Norris, Pippa. 1999a. A gender-generation gap. In *Critical Elections*, ed. G. Evans and P. Norris. London: Sage.
———. 1999b. *Critical Citizens: Global Support for Democratic Governance*, ed. P. Norris. Oxford: Oxford University Press.
———. 1999c. Conclusions: The growth of critical citizens and its consequences. In *Critical Citizens*, ed. P. Norris. Oxford: Oxford University Press.
———. 1999d. New politicians? Changes in party competition at Westminster. In *Critical Elections*, ed. G. Evans and P. Norris. London: Sage.
———. 2000. *Virtuous Circle: Political Communications in Postindustrial Societies.* Cambridge: Cambridge University Press.
———, ed. 2001. *Britain Votes 2001.* Oxford: Oxford University Press.
———. 2002. *Democratic Phoenix: Reinventing Political Activism.* Cambridge: Cambridge University Press.
———. 2004. *Electoral Engineering: Voting Rules and Political Behavior.* New York: Cambridge University Press.
Norris, Pippa, and Ronald Inglehart. 2004. *Sacred and Secular: Religion and Politics Worldwide.* New York: Cambridge University Press.
Norris, Pippa, et al. 1999. *On Message: Communicating the Campaign.* London: Sage.
Norton, Philip. 2000. *The British Polity.* 4th ed. New York: Longman.
Nye, Joseph, Philip Zelikow, and David King, eds. 1997. *Why People Don't Trust*

*Government*. Cambridge: Harvard University Press.
Offe, Claus, and Susanne Fuchs. 2002. A decline of social capital? The German case. In *Democracies in Flux*, ed. R. Putman. Oxford: Oxford University Press.
Ohr, Dieter. 2000. Wird das Wählerverhalten zunehmend personalisierter, or ist jede Wahl anders? In *50 Jahre empirische Wahlforschung in Deutschland*, ed. M. Klein et al. Opladen: Westdeutscher Verlag.
Oskarson, Maria. 2005. Social structure and party choice. In *The European Voter*, ed. J. Thomassen. Oxford: Oxford University Press.
Page, Benjamin. 1978. *Choices and Echoes in Presidential Elections*. Chicago: University of Chicago Press.
Page, Benjamin, and Charles Jones. 1979. Reciprocal effects of policy preferences, party loyalties and the vote. *American Political Science Review* 73:1071–89.
Page, Benjamin, and Robert Shapiro. 1983. Effects of public opinion on public policy. *American Political Science Review* 77:175–190.
——. 1992. *The Rational Public: Fifty Years of Trends in Americans' Policy Preferences*. Chicago: University of Chicago Press.
Palmer, Harvey. 1995. Effects of authoritarian and libertarian values on Conservative and Labour party support. *European Journal of Political Research* 27:273–292.
Parry, Geraint, George Moyser, and Neil Day. 1992. *Political Participation and Democracy in Britain*. Cambridge: Cambridge University Press.
Patterson, Thomas, 1993. *Out of Order*. New York: Knopf.
——. 2003. *The Vanishing Voter: Public Involvement in an Age of Uncertainty*. New York: Vintage.
Pattie, Charles, Patrick Seyd, and Paul Whiteley. 2004. *Citizenship in Britain: Values, Participation, and Democracy*. New York: Cambridge University Press.
Peffley, Mark, and Jon Hurwitz. 1985 A hierarchical model of attitude constraint. *American Journal of Political Science* 29:871–890.
Petrocik, John. 1996. Issue ownership in presidential elections, with a 1980 case study. *American Journal of Political Science* 40:825–850.
Pew Center for People and the Press. 1998a. *Deconstructing Distrust: How Americans View Government*. http://people-press.org/reports.
——. 1998b. *Public Appetite for Government Misjudged: Washington Leaders Wary of Public Opinion*. http://people-press.org/reports.
——. 2002. *What the World Thinks in 2002*. http://people-press.org/pgap.
——. 2003. *Views of a Changing world 2003*. http://people-press.org/pgap.
Pharr, Susan, and Robert Putman, eds. 2000. *Disaffected Democracies: What's Troubling the Trilateral Countries?* Princeton: Princeton University Press.
Pierce, John, et al. 1992. *Citizens, Political communication, and Interest Groups*. New York: Praeger.
Piven, Frances Fox, and Richard Cloward. 2000. *Why American Don't Vote: And Why Politicians Want It That Way*, rev. ed. Boston: Beacon Press.
Poguntke, Thomas. 1993. *Alternative Politics*. Edinburgh: University of Edinburgh Press.
Poguntke, Thomas, and Paul Webb, eds. 2005 *The Presidentialization of Politics: A Comparative Study of Modern Democracies*. New York: Oxford University Press.
Popkin, Samuel. 1991. *The Reasoning Voter*. Chicago: University of Chicago Press.
Powell, G. Bingham, 1986. American Voting turnout in comparative perspective. *American*

Political Science Review 80:17–44.
———. 2000. *Elections as Instruments of Democracy: Majoritarian and Proportional Visions.* New Haven: Yale University Press.
Prior, Markus. 2007. *Post-Broadcast Democracy: How Media Choice Increases Inequality in Political Involvement and Polarizes Elections.* New York: Cambridge University Press.
Putnam, Robert. 1993. *Making Democracy Work.* Princeton: Princeton University Press.
———. 2000. *Bowling Alone: The Collapse and Renewal of American Community.* New York: Simon and Schuster.
———. ed. 2002. *Democracies in Flux: The Evolution of Social Capital in Contemporary Society.* Oxford: Oxford University Press.
Repass, David. 1971. Issue saliency and party choice. *American Political Science Review* 65:389–400.
Richardson, Dick, and Chris Rootes, eds. 1995. *The Green Challenge: The Development of Green Parties in Europe.* London and New York: Routledge.
Rohrschneider, Robert, and Russelll Dalton, eds. 2003. Judgement day and beyond: The 2002 Bundestagswahl. Special issue, *German Politics and Society*, Summer.
Rokeach, Milton. 1973. *The Nature of Human Values.* New York: Free Press.
Rootes, Christopher, ed. 1999. *Environmental Politics 8, special issue: Environmental Movements: Local, National, and Global.*
Rose, Richard, ed. 1969. *Electoral Behavior.* New York: Free Press.
———. 1990. *The Loyalties of Voters: A Lifetime Learning Model.* Newbury Park, Calif.: Sage.
Rose, Richard, and Derek Urwin. 1969. Social cohesion, political parties, and strains in regimes. *Comparative Political Studies* 2:7–67.
Rosenstone, Steven, and John Hansen. 1993. *Mobilization, Participation and Democracy in America.* New York: Macmillan.
Safran, William. 2002. *The French Polity.* 6th ed. New York: Longman.
Saggar, Shamit. 2007. Race and political behavior. In *The Oxford Handbook of Political Behavior*, ed. R. Dalton and H. Klingemann. Oxford: Oxford University Press.
Saggar, Shamit, and Anthony Heath. 1999. Race: Towards a multicultural electorate? In *Critical Elections*, ed. G. Evans and P. Norris. Thousand Oaks, Calif.: Sage.
Sartori, Giovanni. 1968. Representational systems. *International Encyclopedia of the Social Sciences* 13:470–475.
Scarrow, Susan, Paul Webb, and David Farrell. 2000. From social integration to electoral contestation. In *Parties without Partisans*, ed. R. Dalton and M. Wattenberg. Oxford: Oxford University Press.
Schattschneider, E. E. 1942. *Party Government.* New York: Rinehart.
Schickler, Eric, and Donald Green. 1997. The Stability of party identification in Western democracies. *Comparative Political Studies* 30:450–483.
Schlozman, Kay, Nancy Burns, and Sidney Verba. 1994. Gender and the pathways to participation. *Journal of Politics* 56:963–990.
Schmitt, Hermann, and Jacques Thomassen, eds. 1999. *Political Representation and Legitimacy in the European Union.* Oxford: Oxford University Press.
Schoen, Harald. 2000. Stimmensplitting bei Bundestagswahlen. In *50 Jahre empirische Wahlforschung in Deutschland*. ed. M. Klein et al. Wiesbaden: Westdeutscher Verlag.
Schuman, Howard, et al. 1997. *Racial Attitudes in America: Trends and Interpretations.* Rev. ed. Cambridge: harvard University press.

Schumpeter, Joseph. 1943. *Capitalism, Socialism and Democracy*. London: Allen and Unwin.
Schwartz, Shalom, and A. Bardi. 2001. Value hierarchies across cultures. *Journal of Cross-Cultural Psychology* 32:268:290.
Scott, Jacqueline, Michael Braun, and Duane Alwin. 1998. Partner, parent, worker: Family and gender roles. In *British—and European—Social Attitudes: The 15th Report*, eds. R. Jowell et al. Brookfield, Vt.: Ashgate.
Semetko, Holli, and Klaus Schoenbach. 1994 *Germany's Unity Election*. Cresskill, N.J.: Hampton Press.
Shanks, J. Merrill, and Warren Miller. 1990. Policy direction and performance evaluations. *British Journal of Political Science* 20:143–235.
Shively, W. Phillips. 1979. The development of party identification among adults. *American Political Science Review* 73:1039–54.
Skocpol, Theda, and Morris Fiorina, eds. 1999. *Civic Engagement in American Democracy*. Washington, D.C.: Brooking Institution Press.
Smith, Tom, and Paul Sheatsley. 1984. American attitudes toward race relations. *Public Opinion* 7:14ff.
Sniderman, Paul, Richard Brody, and James Kuklinski, 1984. Policy reasoning and political values. *American Journal of Political Science* 28:74–94.
Sniderman, Paul, Richard Brody, and Philip Tetlock. 1991. *Reasoning and Choice*. New York: Cambridge University Press.
Sniderman, Paul, and Louk Hagendoorn. 2007. *When Ways of Life Collide: Multiculturalism and Its Discontents in the Netherlands*. Princeton: Princeton University Press.
Sniderman, Paul, and Thomas Piazza. 1993. *The Scar of Race*. Cambridge: Harvard University Press.
Sniderman, Paul, et al. 1991. The fallacy of democratic elitism. *British Journal of Political Science* 21:349–370.
———. 2001. *The Outsider: Prejudice and Politics in Italy*. Princeton: Princeton University Press.
Soroka, Stuart, and Christopher Wlezien. 2003. Degrees of democracy: Public preferences and policy in comparative perspective. Paper presented at the annual meeting of the American Political Science Association, Philadelphia, August.
Stanley, Harold, and Richard Niemi. 2000. *Vital Statistics of American Politics*. 7th ed. Washington, D.C.: CQ Press.
Stimson, James. 1975. Belief systems: Constraint, complexity and the 1982 election. *American Journal of Political Science* 19:393–417.
———. 1999. *Public Opinion in America: Moods, Cycles, and Swings*. 2nd ed. Boulder: Westview.
Stimson, James, Michael Mckuen, and Robert Erikson. 1995. Dynamic representation. *American Political Science Review* 89:543–565.
Stokes, Donald. 1963. Spatial models of party competition. *American Political Science Review* 57:368–377.
Stolle, Dietlind, Marc Hooghe, and Michele Micheletti. 2005. Politics in the supermarket: Political consumerism as a form of political participation. *International Political Science Review* 26:245–270.
Stone Sweet, Alec. 2000. *Governing with Judges*. Oxford: Oxford University Press.
Stouffer, Samuel. 1955. *Communism, Conformity, and Civil Liberties*. New York: Doubleday.

Studlar, D., Ian McAllister, and B. Hayes. 1998. Explaining the gender gap in voting: A cross-national analysis. *Social Science Quarterly* 79:779–798.
Surowiecki, James. 2004. *The Wisdom of Crowds*. New York: Doubleday.
Swanson, David, and Paolo Mancini, eds. 1996. *Politics, Media, and Modern Democracy*. Westport, Conn.: Praeger.
Taagepera, Rein, and Matthew Shugart. 1989. *Seats and Votes: The Effects and Determinants of Electoral Systems*. New Haven: Yale University Press.
Taber, Charles, and Milton Lodge. 2006. Motivated skepticism in the evaluation of political beliefs, *American Journal of Political Science* 50:755–769.
Taylor-Gooby, Peter. 1998. Commitment to the welfare state. In *British—and European—Social Attitudes: The 15th Report*. ed. R. Jowell et al. Brookfield, Vt: Ashgate.
Teixeira, Ruy. 1992. *The Disappearing American Voter*. Washington, D.C.: Brookings Institution Press.
Teorell, Jan, Mariano Torcal, and JoséRamon Montero. 2007. Political participation: Mapping the terrain. In *Citizenship and Involvement In European Democracies*, ed. J. Van Deth, J. Montero, and A. Westholm. London: Routledge.
Thomassen, Jacques. 1995. Support for democratic values. *Citizens and the State*, ed. H. Klingemann and D. Fuchs. Oxford: Oxford University Press.
———, ed. 2005. *The European Voter: A Comparative Study of Modern Democracies*. Oxford: Oxford University Press.
———. 2007. Democratic values. In *Handbook of Political Behavior*, ed. R. Dalton and H. Klingemann. Oxford: Oxford University Press.
Tocqueville, Alexis de. 1966. *Democracy in America*. Reprint of 1835, 1840 editions. New York: Knopf.
Topf, Richard, Peter Moeller, and Anthony Heath. 1989. Pride in one's country: Britain and West Germany. In *British Social Attitudes: Special International Report*, ed. R. Jowell, S. Witherspoon, and L. Brook: Brookfield, Vt.: Gower.
Uhlaner, Carole. 1989. Rational Turnout. *American Journal of Political Science* 33:390–422.
van Deth, Jan. 2001. Soziale und politische Beteiligung: Alternativen, Ergänzungen oder Zwillinge? In *Politische Partizipation in der Bundesrepublik Deutschland*, ed. A. Koch, M. Wasmer, and P. Schmidt. Opladen: Leske+Budrich.
van Deth, Jan, and Elinor Scarbrough, eds. 1995. *The Impact of Values*. New York: Oxford University Press.
van Deth, Jan, et al., eds. 1999. *Social Capital and European Democracy*. New York: Routledge.
———. 2007. *Citizenship and Involvement in European Democracies: A Comparative Analysis*. London: Routledge.
Verba, Sidney, and Norman Nie. 1972. *Participation in America*. New York: Harper and Row.
Verba, Sidney, Norman Nie, and J. O. Kim. 1978. *Participation and Political Equality*. New York: Cambridge University Press.
Verba, Sidney, Kay Schlozman, and Henry Brady. 1995. *Voice and Equality: Civic Voluntarism in American Politics*. Cambridge: Harvard University Press.
von Weizsäcker, Richard. 1992. *Richard von Weizsäcker im Gespräch mit Gunter Hofmann und Werner Perger*. Frankfurt: Eichborn.
Wald, Kenneth. 2003. *Religion and Politics in the United States*. 4th ed. Lanham, Md.:

Rowman and Littlefield.
Wattenberg, Martin. 1991. *The Rise of Candidate-centered Politics*. Cambridge: Harvard University Press.
——. 1998. *The Decline of American Political Parties*, 1952–1996. Cambridge: Harvard University Press.
——. 2002. *Where Have all the Voters gone?* Cambridge: Harvard University Press.
——. 2006. *Is Voting for Young People?* New York: Longman.
Webb, Paul. 2002. Conclusion: Political parties and democratic control in advanced industrial societies. In *Political Parties in Advanced Industrial Democracies*, ed. P. Webb. D. Farrell, and I. Holiday. Oxford: Oxford University Press.
Webb, Paul, David Farrell, and Ian Holliday, eds. 2002. *Political Parties in Advanced Industrial Democracies*. Oxford: Oxford University Press.
Weisberg, Herbert, and Steve Greene. 2003. The Political psychology of party identification. In *Electoral Democracy*, ed. M. Mackuen and G. Rabinowitz. Ann Arbor: University of Michigan Press.
Weisberg, Herbert, and Jerold Rusk. 1970. Dimensions of candidate evaluation, *American Political Science Review* 64:1167–85.
Weissberg, Robert. 1978. Collective versus dyadic representation in Congress. *American Political Science Review* 72:535–547.
Wessels, Bernhard. 1993. Politische Repräsentation als Prozeß gesellschaftlichparlamentaris cher Kommunikation. In *Parlament und Gesellschaft.*, ed. D. Herzog et al. Opladen: Westdeutscher Verlag.
——. 1994. Gruppenbindung und rationale Faktoren als Determinaten der Wahlentscheidung in Ost-und West Deutschland. In *Wahlen und Wähler*, ed. H. Klingemann and M. Kaase. Opladen: Westdeutscher Verlag.
——. 1999. System characteristics matter: Empirical evidence form ten representation studies. In *Policy Representation in Western Democracies*. ed. W. Miller et al. Oxford: Oxford University Press.
Whiteley, Paul, and Patrick Seyd. 2002. *High-intensity Participation: The Dynamics of Party Activism in Britain*. Ann Arbor: University of Michigan Press.
Whitten, Guy, and Harvey Palmer. 1999. Cross-national analyses of economic voting. *Electoral Studies* 18:49–67.
Wlezien, Christopher. 2004. Patterns of representation: Dynamics of public preferences and Policy. *Journal of Politics* 66:1–24.
Wlezien, Christopher, Mark Franklin, and Daniel Twiggs. 1997. Economic perceptions and vote choice. *Political Behavior* 19:7–17.
Wolfe. Alan. 2006. *Does American Democracy Still Work?* New Haven: Yale University Press.
Wolfinger, Raymond, and Steven Rosenstone. 1980. *Who Votes?* New Haven: Yale University Press.
World Bank. 2001. *World Development Report 2001*. Washington, D.C.: World Bank.
Wright, Erik. 1997. *Class Counts: Comparative Studies in Class Analysis*. Cambridge: Cambridge University Press.
Wright, James. 1976. *The Dissent of the Governed*. New York: Academic Press.
Wuthrow. 2002. United States: Bridging the privileged and marginalized? In *Democracies in Flux: The Evolution of Social Capital in Contemporary America*, ed. R. Putman. Oxford: Oxford University Press.

Zakaria, Fareed. 2003. *The Future of Freedom: Illiberal Democracy at Home and Abroad.* New York: Norton.
Zaller, John 1992. *The Nature and Origins of Mass Opinion.* New York: Cambridge University Press.
Zelle, Carsten. 1995. Social dealignment vs. political frustration. *European Journal for Political Research* 27:319–345.
Zimmerman, Michael. 1990. Newspaper editions and the creation-evolution controversy. *Skeptical Inquirer* 14:182–195.
———. 1991. A survey of pseudoscientific sentiments of elected officials: A comparison of federal and state legislators. *Creation/Evolution* 29:26–45.
Zuckerman, Alan, and Martin Kroh. 2006. The Social Logic of Bounded Partisanship in Germany. *Comparative European Politics* 4:65–93.
Zukin, Cliff, et al. 2006. *A New Engagement? Political Participation, Civic Life, and the Changing American Citizen.* New York: Oxford University Press.

# 찾아보기

## ㄱ

가치변화 148, 150-152, 154, 157, 159, 160, 162, 164, 165, 169, 170, 386
감응성(感應性, responsiveness) 55
게리 하트(G. Hart) 225
계급투표 245, 247, 249-252, 259, 261, 266, 268
고어(A. Gore) 226, 227, 265, 307, 329
고전적 민주주의 54, 64, 74, 77, 305, 339
공산당(프랑스: PC) 216, 217, 228, 229
공중(the public) 209, 210, 222, 231, 232, 237, 248, 249, 251, 253, 285, 287, 292-295, 299-301, 305
공화주의자/NPD 212
공화주의자당(Republikaner Party) 183, 215, 223, 231
관례적 당파(Ritual partisans) 301, 302, 336, 339
관례적 참여(conventional participation) 8, 104
관용 54, 106, 109, 186, 194, 195, 199, 386, 421
구정치(old politics) 15, 192, 217, 223, 225-229, 231, 232, 241, 243, 265, 273, 350, 358, 359
국민민주당(NPD) 321
국민전선당(FN) 183, 216, 223, 229, 319
권력분립 35
기독민주당(독일: CDU/CSU) 215, 224

## ㄴ

낙태 167, 192, 193, 195, 199, 230, 252, 258, 307, 348, 353
네이더(R. Nader) 76, 227
노동당(영국: Lab. Party) 120, 171, 213, 220, 229, 240, 241, 243, 253, 270, 272, 315, 321, 327, 349, 358, 359
녹색당(독일: Greens) 215, 216
녹색당(프랑스: Verts) 216, 217
뉴딜 정치연정 225
뉴잉글랜드 타운홀 미팅 49
닉슨(R. Nixon) 225, 269

## ㄷ

다당제 시스템 215, 216

다렌도르프(R. Dahrendorf)  399, 401
다원주의  49, 67, 76, 373
단순다수제  89
달(R. Dahl)  67
달톤(R. Dalton)  11, 420
당파심(partisanship)  44, 69, 119, 126, 128, 130
당파적 휘발성  222, 291
대중운동연합(UPM/RPR)  212, 216
대처(M. Thatcher)  176, 188, 204
대표자 모델  352
덴마크  86, 254, 266
도덕적 다수(the Moral Majority)  225
독일
    기본법(the Basic Law, 독일헌법)  216
    독일총선(2005)  9, 13
    바이마르 공화국  375, 376
    분데스라트(Bundesrat, 주정부의 다수를 대표하는 상원)  305
    서독(독일연방공화국, FRG)  50, 215, 219, 305
    제3제국  50, 389
    하원(Bundestag)  37, 216
동성애  167, 183, 192, 194, 195
동일시(identification)  280
드골주의자당(프랑스: RFR)  217, 245
똑똑한 투표(Vote Smart) 프로젝트  353

ㄹ

롬니(M. Romney)  234
루디 줄리아니(R. Juliani)  234
루아얄(S. Royal)  188

립세트(S. M. Lipset)  218, 220, 221, 223, 231

ㅁ

마르크스(K. Marx)  242
매디슨(J. Madison)  67
매슬로우(A. Maslow)  152, 153
메르켈(A. Merkel)  188, 269, 332
무당파(nonpartisan)  288, 292, 293, 300, 301-304
무소속파(independent)  300-302, 305
무정치파(apoliticals)  301, 336
문화변동  39
미국의 투표자(The American Voter)  310, 411
미국전국선거연구(ANES)  226, 288, 292, 301
민사당(독일: PDS)  319, 359
민주당(미국: Dem. Party)  37, 43
민주적 엘리트주의자(Democratic Elitist)  397
민주주의
    민주주의적 이상  138
    민주주의 [정치]과정  29, 30, 34, 38, 42, 43
    민주주의 참여양식들(modes of democratic participation)  83
민주화  141, 222, 369

## ㅂ

반짝 정당(Flash parties) 305
발견적 학습법 68, 69, 72, 73, 75
버락 오바마(B. Obama) 183, 234
버크(E. Burke) 351
베를루스코니(S. Berlusconi) 305
베트남 전쟁 298
벤자민 바버(B. Barber) 397
보이콧 41
북대서양조약기구(NATO) 198, 324
분할-티켓(split-ticket) 투표 296
불만스런 민주주의자 390
블레어(T. Blair) 204, 229, 316, 321, 327, 332
비태도들 53
빌 클린턴(B. Clinton) 226, 227

## ㅅ

사회계급 68, 184, 218
사회과학통계패키지(SPSS) 9, 13, 419
사회당(프랑스: PS) 216
사회민주당(독일: SPD) 120, 269
사회변동 39
사회-심리학적 투표모델 276
사회적 분열양상 262, 264, 269
사회주의 250, 253
사회-집단적 투표 모델 239
샤트슈나이더(E. E. Schattschneider) 210
선거연구 11
세 얼간이(Three Stooges) 47

소련(USSR) 6, 29, 195
소매상 정치 91
소선거구제 88, 211, 349, 352
소프트 뉴스 59, 61
속성투표(attribute voting) 14, 316
손님 노동자(guestworker) 182
수탁자(trustee) 역할 351
수퍼시티즌(the Supercitizen) 49, 50
슈뢰더(G. Schröder) 314, 316, 332
스코틀랜드민족당(영국: SNP) 214, 229
시라크(J. Chirac) 204
시민-엘리트 협약 346, 351
시민자발주의 모델 116, 120, 123, 131, 132, 135
시민정치 42, 43, 44
시민정치론(Citizen Politics) 419
시민행동그룹(citizen action groups) 41
시에라클럽(Sierra Club) 70
신정치(New Politics) 11, 14-16, 170, 192, 202, 217, 224-227, 229, 231, 232, 264, 269, 272, 273, 324, 350, 358, 359, 394, 395

## ㅇ

아이젠하워(D. Eisenhower) 371
양극화 220, 226
양자적 상응(dyadic correspondence) 351, 357, 359
에밀리목록(EMILY's list) 234
여론 187, 189, 195
여성운동 187, 188, 190

여피족(the Yuppie) 169
연임제한운동 399
영국
    영국 국교회(Church of England) 253
    영국총선(2005) 9, 13
    영국 하원(House of Commons) 214
예비선거 299, 332, 355
워터게이트(Watergate) 사건 298, 379
월급노동자(salatariat) 243, 246
웨일즈당(영국: PCy) 214, 229
유권자 395, 411
유럽연합(European Union) 313, 383
이데올로기 12, 205
이민 150
이슈공중(issue public) 311, 312, 323
이슈투표(issue voting) 302, 310, 311
이스턴(D. Easton) 373, 374
인과성 깔때기(a funnel of causality) 276-279, 305
인권(human rights) 42, 100
인민의 힘(people power) 29
인종갈등 40
인종차별주의 29
인지연구 64, 65
인지적 당파(cognitive partisans) 301, 302
인지적 동원(cognitive mobilization) 57, 58, 61, 62, 63, 71
인지적 세련화 8, 336
인터넷 행동주의 82, 84
잉글하트(R. Inglehart) 10, 11, 80, 151-154, 156, 157, 159, 161, 162, 164, 165, 170, 302, 386

## ㅈ

자유당(오스트리아: Freedom Party) 214
자유민주당(독일: FDP) 215
자유민주당(영국: Lib-Dem. Party) 213
재제휴(realignment) 271, 272
전망적(prospective) 판단 314
정당
    정당명부 216
    정당시스템 176, 211
    정당일체화 70
    정당정부 모델 214, 217
    정당정치 130, 221, 227
    정당지지 93, 94, 96
정보의 지름길 12, 68
정보혁명 41
정치문화 100, 102
정치변동 43
정치적 대의 203, 343, 351
정치적 무관심 13, 56, 118
정치적 세련화 50, 51, 57
정치적 제휴 7
정치적 지지 372-374
정치적 지향 67, 391
정치적 투입 139, 373
정치적 효능감 118, 123, 127, 132, 138
정치참여 34, 41
제퍼슨(T. Jefferson) 74, 98, 142, 397
젠더(gender) 230
조지 W. 부시(G. W. Bush) 226, 227, 229, 231
존슨(L. Johnson) 213
존 에드워즈(J. Edward) 234
종교 337, 339

좋은 시민 307, 308
중산층화(embourgeoisement) 249
지구화 198, 199
직접민주주의 14, 171
직접적 접촉 83
직접행동 395, 400
집합적 상응(collective correspondence) 346, 347, 349, 350, 351

## ㅊ

참여양식 8
초-이슈 201, 308

## ㅋ

카터(J. Carter) 179, 315, 316, 370
칸톤(canton) 343
캠페인 활동 277, 278, 296
케네디(J. F. Kennedy) 260, 371
케리(J. Kerry) 63
클린턴(H. Clinton) 188

## ㅌ

탈물질주의(postmaterialism) 301, 386, 394
탈제휴(dealignment) 291, 295-298, 337, 341
토크빌(A. de Tocqueville) 49, 98, 102

통계 독본 9, 13, 403
투표율 289, 296

## ㅍ

페롯(R. Perot) 292, 296, 305
포괄적(catchall) 정당 37
푸트남(R. Putman) 79, 99, 100
퓨(Pew) 여론조사 198
프랑스
    녹색당(Verts) 229
    제5공화국 217
    프랑스민주주의연합(프랑스: UDF) 216
    하원(National Assembly) 86
프랑스민주주의연합 444
프롤레타리아트화(proletarianization) 249
프리덤하우스 372
핌 포르타운당(LPF) 183, 305

## ㅎ

하워드 딘(H. Dean) 110
하이더(J. Haider) 305
항의(protest)
    항의정치 84, 108
허커비(M. Huckabee) 234
회고적(retrospective) 판단 314
후쿠야마(F. Fukuyama) 369
희소성(scarcity) 가설 151, 152

1차 투표(Erststimme) 37
2차 투표(Zweitstimme) 37

## D

Die Linke(독일: 좌파연합당) 215

## M

MoveOn.org 110

## N

NPD 215

## X

X세대(GenXers) 136, 169

## 지은이 | 러셀 J. 달톤

러셀 달톤(Russell J. Dalton)은 현재 얼바인 소재의 캘리포니아대학 정치학과 교수로 있다. 그는 풀브라이트 교수로 독일 만하임대학에서 강의하였고, 독일 마셜연구소 연구원, 동/서센터의 POSCO 연구원을 역임했다. 그의 학문적 관심은 비교정치행태, 정당, 사회운동, 경험적 민주주의 이론을 포함한다. 최근 저서로는 『좋은 시민』(The Good Citizen, 2007), 『민주주의적 도전, 민주주의적 선택』(Democratic Challenges, Democratic Choices, 2003)이 있고, 공저로서 『비판적 대중들』(Critical Masses, 1999)이 있다. 그가 편집한 책으로는 『동아시아의 정당정치』(Party Politics in East Asia, 2008), 『옥스포드 정치행태 편람』(The Oxford Handbook of Political Behavior, 2007), 『태평양 연안의 시민, 민주주의, 그리고 시장』(Citizens, Democracy, and Markets around the Pacific Rim, 2006), 『민주주의는 변형되었나?』(Democracy Transformed? 2003), 『당원 없는 정당들』(Parties without Partisans, 2001) 등이 있다. 달톤은 현재 민주주의 체제 내에서 바뀌고 있는 정당의 역할에 관한 연구를 진행하고 있다.

## 옮긴이 | 서유경

서유경은 현재 경희사이버대학교 NGO학과 부교수로 있다. 그는 영국 옥스포드대학교에서 "정치엘리트를 통해 본 영국 자유민주주의의 이해"로 정치사회학 석사학위를, 경희대학교에서 "아렌트 정치미학과 현대 정치적 함의: 정치행위와 인간실존의 역학"으로 정치철학 박사학위를 받았으며, 2003년 동 대학에 부임하여 시민정치론, 시민운동론, 현대 민주주의 이론, NGO와 정부관계, 여성리더십, 인물로 배우는 정치학 등의 과목을 강의하고 있다. 주요 논문으로는 "글로벌 거버넌스 시대 한국 NGO의 정치적 역할 재규정"(2009), "다문화 공생의 정치원리로서 아렌트주의"(2008), "현대 대의민주주의에 있어 시민불복종의 정치철학적 논거: 미셸 푸코와 한나 아렌트의 '저항' 개념 연구"(2003) 등이 있으며, 공저로 『한나 아렌트와 세계사랑』(2009), 『미국의 결사체 민주주의』(2006) 등이 있다. 그 외에도 『과거와 미래 사이: 정치사상에 관한 여덟 가지 철학연습』(2005), 『시민사회: 이론과 역사, 그리고 대안적 재구성』(2005), 『아렌트와 하이데거』(2000) 등 다수의 역서를 출간하였다.

시민정치론
—선진 산업민주주의 국가의 여론과 정당

1판 1쇄 펴냄 2010년 3월 17일

지은이 러셀 J. 달톤
옮긴이 서유경
펴낸이 이형진
펴낸곳 도서출판 아르케
출판등록 1999. 2. 25. 제2-2759호
주소 서울특별시 마포구 연남동 509-28번지 2층
대표전화 (02)336-4784~5 I 팩시밀리 (02)6442-5295
E-Mail arche21@arche.co.kr I Homepage www.arche.co.kr

값 29,000원

ⓒ 아르케, 2010

ISBN 978-89-5803-096-6  93300